REVISTA TRIMESTRAL DE DIREITO PÚBLICO

41/2003

MALHEIROS EDITORES

Revista Trimestral de Direito Público

Órgão do

INSTITUTO GERALDO ATALIBA
IDEPE — INSTITUTO INTERNACIONAL
DE DIREITO PÚBLICO E EMPRESARIAL

INSTITUTO DE DIREITO ADMINISTRATIVO PAULISTA
IDAP

RTDP
Publicação trimestral de
MALHEIROS EDITORES LTDA.
Rua Paes de Araújo, 29, cj. 171
CEP 04531-940 - São Paulo, SP - Brasil
Tel.: (011) 3078-7205 - Fax.: (011) 3168-5495
Diretor responsável: Álvaro Malheiros
Diretora: Suzana Fleury Malheiros

Assinaturas e comercialização:
CATAVENTO DISTRIBUIDORA DE LIVROS S.A.
Rua Conselheiro Ramalho, 928
CEP 01325-000 - São Paulo, SP - Brasil
Tel.: (011) 3289-0811 - Fax.: (011) 3251-3756
Supervisão Gráfica: Vânia Lúcia Amato
Editoração Eletrônica: Letra por Letra Studio

SUMÁRIO

DOUTRINA

ESTADO, COMUNIDADES AUTÓNOMAS Y ACCIÓN EXTERIOR EN EL ORDENAMIENTO CONSTITUCIONAL ESPAÑOL 05
— Francisco Fernández Segado

DIREITOS FUNDAMENTAIS E ARMA DE FOGO 27
— Celso Antônio Bandeira de Mello

ACORDO PARA RECEBIMENTO DE CRÉDITO PERANTE A FAZENDA PÚBLICA 34
— Adilson Abreu Dallari

CARREIRAS DE ESTADO: A DEFESA DO NÚCLEO ESTRATÉGICO 46
— Juarez Freitas

DIREITOS FUNDAMENTAIS E CLÁUSULAS PÉTREAS: OS DIREITOS FUNDAMENTAIS SOCIAIS E O PROBLEMA DE SUA PROTEÇÃO CONTRA O PODER DE REFORMA NA CONSTITUIÇÃO DE 1988 65
— Ingo Wolfgang Sarlet

AGÊNCIAS REGULADORAS INDEPENDENTES, PODER ECONÔMICO E SANÇÕES ADMINISTRATIVAS (REFLEXÕES INICIAIS ACERCA DA CONEXÃO ENTRE OS TEMAS) 92
— Egon Bockmann Moreira

CONCEITO DE CONTRATO ADMINISTRATIVO 116
— Vladimir da Rocha França

PARECERES

LIQUIDAÇÃO EXTRAJUDICIAL *EX OFFICIO*: NECESSIDADE NA ESFERA ADMINISTRATIVA DE PRÉVIA INTERVENÇÃO E DO DEVIDO PROCESSO LEGAL COM MOTIVAÇÃO DA DECISÃO. NATUREZA DA RELAÇÃO JURÍDICA ENTRE AGENTES FINANCEIROS E O FUNDO DE GARANTIA DOS DEPÓSITOS E LETRAS IMOBILIÁRIAS (FGDLI) 123
— Celso Antônio Bandeira de Mello

MANDADO DE SEGURANÇA COLETIVO E INDIVIDUAL: PROBLEMAS DE SUA CONVIVÊNCIA 143
— Carlos Ari Sundfeld

ASPECTOS JURÍDICOS DA COMERCIALIZAÇÃO DE ENERGIA ELÉTRICA 156
— Floriano de Azevedo Marques Neto

ESTUDOS E COMENTÁRIOS

FUNÇÃO ADMINISTRATIVA — I 174
— Ricardo Marcondes Martins

O DIREITO AO AMBIENTE NO BRASIL: UM OLHAR PORTUGUÊS 207
— Carla Amado Gomes

O POLIMORFISMO DO ABUSO DE PODER NO PROCESSO ELEITORAL: O MITO DE PROTEU 219
— Eduardo Fortunato Bim

ESTADO, COMUNIDADES AUTÓNOMAS Y ACCIÓN EXTERIOR EN EL ORDENAMIENTO CONSTITUCIONAL ESPAÑOL

FRANCISCO FERNÁNDEZ SEGADO

Catedrático de Derecho Constitucional de la Universidad Complutense de Madrid.
Doctor *Honoris Causa* por la Universidad de Messina (Italia).
Profesor Honorario de catorce Universidades Latinoamericanas

1. Introducción: acción exterior y Estado compuesto. 2. El marco constitucional de la acción exterior en España. 3. La cláusula constitucional del artículo 149.1.3ª, de reserva estatal de las relaciones internacionales: A) El contenido de la reserva estatal; B) La integridad de la competencia estatal.

1. Introducción: acción exterior y Estado compuesto

La proyección exterior de un Estado compuesto o de estructura compleja, esto es, de un Estado integrado por un conjunto de entidades territoriales dotadas de autonomía política y, por lo mismo, titulares de competencias derivadas directamente de la Constitución del Estado, no ha dejado de suscitar problemas de muy diversa naturaleza que se manifiestan no tanto desde la óptica del Derecho de gentes como desde la perspectiva del Derecho constitucional del propio Estado.

El Derecho internacional ha respetado siempre el principio de autoorganización interna del Estado, lo que se ha entendido, como recuerda la doctrina,[1] como una consecuencia de los principios de soberanía y de no intervención. A partir de esa libre disponibilidad organizativa por parte del Estado, bien puede decirse que los peculiares rasgos de los Estados compuestos no sólo se manifiestan en el orden interno, sino que influyen asimismo en su modo de participar en la vida internacional, propiciando, como

1. Manuel Pérez González y Jorge Pueyo Losa: "Las Comunidades Autónomas ante el orden internacional", en el colectivo *Constitución, Comunidades Autónomas y Derecho Internacional*, Santiago de Compostela, Xunta de Galicia, 1982, pp. 13 y ss.; en concreto, p. 24.

señalara Rousseau,[2] soluciones que, a veces, se alejan de las habitualmente aplicadas a los Estados unitarios, como en lo relativo a la conclusión de tratados, que si bien, en principio, forma parte de la competencia exclusiva del Estado federal o compuesto, en algunos casos puede pertenecer a los Estados miembros de la Federación o a las entidades territoriales del Estado de estructura compleja.

Ciertamente, la antaño muy arraigada consideración de la soberanía como requisito jurídico inexcusable para la existencia de subjetividad internacional ha propiciado durante largo tiempo que el Estado federal o compuesto, en cuanto único soberano, apareciera también como el único depositario de las competencias internacionales. Esta idea de monopolio estatal en materia de relaciones exteriores tenía como correlato la incapacidad de las colectividades públicas infraestatales para entablar tales relaciones. Bien es verdad que, como dice Lafore, la noción de soberanía que a tal fin se manejaba era tributaria de la construcción jurídica del Estado-nación de fines del siglo XIX.[3] Así, toda relación exterior pondría en juego la soberanía estatal y afectaría de modo ineludible al principio de unidad del Estado.

Hoy, sin embargo, un dispar conjunto de circunstancias de muy diversa naturaleza pueden ser tenidas en cuenta en orden a matizar la posición tradicional precedentemente expuesta.

En primer término, el Derecho internacional como un Derecho de coexistencia ha dado paso al Derecho internacional como Derecho de la cooperación,[4] lo que entraña que, a diferencia de épocas anteriores, las relaciones entre los Estados son muy intensas, viniendo referidas a aspectos muy variados. Si antaño las relaciones internacionales tenían como sustancia peculiar ser relaciones entre Estados soberanos e independientes, hoy son también, como dice Remiro,[5] algo más: el mundo de la cooperación entre sujetos con intereses comunes interdependientes en la satisfacción de sus compromisos con sus pueblos respectivos.

En segundo lugar, este cambio de las relaciones internacionales ha planteado la problemática de saber si la soberanía estatal se encuentra necesariamente implicada en toda relación exterior y, de modo específico, en toda acción en el extranjero llevada a cabo por los entes territoriales integrantes de un Estado complejo. En nuestros días, se admite de modo generalizado, como constata Lafore,[6] que no toda relación establecida con una persona pública extranjera compromete necesariamente la soberanía estatal. A su vez, el abandono del ámbito de la soberanía entraña el abandono del ámbito regido por el Derecho internacional, y no aplicándose éste, el monopolio estatal en materia de relaciones exteriores no puede ser invocado para excluir las actuaciones en el extranjero de los entes territoriales integrantes del Estado de estructura compleja. De esta forma, el problema se reconduce desde el Derecho internacional al ámbito del Derecho constitucional de cada Estado. En definitiva, la personalidad internacional de los entes territoriales dependerá, primigeniamente, de las previsiones de la Constitución del propio Estado.

2. Charles Rousseau: *Derecho Internacional Público*, 3ª ed., Barcelona, Ediciones Ariel, 1966, pp. 122-123.

3. Robert Lafore: "L'action à l'étranger des collectivités territoriales", en *Revue du Droit Public et de la Science Politique*, v. 3, 1988, pp. 763 y ss.; en particular, p. 769.

4. Iñaki Lasagabaster Herrarte: *El Ordenamiento Jurídico Comunitario, el Estatal y el Autonómico*, Oñati, IVAP, 1986, p. 13.

5. Antonio Remiro Brotons: "La estructura compleja del Estado y la atribución de competencias en el ámbito de las relaciones internacionales" (Comentario al art. 149.1.3ª de la Constitución), en Oscar Alzaga Villaamil (dir.), *Comentarios a la Constitución Española de 1978*, t. XI, Madrid, Cortes Generales-Editoriales de Derecho Reunidas, 1999, pp. 237 y ss.; en particular, p. 245.

6. Robert Lafore: "L'action à l'étranger...", *op. cit.*, p. 773.

A este respecto, la determinación del art. 6º de la Convención de Viena sobre el Derecho de los Tratados, de 23 de mayo de 1969, a cuyo tenor: "Todo Estado tiene capacidad para celebrar tratados", corrobora la tesis precedente por cuanto, como señala Mangas,[7] lo que tal norma significa es que el Estado internacionalmente no posee limitación alguna basada en su estructura interna ni aún en el caso de que el ámbito del tratado recaiga sobre materias de la competencia exclusiva de alguna de sus entidades territoriales. Pero dicho esto, conviene precisar que tal precepto no impide que las entidades territoriales que forman el Estado puedan concluir tratados en las materias que sean de su competencia si así les está permitido por las normas constitucionales reguladoras de la distribución de competencias entre el Estado y los entes territoriales que lo integran.[8]

Por lo demás, la soberanía, quizá por la propia relativización del concepto, fruto de la constatación de la evidente interdependencia de los Estados en el ámbito internacional, ha dejado de ser, como constata la doctrina,[9] un requisito esencial en Derecho internacional para hablar de subjetividad internacional.

La consecuencia de todo ello ha sido que si, en términos generales, se puede constatar que hasta fechas relativamente recientes era excepcional el reconocimiento de competencias internacionales a los entes territoriales de un Estado de estructura compleja, hasta el punto de que, según Remiro,[10] dicho reconocimiento podía considerarse como un tributo histórico en procesos de federación de Estados que fueron (o pudieron ser) soberanos o independientes, hoy la situación tiende a cambiar,[11] cambio del que

7. Araceli Mangas Martín: *Derecho Comunitario Europeo y Derecho español*, 2ª ed., Madrid, Tecnos, 1987, p. 219.

8. En este sentido puede recordarse que el Proyecto de artículos sobre el Derecho de los Tratados aprobado por la Comisión de Derecho Internacional, órgano subsidiario de la Asamblea General de las Naciones Unidas para la preparación de la codificación y desarrollo progresivo del Derecho internacional, en 1966, acogía una cláusula de este tenor: "Los Estados miembros de una unión federal podrán tener capacidad para celebrar tratados si esa capacidad está admitida por la Constitución federal y dentro de los límites indicados por ésta". Tal disposición fue, sin embargo, suprimida en 1969 en la Conferencia intergubernamental celebrada en Viena para la aprobación de una Convención sobre el Derecho de los Tratados, como consecuencia de una propuesta canadiense que aun no cuestionando su contenido, ponía en entredicho la oportunidad de acoger tal cláusula en un texto como el que se estaba discutiendo.

9. Ricardo Gosalbo Bono: "Personalidad y competencias internacionales de los Estados miembros de las Federaciones en el federalismo contemporáneo", en *Anuario de Derecho Internacional*, II, 1975, pp. 379 y ss.; en concreto, p. 384.

10. Antonio Remiro Brotons: *La Estructura Compleja del Estado...*, *op. cit.*, p. 240.

11. Un significativo atisbo de ese intento de cambio, aunque finalmente frustrado, lo encontramos en la conocida Enmienda Bricker, presentada en los inicios de los años cincuenta con vistas a la reforma de la Constitución norteamericana. En lo que ahora interesa, la Enmienda Bricker, como destaca Pritchett (C. Herman Pritchett: *La Constitución Americana*, Buenos Aires, Tipográfica Editora Argentina, 1965, p. 451), pretendió revocar la doctrina sentada por el Tribunal Supremo en el caso Missouri v. Holland (1920), en el que el Juez Holmes, quien fundamentó el fallo, sentó la doctrina de que "puede haber materias de la mayor importancia para el bienestar nacional que no podría resolver una ley del Congreso, pero sí un tratado seguido de una ley". Dicho de otro modo, la completa incapacidad de los Estados de la Unión para las relaciones exteriores exigía que el gobierno federal tuviere autoridad para tratar todas las materias que fueran de interés legítimo respecto de las relaciones exteriores norteamericanas. Frente a esta doctrina, la Enmienda Bricker pretendió incapacitar al gobierno federal para asumir la regulación de materias reservadas a un Estado miembro mediante su intervención en un tratado. En su forma más conocida, la denominada "cláusula condicional", el texto de la propuesta Bricker fue el siguiente: "Un tratado será efectivo como derecho interno en los Estados Unidos sólo mediante legislación que fuera válida en ausencia

constituye un buen ejemplo la importante reforma constitucional argentina de 22 de agosto de 1994, tras la que el art. 124 de la Constitución faculta a las provincias para celebrar convenios internacionales en tanto no sean incompatibles con la política exterior de la Nación y no afecten las facultades delegadas al Gobierno federal o el crédito público de la Nación, con conocimiento del Congreso Nacional, posibilidad que, a juicio de la doctrina,[12] facilita el proceso de integración de los territorios de Argentina en orden a la dinámica internacional. Esta reforma constitucional, anticipada ya por las Constituciones provinciales aprobadas con posterioridad a 1983,[13] se ubica en una dirección que puede apreciarse en otros países. A este respecto, Van de Craen[14] ha constatado que en los últimos tiempos fuerzas centrípetas (que no centrífugas) han apoyado en diferentes Estados federales que los entes territoriales integrantes de los mismos asuman un interés real en las actividades transnacionales.

de un tratado". El texto exigía que tras su ratificación, el tratado fuese nuevamente sancionado por el Congreso para poder ser aplicable ante los tribunales, y esta nueva sanción del tratado exigía, a su vez, que la legislación se encontrase dentro de los poderes del propio Congreso. En definitiva, el gobierno federal quedaba impedido para ocuparse de cualquier problema interno sobre la base de un tratado, si carecía de competencia para legislar al respecto, de acuerdo con sus restantes competencias constitucionales.

12. Roberto Dromi y Eduardo Menem: *La Constitución Reformada. Comentada, Interpretada y Concordada*, Buenos Aires, Ediciones Ciudad Argentina, 1994, p. 401.

13. Cfr. al respecto, Mónica Buj Montero: "Las Provincias y los convenios internacionales", en Dardo Pérez Guilhou y otros, *Derecho Constitucional de la Reforma de 1994*, v. II, Buenos Aires/ Mendoza, Ediciones Depalma, 1995, pp. 381 y ss.; en particular, pp. 383-384.

14. Frank L. M. Van de Craen: "The Federate State and its treaty-making power", en *Revue Belge de Droit International*, v. XVII, I, Bruxelles, 1983, pp. 377 y ss.; en concreto, p. 423.

La evolución de esta problemática cuestión no ha dejado, sin embargo, de plantear tensiones y conflictos entre los distintos niveles de poder en los Estados de estructura compleja, lo que se ha acentuado desde el momento en que las entidades territoriales infraestatales han mostrado una cada vez mayor preocupación por intervenir en el ámbito de las relaciones internacionales al constatar que en un contexto internacional como el actual de fuerte interdependencia, cualquier capacidad competencial, por lo general, tiende a conllevar una doble faceta interior y exterior indivisible.

Si a todo ello se une el dinamismo ínsito a los Estados compuestos,[15] especialmente visible en el caso del Estado autonómico español, la propia dinámica de las relaciones internacionales y la progresiva consolidación de los nuevos ámbitos del Derecho internacional, como el de la cooperación económica, se puede comprender el incipiente protagonismo de los entes territoriales integrantes de los Estados compuestos en el campo de la acción exterior.

Bien es verdad que las inexcusables exigencias dimanantes del principio de unidad de la acción exterior han planteado retos de difícil solución, que han de ser resueltos con fórmulas capaces de satisfacer a la par las exigencias de una acción exterior unitaria, conducida por los órganos centrales del Estado, y el respeto de esas otras manifestaciones de la acción exterior de las colectividades territoriales que no son, como dice Lafore,[16] la manifestación de una competencia específica, sino, por el contrario, una modalidad entre otras de la ejecución de sus competencias constitucionales y legales. En la práctica, aquellas fórmulas pa-

15. Los Estados compuestos, dice Conde, son una realidad esencialmente dinámica que los sitúa en un proceso de reacomodación permanente. Carlos Conde Martínez: *La Acción Exterior de las Comunidades Autónomas*, Madrid, Tecnos, 2000, p. 50.

16. Robert Lafore: "L'action à l'étranger...", *op. cit.*, p. 800.

recen pasar necesariamente por el reconocimiento a los órganos periféricos de una cierta participación en la elaboración de las normas convencionales y derivadas que interesen a materias objeto de su competencia. Como indicara tiempo atrás Remiro,[17] esa participación — lo digan o no los textos constitucionales o legales — es, o debiera ser, el resultado de la prudencia y el cálculo político de los responsables del Gobierno del Estado.

En resumen, en los Estados de estructura compleja, la reserva al poder central de las relaciones internacionales, como por ejemplo acontece en el art. 32.1 de la *Bonner Grundgesetz*[18] o en el art. 149.1.3ª de la Constitución española, no debe obstaculizar el reconocimiento de una cierta capacidad de acción exterior a los entes territoriales dotados de autonomía política que integran aquellos Estados, capacidad que puede oscilar desde una actuación de proyección *ad intra* hasta una actividad de proyección *ad extra*, siempre sobre la base del ya mencionado principio de autoorganización del Estado, que es un *prius* para el Derecho internacional.

2. El marco constitucional de la acción exterior en España

La Constitución de 1978 ha diseñado un Estado unitario de estructura compleja en cuanto compuesto por una pluralidad de organizaciones de carácter territorial dotadas de autonomía política. Nos hallamos así ante el Estado autonómico, que cobra su nombre del principio general organizativo de la autonomía en que se asienta. Unidad y autonomía constituyen, pues, dos elementos indisociables; forman las dos caras de la misma moneda.

A la vista de esta nueva forma de organización del Estado, cobra especial relevancia el marco constitucional de la acción exterior en orden a poder captar el rol asumido al efecto por los entes territoriales autónomos, esto es, por las Comunidades Autónomas.

La norma clave al respecto es el art. 149.1.3ª, que atribuye al Estado la competencia exclusiva sobre las relaciones internacionales. Junto a esta norma de atribución genérica de competencias al Estado en este ámbito de las relaciones exteriores, la Constitución, a lo largo y ancho de su articulado, atribuye también al Estado o a altas instituciones representativas del mismo, determinadas competencias de orden internacional. Este es el caso, entre otros varios, de los siguientes preceptos: el art. 56.1, por el que el Rey asume la más alta representación del Estado español en las relaciones internacionales; el art. 63.2, que encomienda asimismo al Rey la manifestación del consentimiento del Estado para obligarse internacionalmente por medio de tratados; el art. 93, que deposita en las Cortes Generales o en el Gobierno, según los casos, la facultad de garantía del cumplimiento de los tratados por los que se atribuya a una organización o institución internacional el ejercicio de competencias derivadas de la Constitución, como asimismo la garantía del cumplimiento de las resoluciones emanadas de las organizaciones internacionales o supranacionales titulares de la cesión; el art. 94.1, que exige la previa autorización de las Cortes Generales para la prestación del consentimiento del Estado para obligarse por medio de los tratados o convenios a que el propio artículo se refiere, y, por último, el art. 97, que atribuye al Gobierno la dirección de la política exterior.

Las críticas doctrinales hacia ese marco constitucional se han multiplicado, encontrándonos entre ellas con los más dispares juicios de valor. Desde quien considera que los constituyentes han dado a esta ma-

17. Antonio Remiro Brotons: "La actividad exterior del Estado y las Comunidades Autónomas", en Manuel Ramírez (ed.), *Estudios sobre la Constitución Española de 1978*, Zaragoza, Libros Pórtico, 1979, pp. 353 y ss.; en particular, p. 359.

18. A tenor del art. 32.1 de la *Grundgesetz*: "Corresponde a la Federación el mantenimiento de las relaciones con los Estados extranjeros".

teria una elemental regulación,[19] hasta quien alude a la pusilanimidad en la negación de las consecuencias hacia fuera de la estructura compleja del Estado,[20] o a la absoluta ceguera por la que se dejaron llevar los constituyentes a la hora de tratar y recoger el tema de la actividad internacional de las nacionalidades y regiones (expresión ciertamente bien poco rigurosa, pues más bien habría que hablar de actividad internacional de las Comunidades Autónomas), prefiriendo optar por el silencio en lugar de afrontar este desafío con realismo,[21] llegando a quien, más rotundamente, manifiesta tener la impresión de que la Constitución ha trazado a lo largo del texto un férreo cordón que impide a la organización territorial recabar para sí un protagonismo adecuado en la esfera internacional.[22]

Lo que parece claro, en definitiva, para este amplio sector doctrinal es que la determinación formal del Estado como el actor exclusivo de las competencias internacionales no resulta por entero consecuente con la nueva estructura del Estado que se proclama en el art. 2 de la Constitución y que se desarrolla en el Título VIII.[23]

Desde una óptica diferente se manifiesta Pérez Calvo,[24] para quien no resulta lógico apoyarse en la estructura autonómica del Estado para criticar el hecho de que la materia internacional haya sido encomendada en exclusiva a sus órganos centrales. A su juicio, la razón por la que la Constitución ha encomendado al Estado la competencia exclusiva sobre esta materia radica en la unidad del Estado que, a su vez, se expresa desde un punto de vista dinámico en los intereses generales que al mismo Estado, a través de sus órganos, le corresponde defender y administrar. El art. 149.1.3ª expresa la exigencia del principio de unidad, cuya consecuencia es la personalidad jurídica única del Estado en el ordenamiento jurídico internacional y la del interés general que afecta al conjunto del Estado.

En una línea de pensamiento muy próxima a la inmediatamente antes expuesta, no creemos que el conjunto de normas constitucionales mencionadas deba suscitar un juicio tan severo como el expuesto más atrás. Ciertamente, la interpretación de los preceptos constitucionales ha de hacerse de modo sistemático, esto es, teniendo siempre en cuenta el contenido íntegro de la Norma fundamental, como es reiteradísima doctrina constitucional,[25] pero a ello no obsta en lo más mínimo este conjunto normativo y, de modo particular, la reserva estatal del art. 149.1.3ª, pues lo que con ella se pretende es expresar que desde el punto de vista del ordenamiento internacional el Estado aparece como una persona jurídica unitaria. Como dice Vogel, refiriéndose a la norma análoga del art. 32.1 de la *Grundgesetz*, el sentido de una cláusula de esta naturaleza es subrayar que en el tráfico jurídico internacional

19. José Fernández-Monge González-Audicana: *La Comunidad Europea y la Comunidad Autónoma del País Vasco*, Oñati, IVAP, 1989, p. 66.

20. Antonio Remiro Brotons: "El poder exterior del Estado", en *Documentación Administrativa*, n. 205, julio-septiembre 1985, pp. 53 y ss.; en concreto, pp. 54-55.

21. Carlos Fernández de Casadevante Romaní: "La Comunidad Autónoma del País Vasco y el Derecho Internacional", en el colectivo, *Primeras Jornadas de Estudio del Estatuto de Autonomía del País Vasco*, Oñati, IVAP, 1983, pp. 1.575 y ss.; en concreto, p. 1.590.

22. Araceli Mangas Martín: *Derecho Comunitario Europeo...*, *op. cit.*, p. 222.

23. Análoga opinión sustenta Jáuregui, quien considera sorprendente la negativa a la adecuación por parte de nuestro ordenamiento constitucional de los mecanismos de relación entre el Derecho internacional y el Derecho interno, tal como viene exigido en un Estado con una distribución territorial compleja del poder. Gurutz Jáuregui: *Las Comunidades Autónomas y las Relaciones Internacionales*, Oñati, IVAP, 1986, p. 55.

24. Alberto Pérez Calvo: *Estado Autonómico y Comunidad Europea*, Madrid, Tecnos, 1993, pp. 68-75.

25. Entre muchas otras, STC 252/1988, de 20 de diciembre, fund. jur. 2º.

el Estado (aún tratándose de un Estado Federal) actúa por principio como unidad.[26] Y ello se comprende con facilidad si se tiene en cuenta que el interés general del Estado no tiene por qué coincidir, como si de una operación aritmética se tratara, con la suma de los intereses particulares de los entes territoriales que lo integran. Ahora bien, esa unidad de actuación del Estado en el exterior no presupone, ni mucho menos, ignorar la articulación territorial del Estado, que en cuanto Estado unitario complejo exige de un equilibrio entre la homogeneidad y la diversidad del *status* jurídico público de las entidades territoriales que lo integran.

El inexcusable equilibrio que, como regla general, debe existir entre el principio de unidad y el de autonomía ha de traducirse en una cierta participación de los entes territoriales autónomos en algunas de las manifestaciones de la conducción exterior del Estado, como, por ejemplo, en el *treaty-making-power*, así como también, en sintonía con lo que un sector de la doctrina viene reclamando desde tiempo atrás,[27] en el ejercicio de un cierto *ius contrahendi* autónomo. Ello no debe suponer en modo alguno la quiebra de la esencial unidad de acción de la política exterior, si bien, en la medida en que sea posible, deberá compaginarse tal unidad de acción con la organización territorial autonómica.

Por lo que atañe a la integración en un ente supranacional, como es el caso de la Unión Europea, el reparto interno de poder político no debe verse afectado por tal integración. Así lo dispone el art. 6.3 del Tratado de la Unión Europea que, tras el Tratado de Amsterdam, establece que: "la Unión respetará la identidad nacional de sus Estados miembros", consagrando así el llamado principio de autonomía institucional que salvaguarda, como ha interpretado el Tribunal de Justicia, el reparto interno del poder político estatal. Todo ello al margen ya de que sea opinión doctrinal común que las relaciones con los organismos comunitarios europeos difícilmente pueden organizarse con las mismas medidas que se aplican a las relaciones internacionales en general.[28] Las relaciones establecidas en el ámbito de estructuras de integración tienen unas singulares connotaciones que exigen su diferenciación respecto de las relaciones internacionales clásicas. Así lo ha interpretado el propio Tribunal Constitucional,[29] que ha estimado que cuando España actúa en el ámbito de las Comunidades Europeas lo está haciendo en una estructura jurídica que es muy distinta de la tradicional de las relaciones internacionales, pues el desarrollo del proceso de integración europea ha venido a crear un orden jurídico, el comunitario, que para el conjunto de los Estados componentes de las Comunidades Europeas puede considerarse a ciertos efectos como "interno".

En otro orden de consideraciones, complementario del anterior, esa unidad de actuación del Estado en el exterior, implícita en el art. 149.1.3ª, no puede convertirse en una genérica garantía que hipoteque toda posible proyección exterior de un título competencial autonómico, pues ello supondría un desvirtuamiento del reparto competencial de competencias y, por ende, una absoluta e indiscriminada sujeción del principio de autonomía al principio de unidad. Ello debe traducirse en que aun cuando la cláusula de reserva estatal de las relaciones internacionales pueda atraer a la competen-

26. Juan Joaquín Vogel: "El régimen federal de la Ley Fundamental", en Benda, Maihofer, Vogel, Hesse y Heyde, *Manual de Derecho Constitucional*, Madrid, IVAP/Marcial Pons, 1996, pp. 613 y ss.; en particular, p. 662.

27. Es el caso, entre otros, de Manuel Pérez González y Jorge Pueyo Losa: *Las Comunidades Autónomas ante el Orden Internacional*, *op. cit.*, p. 33.

28. Santiago Muñoz Machado: "La ordenación de las relaciones del Estado y las Comunidades Autónomas con la Comunidad Europea", en *Revista Española de Derecho Constitucional*, n. 14, mayo-agosto 1985, pp. 9 y ss.; en particular, p. 30.

29. STC 165/1994, de 26 de mayo, fund. jur. 4º.

cia del Estado, en un momento dado, una materia de titularidad autonómica, tal cambio competencial habrá de venir sustentado no en una aplicación automática y formalista del art. 149.1.3ª, sino en una exigencia de orden superior que no puede ser sino el propio interés general del Estado. Se debe, pues, evitar ese fenómeno al que en Italia se refiriese Condorelli,[30] por mor del cual el Derecho internacional, en Estados de estructura compleja, produce el singularísimo efecto de contaminar — por así llamarlo — todo aquello con lo que se pone en contacto, que se transforma automáticamente en materia intocable por el ente territorial integrante de aquel Estado.

Una interpretación en tal sentido, o por lo menos no muy alejada del mismo, fue la llevada a cabo por el Tribunal Constitucional en su primera jurisprudencia sobre esta cuestión,[31] con el evidente peligro que ello entrañaba de generar un cierto vaciamiento competencial autonómico. Sin embargo, el Tribunal ha ido modulando su doctrina, de lo que constituye buena muestra su Sentencia 165/1994, en la que significa[32] que no puede en forma alguna excluirse que, para llevar a cabo correctamente las funciones que tenga atribuidas, una Comunidad Autónoma haya de realizar determinadas actividades, no ya sólo fuera de su territorio, sino incluso fuera de los límites territoriales de España. En definitiva, como también ha subrayado el "intérprete supremo de la Constitución", "la dimensión externa de un asunto no puede servir para realizar una interpretación expansiva del art. 149.1.3 CE, que venga a subsumir en la competencia estatal toda medida dotada de una cierta incidencia exterior, por remota que sea, ya que si así fuera se produciría una reordenación del propio orden constitucional de distribución de competencias entre el Estado y las Comunidades Autónomas".[33]

3. La cláusula constitucional del artículo 149.1.3ª, de reserva estatal de las relaciones internacionales

I. El art. 149.1.3ª, como ya se ha indicado repetidamente, atribuye al Estado la competencia exclusiva sobre las relaciones internacionales. Quizá pueda ser de utilidad, a efectos de la mejor comprensión del significado de la norma, recordar su itinerario constituyente.

El art. 138.3 del Anteproyecto de Constitución, publicado el 5 de enero de 1978, antecedente remoto de la norma en cuestión, por influjo sin duda de la determinación del art. 14.3ª de la Constitución de 1931,[34] consideraba de la exclusiva competencia del Estado, entre otras materias, las "relaciones internacionales; representación diplomática, consular y, en general, en el exterior; la celebración de tratados y fiscalización del

30. Luigi Condorelli: "Le regioni a Statuto ordinario e la riserva statale in materia di 'rapporti internazionali'", en *Política del Diritto*, n. 2, año IV, abril 1973, pp. 223 y ss.; en concreto, pp. 229-230.

31. Así, en su Sentencia 44/1982, de 8 de julio, fund. jur. 4º, el Tribunal consideraba que la dimensión internacional de la cuestión (concesión de emisoras de radiodifusión de ondas métricas con frecuencia modulada) debía considerarse factor primordial en orden a la atribución al Estado de la competencia sobre asignación de frecuencias y potencias, limitándose a señalar, a modo de escueta fundamentación, que en la Constitución las relaciones internacionales forman parte de las materias reservadas a la competencia exclusiva del Estado *sin limitación alguna*.

32. STC 165/1994, de 26 de mayo, fund. jur. 3º.

33. SSTC 80/1993, de 8 de marzo, fund. jur. 3º y 165/1994, de 26 de mayo, fund. jur. 5º, entre otras varias.

34. A tenor del art. 14.3ª de la Constitución de 1931: "Son de la exclusiva competencia del Estado español la legislación y la ejecución directa en las materias siguientes: Representación diplomática y consular y, en general, la del Estado en el exterior; declaración de guerra; Tratados de paz; régimen de Colonias y Protectorado, y toda clase de relaciones internacionales".

cumplimiento de las obligaciones internacionales derivadas de los mismos". El precepto, como puede apreciarse, utilizaba una línea descriptiva que posiblemente hubiera propiciado una interpretación menos rígida que la generada por la redacción actual.

El texto del precepto fue objeto de la Enmienda n. 659, del Grupo Parlamentario Vasco, que postulaba la adición de un párrafo encaminado a posibilitar que los entonces llamados Territorios Autónomos pudieran, en el ámbito de la potestad normativa del Territorio, concertar acuerdos con el consentimiento del Gobierno del Estado.[35] La enmienda fue rechazada y el Informe de la Ponencia, publicado el 17 de abril, dejó el texto justamente con su redacción definitiva, al aludir tan sólo a las relaciones internacionales. Como ya dijimos en otro lugar,[36] una redacción como la primitiva parecía revelar que las relaciones internacionales reservadas al Estado eran tan sólo una parte de la acción exterior del Estado y, en coherencia con ello, posibilitaba un cierto "espacio autonómico" en el ámbito de dicha acción exterior. La supresión del texto primigenio y su sustitución por el actual no suponía sino arrojar un mar de sombras y dudas sobre lo que había de entenderse por "relaciones internacionales".

A la enmienda anteriormente mencionada habría que añadir otra del Sr. Heribert Barrera, formulada frente al texto del actual art. 94.1 de la Constitución, proponiendo adicionar un párrafo que dijera que "cuando un tratado afecte a las condiciones particulares de una Comunidad Autónoma, el órgano ejecutivo de ésta deberá ser oído previamente por el Gobierno", enmienda que sería rechazada en la sesión del 6 de junio de 1978 de la Comisión de Asuntos Constitucionales y Libertades Públicas del Congreso.[37]

En el Senado, el artículo en cuestión ya no sería objeto de enmienda alguna.

Lo sorprendente de este *iter* constituyente es que a lo largo del mismo no se suscitó ninguna discusión de un mínimo de rigor, pues incluso la defensa de las dos enmiendas anteriormente referidas se llevó a cabo con escasa convicción. Nos encontramos, por consiguiente, ante un precepto aceptado y asumido si no por todos los Grupos parlamentarios, como dice Hernández Lafuente,[38] sí, al menos, por la enorme mayoría de ellos que parecían conformes en poner a disposición exclusiva de las instancias estatales, sin matiz o especificación alguna, las relaciones internacionales.

Las reservas específicas de determinadas atribuciones relacionadas con la acción exterior del Estado a los órganos centrales del mismo, como el Rey, las Cortes Generales o el Gobierno; las reservas a la competencia exclusiva del Estado de materias de proyección exterior (contempladas en distintos números del art. 149.1 CE), y la misma modificación dada por la Ponencia al texto de la norma que venimos analizando, cuya filosofía, según la propia Ponencia,[39] era dar-

35. Como bien dice Riquelme, la enmienda vasca respondía a un modelo que se repite en Estados con una estructura compleja arraigada, que dotan a sus entes territoriales de capacidad para concluir, bajo la supervisión de los órganos centrales, algunos acuerdos internacionales. Rosa Mª Riquelme Cortado: "Las Comunidades Autónomas en la negociación de los tratados internacionales", en *Sistema*, n. 66, mayo 1985, pp. 77 y ss.; en concreto, p. 81.

36. Francisco Fernández Segado: "Acción exterior y Comunidades Autónomas. Una reflexión constitucional", en *Revista Jurídica de Navarra*, n. 16, julio-diciembre 1993, pp. 9 y ss.; en concreto p. 17.

37. DSCD (*Diario de Sesiones del Congreso de los Diputados*), n. 81, 6 junio 1978, p. 2.948.

38. Adolfo Hernández Lafuente: "La actividad internacional de las Comunidades Autónomas y el principio de unidad de acción en el exterior", en el colectivo, *La Celebración de Tratados Internacionales por España: Problemas Actuales*, Madrid, Biblioteca Diplomática Española, 1990, pp. 147 y ss.; en concreto, p. 148.

39. BOC (*Boletín Oficial de las Cortes*), n. 82, 17 de abril de 1978, p. 1.600.

le una redacción más amplia, ponen de manifiesto el inequívoco deseo de otorgar al Estado el monopolio de la acción exterior. En este marco contextual, la cláusula del art. 149.1.3ª, como bien se ha significado,[40] operaría, en la mente del constituyente, como una cláusula general orientada a evitar cualquier acción exterior autonómica no específicamente incluida en el resto de apartados del mismo art. 149.1. Actuaría, por tanto, como una suerte de cláusula general de atribución de competencias a favor de los poderes centrales que abarcaría tanto aquellas manifestaciones del poder exterior que contenía el texto del art. 138.3 del Anteproyecto como cualesquiera otras conectadas con las relaciones internacionales.

II. La mayor parte de la doctrina, al igual que aconteciera respecto del marco constitucional global de la acción exterior, se ha mostrado enormemente crítica frente a la previsión del art. 149.1.3ª. El cuestionamiento de la norma se asienta, de entrada, en la misma calificación como "materia" que el constituyente hace de las "relaciones internacionales".

Remiro,[41] con una formulación que sería mayoritariamente seguida por la doctrina, pondría de relieve en los primeros momentos subsiguientes a la aprobación de la Norma suprema, que los constituyentes habían incurrido en un error básico de enfoque, fruto de la contemplación de las relaciones internacionales con lentes decimonónicas, lo que les había conducido a concebirlas como una materia diferenciada de las demás que se registran en los treinta y dos números del art. 149.1 y no como un segundo ámbito más amplio — el ámbito exterior — en el que todas ellas — repartidas entre el Estado y las Comunidades Autónomas — pueden estar presentes.

La crítica anterior, como ya antes dijimos, hizo fortuna en amplios sectores de la doctrina. Mangas Martín[42] ahondaría en esa crítica del error de perspectiva y otro tanto acontecería con Pérez González,[43] para quien el constituyente habría incurrido en un error de enfoque que podría cercenar la titularidad autonómica de ciertas áreas competenciales por el rígido juego de la cláusula de reserva estatal, con la consiguiente invasión competencial por la vía indirecta de la concertación convencional a cargo de los órganos centrales.

En la misma dirección crítica, Muñoz Machado[44] duda de que las relaciones internacionales puedan concebirse como una "materia" en el mismo sentido que lo son la mayoría de los objetos o asuntos atendidos por los poderes públicos relacionados en el art. 149.1. En el mundo actual, la actividad exterior del Estado tiene, además de sus contenidos clásicos, la misma amplitud práctica que la actividad interna en cuanto que muy pocos asuntos de la política y la administración interna quedan fuera del ámbito de la actividad exterior.[45]

40. Rafael Bustos Gibert: *Relaciones Internacionales y Comunidades Autónomas*, Madrid, CEC, 1996, p. 62.

41. Antonio Remiro Brotons: *La Actividad Exterior del Estado y las Comunidades Autónomas*, *op. cit.*, p. 361.

42. Araceli Mangas Martín: "Cuestiones de Derecho internacional público en la Constitución Española de 1978", en *Revista de la Facultad de Derecho de la Universidad Complutense*, n. 61, invierno 1981, pp. 143 y ss.; en particular, p. 158.

43. Manuel Pérez González: "La acción exterior del Estado y las autonomías: desarrollos en la práctica estatutaria", en el colectivo, *Cursos de Derecho Internacional de Vitoria-Gasteiz. 1986*, Bilbao, Universidad del País Vasco, 1987, pp. 257 y ss.; en particular, pp. 264-265.

44. Santiago Muñoz Machado: *Derecho Público de las Comunidades Autónomas*, t. I, Madrid, Civitas, 1982, p. 475.

45. A juicio de Solís, el concepto de "relaciones internacionales" carece de rigor técnico-jurídico y no permite, por sí mismo, llegar a conclusiones precisas sobre la complejidad que hoy tiene la función administrativa del Estado en el exterior. La elección de tal concepto y no del concepto de "política exterior", utilizado en el art. 97 de la Constitución, parece indicar, siempre a juicio de este autor, que se pretende delimitar el ámbito de competencias

Frente a esta posición mayoritaria que entiende que las relaciones internacionales no constituyen una materia con contenido propio, susceptible de delimitación con respecto a otras materias, sino, como dice Jáuregui,[46] una forma específica a través de la cual se expresan determinadas actividades materiales con contenido propio, Pérez Calvo, situándose en una posición contrapuesta que, sin embargo, compartimos, entiende[47] que no se puede dudar del carácter de "materia" que las relaciones internacionales tienen en la Constitución.

La "materia", como concepto jurídico relevante para definiciones competenciales, se ha erigido en una de las líneas principales del sistema competencial, como ha puesto de relieve el Tribunal Constitucional.[48] Bien es verdad que las materias enumeradas por los arts. 148 y 149 no están elegidas conforme a un criterio uniforme; por el contrario, la materia es, en ocasiones, una actividad pública, un bien, una institución o una técnica económica. Quiere ello decir que, a veces, el concepto de "materia" se relaciona con las actividades concretas del poder respecto de determinados fines sociales que se refieren a una acción reflexiva del Estado.

A la vista de todo lo expuesto, no nos cabe duda de que las relaciones internacionales tienen propiamente el carácter de una materia a los efectos que ahora nos ocupan. Nos encontramos, en efecto, ante una actividad pública realizada en función de unas necesidades sentidas por el Estado y que la tradición jurídica y organizativa de la Administración ha ido delimitando de otras actividades y funciones públicas. Como dice Pérez Calvo,[49] nos hallamos ante una verdadera materia que no sólo se da bajo la forma de categoría jurídica, sino que ni siquiera ofrece una gran dificultad para poder ser objeto de delimitación en la realidad social.

A) El contenido de la reserva estatal

I. La controvertida reserva estatal que venimos examinando ha desencadenado un conjunto de construcciones doctrinales encaminadas a tratar de buscar la necesaria articulación, de un lado, entre la titularidad estatal del poder exterior y la frecuente proyección exterior de actuaciones autonómicas ejercidas al amparo de competencias que les son propias, y de otro, y en relación específica con el ámbito comunitario europeo, entre aquella titularidad estatal y el derecho de participación de las Comunidades Autónomas en la formación de las decisiones comunitarias europeas que afecten a sus materias reservadas, problemática esta última de primera importancia, como señala García de Enterría.[50] A tales problemas que, como dijimos en un momento precedente, son distintos aún hallándose relacionados, han tratado de dar respuesta diferentes construcciones encaminadas, en lo sustancial, a precisar el contenido de esta reserva estatal.

Destaquemos ante todo que existe cierta coincidencia en orden a la necesidad de una interpretación abierta de la cláusula del art. 149.1.3ª, con el subsiguiente rechazo de una interpretación rígida y mecanicista que

administrativas que corresponden con exclusividad a la Administración Central del Estado en el exterior en relación con las que corresponden a las Comunidades Autónomas en el interior y no al ejercicio del "poder exterior" que sin ninguna duda corresponde al Estado. Tomás Solís Gragera: "El poder exterior y las Comunidades Autónomas", en *Documentación Administrativa*, n. 205, julio-septiembre 1985, pp. 91 y ss.; en concreto, p. 94.

46. Gurutz Jáuregui: *Las Comunidades Autónomas...*, *op. cit.*, p. 23.

47. Alberto Pérez Calvo: *Estado Autonómico...*, *op. cit.*, pp. 20-24.

48. STC 39/1982, de 30 de junio, fund. jur. 5º.

49. Alberto Pérez Calvo: *Estado Autonómico...*, *op. cit.*, pp. 21-22.

50. Eduardo García de Enterría: "La participación de las Comunidades Autónomas en la formación de las decisiones comunitarias", en *Revista Española de Derecho Constitucional*, n. 33, septiembre-diciembre 1991, pp. 3 y ss.; en concreto, p. 18.

vea una relación internacional en cualquier actividad de proyección exterior con la subsiguiente absorción competencial por el Estado.

II. A partir del criterio hermenéutico inmediatamente antes referido, un amplio sector doctrinal ha diferenciado, expresa o implícitamente, un doble orden de contenidos en la materia "relaciones internacionales", susceptibles de derivar un régimen de exclusividad rigurosa e ilimitada para algunos de esos contenidos y un régimen de competencias compartidas por el Estado y las Comunidades Autónomas que se distribuiría entre ambos según la ordenación constitucional y estatutaria de las materias y de las competencias estatutariamente asumidas. Ha sido Mangas Martín quien quizá con más ardor ha definido esta posición.[51]

La citada autora, en su intento de desentrañar las dispares competencias incluidas en ese "cajón de sastre" que a su juicio es el art. 149.1.3ª, separa, por un lado, el *ius contrahendi* o manifestación del consentimiento del Estado para obligarse mediante tratados, la representación exterior del Estado (el *ius legationis* activo y pasivo) y la responsabilidad internacional del Estado. Junto a tales competencias de obvia proyección externa, encontramos otras competencias domésticas como pueden ser la relativa a la formación de las delegaciones negociadoras y la presencia en ellas de representantes autonómicos, o aquellas otras competencias de clara proyección interna, como son el proceso interno de formación de la voluntad exterior del Estado, en el que la consulta, información e incluso autorización de diferentes instituciones y entes del Estado es siempre una cuestión interna, así como la ejecución de los tratados internacionales, que se lleva a cabo por el Estado mediante procedimientos y órganos internos, conforme al principio de la autonomía institucional y procedimental.

51. Araceli Mangas Martín: *Derecho Comunitario Europeo y Derecho español, op. cit.*, pp. 227-234.

La conclusión sería que el constituyente ha referido la acepción genérica de "relaciones internacionales" a las concretas atribuciones contenidas a lo largo de la Constitución en favor del Estado con carácter exclusivo: la representación exterior (*ius representationis*), la celebración de tratados (*ius contrahendi*), la dirección de la política exterior y el control del cumplimiento, no el cumplimiento en sí, de las obligaciones internacionales. Este, pues, sería el ámbito acotado por el art. 149.1.3ª que, de esta forma, no agotaría todas las proyecciones de la acción exterior.

III. Otros sectores de la doctrina, en una línea de reflexión muy próxima a la antes expuesta, han acuñado la expresión "núcleo duro" para delimitar el ámbito de las relaciones internacionales. En tal sentido, Pérez González[52] cree que desde una correcta apreciación del bloque constitucional, las "relaciones internacionales" están representadas por el núcleo duro de las actuaciones estatales que configuran el poder exterior: *ius ad tractatum*, dirección de la política exterior, *ius legationis* y responsabilidad internacional, distinguiéndose frente a éstas, y dentro de un concepto lato de las relaciones internacionales, aquellas otras actuaciones que, por no tener una vinculación esencial con la representación *ad extra* del Estado en cuanto sujeto soberano del Derecho internacional, son susceptibles de una gestión autonómica, en el bien entendido de que no todas estas actuaciones constituyen en sentido estricto aspectos internos de la acción exterior (así, por ejemplo, la cooperación transfronteriza o un hipotético *ius contrahendi* autonómico que pudiera advenir por la vía del art. 150.2 CE).[53-54]

52. Manuel Pérez González: *La Acción Exterior del Estado y las Autonomías..., op. cit.*, p. 265.

53. Esta tesis del "núcleo duro" es seguida en su literalidad, entre otros, por Jorge Pueyo Losa: "Sobre el principio y los mecanismos de colaboración entre el Gobierno central y las Comunidades Autónomas en asuntos relacionados con las Comunidades Europeas", en *Revista de Instituciones*

Algún otro autor, en estrecha conexión con los anteriores, ha hablado de un "núcleo fuerte". Es el caso de Soriano,[55] para quien el concepto "relaciones internacionales" debe ponerse en relación con el principio de la soberanía estatal. Ello supondrá que el título competencial del art. 149.1.3ª vendrá integrado por el conjunto de potestades superiores en las que se hallan en juego las funciones propias de la soberanía. El citado autor no precisa las actuaciones específicas vinculadas a esas potestades superiores, sino que se limita a apuntar el criterio del interés nacional como el elemento delimitador de aquellas funciones de soberanía propias de las relaciones internacionales.[56]

IV. Otro sector de la doctrina ha reconducido el contenido de esta reserva a la noción de política exterior[57] o a la de poder exterior.[58] Así, Pérez Tremps cree que el concepto "relaciones internacionales" debe circunscribirse a determinadas acciones estatales vinculadas al poder exterior, lo que, entre otras cosas, supone que son los poderes centrales los únicos que pueden comprometer política y jurídicamente a España en los foros comunitarios, y por eso la "ejecución de los tratados", entendida como integración en el Derecho interno, es parte de las relaciones internacionales, aunque no así la ejecución de los Tratados constitutivos de la Unión Europea y del Derecho derivado, que debe ser visualizada, en cambio, como el cumplimiento de las obligaciones que generan y que, por lo mismo, excluida su integración, no forma parte de las relaciones internacionales. Todo lo anterior no impide, sin embargo, que competencias no delimitadas de forma clara por el bloque de la constitucionalidad entre Estado y Comunidades Autónomas, puedan servir de marco para una ampliación competencial estatal de hecho, ampliación que se justificaría en las obligaciones internacionales asumidas, pero siempre dentro del cuadro delimitado por el bloque de la constitucionalidad.[59]

La dirección de la política exterior por el Gobierno (art. 97 CE) y la interacción normativa entre este último precepto y el art. 149.1.3ª sustenta una nueva interpretación

Europeas, v. 16, n. 1, enero-abril 1989, pp. 29 y ss.; en concreto, p. 31.

54. Siguiendo muy de cerca la tesis del "núcleo duro", interpretada desde la óptica de la doctrina italiana de las "actividades de relevancia internacional" (*attività di mero rilievo internazionale*), Aja cree que se impone la necesidad de distinguir entre relaciones internacionales en sentido estricto y el conjunto de relaciones culturales, técnicas, comerciales... que se desarrollan sobrepasando en algún aspecto el ámbito jurídico interno de un Estado. Eliseo Aja: "Comentario a la STC 137/1989, de 20 de julio" (colaboración entre Galicia y Dinamarca), en el colectivo, *La Celebración de Tratados Internacionales por España: Problemas Actuales*, *op. cit.*, pp. 154 y ss.; en particular, p. 161.

55. José Eugenio Soriano: *Comunidades Autónomas y Comunidad Europea*, Madrid, Tecnos, 1990, p. 27.

56. No muy alejada habría de situarse la posición de quien, como Bustos, considera que el concepto "relaciones internacionales" viene delimitado por el Derecho internacional, pues, en sentido técnico, se han de entender por "relaciones internacionales" solamente aquellas actividades que se encuentran sometidas al Derecho internacional, o lo que es igual, tan sólo la conclusión de tratados internacionales, la representación exterior del Estado y la responsabilidad internacional. Rafael Bustos Gibert: *Relaciones Internacionales y Comunidades Autónomas*, *op. cit.*, p. 80.

57. Luis Alberto Pomed Sánchez: "La proyección exterior de las Comunidades Autónomas ante el Tribunal Constitucional", en *Revista de Administración Pública*, n. 123, septiembre-diciembre 1990, pp. 211 y ss.; en particular, pp. 243-246.

58. Pablo Pérez Tremps: *Comunidades Autónomas, Estado y Comunidad Europea*, Madrid, Ministerio de Justicia, 1987, p. 75.

59. También Muñoz Machado, siguiendo a Strozzi (G. Strozzi: *Regioni e Adattamento dell'Ordinamento Interno al Diritto Internazionale*, Milán, 1983), vincula en cierta forma las relaciones internacionales al poder exterior del Estado. Santiago Muñoz Machado: *La Ordenación de las Relaciones del Estado y las Comunidades Autónomas con la Comunidad Europea*, *op. cit.*, p. 33.

expansiva de la competencia estatal,[60] de acuerdo con la cual, la habilitación estatal del tantas veces citado art. 149.1.3ª ha de entenderse referida no sólo a los ámbitos más estrictos de ese "núcleo duro" competencial con anterioridad comentado, sino también a una función directora y coordinadora de las actuaciones que las Comunidades Autónomas, como proyección de sus competencias internas, puedan llevar a cabo. Ello no excluiría una actividad de relevancia exterior de las Comunidades Autónomas, pero en cuanto ésta debe enmarcarse en los principios y directrices de la política exterior del Estado, como exigencia inherente al "principio de unidad de acción en el exterior", la cláusula del art. 149.1.3ª, interpretada en armonía con la previsión del art. 97, posibilitaría esa función estatal coordinadora de las actuaciones autonómicas en el exterior.

No muy alejada de la última interpretación se sitúa la construcción doctrinal que lleva a cabo Pérez Calvo[61] que, de alguna manera, también entraña una visión amplia o expansiva de las relaciones internacionales, si bien desde una óptica diferenciada de la precedente. Parte el citado autor de que un intento analítico de descubrir las funciones concretas que se encierran en la genérica expresión del art. 149.1.3ª conduce a identificar dentro del mismo las funciones que otros autores califican como el "núcleo duro" competencial: la representación internacional, el *ius contrahendi*, la responsabilidad internacional del Estado por los compromisos adquiridos, así como la consiguiente garantía del cumplimiento de los mismos y la política exterior. Sin embargo, entender que éste es el contenido del citado precepto constitucional no aporta nada respecto al conocimiento de su contenido real, porque los conceptos referidos son predominantemente puras categorías formales sin un contenido material preciso. Y cuando la Constitución encomienda al Estado la competencia sobre las relaciones internacionales, no puede referirse únicamente a la capacidad de emitir meros actos formales cuya preparación corriera a cargo de otra instancia, sino que forzosamente la competencia ha de permitir al competente modelar sus contenidos. Por todo ello, el citado autor concluye que las relaciones internacionales, independientemente de algún posible elemento material propio, tienen un contenido material flexible, que varía de caso en caso en función de la calidad de los asuntos que sean objeto de la relación internacional.

V. Por nuestra parte, siguiendo en este punto la línea doctrinal más extendida, creemos que la delimitación del contenido del concepto "relaciones internacionales" exige, ante todo, atender de modo sistemático al conjunto del Texto fundamental. Desde esta perspectiva, parece claro que dentro de las relaciones internacionales tendrán cabida: el *ius legationis*, el *ius ad tractatum*, la declaración de la guerra y la formalización de la paz, la responsabilidad internacional del Estado y la subsiguiente garantía del cumplimiento de los compromisos adquiridos y la dirección de la política exterior. Ahora bien, quedarnos aquí, en lo que podríamos considerar con un amplio sector doctrinal como el "núcleo duro" de las relaciones internacionales, integrado por un conjunto de funciones o actividades estatales de naturaleza preeminentemente formal, sería tanto como ignorar el sentido último de la cláusula de la que venimos ocupándonos, que no es otro, como ya señalamos, que garantizar la unidad de actuación del Estado en el tráfico jurídico internacional, como modo de salvaguardar a su vez los intereses generales. A ello responde primariamente la atribución a un órgano estatal, el Gobierno, de la muy relevante función de dirección de la política exterior. Y de todo ello se deriva,

60. Adolfo Hernández Lafuente: *La Actividad Internacional de las Comunidades Autónomas y el Principio de Unidad de Acción en el Exterior*, *op. cit.*, pp. 149-150.

61. Alberto Pérez Calvo: *Estado Autonómico y Comunidad Europea*, *op. cit.*, en particular, pp. 36-42.

a sensu contrario, que las Comunidades Autónomas no pueden realizar una política exterior propia. Y en este contexto encuentra su significación más plena la cláusula del art. 149.1.3ª que, por todo lo expuesto, no creemos que pueda ser entendida como la resultante de una mera adición de funciones preeminentemente formales contempladas en otros preceptos de la Norma suprema.

Todo ello se traduce, a nuestro modo de ver, en un cuádruple orden de consecuencias:

En primer término, en la plena capacidad decisoria del Estado en el ejercicio de aquellas funciones básicamente formales que de modo tradicional vienen considerándose como las manifestaciones primigenias de la acción exterior. Dicho de otro modo, la titularidad de esta competencia no puede quedar circunscrita a la pura formalización de un conjunto de actos decididos por la conjunción de voluntades de los entes territoriales integrantes del Estado. Ello no significa que no sea pertinente postular la conveniencia de implicar a las Comunidades Autónomas en la selección de los objetivos de la política exterior. Como ya tuvimos oportunidad de señalar en otro momento,[62] que las Comunidades Autónomas hayan de quedar excluidas del ejercicio directo de aquellas actividades que provocan cambios en la situación jurídica del Estado, en cuanto miembro de la comunidad internacional, no supone necesariamente que tengan que permanecer pasivas en el momento de la adopción de decisiones por los órganos competentes. Es obvio que no puede ni debe confundirse la manifestación de la voluntad estatal hacia el exterior con la formación de esa voluntad. Ahora bien, hecha esta precisión, debe apostillarse que la titularidad de la competencia en materia de relaciones internacionales ha de permitir al Estado, en última instancia, diseñar el contenido de la misma.

En segundo lugar y completando lo anterior, las funciones formales que podemos considerar que integran el contenido de la reserva tienen, como señala Pérez Calvo,[63] un contenido material flexible, que varía de caso en caso en función de la calidad de los asuntos que sean objeto de la relación internacional. Ahora bien, ese contenido ha de enmarcarse en el bloque de la constitucionalidad, lo que, en este caso, debe significar la vinculación de ese contenido material a la última *ratio* de esta reserva estatal: la unidad de acción del Estado en el tráfico jurídico internacional. Ello debe posibilitar un cierto "espacio autonómico" en el ámbito de la acción exterior que puede manifestarse en un conjunto de actividades de relevancia internacional que no comprometan aquella unidad de acción.

En tercer término, ante una actuación de relevancia exterior por parte de las Comunidades Autónomas en el ámbito de sus respectivas competencias materiales, hay que entender que la reserva estatal del art. 149.1.3ª puede operar como título de los llamados generales u horizontales, así denominados porque cruzan o inciden horizontalmente las restantes materias, concurriendo con otros títulos específicos, sectoriales o verticales, con el efecto de absorción estatal de una competencia hasta ese mismo momento de titularidad material autonómica. Esta concurrencia de títulos debe resolverse, como ha dejado claro la doctrina constitucional, de acuerdo con la teoría de los límites, que impide una interpretación expansiva de los títulos horizontales y que exige modularlos de modo tal que no se vacíe de contenido la competencia autonómica asentada en un título vertical. En el caso concreto que nos ocupa, tal exigencia presupone que no basta una mera proyección exterior para que pueda recurrirse a la reserva estatal del art. 149.1.3ª. Será inexcusable además que tal proyección entrañe una afecta-

62. Francisco Fernández Segado: *Acción Exterior y Comunidades Autónomas...*, *op. cit.*, p. 16.

63. Alberto Pérez Calvo: *Estado Autonómico...*, *op. cit.*, p. 39.

ción del principio de unidad en la acción exterior del Estado. Sin embargo, afectado este principio de unidad, no se requerirá que la dimensión exterior forme parte integrante de la delimitación material (como sucede, por ejemplo, en las materias contempladas por el art. 149.1.2ª: nacionalidad, inmigración, emigración, extranjería y derecho de asilo) para que se produzca el cambio de titularidad a favor del Estado.

Finalmente, frente a una actuación de relevancia exterior de las Comunidades Autónomas, llevada a cabo en el ámbito de sus respectivas competencias materiales, la reserva estatal del art. 149.1.3ª puede asimismo manifestarse a través de una función coordinadora, directora u ordenadora de aquellas actuaciones autonómicas que proyecten sus competencias hacia el exterior, cuando así entiendan los órganos estatales competentes que viene exigido por la unidad de acción del Estado en el tráfico jurídico internacional o bien por la propia dirección de la política exterior. Ello no debe suponer en modo alguno que cualquier actuación autonómica de relevancia exterior pueda ser objeto de la intervención coordinadora del órgano estatal, haciéndose depender dicha intervención del puro voluntarismo de tales órganos del Estado. Sólo cuando el interés general, que como es doctrina constitucional reiterada, no es ajeno a la distribución de competencias en ciertas materias, las relaciones internacionales entre ellas,[64] entre el Estado y las Comunidades Autónomas, pueda hallarse comprometido, apreciada tal circunstancia desde la óptica del bloque de la constitucionalidad, será constitucionalmente posible tal intervención estatal coordinadora u ordenadora.

VI. El Tribunal Constitucional demoró largo tiempo un pronunciamiento detenido sobre el contenido de la reserva estatal del art. 149.1.3ª. En su primera jurisprudencia, el Tribunal vino sistemáticamente considerando que la dimensión internacional de una cuestión era, *per se*, factor primordial para la atribución de la competencia al Estado,[65] reconduciendo en ocasiones al art. 149.1.3ª aspectos que, en rigor, nada tenían que ver con las relaciones internacionales,[66] o contribuyendo a explicar la intervención de instancias administrativas centrales respecto de ciertas actividades de relevancia pública por su proyección internacional.[67]

El cenit de esta evolución lo encontramos en la STC 137/1989, en donde el Tribunal aborda uno de los contenidos de la reser-

64. En tal sentido se manifiesta el Tribunal en su STC 65/1998, de 18 de marzo, fund. jur. 12.

65. Así, en la STC 44/1982, de 8 de julio, fund. jur. 4º, el Tribunal otorgó la titularidad de la competencia para atribuir frecuencias y potencias a las emisoras de radio de frecuencia modulada al Estado, entre otros argumentos, por la dimensión internacional de la cuestión, que venía dada por el hecho de que la radiodifusión no puede funcionar debidamente sin convenios de distribución de frecuencias entre los Estados.

66. En la STC 154/1985, de 12 de noviembre, fund. jur. 5º, el Tribunal entiende que la creación por la Comunidad Autónoma de Galicia del Instituto Gallego de Bachillerato a Distancia, que había de extender su actividad más allá del territorio gallego, a los emigrantes y Comunidades Gallegas asentadas fuera de Galicia, no sólo quebranta el principio de territorialidad, sino que al crear o habilitar un centro fuera de España, se venía a establecer una relación entre la Comunidad Autónoma de Galicia y un poder público extranjero, circunstancia que, al margen ya de cual fuera la naturaleza de la relación establecida, vulneraría, según un discutibilísimo juicio del Tribunal, de una manera abierta la competencia exclusiva del Estado en materia de relaciones internacionales.

67. En su STC 1/1986, de 10 de enero, fund. jur. 3º, el Tribunal, frente al argumento de que la proyección internacional del deporte encuentra en el n. 3º del art. 149.1 su norma competencial específica, y aun considerando innecesario analizar la relevancia de la conexión internacional para determinar la titularidad competencial controvertida, aduce que no cabe descontar que la relevancia pública, por su dimensión internacional, de unos encuentros deportivos haya podido llevar a la adopción de la intervención administrativa sobre el deporte federado más allá del ámbito propio de una Federación deportiva regional.

va estatal de la que venimos ocupándonos, el *treaty-making-power*, interpretándolo con una enorme amplitud que le lleva a considerar de la exclusiva titularidad estatal la competencia para obligarse por medio de convenios o tratados internacionales, sin acoger salvedad o excepción alguna al respecto en beneficio de las Comunidades Autónomas, ni en función de tales o cuales materias.[68] De esta forma, el Tribunal viene a equiparar el *ius ad tractatum* con el *ius contrahendi*. Y así, reconduce al título competencial del art. 149.1.3ª la realización de un "Comunicado de Colaboración" suscrito entre el Consejero de Ordenación del Territorio y Medio Ambiente de la Xunta de Galicia y la Dirección General del Medio Ambiente del Gobierno del Reino de Dinamarca. El Tribunal lleva a cabo una interpretación puramente mecanicista del precepto constitucional sin atender a la naturaleza del "Comunicado" objeto del conflicto competencial,[69] limitándose a constatar que el mismo refleja la existencia de un acuerdo o compromiso recíproco entre los dos organismos citados, lo que implica el ejercicio por la Xunta de Galicia de una competencia de la que constitucional y estatutariamente carece, importando poco que el Acuerdo en cuestión comprometa o no la responsabilidad internacional del Estado.

Un Voto particular discrepante formulado por el Magistrado Díaz Eimil y al que se adhirieron el Presidente del Tribunal y otros dos Magistrados, iba a sentar las bases para una cierta evolución jurisprudencial ulterior. En el Voto en cuestión se pone de relieve que la Sentencia se apoya en un concepto tan rígido y expansivo del título competencial del art. 149.1.3ª, que conduce a negar a las Comunidades Autónomas toda posibilidad constitucional de realizar aquella clase de actividades y contactos que aún teniendo dimensión internacional, no originan obligaciones inmediatas y actuales, ni suponen ejercicio de la soberanía, ni inciden en la política exterior del Estado, ni, finalmente, generan responsabilidad de éste frente a otros Estados, y ello equivale a decidir al margen de la actual realidad de internacionalización, cada vez más intensa, de las relaciones de fomento y colaboración entre organismos públicos. En definitiva, en este Voto, que de modo indirecto contempla el contenido de la reserva del art. 149.1.3ª, se rechaza, con excelente criterio, una concepción globalizante de las "relaciones internacionales" y, por lo mismo, que estuviera en juego, como estimó la mayoría del Tribunal, el *treaty-making-power*, algo que, como se ha señalado,[70] sólo se pudo hacer desde una perspectiva cartesiana, con abstracción de las concretas circunstancias del caso.

A partir de ese momento, el Tribunal comenzará a tratar de delimitar mínimamente el título competencial que nos ocupa. Así, en su Sentencia 153/1989,[71] tras rechazar que pueda llegar a admitirse que cualquier relación, por lejana que sea, con temas en los que estén involucrados otros países o ciudadanos extranjeros, implique por sí sola o necesariamente que la competencia resulte atribuida a la materia "relaciones internacionales",[72] el Juez de la Constitución pro-

68. STC 137/1989, de 20 de julio, fund. jur. 4º.

69. Como bien razona Soriano, el "Comunicado" era un mero marco o previsión para una colaboración que habría de instrumentalizarse a su vez mediante la firma de los oportunos contratos, presentándosenos más bien como una actividad promocional que se traduciría en una promoción autonómica de la cooperación danesa con una empresa privada española en orden a la solución de los problemas medioambientales de Galicia, muy similares a los existentes en Dinamarca años atrás. José Eugenio Soriano: "Poder exterior y Comunidades Autónomas", en *Revista Vasca de Administración Pública*, n. 25, septiembre-diciembre 1989, pp. 117 y ss.; en particular, p. 131.

70. José Eugenio Soriano: *Poder Exterior...*, *op. cit.*, p. 134.

71. STC 153/1989, de 5 de octubre, fund. jur. 8º.

72. Ya en su STC 125/1984, de 20 de diciembre, fund. jur. 1º, el Tribunal, en relación con el

cedería a una primera delimitación del contenido del concepto o materia de "relaciones internacionales": "tratados, paz y guerra, reconocimiento de Estados, representación exterior, responsabilidad internacional, etc.". Era claro que se trataba de una enumeración no cerrada. La delimitación no pretendía, consiguientemente, ser exhaustiva.

De modo más rotundo aún, en la STC 80/1993,[73] el Juez de la Constitución iba a insistir[74] en que la dimensión exterior de un asunto no puede servir para realizar una interpretación expansiva del art. 149.1.3ª CE que venga a subsumir en la competencia estatal toda medida dotada de una cierta incidencia exterior por remota que sea, pues si así fuera se produciría una reordenación del propio orden constitucional de distribución de competencias entre el Estado y las Comunidades Autónomas. Tras ello, reiteraría su doctrina anterior en relación a lo que en esta Sentencia considerará como el contenido esencial de la materia "relaciones internacionales": "sin llegar a una descripción agotadora de la misma — razona el Tribunal[75] —, en la STC 153/1989 ya la hemos caracterizado en su núcleo fundamental como comprensiva del *treaty-making-power*, de la representación exterior y de la responsabilidad internacional".

Será en la importante STC 165/1994 donde en mayor medida profundice el Tribunal en esta nueva dirección. Partiendo de la reiterada tesis de que no cabe identificar la materia "relaciones internacionales" con todo tipo de actividad con alcance o proyección exterior, lo que sería la resultante tanto de la propia literalidad de la Constitución (que ha considerado necesario reservar específicamente al Estado áreas de actuación externa que se consideran distintas de las "relaciones internacionales": así, "comercio exterior" — art. 149.1.10ª — o "sanidad exterior" — art. 149.1.16ª), como de la interpretación ya efectuada por el propio Tribunal, a la que ya nos hemos referido, el "intérprete supremo de la Constitución", insistiendo de nuevo en que no pretende una identificación exhaustiva de la reserva a favor del Estado, da un nuevo paso en la dirección de acotar, desde una óptica negativa y positiva, el contenido de esta reserva.[76]

En sentido negativo, las "relaciones internacionales", en cuanto materia jurídica, no se identifican en modo alguno con el contenido más amplio que posee dicha expresión en sentido sociológico, ni con cualquier actividad exterior. Ni tampoco con la "política exterior" en cuanto acción política del Gobierno.

En sentido positivo, el objeto de esta reserva son las relaciones de España con otros Estados independientes y soberanos y con las Organizaciones internacionales gubernamentales, relaciones que, en todo caso, están regidas por el Derecho internacional general y por los tratados y convenios en vigor para España. Ello entraña una remisión

título competencial del comercio exterior (art. 149.1.10ª CE), se había mostrado contrario a una interpretación expansiva de dicho título que permitiera absorber bajo él, como competencia estatal, cualquier medida que, dotada de una cierta incidencia, por remota que fuera, en el comercio exterior turístico, produjera directamente una reordenación de la actividad turística, vulnerando con ello las competencias estatutarias.

73. STC 80/1993, de 8 de marzo, fund. jur. 3º.

74. Ya en alguna otra Sentencia anterior, siempre, sin embargo, ulterior a la STC 153/1989, el Tribunal se había pronunciado en un sentido análogo. Tal es el caso de la STC 54/1990, de 28 de marzo, fund. jur. 3º, en donde manifestaría que no se puede entender "que la genérica competencia del Estado en las relaciones internacionales desplace en este caso a la competencia específica de la Comunidad Autónoma para la inspección de la distribución y dispensación de medicamentos, vaciándola de contenido, puesto que ambas se mueven en esferas distintas, y por tanto no hay una contradicción entre la realización del control e inspección de los estupefacientes y psicotropos por la Comunidad Autónoma de Galicia y el cumplimiento de las obligaciones internacionales del Estado".

75. STC 80/1993, de 8 de marzo, fund. jur. 3º.

76. STC 165/1994, de 26 de mayo, fund. jur. 5º.

a las normas del Derecho internacional general o particular, aplicables a España que, a juicio del propio Tribunal, son las que van a permitir determinar en cada caso tanto el contenido de las mismas como su sujeto.

A partir de ambas premisas, el Tribunal vuelve a identificar el contenido de la reserva, que queda integrada por materias tan características del ordenamiento internacional como son las relativas al *ius contrahendi*, al *ius legationis*, a la creación de obligaciones internacionales y a la responsabilidad internacional del Estado. En suma, las "relaciones internacionales" objeto de la reserva son relaciones entre sujetos internacionales y regidas por el Derecho internacional.

A la vista del alcance de la reserva estatal, la posibilidad autonómica de llevar a cabo actividades que tengan una proyección exterior, a juicio del Tribunal,[77] debe entenderse limitada a aquéllas que, siendo necesarias, o al menos convenientes para el ejercicio de sus competencias, no impliquen el ejercicio de un *ius contrahendi*, no originen obligaciones inmediatas y actuales frente a poderes públicos extranjeros,[78] no incidan en la política exterior del Estado, y no generen responsabilidad de éste frente a Estados extranjeros u organizaciones inter o supranacionales. En definitiva, una actividad de proyección exterior por parte de una Comunidad Autónoma requerirá, junto a la efectiva existencia de la atribución competencial estatutaria, que no incida en la reserva estatal anteriormente referida y que no la perturbe o condicione.

Señalemos, por último, que en coherencia con todo ello, el Tribunal ha considerado como parte del contenido de la competencia exclusiva del Estado la posibilidad de establecer medidas que regulen y coordinen las actividades con proyección externa por parte autonómica a fin de evitar o remediar de este modo eventuales perjuicios sobre la dirección y puesta en ejecución de la política exterior que, en exclusiva, corresponde a las autoridades estatales.

A la vista de esta doctrina constitucional en torno al contenido de la reserva estatal del art. 149.1.3ª cabe hacer dos últimas reflexiones.

En primer término, es de destacar que las relaciones internacionales son relaciones entre sujetos internacionales y regidas por el Derecho internacional. Ello significa que el Juez de la Constitución ha tomado al Derecho internacional como punto de referencia metodológico para la definición del contenido de la reserva, lo que sintoniza por otro lado con la naturaleza esencialmente política de este título competencial, a la que ya aludiera el Tribunal Constitucional en su Sentencia 17/1991,[79] considerando que se trataba de un título esencialmente político y propio de las relaciones entre Estados, y entendiendo que, por ello mismo, no podía recurrirse a él para negar a las Comunidades Autónomas toda posibilidad de actuar en la difusión o intercambio cultural de su Patrimonio Histórico o de promover sus valores culturales fuera de España. De esta naturaleza eminentemente política del título, la doctrina[80] ha entresacado una pauta interpretativa: las actuaciones externas de contenido preeminentemente técnico en principio deben situarse en el título competencial correspondiente a su materia (agricultura, turismo, industria...), reservándose las relaciones internacionales para las que tienen un carácter genérico, abstracto y, posible-

77. *Ibidem*, fund. jur. 6º.

78. Una participación en organizaciones internacionales de la que se derive la emanación de Acuerdos que disciplinen una determinada materia y que generen obligaciones inmediatas y actuales encuentra fácil acomodo en el marco del art. 149.1.3ª CE. Así lo puso de relieve el Tribunal Constitucional en su Sentencia 168/1993, de 27 de mayo, fund. jur. 7º.

79. STC 17/1991, de 31 de enero, fund. jur. 6º.

80. Pablo Pérez Tremps (coord.), Miguel Angel Cabellos Espiérrez y Eduardo Roig Molés: *La Participación Europea y la Acción Exterior de las Comunidades Autónomas*, Madrid/Barcelona, Marcial Pons/Institut d'Estudis Autonómics, 1998, p. 188.

mente, altamente discrecional. Aun admitiendo que puede ser un criterio hermenéutico de utilidad, lo realmente decisivo será que la actividad de relevancia exterior no genere obligaciones internacionales inmediatas y actuales, pues bastará el desencadenamiento de tales obligaciones para que entre automáticamente en juego la reserva estatal, con lo que este criterio se convierte realmente en el elemento nuclear en la configuración del contenido de la reserva estatal del art. 149.1.3ª.

En segundo lugar, cabe asimismo subrayar que el Juez de la Constitución ha incluido en el contenido de la reserva estatal la posibilidad de establecer medidas de regulación y coordinación de las actividades autonómicas con proyección externa, con vistas a evitar o remediar los eventuales perjuicios que sobre la dirección y ejecución de la política exterior pudieran desencadenar aquellas actividades autonómicas. La unidad de acción del Estado, exigida por el interés general, y la inexcusable dirección de la política exterior por un órgano estatal que, como dice Remiro,[81] veda la alta política a las Comunidades Autónomas, están en la base de este contenido adicional de la reserva estatal de las relaciones internacionales.

La STC 165/1994 ha supuesto un punto de inflexión por parte del Tribunal frente a su jurisprudencia anterior al posibilitar la realización autonómica de actividades de relevancia internacional o de proyección exterior, esto es, actividades de alcance extraterritorial, fuera de los límites del territorio español. El contraste es patente frente a posiciones anteriores, como las sostenidas en las Sentencias 154/1985 ó 137/1989.

A partir de la nueva jurisprudencia constitucional, un sector de la doctrina[82] ha sostenido la conveniencia de una relectura de la doctrina constitucional en el sentido de interpretar que el Tribunal, defendiendo la reserva íntegra al Estado de las relaciones internacionales pertenecientes al núcleo duro regulado en el art. 149.1.3ª, no descarta la posibilidad de que las entidades subestatales, en tanto actores reconocidos en la escena internacional (lo que se admite que es una cuestión de voluntad política), establezcan o intervengan en relaciones con poderes públicos distintos del Estado, que no incidan en aquella reserva. Desde luego, ya en su STC 137/ 1989, el Tribunal, no sin reticencias desde luego, reconocía[83] que nuestra Constitución no impide que la cooperación entre el Estado y las Comunidades Autónomas se proyecte también en el ámbito de la exclusiva titularidad estatal de la competencia para obligarse por medio de convenios o tratados internacionales, mediante estructuras adecuadas para las que tanto la propia Constitución (art. 150.2) como el Derecho comparado (Tratados-marco, etc.) ofrecen amplias posibilidades.

B) La integridad de la competencia estatal

El art. 149.1 CE enumera un largo elenco de materias respecto de las que se atribuye al Estado la competencia exclusiva. El terreno que abarca la exclusividad parece relativamente fácil de determinar *a priori*, pues, entendida en un sentido estricto, exclusividad equivale a monopolio, a integridad o plenitud en la disposición de la materia, lo que supone que el titular de la competencia dispone íntegramente de la misma, con exclusión de cualquier otro. Sin embargo, el empleo que del término "exclusivo" hace la Constitución, como también los Estatutos de Autonomía, es muy equívoco, como el propio Tribunal Constitucional ha admitido en reiteradas ocasiones. Ello aconseja separar al menos dos tipos de competencias exclusivas: las íntegras, plenas o absolutas

81. Antonio Remiro Brotons: *La Estructura Compleja del Estado*..., *op. cit.*, p. 246.

82. Manuel Pérez González: "La 'onda regional' en Bruselas y el ámbito del poder exterior" (Comentario a la Sentencia del Tribunal Constitucional 165/1994, de 26 de mayo), en *Revista de Instituciones Europeas*, v. 21, n. 3, septiembre-diciembre 1994, pp. 899 y ss.; en particular, p. 911.

83. STC 137/1989, de 20 de julio, fund. jur. 4º.

y aquellas otras que pueden entenderse como "exclusivas" sólo en un sentido relativo, pues no entrañan la competencia sobre la integridad de la materia.

A partir de aquí es necesario significar que la competencia estatal sobre las "relaciones internacionales" puede ser calificada como íntegra o plena, disponiendo consiguientemente el Estado de la totalidad de la materia, esto es, pudiendo realizar el conjunto de todas las funciones públicas (ordenación y ejecución) sobre la materia. La exclusividad debe, pues, entenderse en el sentido de plenitud o integridad.

El Juez de la Constitución ha venido aludiendo en distintas ocasiones a la plenitud de la competencia estatal sobre los títulos competenciales de proyección exterior: comercio exterior[84] y sanidad exterior.[85] Y también lo ha hecho con mayor nitidez aún con respecto a las relaciones internacionales. En su Sentencia 35/1982, el Tribunal, tras referirse a las diversas técnicas constitucionalmente utilizadas para delimitar el ámbito reservado en exclusiva a la competencia estatal, destaca de modo particular la diferencia entre la reserva de toda una materia, citando, ejemplificativamente, las relaciones internacionales, la defensa y las Fuerzas Armadas, la Administración de Justicia y la Hacienda General y Deuda del Estado, y la reserva de potestades concretas. En el primer caso, la reserva no sólo impide que una Comunidad Autónoma pueda asumir competencias sobre la materia reservada, sino también que pueda orientar su autogobierno en razón de una política propia acerca de ella.[86] De una u otra forma, este reconocimiento de la plenitud de la competencia ha estado presente en otros distintos fallos del Juez de la Constitución.[87]

La integridad de la reserva competencial no resuelve ni mucho menos los problemas de delimitación material del contenido del título, pues es una obviedad que esa integridad o plenitud de la competencia viene referida a un determinado ámbito material y éste, por lo que ya se ha dicho detenidamente al abordar el contenido de la reserva, no puede abarcar de modo ilimitado cualquier aspecto relacionado con la competencia externa, cualquier actividad que tenga una cierta proyección o relieve exterior. Como dijo el Tribunal en su Sentencia 165/1994, no cabe identificar la materia "relaciones internacionales" con todo tipo de actividad con alcance o proyección exterior.[88] Todo ello, al margen ya de lo frecuente del hecho de que una materia tenga dimensiones clasificables dentro de otro concepto material con lo que ello entraña de posible concurrencia imperfecta de títulos, que, como ha significado el propio Tribunal,[89] obliga al intérprete del bloque de la constitucionalidad y de la norma o normas constitutivas del objeto de un conflicto a una tarea de ponderación, difícilmente conceptualizable y por fuerza casuística.

Tras el último pronunciamiento realmente relevante del Alto Tribunal en torno a esta cuestión, la STC 165/1994, bien puede decirse que la plenitud competencial del Estado recaerá sobre ese conjunto de materias características del ordenamiento internacional a las que ya nos referimos con anterioridad que entrañan la puesta en juego de la soberanía estatal. Sobre tales materias, el Estado ejercerá potestades legislativas y reglamentarias, como también la potestad de ejecución administrativa.

El ejercicio de las referidas potestades debe, sin embargo, desvincularse de la eje-

84. STC 1/1982, de 28 de enero, fund. jur. 13.

85. STC 252/1988, de 20 de diciembre, fund. jur. 3º.

86. STC 35/1982, de 14 de junio, fund. jur. 2º.

87. Entre otras varias, SSTC 44/1982, de 8 de julio, fund. jur. 4º; 154/1985, de 12 de noviembre, fund. jur. 5º, y 137/1989, de 20 de julio, funds. jurs. 3º y 4º.

88. STC 165/1994, de 26 de mayo, fund. jur. 5º.

89. STC 125/1984, de 20 de diciembre, fund. jur. 1º.

cución de los tratados y convenios internacionales, cuestión sobre la que, siquiera sea muy brevemente, conviene decir algo.

Como es reiterada doctrina constitucional,[90] el Estado no puede ampararse, por principio, en su competencia exclusiva sobre las relaciones internacionales para extender su ámbito competencial a toda actividad que constituya desarrollo, ejecución o aplicación de los convenios o tratados internacionales y, en particular, del Derecho derivado europeo.[91] A su vez, la ejecución de tales tratados o convenios, en lo que afecten a las materias atribuidas a la competencia de las Comunidades Autónomas, no supone atribución de una competencia nueva, distinta de la que en virtud de otros preceptos ya ostenta la respectiva Comunidad Autónoma.[92]

90. Valga por todas la STC 148/1998, de 2 de julio, fund. jur. 4º.

91. En relación con la problemática de la ejecución del Derecho comunitario, son las reglas internas de delimitación competencial las que, en todo caso, y según el Juez de la Constitución (STC 80/1993, de 8 de marzo, fund. jur. 3º), han de fundamentar la respuesta a los conflictos de competencia surgidos entre el Estado y las Comunidades Autónomas, tal como, además, se reconoce desde el propio Derecho comunitario, en el que una consolidada jurisprudencia del Tribunal de Justicia ha consagrado el llamado "principio de autonomía institucional y procedimental", en virtud del cual, cuando las disposiciones de los Tratados o demás normas comunitarias reconocen poderes a los Estados miembros o les imponen obligaciones en orden a la aplicación del Derecho comunitario, la cuestión de saber de qué forma el ejercicio de los poderes y la ejecución de las obligaciones pueden ser confiadas por los Estados miembros a determinados órganos internos depende únicamente del sistema constitucional de cada Estado miembro. Y todo ello no es sino la resultante última de la reiteradísima doctrina constitucional (véase por todas la STC 67/1996, de 18 de abril, fund. jur. 3º) de que la integración de España en las Comunidades Europeas no ha supuesto la alteración del orden de distribución interno de competencias entre el Estado y las Comunidades Autónomas.

92. STC 252/1988, de 20 de diciembre, fund. jur. 2º.

Hemos de finalizar aludiendo a una última cuestión. Como antes dijimos, siguiendo la doctrina fijada por el Tribunal Constitucional en su Sentencia 35/1982, la integridad de la reserva no solo presupone el ejercicio de la totalidad de las funciones sobre una materia por parte del competente, el Estado en el caso de las relaciones internacionales, sino que desencadena una consecuencia adicional para las Comunidades Autónomas: excluye que éstas puedan siquiera orientar su autogobierno en razón de una política propia respecto de tal materia, disponiendo los entes territoriales integrantes del Estado como único cauce de participación el que ofrece el Senado, en virtud de la representación específica que las Comunidades tienen en la Cámara Alta, cauce que desde luego es mínimo. Bien es verdad que el simple hecho de la referencia al Senado ya entrañaba un cierto intento de viabilizar una participación autonómica en la determinación de la orientación política a dar a la ordenación de la materia en cuestión.

Esta filosofía, apenas perceptible en la STC 35/1982, al quedar postergada ante la primacía dada a la imposibilidad de que la Comunidad Autónoma oriente su autogobierno en función de una política propia, ha reverdecido con el devenir del tiempo en la jurisprudencia constitucional. El Tribunal ha parecido acomodar su doctrina a los postulados de un modelo cooperativo, con abandono de los propios de un modelo dual. De esta forma, y sin pretender entrar ahora en esta cuestión, el Tribunal Constitucional ha insistido reiteradamente (insistencia que se ha hecho bien patente en la materia que nos ocupa) en que el Estado y las Comunidades Autónomas vienen sometidos a un deber general de colaboración o cooperación que no es preciso justificar en preceptos constitucionales concretos porque es de esencia, connatural, al modelo de organización territorial del Estado implantado por la Constitución de 1978.

DIREITOS FUNDAMENTAIS E ARMA DE FOGO

Celso Antônio Bandeira de Mello

Titular de Direito da Pontifícia Universidade Católica de São Paulo — PUC/SP

1. Em face da Lei Magna do País, o cidadão jamais poderá ser ***proibido*** de *tentar* defender sua vida, seu patrimônio, sua honra, sua dignidade ou a incolumidade física de sua mulher e filhos a fim de impedir que sejam atemorizados, agredidos, eventualmente vilipendiados e assassinados, desde que se valha de meios proporcionais aos utilizados por quem busque submetê-los a estes sofrimentos, humilhações ou eliminação de suas existências.

A Constituição Brasileira não autoriza a que seja legalmente qualificado como criminoso, e muito menos como sujeito eventual à pena de reclusão**,** o cidadão que tente defender a própria vida, o patrimônio, a honra, a dignidade ou a incolumidade física de sua mulher e filhos usando de meios proporcionais aos utilizados por quem busque infligir-lhes estes sofrimentos, humilhações ou eliminação de suas existências ou então que simplesmente se *aprovisione* de tais meios, na esperança de impedir que ele ou seus familiares sejam atemorizados, agredidos, e eventualmente vilipendiados.

Logo, é grosseiramente *inconstitucional a lei que para eles concorra ou que abique direta ou indiretamente em tais resultados.*

2. Com efeito, a Constituição Brasileira, como não poderia deixar de ser, qualifica como bens de suma valia a vida, a honra, a segurança, a dignidade, a incolumidade física das pessoas, afirma-os *protegidos* e assegura o direito de propriedade. Logo, não se compatibilizará com disposições normativas que os coloquem em estado de indefensão.

Deveras, o art. 5º declara garantidos a todos os brasileiros e aos estrangeiros residentes no País, "*a inviolabilidade do **direito à vida**, à **liberdade**, à igualdade, à **segurança** e à **propriedade***". O inciso X deste mesmo artigo nos afiança que são "*invioláveis a intimidade, a **vida** privada, a **honra***".

O art. 1º da Lei Magna aponta em seu item III, como um dos fundamentos da República Federativa do Brasil, "*a dignidade da pessoa humana*".

Até mesmo à "*sadia qualidade de vida*" "todos têm direito", nos termos do art. 225. Que dizer, então, do direito do cidadão defender a mera subsistência da própria vida ou a de sua família, maiormente em se considerando que a Lei Máxima impõe ao Estado, à sociedade e a própria família, o dever de assegurar à criança e ao adolescente "*o direito à vida*", "*à dignidade, ao respeito*", consoante prevê o art. 227?

Registre-se, ainda, que, no art. 6º da Constituição, a "*segurança*" está expressamente categorizada como um dos direitos sociais.

De seu turno, o art. 144 dispõe: "A *segurança pública***,** dever do Estado**, *direito***

e responsabilidade de todos, é exercida para a preservação da ordem pública e da *incolumidade das pessoas e do patrimônio*, através dos seguintes órgãos:".

Aliás, já no Preâmbulo da Constituição se lê que os representantes do povo brasileiro, se reuniram em Assembléia Nacional Constituinte para instituir um Estado Democrático, "destinado a assegurar o exercício dos direitos sociais e individuais, a *liberdade*, a *segurança* (...)".

3. Por tudo quanto se anotou, é evidente e da mais solar evidência que o direito à vida, à liberdade, à incolumidade física, à dignidade, à honra, à propriedade e à segurança constituem-se em bens jurídicos expressa e reiteradamente assegurados na Constituição, sendo, pois, livre de qualquer dúvida ou entredúvida de que perfazem um *inalienável direito do cidadão* o qual, por isto mesmo, não lhe pode ser subtraído por ninguém e muito menos pelo Estado.

Dessarte, ou o Estado oferece ao cidadão um padrão ao menos razoável de segurança, para que ele possa desfrutar da sensação de que está medianamente protegido contra assaltos, agressões e riscos de vida, *ou, se não é capaz de fazê-lo, não pode pretender impedi-lo que disponha, por si próprio, daquele mínimo de meios necessários para que não se sinta inerme, exposto à sanha do banditismo sem qualquer possibilidade de salvação.*

Vale dizer: se o Poder Público não oferece ao cidadão um mínimo de segurança, se não lhe garante, nem mesmo à luz do dia, a tranqüilidade de que ele e ou sua família, não serão, a qualquer momento, assaltados, seqüestrados, sujeitos a toda espécie de violências e humilhações, de fora parte o despojamento de seus bens, por obra de marginais instrumentados com armas de fogo, é óbvio e da mais solar obviedade que este mesmo Estado *não tem direito algum de proibi-lo de tentar se defender*, de se utilizar também ele de instrumental capaz de lhe conferir ao menos o conforto psicológico ou a mera esperança de não se sentir desamparado de tudo e de todos.

Se, em tais circunstâncias, o Poder Público se abalançasse a despojá-lo de meios de defesa própria estaria atentando à força aberta contra os ditames constitucionais assecuratórios dos direitos à vida, à integridade física, a dignidade pessoal e à proteção do patrimônio.

4. Ora bem. É fato público e notório que o Estado não tem conseguido oferecer sequer um mínimo de tranqüilidade e segurança aos cidadãos. Ninguém ignora que a absoluta incapacidade estatal de oferecer o mais modesto padrão de segurança levou os abastados a blindarem os próprios automóveis, fomentando o surgimento de uma indústria produtora destes equipamentos. É sabido e ressabido que proliferam empresas de segurança, para oferecer aos que dispõem de recursos para pagá-las, ora cortejos de veículos destinados a proteger-lhes as deslocações por automóvel, ora — o que é muitíssimo comum — veículos com seguranças circulando pelos bairros nobres e hoje, até mesmo em bairros modestos, para buscar minimizar os riscos que se disseminaram por todos os cantos e mais duramente ainda entre os mais pobres.

Nos quarteirões residenciais de habitações unifamiliares, tal como nos edifícios de apartamentos, tornou-se praticamente generalizada a instalação de guaritas com porteiros em atitude de alerta perante os que se aproximam. De par com isto, aparelhos eletrônicos são instalados nos prédios para detecção do que se passa na rua ou na intimidade deles.

É fato corrente o de que o cidadão que sai à noite é obrigado a assumir disposição anímica alerta e se circular por local ermo estará sempre mais ou menos atemorizado, mas sempre em atitude expectante. Os que possuem automóvel não se atrevem a andar com os vidros abertos, não importando quão grande seja o calor. Em horas tardias, mesmo quem tem condução própria, se precisa deslocar-se a distâncias maiores, prefere recorrer a serviços de "táxi", na convicção de que ali estará mais seguro ou pelo menos não estará inteiramente só à mercê do banditismo.

5. Todo este panorama, sobre o qual é desnecessário insistir, pois os brasileiros de qualquer condição social, tanto os que vivem nas grandes aglomerações urbanas, quanto, já hoje, até nas cidades do interior ou na intimidade de propriedades rurais, sabem perfeitamente que o Estado não lhes dá proteção minimamente bastante contra o desatado perigo de assaltos, de latrocínios, de seqüestros, ou contra a exposição a violências, torturas e humilhações muitas vezes infligidas pelos marginais na intimidade do lar das vítimas.

Tocaria às raias da crueldade pretender que o cidadão deva sentir-se rigorosamente inerme, indefeso, entregue ao líbito dos assaltantes, quer na rua, quer na intimidade da própria casa (suposto asilo inviolável do indivíduo), enquanto seu agressor vem armado, pronto para subjugá-lo de maneira completa, e tanto mais ousado e abusado quanto mais seguro estiver de que sua vítima não possui arma de fogo alguma capaz de se opor a seus propósitos.

A Lei 10.826, de 22 de dezembro de 2003, consagra de maneira cabal a instauração deste estado de indefensão e insegurança oficializada.

6. Não se nega minimamente que o Estado possa buscar cintar-se de cautelas para liberar porte de armas aos cidadãos ou mesmo que faça exigências para admitir que as pessoas tenham armas de fogo restritas à própria residência ou local de trabalho. Ocorre que a legislação anterior, ou seja, a Lei 9.437, de 20.2.1997, *já era da mais extremada severidade*, como em seguida se anota.

De acordo com ela, era obrigatório o registro de armas de fogo (art. 3º) cujo certificado autorizava seu titular a mantê-la exclusivamente em sua residência ou trabalho (art. 4º). Tal registro anotava dados bastante completos, consoante exigências estabelecidas no Decreto 2.222, de 8.5.1997.

Conforme estatuía o art. 10 deste decreto, no mínimo haveriam de constar os seguintes dados relativos ao interessado: nome, filiação, data e local de nascimento; endereço residencial; empresa ou órgão em que trabalha e endereço; profissão; número da cédula de identidade, data da expedição, órgão expedidor e Unidade da Federação e número do Cadastro Individual de Contribuinte ou Cadastro Geral de Contribuinte. Afora estes dados pessoais tinham que ser anotados os seguintes dados da arma: número do cadastro no Sistema Nacional de Armas; identificação do fabricante e do vendedor; número e data da nota Fiscal de venda; espécie, marca, modelo e número; calibre e capacidade de cartuchos; funcionamento (repetição, semi-automática ou automática); quantidade de canos e comprimento; tipo de alma (lisa ou raiada) e quantidade de raias e sentido.

Já o porte de arma de fogo ficava condicionado à autorização da autoridade competente (art. 6º) e só podia ser expedida, a teor do art. 7º, em favor de quem cumulativamente:

(a) comprovasse idoneidade, a qual, nos termos do art. 13, II, do Decreto 2.222, de 8 de maio de 1999, demandava apresentação de certidões de antecedentes criminais da Justiça Federal, Estadual, Militar e Eleitoral e requeria não estivesse o interessado respondendo a inquérito policial ou processo criminal por infrações penais cometidas com violência, grave ameaça ou contra a incolumidade pública;

(b) comportamento social produtivo;

(c) efetiva necessidade do porte;

(d) capacidade técnica para manuseio de arma de fogo, que, segundo o inciso V, do art. 13 do aludido decreto, teria que ser atestada por instrutor de armamento e tiro do quadro das Polícias Federal ou Civil, ou por elas credenciado;

(e) aptidão psicológica para seu manuseio, a qual na conformidade do decreto mencionado, em seu art. 13, inciso VI, tinha que ser atestada em laudo conclusivo fornecido por psicólogo do quadro das Polícias Federais ou Civis ou por estas credenciado.

Nos termos do art. 10 da sempre mencionada Lei 9.437, era crime deter, possuir, portar, fabricar, adquirir, vender, alugar, expor à venda ou fornecer, receber, ter em depósito, transportar, ceder, ainda que gratuitamente, emprestar, remeter, empregar, manter sob guarda e ocultar arma de fogo, de uso permitido, sem a autorização e em desacordo com determinação legal ou regulamentar.

7. É visível, portanto, nesta pletora de cautelas, que tanto a detença de arma na própria residência ou trabalho quanto o porte de arma, quando deferido pela autoridade, não oferecia riscos ponderáveis ou se porventura os oferecesse, à toda obviedade, seriam incomparavelmente menores que os riscos oriundos da detença de arma por marginais, por bandidos, os quais evidentemente não vão se assujeitar a todos os rigores normativos requeridos para posse ou porte de arma!

8. Trata-se de saber, então, se, *ao lume dos valores constitucionais*, cabe considerar preferível que os marginais andem armados (como o fazem ao arrepio da lei), oferecendo toda espécie de riscos para os cidadãos de bem ou se é preferível que estes últimos andem desarmados, condenados à indefensão perante os bandidos, sob o argumento de que assim prevenir-se-ão os riscos de vida a que podem se assujeitar no confronto com os marginais, bem como os malefícios resultantes da eventual captura de sua arma e conseqüente abastecimento dos criminosos por esta via.

9. Parece óbvio que o preferível, em vista dos valores constitucionais, é a opção que prestigia a liberdade de autodefesa se a defesa estatal não lhe é satisfatoriamente outorgada.

Nada colhe juridicamente o argumento de que a ausência de arma de fogo em mãos do cidadão o expõe a menor risco de vida, pois esta escolha *deve caber a ele próprio*, em nome de sua dignidade pessoal, *e não àquele que o ameaça*, o qual, como muitas vezes tem acontecido, pode agredi-lo, torturá-lo, matá-lo e vilipendiar sua família, mesmo não encontrando qualquer reação armada.

Também não impressionaria a alegação de que o bandido pode despojá-lo da arma e assim se abastecer dela. Desde logo, o assaltante já comparece abastecido e é graças a isto que rende sua vítima. Acresce que ninguém, por mais ingênuo que seja, imaginará ser esta a fonte significativa de abastecimento de armas de fogo dos marginais. É sabido e ressabido que o contrabando é que traz e tem trazido abundante armamento para a criminalidade e não só de armas leves, as únicas que se encontram em mãos dos cidadãos ordeiros, mas até mesmo, esporadicamente, de armas proibidas, privativas das Forças Armadas. Além do contrabando, até mesmo maus policiais são responsáveis pela comercialização de armas com criminosos. Portanto, não é relevante a menção à obtenção de armas em assaltos a cidadãos comuns.

Sem embargo, ainda que tal alegação tivesse o peso que não tem, descaberia atribuir-lhe *valor jurídico* suficiente para, sobre tal fundamento, desarmar o cidadão. É que para facilitar sua tarefa de desarmar os criminosos o Estado não pode submergir direitos básicos do cidadão, nem expô-lo aos riscos da indefensão ou simplesmente à dolorosa sensação psicológica de total desguarnecimento ante as acometidas dos marginais. À toda evidência valores constitucionais básicos não cedem passo a considerações pragmáticas.

10. Em despeito de tudo isto, o fato é que a primeira dentre as duas opções foi a que prevaleceu na Lei 10.826, de 22 de dezembro de 2003, que dispõe sobre registro, posse e comercialização de armas de fogo e munição, sobre o Sistema Nacional de Armas – Sinarm, define crimes e dá outras providências, tornando-a, por isto, inconvivente com a Constituição.

Deveras, a lei, em seu art. 6º, *proíbe o porte de arma de fogo em todo o território nacional*, salvo para casos previstos em legislação própria ou muito especiais ali referidos (Forças Armadas, polícia, certas guardas municipais, agentes operacionais da Agência Brasileira de Inteligência, empresas de segurança privada e transporte de valores, órgãos policiais da Câmara e do Senado, guardas penitenciários e entidades de desporto cuja prática demande arma de fogo). Fora disto, somente seria possível em circunstâncias muito incomuns, como se depreende do art. 10, § 1º, I (que pode ser interpretado como uma modestíssima atenuação ao rigor draconiano do art. 6º, a saber: efetiva necessidade de sua outorga, a critério da Polícia Federal, por encontrar-se o requerente sob comprovada ameaça à sua integridade física ou por exercer atividade profissional de risco).

Em suma: o porte de arma não seria admitido para cidadãos comuns, mesmo diante do risco generalizado a que todos se encontram expostos pela disseminação da criminalidade, pois somente situações invulgares é que o autorizariam.

Ademais, consoante disposição do art. 35, § 1º, uma vez aprovada em referendo popular (previsto para 2005), *passa a ser proibida a partir daí a comercialização de arma de fogo e munição em todo o território nacional*, salvo para as entidades referidas no já mencionado art. 6º.

11. Nisto emerge ainda um contra-senso e outra inconstitucionalidade.

O contra-senso reside em que sendo permitida a comercialização de arma e munição apenas para os referidos no art. 6º, mesmo os contemplados no art. 10, § 1º, ficariam privados, quando menos de munição (ou de munição nacional) se necessitassem de renovação de seu suprimento.

A inconstitucionalidade residiria em que o art. 35 da lei, sendo referendado popularmente seu conteúdo instaura-se uma *desigualdade de tratamento* a que ficariam sujeitos os legalizados para *mantença de arma de fogo exclusivamente em sua residência* e os que no futuro pretendessem usufruir de igual situação, pois estes não poderiam adquirir nem arma nem munição já que a comercialização delas é restrita aos mencionados no art. 6º.

Assim, ficaria instituída no País a seguinte discriminação ilógica: de um lado estariam os cidadãos que podem tentar defender a invasão de seu lar por bandidos e de outro lado os cidadãos que não podem tentar defender a invasão de seu lar por bandidos, salvo se pretenderem se incluir na categoria de criminosos, isto é, dos que, a teor do art. 14, incorrem no crime inafiançável (e nisto em patamar equivalente ao que a Constituição reserva para a tortura, tráfico ilícito de drogas, terrorismo e crimes definidos como hediondos) e sujeito à reclusão de dois a quatro anos, além de multa, pelo fato de deter arma em desacordo com determinação legal ou regulamentar.

Ou seja: a lei postula a superveniência de uma *inconstitucionalidade*: uma ofensa ao art. 5º, I, da Constituição Federal, isto é ao magno princípio da igualdade.

12. Contudo, em rigor a lei em apreço não é inconstitucional tão-somente por este aspecto que ora se vem de assinalar, mas o é, sobretudo, porque peleja à força aberta com valores abrigados na Lei Maior. A saber: se o Estado se propõe a oferecer segurança aos cidadãos, como de resto é seu dever, não pode fazê-lo *gerando ainda maior insegurança ou, pelo menos, maior sensação de insegurança*, na medida em que, não lhes ofertando proteção suficiente — como é sabido e ressabido — de quebra ainda lhes interdita meios de autodefesa.

É dizer: as medidas consagradas na lei conspiram contra o direito constitucionalmente proclamado à segurança, à vida, à honra, ao patrimônio, à dignidade, ao respeito, todos eles insculpidos em dispositivos constitucionais anteriormente mencionados. Conspiram ainda contra o direito de liberdade, pois submetem-na a constrições superiores ao indispensável, já que bastaria a legislação precedente que restringia o porte de arma de fogo e a guarda residencial dela a cidadãos confiáveis. Restringe, ainda, pela mesma razão, a liberdade empresarial, liberdade de comércio, além do requerido para a segurança pública. Ignora o princípio básico, no Estado de Direito, do "favor libertatis".

13. Deveras, é certo que, no Estado de Direito, pessoa alguma pode ser assujeitada a sofrer em sua liberdade constrições maiores que as necessárias ao atendimento do interesse público que justifica a limitação ou restrição estabelecida pela autoridade competente para editá-la.

É que os poderes públicos, mesmo os legislativos, não são deferidos às autoridades, no caso, os parlamentares, para que deles façam um uso qualquer, mas tão-só para que os utilizem na medida indispensável ao atendimento do bem jurídico que estão, de direito, constitucionalmente obrigadas a curar.

Deveras, as competências legislativas outorgadas na Constituição hão de ser exercitadas em consonância com o fim público que as justifica. Toda demasia, todo excesso desnecessário ao seu atendimento, configuram uma superação do escopo constitucional, um transbordamento da finalidade que o inspira e, portanto, um transbordamento da própria competência. De outra feita, em obra teórica (*Curso de Direito Administrativo*, 7ª ed., Malheiros Editores, 1995, p. 65), embora tratando de competências administrativas, averbamos que as competências administrativas só podem ser validamente exercidas na *extensão e intensidade proporcionais* ao que seja realmente demandado para cumprimento da finalidade de interesse público a que estão atreladas. O mesmo vale para as competências legislativas, porque: "Lo que es legalidad para los actos de la Administración y de la Justicia es constitucionalidad para la legislación", consoante observação corretíssima de Brewer Carías (*Las Instituciones Fundamentales del Derecho Administrativo Venezolano*, Facultad de Derecho, Universidad Central de Caracas, 1964, p. 25). Segue-se que as disposições cujos conteúdos ultrapassem o necessário para alcançar o objetivo que justifica o uso da competência ficam maculadas de inconstitucionalidade, porquanto desbordam do âmbito da competência; ou seja, superam os limites que naquele caso lhes corresponderiam.

14. Sobremodo quando a lei restringe situação jurídica dos cidadãos além do que caberia, por imprimir às medidas tomadas uma extensão ou intensidade supérfluas, prescindendas, excessivas em relação ao que bastaria para proteção do interesse público que lhes serve de calço, fica patenteada de maneira clara a inconstitucionalidade em que está incursa.

Deveras, o *plus*, a demasia, acaso existentes, não concorrem em nada para o benefício coletivo. Apresentam-se, pois, como providências ilógicas, *desarrazoadas*, representando, pois, única e tão-somente, um agravo inútil, gratuito, aos direitos de cada qual — e, por isto, juridicamente inaceitáveis.

Ressentindo-se destes defeitos, além de demonstrarem anacrônico menoscabo pela situação jurídica do administrado — como se ainda vigorasse a ultrapassada relação soberano-súdito (ao invés de Estado-cidadão) — exibem, ao mesmo tempo, tanto um descompasso óbvio com o princípio da razoabilidade como sua assintonia com o escopo legal, ou seja, com a finalidade abrigada na lei atributiva da competência.

Com efeito, ninguém está obrigado a suportar onerações à sua liberdade ou propriedade que não sejam, efetivamente, indispensáveis à proteção ao bem jurídico coletivo. Isto porque é o atendimento deste valor — e tão-somente ele — o que faz irromper *in concreto* a competência exercitável pela autoridade pública e, ao mesmo tempo lhe delimita a compostura, isto é, a específica amplitude na situação em causa.

15. Carlos Roberto Siqueira Castro, um dos expoentes máximos do direito constitucional brasileiro, em obra que já se tornou clássica (*O Devido Processo Legal e a Razoabilidade das Leis na Nova Constituição*, Forense, 1989) averbou, à p. 157, que: "(...) a moderna teoria constitucional tende a exigir que as diferenciações normativas sejam razoáveis e racionais. Isto quer dizer que a norma classificatória (...)" (para o autor legislar significa classificar, como se lê à p. 155) "não deve ser arbitrária, implausível ou caprichosa, devendo ao revés, operar como meio idôneo, hábil e necessário ao atingimento de finalidades constitucionalmente válidas. Para tanto, há de existir uma indispensável relação de congruência entre a classificação em si e o fim a que ela se destina".

Como resulta do exposto até agora, não há, nem de fato e muito menos de direito, a razoabilidade, a plausibilidade necessária para a imposição das limitações residentes na Lei 10.826, de 22 de dezembro de 2003, visto que com elas se submergem liberdades e garantias fundamentais, numa tentativa de atacar males sociais que o Estado teria de atalhar por outros meios, ao invés de buscar a via supostamente fácil — e de resto ineficiente para atingir os fins propostos — de desarmar os particulares, com o que, na prática terminará, mesmo não sendo esta sua intenção, por eximir a marginalidade dos azares de um confronto com quem pretendesse vender caro sua vida, sua honra, seu patrimônio e a integridade de seus familiares.

ACORDO PARA RECEBIMENTO DE CRÉDITO PERANTE A FAZENDA PÚBLICA

Adilson Abreu Dallari

Professor Titular de Direito Administrativo da Pontifícia Universidade Católica de São Paulo — PUC/SP

I — O inadimplemento da Fazenda Pública. II — Exame da legislação pertinente. III — Alterações no cenário institucional. IV — Considerações doutrinárias. V — Conclusão.

I — O inadimplemento da Fazenda Pública

O art. 100, da Constituição Federal, e seus parágrafos, disciplina a execução de créditos de particulares perante a Fazenda Pública, dispondo, em apertada síntese, que, uma vez transitada em julgado a sentença condenatória, o Presidente do Tribunal correspondente enviará à entidade pública devedora um precatório judiciário, determinando que o orçamento do exercício financeiro subseqüente contemple dotação suficiente para o pagamento, o qual deverá ser efetuado até o final do exercício seguinte.

Pela leitura do dispositivo pode-se chegar à conclusão de que os credores da Fazenda Pública certamente receberão as importâncias correspondentes em não mais de dois anos.

Diante do automatismo e da certeza do pagamento, a Constituição determina que os pagamentos se façam exclusivamente com rigorosa observância da ordem de apresentação dos precatórios, já determinando o seqüestro de verba necessária ao pagamento, caso ocorra preterimento do direito de preferência.

Não é essa, entretanto, a realidade fática. Em todos os níveis de governo, federal, estadual e municipal, acumulam-se os precatórios pendentes de pagamento. Não obstante a Constituição Federal, nos arts. 34 e 35, estabeleça a possibilidade de intervenção (da União nos Estados e destes nos Municípios) caso a dívida não seja paga, isso também não acontece.

A questão da falta de pagamento de precatórios pendentes atingiu tal gravidade que a respeitável Associação dos Advogados de São Paulo, em seu *Boletim* semanal (n. 2.394, de 22 a 28 de novembro de 2004) estampou um vigoroso protesto, no qual figura a seguinte assertiva:

"É acaciano proclamar que uma Constituição só existe de fato na medida em que suas disposições são efetivamente obedecidas, seja voluntariamente, seja por imposição do Poder Judiciário nos casos de violação pelos demais Poderes da República.

"Entre nós, como é público e notório, há um sem-número de disposições constitucionais que não passam de meras declarações pomposas. E disso não passam porque, desrespeitadas, o Poder Judiciário não as faz valer. São peças de ficção.

"Exemplo típico é a norma que prescreve o modo de tornar efetivo o direito dos credores da Fazenda Pública. Pelo menos em São Paulo, seja em nível estadual, seja em nível municipal, tal norma vale nada. E nada vale graças, principalmente, ao Supremo Tribunal Federal, que, exceção feita ao voto do Ministro Marco Aurélio, acabou retirando a força do instrumento de intervenção federal no Estado, ou do Estado no Município, com o fim de realizar os pagamentos, sob o pretexto de que não se pode obrigar o governante a honrar precatórios quando não há recursos suficientes para tanto."

Descontando-se a carga emocional, decorrente da justa revolta dos que não recebem a prestação jurisdicional constitucionalmente assegurada, essa publicação serve como um alerta, demonstrando que alguma coisa tem que ser feita para a restauração da ordem jurídica, ou, pelo menos, da mitigação das dificuldades dos credores injustamente insatisfeitos.

Não obstante a evidência da inoperância e ou da imprestabilidade do sistema de precatórios, a jurisprudência predominante ainda é no sentido da rigidez no tratamento da questão da dívida pública para com os particulares.

O Acórdão do Supremo Tribunal Federal, 1ª Turma, proferido no recurso extraordinário 132.031-1-SP, cujo Relator foi o Ministro Celso de Mello, bem retrata essa postura. De sua ementa são extraídos dois fragmentos abaixo transcritos:

> "O regime constitucional de execução por quantia certa contra o Poder Público — qualquer que seja a natureza do crédito exeqüendo (*RTJ* 150/337) — *impõe* a necessária extração de precatório, cujo pagamento *deve observar*, em obséquio aos princípios ético-jurídicos da moralidade, da impessoalidade e da igualdade, a regra fundamental que outorga preferência *apenas* a quem dispuser de precedência cronológica (*prior in tempore, potior in jure*).
>
> "A *exigência constitucional* pertinente à expedição de precatório — com a *conseqüente* obrigação imposta ao Estado de *estrita observância* da ordem cronológica de apresentação desse instrumento de requisiçao judicial de pagamento — tem por finalidade (a) *assegurar* a igualdade entre os credores e *proclamar* a inafastabilidade do dever estatal de solver os débitos judicialmente reconhecidos (*RTJ* 108/463), (b) *impedir* favorecimentos pessoais indevidos e (c) *frustrar* tratamentos discriminatórios, *evitando* injustas perseguições ditadas por razões de caráter político-administrativo."
>
> "O pagamento *antecipado* de credor mais recente, *em detrimento* daquele que dispõe de precedência cronológica, *não se legitima* em face da Constituição, pois representa comportamento estatal *infringente* da ordem de prioridade temporal assegurada a *todos* os credores do Estado, *de maneira objetiva* e *impessoal*, pela Carta Política.
>
> "O legislador constituinte, ao editar a norma inscrita no art. 100 da Carta federal, teve por objetivo evitar a *escolha de credores* pelo Poder Público. Eventual vantagem concedida ao erário público por credor mais recente *não justifica*, para efeito de pagamento *antecipado* de seu crédito, a quebra da *ordem constitucional* de precedência cronológica.
>
> "O pagamento antecipado que daí resulte — exatamente por caracterizar *escolha ilegítima* de credor — *transgride* o postulado constitucional que *tutela* a prioridade cronológica na satisfação dos débitos estatais e *autoriza*, em conseqüência — *sem prejuízo* de *outros* efeitos de natureza jurídica e de caráter político-administrativo —, a efetivação do ato de seqüestro."

Tais entendimentos, proscrevendo expressamente a "eventual vantagem concedida ao erário público por credor mais recente" parece vedar qualquer pagamento, a qualquer credor, antes da satisfação dos precatórios, pela ordem de sua apresentação.

Mas é certo que, no dia a dia, a Administração Pública efetua pagamentos não só a seus servidores como a fornecedores, prestadores de serviços, empreiteiros de obras e titulares de bens expropriados amigavelmente. Também parece não haver implicações com os precatórios quando a Administração celebra um acordo com um particular no curso de um processo administrativo ou de uma ação judicial.

O problema se apresenta quando um particular se torna credor por força de decisão judicial transitada em julgado, mas ainda sem a expedição do precatório, ou, mais acentuadamente, quando se pretende liquidar um precatório pendente de pagamento, mediante a concessão de vantagem econômica ao erário.

II — Exame da legislação pertinente

A dúvida sobre a viabilidade jurídica da celebração de acordo para o recebimento de créditos perante a Fazenda Pública, sem a estrita observância do regime de precatórios, se justifica em função tanto da jurisprudência quanto, especialmente, diante da existência de uma série de dispositivos legais, dispondo especificamente sobre isso ou tangenciando essa matéria, que precisam ser examinados.

O primeiro deles é exatamente o art. 100, *caput*, da Constituição Federal, cujo teor é o seguinte:

> Art. 100. À exceção dos créditos de natureza alimentícia, os pagamentos devidos pela Fazenda Federal, Estadual ou Municipal, em virtude de sentença judiciária, far-se-ão exclusivamente na ordem cronológica de apresentação dos precatórios e à conta dos créditos respectivos, proibida a designação de casos ou de pessoas nas dotações orçamentárias e nos créditos adicionais abertos para este fim.

Note-se que esse artigo se refere à execução judicial, coercitiva, e não, obviamente, de todo e qualquer pagamento feito pela Fazenda Pública. Esse dispositivo é (ou pelo menos pretende ser) uma garantia para o credor, assegurando a ordem cronológica dos pagamentos, quando a Fazenda Pública for judicialmente compelida a pagar.

Nos termos do § 2º desse mesmo artigo, a Fazenda Pública deve consignar ao Poder Judiciário as dotações orçamentárias correspondentes ao montante das condenações, "cabendo ao Presidente do Tribunal que proferir a decisão exeqüenda determinar o pagamento segundo as possibilidades do depósito, e autorizar, a requerimento do credor, e exclusivamente para o caso de preterimento de seu direito de precedência, o seqüestro da quantia necessária à satisfação do débito".

Portanto, uma vez recebido o precatório expedido pelo Presidente do Tribunal, a Fazenda Pública deve providenciar a previsão de verba orçamentária para isso. Quem determina o pagamento, segundo a ordem cronológica dos precatórios, é o Presidente do Tribunal. Esta autoridade determinará o seqüestro do valor necessário se, de alguma forma, houver pagamento de algum precatório em desacordo com a ordem cronológica dos precatórios.

Essa disciplina constitucionalmente estabelecida parte do pressuposto de sua fiel observância (vale dizer: que os pagamentos serão efetivamente efetuados no prazo estipulado) e se destina a assegurar que não haverá preterições nem favorecimentos no tocante ao pagamento de precatórios expedidos em execuções judiciais.

O pagamento antecipado de um precatório (fora da ordem cronológica) pode configurar crime de responsabilidade, pois, nos termos do art. 85 de Constituição Federal, são crimes de responsabilidade os atos do Chefe do Executivo que atentem contra a Constituição Federal e, especialmente, contra a probidade na administração, a lei orçamentária e o cumprimento das leis e das decisões judiciais.

A tipificação das condutas delituosas foi feita pela Lei 1.079, de 10.4.1950, que define os crimes de responsabilidade e estabelece o correspondente processo de julgamento. Entretanto, nessa específica lei federal, não há um tipo correspondente ao descumprimento da ordem cronológica dos precatórios.

Tal previsão existe, sim, no Decreto-lei 201, de 27.2.1967, que se refere aos crimes de responsabilidade dos prefeitos municipais, cujos dispositivos pertinentes são transcritos:

> Art. 1º. São crimes de responsabilidade dos Prefeitos Municipais, sujeitos ao julgamento do Poder Judiciário, independentemente do pronunciamento da Câmara dos Vereadores:
>
> (...).
>
> XII — Antecipar ou inverter a ordem de pagamento a credores do Município, sem vantagem para o erário.

Esta legislação proscreve o favorecimento puro e simples, mas permite antecipar ou inverter a ordem dos pagamentos se houver nisso vantagem para a Fazenda Pública.

O agente público está proibido de atentar contra a isonomia e a moralidade pública, mas não está proibido de atuar com diligência, em defesa do erário.

Cabe, agora, examinar se a celebração de acordo para reduzir o débito em troca do pagamento voluntário (não coercitivo) configuraria algum ato de improbidade, previsto na Lei 8.429, de 2.6.1992. Esta Lei, no art. 9º, afirma que "constitui ato de improbidade administrativa importando enriquecimento ilícito auferir qualquer tipo de vantagem patrimonial indevida em razão do exercício de cargo"; no art. 10 dispõe que "constitui ato de improbidade administrativa que causa lesão ao erário, qualquer ação ou omissão, dolosa ou culposa, que enseje perda patrimonial, desvio, apropriação, malbaratamento ou dilapidação dos bens ou haveres" integrantes do patrimônio público; e, finalmente, no art. 11, decreta que "constitui ato de improbidade administrativa que atenta contra os princípios da administração pública qualquer ação ou omissão que viole os deveres de honestidade, imparcialidade, legalidade, e lealdade às instituições".

A celebração de acordo entre a Administração devedora e o credor particular, desde que se evidencie a efetiva ocorrência de interesse público, não configura enriquecimento ilícito, não causa lesão ao erário e nem atenta contra os princípios da Administração Pública.

Não existe, portanto, qualquer proibição expressa à celebração de acordos pela Administração Pública. É certo que os interesses públicos são indisponíveis e que o agente público tem o dever de defendê-los, mas é perfeitamente possível que a salvaguarda do interesse público ou a melhor satisfação do interesse público decorra exatamente da celebração de um acordo.

Essa possibilidade está expressamente prevista na legislação federal, mais exatamente na lei de desapropriações (Decreto-lei 3.365, de 21.6.1941), cujo art. 10 diz, literalmente, que "a desapropriação deverá efetivar-se mediante acordo ou intentar-se judicialmente". Há mais de 60 anos, sem qualquer problema, União, Estados e Municípios celebram acordos com particulares. O desapropriado que concorda com o preço não ingressa na fila dos precatórios e recebe o pagamento muito antes de outros desapropriados que optaram pela execução judicial.

III — Alteraçoes no cenário institucional

Na verdade, o grande empecilho à celebração de acordo para recebimento de créditos perante a Administração estaria na previsão constitucional da emissão de precatórios. Porém, como foi dito acima, o precatório é uma forma de execução coercitiva, que não se choca nem impede a solução consensual de pendências.

Mesmo o pagamento de créditos perante a Fazenda Pública veio sofrendo modificações ao longo do tempo, de tal modo que essa forma de execução coercitiva não é mais única, não garante a certeza do pagamento e comporta expressamente pagamentos por outras vias.

Com efeito, na Constituição do Brasil de 24.1.1967, com a redação dada pela Emenda Constitucional 1, de 17.10.1969, havia apenas uma única forma de execução por precatório, conforme dispunha o art. 117:

Art. 117. Os pagamentos devidos pela Fazenda federal, estadual ou municipal, em virtude de sentença judiciária, far-se-ão na ordem de apresentação dos precatórios e à conta dos créditos respectivos, proibida a designação de casos ou de pessoas nas dotações orçamentárias e nos créditos extraorçamentários abertos para esse fim.

O artigo correspondente na Constituição Federal de 1988 é o art. 100, que é transcrito em sua integralidade, para que, em seguida sejam feitos os comentários pertinentes:

Art. 100. À exceção dos créditos de natureza alimentícia, os pagamentos devidos pela Fazenda Federal, Estadual ou Municipal, em virtude de sentença judiciária, far-se-ão exclusivamente na ordem cronológica de apresentação dos precatórios e à conta dos créditos respectivos, proibida a designação de casos ou de pessoas nas dotações orçamentárias e nos créditos adicionais abertos para este fim.

§ 1º. É obrigatória a inclusão, no orçamento das entidades de direito público, de verba necessária ao pagamento de seus débitos oriundos de sentenças transitadas em julgado, constantes de precatórios judiciários, apresentados até 1º de julho, fazendo-se o pagamento até o final do exercício seguinte, quando terão seus valores atualizados monetariamente.

§ 1º-A. Os débitos de natureza alimentícia compreendem aqueles decorrentes de salários, vencimentos, proventos, pensões e suas complementações, benefícios previdenciários e indenizações por morte ou invalidez, fundadas na responsabilidade civil, em virtude de sentença transitada em julgado.

§ 2º. As dotações orçamentárias e os créditos abertos serão consignados diretamente ao Poder Judiciário, cabendo ao Presidente do Tribunal que proferir a decisão exeqüenda determinar o pagamento segundo as possibilidades do depósito, e autorizar, a requerimento do credor, e exclusivamente para o caso de preterimento de seu direito de precedência, o seqüestro da quantia necessária à satisfação do débito.

§ 3º. O disposto no caput deste artigo, relativamente à expedição de precatórios, não se aplica aos pagamentos de obrigações definidas em lei como de pequeno valor que a Fazenda Federal, Estadual, Distrital ou Municipal deva fazer em virtude de sentença judicial transitada em julgado.

A simples leitura desses dispositivos já permite vislumbrar que existem duas modalidades de precatórios, sendo uma referente aos débitos comuns e outra relativa aos débitos de natureza alimentícia. Existem, portanto, duas ordens cronológicas, sendo perfeitamente possível que o credor inserido em uma delas receba antes de outro credor anteriormente inserido na outra ordem de precatórios.

Mais importante, porém, é a previsão contida no § 3º, concernente a débitos considerados como de pequeno valor, que não entram na ordem cronológica dos precatórios.

É exatamente isso o que estipula a Lei 10.099, de 19.12.2000, que altera a Lei 8.213, de 24.7.1991, regulamentando o disposto no § 3º do art. 100 da Constituição Federal, definindo obrigações de pequeno valor para a Previdência Social, cujo art. 1º se transcreve:

Art. 1º. *O art. 128 da Lei 8.213, de 24 de julho de 1991, alterado pela Lei 9.032, de 28 de abril de 1995, passa a vigorar com a seguinte redação*:

"Art. 128. As demandas judiciais que tiverem por objeto o reajuste ou a concessão de benefícios regulados nesta Lei cujos valores de execução não forem superiores a R$ 5.180,25 (cinco mil, cento e oitenta reais e vinte e cinco centavos) por autor poderão, por opção de cada um dos exeqüentes, ser quitadas no prazo de até sessenta dias após a intimação do trânsito em julgado da decisão, sem necessidade da expedição de precatório." (NR)

Além disso, e o que é mais grave, a edição do precatório não representa mais uma garantia de pagamento rigorosamente segundo a ordem cronológica, conforme se depreende do texto do art. 33 das Disposições Transitórias da Constituição Federal:

> Art. 33. Ressalvados os créditos de natureza alimentar, o valor dos precatórios judiciais pendentes de pagamento na data da promulgação da Constituição, incluído o remanescente de juros e correção monetária, poderá ser pago em moeda corrente, com atualização, em prestações anuais, iguais e sucessivas, no prazo máximo de oito anos, a partir de 1º de julho de 1989, por decisão editada pelo Poder Executivo até cento e oitenta dias da promulgação da Constituição.

Esse dispositivo estabeleceu um calote constitucional de oito anos, findos os quais a grande maioria dos precatórios continuaram sem pagamento, motivo pelo qual foi inserido nas Disposições Transitórias, pela Emenda Constitucional 30, de 13.9.2000, um novo artigo instituindo uma nova forma de contornar a obrigação de pagar segundo a ordem cronológica dos precatórios:

> Art. 78. Ressalvados os créditos definidos em lei como de pequeno valor, os de natureza alimentícia, os de que trata o art. 33 deste Ato das Disposições Constitucionais Transitórias e suas complementações e os que já tiverem os seus respectivos recursos liberados ou depositados em juízo, os precatórios pendentes na data de promulgação desta Emenda e os que decorram de ações iniciais ajuizadas até 31 de dezembro de 1999 serão liquidados pelo seu valor real, em moeda corrente, acrescido de juros legais, em prestações anuais, iguais e sucessivas, no prazo máximo de dez anos, permitida a cessão dos créditos.

É fora de qualquer dúvida, portanto, que não mais se sustentam os dogmas da certeza de pagamento pela execução coercitiva por meio de precatórios e da rigorosa observância da ordem cronológica dos precatórios.

A desmoralização da execução coercitiva contra a Fazenda Pública é fato público e notório, dispensando comprovações e maiores comentários. Chegou-se a tal estado de coisas pela acumulação paulatina de débitos da Fazenda Pública nos três níveis de governo, que a fórmula encontrada para abrir um caminho para uma futura solução das pendências foi evitar o crescimento da dívida pública, tendo-se, para isso, editado a Lei de Responsabilidade Fiscal, Lei Complementar 101, de 4.5.2000, cujo art. 1º e seu § 1º são aqui transcritos:

> Art. 1º. Esta Lei Complementar estabelece normas de finanças públicas voltadas para a responsabilidade na gestão fiscal, com amparo no Capítulo II do Título VI da Constituição.
>
> § 1º. A responsabilidade na gestão fiscal pressupõe a ação planejada e transparente, em que se previnem riscos e corrigem desvios capazes de afetar o equilíbrio das contas públicas, mediante o cumprimento de metas de resultados entre receitas e despesas e a obediência a limites e condições no que tange a renúncia de receita, geração de despesas com pessoal, da seguridade social e outras, dívidas consolidada e mobiliária, operações de crédito, inclusive por antecipação de receita, concessão de garantia e inscrição em Restos a Pagar.

Essa Lei Complementar, em síntese, proscreve e penaliza o gasto público irresponsável, determina o equilíbrio entre receitas e despesas públicas, estabelece limites para gastos e para o endividamento e contém uma série de dispositivos destinados a compelir a Administração Pública a liquidar pendências, como condição da obtenção de financiamentos para novos investimentos.

Eliminar precatórios, reduzir o estoque de precatórios, por força do art. 30 da Lei de Responsabilidade Fiscal, muito especialmente de seu § 7º, passou a ser assunto de elevado interesse público:

> § 7º. Os precatórios judiciais não pagos durante a execução do orçamento em que houverem sido incluídos integram a dívida consolidada, para fins de aplicação dos limites.

Não é caso de se proceder aqui a um exame detalhado da Lei de Responsabilidade Fiscal, pois o grande tema em debate nacional é exatamente o pagamento da dívida pública, sendo certo que nos três níveis de governo os governantes em geral lutam pela realização do equilíbrio orçamentário e pela redução da dívida pública, valendo-se para esta última finalidade exatamente da renegociação de débitos pendentes.

Nos três níveis de governo diversas leis foram editadas promovendo profundas reformas nas estruturas da Administração Pública, visando instrumentar o Estado para dar cumprimento às exigências de responsabilidade fiscal, extinguindo alguns órgãos, transformando outros e criando entidades destinadas a reforçar o controle dos gastos públicos.

A pluralidade e a complexidade das normas de reordenação administrativa visando a responsabilidade fiscal mostra que a questão da celebração de acordo para recebimento de créditos ou pagamento de débitos pendentes não visa precipuamente abrir caminhos para favorecimentos pessoais (embora isso, eventualmente, possa ocorrer), mas, sim, se enquadra perfeitamente nos programas de redefinição da Administração Pública, especialmente no tocante à gestão da dívida pública.

IV — Considerações doutrinárias

Não se nega que, no passado, a execução dos débitos contra a Fazenda Pública tinha como único meio a expedição de precatórios judiciários, que eram efetivamente pagos com observância de uma única ordem cronológica. Em razão disso, antigamente, a jurisprudência era bastante rígida no tocante à celebração de acordos, mas, efetivamente, os tempos eram outros.

A Constituição Federal mudou; a legislação sobre gestão financeira de natureza pública mudou; o relacionamento entre particulares e a Administração Pública mudou; os princípios que regem a atuação da Administração Pública também mudaram. A realidade fática vigente é bem diferente daquela imaginada quando se plasmou o mecanismo dos precatórios judiciários. Ao Poder Judiciário, no momento de aplicar a lei antiga a fatos atuais ou ao decidir agora questões antigas, cabe estar atento para com todas essas mudanças.

No mínimo, não se pode dar à lei um entendimento que contrarie frontalmente seus propósitos, conforme a vetusta lição de Carlos Maximiliano (*Hermenêutica e Aplicação do Direito*, 9ª ed., Forense, 1984, p. 166): "Deve o Direito ser interpretado inteligentemente: não de modo que a ordem legal envolva um absurdo, prescreva inconveniências, vá ter a conclusões inconsistentes ou impossíveis. Também se prefere a exegese de que resulte eficiente a providência legal ou válido o ato, à que torne aquela sem efeito, inócua, ou este, juridicamente nulo".

Não se deve dar a um dispositivo constitucional destinado a garantir o pagamento de débitos da Fazenda Pública um efeito radicalmente contrário, qual seja o de vedar a liquidação de débitos pendentes de pagamento.

Toda norma legal decorre de um ambiente político, social e econômico vigente no momento de sua edição. Mas esse ambiente muda com o decorrer do tempo, exigindo do intérprete e aplicador da lei um esforço de adaptação, para que possa dar a correta solução aos problemas emergentes. É certo, portanto, que a melhor interpretação da lei (entre as várias possíveis) vai variar ao longo do tempo de sua vigência. Uma interpretação incontestavelmente correta adotada em um momento do passado, pode tornar-se inaceitável em ocasião posterior, pois obviamente, não faz sentido dar-se a mesma solução para um problema que se tornou diferente, em razão de alterações no plano da realidade fática.

Essa diretriz interpretativa deve ser aplicada a toda e qualquer norma jurídica, inclusive e especialmente às normas constitucionais, conforme ensina Antonino Pensovecchio Li Bassi, em sua preciosa obra sobre *L'Interpretazione delle Norme Costitu-*

zionale (Milão, 1972, pp. 62 e 81), numa tradução para o português:

"O intérprete não deve esquecer que a Constituição contempla as opções políticas fundamentais de um dado sistema jurídico, devendo o intérprete das disposições constitucionais atentar cuidadosamente para os valores políticos consagrados nos princípios fundamentais esposados pela Constituição.

"O intérprete das normas constitucionais deve aplicar no seu trabalho também o critério evolutivo, atentando para com a realidade e referindo as normas isoladas a um sistema constitucional em contínua evolução, como decorrência das mutações das exigências político-sociais da coletividade. Deve aplicar as normas não com base no sistema no qual o dispositivo historicamente nasceu, mas, sim, com base no sistema atual no qual vive.

"Deve levar em conta a realidade concreta, na qual operam as normas constitucionais, para trazer do exame da realidade oportunos elementos de valorização que permitam ajustamento ao processo evolutivo das normas e evitar conclusões incompatíveis com a vida real."

Conforme já foi afirmado, o Direito está em constante evolução, exatamente para acompanhar o natural desenvolvimento das relações sociais. Isto também se aplica às relações jurídicas envolvendo a Administração Pública. A mudança de orientação no tocante ao desempenho das ações administrativas deve ser acompanhada de uma correspondente alteração nos meios e modos de acompanhamento e controle.

Em tempos de exaltação da cooperação, da parceria e da confiança recíproca, da transparência e do controle social, não é possível continuar aplicando soluções criadas em tempos de oposição de interesses e da desconfiança. No momento em que a Constituição Federal consagra o princípio da eficiência, não é possível conformar-se com um formalismo literal estéril. Esta é a advertência da doutrina, a todos os profissionais do Direito:

"No momento em que sociólogos, políticos e economistas estão reestruturando a parceria, cabe ao jurista definir os seus requisitos e os seus efeitos, fazer as distinções cabíveis, deduzir o alcance dos princípios que lhe são inerentes, enfim construir uma nova dogmática jurídica calcada no papel que ela pode e deve exercer, sob todas as suas formas no mundo hodierno.

"Se, como já dissemos, estamos assistindo a uma revolução silenciosa e construtiva da sociedade brasileira, o direito dela não pode estar ausente, cabendo ao jurista, ao advogado e ao magistrado fazer a sua reciclagem e preparar o futuro das nossas instituições e das novas técnicas jurídicas" (Arnoldo Wald, *O Direito de Parceria e a Nova Lei de Concessões*, Ed. RT, 1996, p. 34).

A amplitude dessas alterações na ordem jurídica abrange tanto a produção das normas, quanto a sua execução e ainda a solução dos conflitos decorrentes da adoção das novas técnicas de gestão dos interesses públicos. Os fundamentos, as vantagens e as decorrências dessa significativa mudança de postura diante do interesse público foi magnificamente demonstrada por Diogo de Figueiredo Moreira Neto no texto que se transcreve:

"A participação e a consensualidade tornaram-se decisivas para as democracias contemporâneas, pois contribuem para aprimorar a governabilidade (eficiência); propiciam mais freios contra o abuso (legalidade); garantem a atenção a todos os interesses (justiça); proporcionam decisão mais sábia e prudente (legitimidade); desenvolvem a responsabilidade das pessoas (civismo); e tornam os comandos estatais mais aceitáveis e facilmente obedecidas (ordem).

"Em suma, a consensualidade como alternativa preferível à imperatividade, sempre que possível, ou em outros termos, sempre que não seja necessário aplicar o poder coercitivo, o que se vai tornando válido até mesmo nas atividades delegadas, em que a coerção não é mais que uma fase eventual ou excepcional (ex: o poder de polícia).

"A partir desses dados, pode-se estabelecer uma tipologia da consensualidade em referência às funções fundamentais do Estado. *Primo*, a consensualidade na produção das normas, com o reaparecimento de fontes alternativas, fontes consensuais e de fontes extra-estatais: a regulática. *Secundo*, a consensualidade na administração de interesses públicos, com o emprego das formas alternativas consensuais de coordenação de ações, por cooperação e por colaboração. *Tertio*, a consensualidade na solução dos conflitos, com a adoção de formas alternativas de composição" (Diogo de Figueiredo Moreira Neto, *Mutações do Direito Administrativo*, Renovar, 2000, p. 41).

No tocante a esta parte final, a consensualidade na solução dos conflitos, cabe destacar a posição estratégica do Ministério Público, que efetivamente dispõe de competência e de meios para isso, dado e que, em menor ou maior escala, nos diversos Estados da Federação, já vem promovendo a adoção de acordo e soluções amigáveis em assuntos relativos à atuação da Administração Pública.

Com efeito, a ordem jurídica já contempla a possibilidade de evitar a propositura da ação civil pública mediante o atingimento da satisfação ou restauração do interesse público no próprio curso do inquérito civil. A propositura da ação é um meio para a realização de um fim; se esse fim puder ser realizado de maneira menos traumática, menos desgastante e com maior celeridade, amistosamente, não há porque propor a ação judicial, que será, então, um puro constrangimento, não autorizado pela ordem jurídica.

O § 6º, do art. 5º, da Lei 7.347, de 24.7.1985, que disciplina a ação civil pública prevê, expressamente a possibilidade de solução amigável:

> § 6º. Os órgãos públicos legitimados poderão tomar dos interessados compromisso de ajustamento de sua conduta às exigências legais, mediante cominações, que terá eficácia de título executivo extrajudicial.

Dado que toda competência outorgada pela lei a um agente público implica o dever de exercê-la, pode-se afirmar que o Ministério Público sempre deverá recorrer ao compromisso de ajustamento da conduta, quando isso for suficiente para a salvaguarda do interesse público.

O que se pretende destacar, entretanto, é a previsão legal de solução amigável. Ou seja, que já existe previsão legal expressa de solução amigável dos conflitos envolvendo a Administração Pública, sem que isso signifique lesão ao princípio da indisponibilidade dos interesses públicos.

É conveniente lembrar que a arbitragem na Administração Pública, antes totalmente proscrita pela legislação e pela jurisprudência, já começa a ser aceita. Com efeito, a Lei de Concessões de Serviços Públicos, Lei 8.987, de 13.3.1995, determina, no inciso XV de seu art. 23, que entre as cláusulas do contrato figure obrigatoriamente uma relativa "ao foro e ao modo amigável de solução das divergências contratuais". No presente momento, do Projeto de Lei que institui as Parcerias Público-Privadas, conforme o Substitutivo aprovado pela Comissão de Assuntos Econômicos do Senado Federal, está previsto, no art. 11, que o edital deve ser acompanhado da minuta do futuro contrato, que, obrigatoriamente, deverá dispor sobre o "uso da arbitragem, para solução dos conflitos decorrentes do contrato".

Se é possível celebrar um acordo para evitar a propositura de uma ação judicial, com muito maior razão, numa perspectiva de ordem lógica, também deve ser possível a celebração de um ajuste para dar fim a uma contenda judicial, dado que, nesta segunda hipótese, sempre haverá a presença vigilante do juiz da causa.

Fique perfeitamente claro que não se está pretendendo dizer que, atualmente, seja possível à Administração Pública atuar livremente, divorciando-se do princípio da legalidade, que determina sua submissão à lei. O que se sustenta é que não se pode mais aceitar uma submissão absoluta à letra da lei, em detrimento da realização dos fins a que ela se destina. Cumpre-se a lei quando se atinge o resultado por ela almejado.

Atualmente, além de acatar o princípio da legalidade, é preciso dar atendimento também a um outro novo e significativo princípio constitucional da Administração Pública, o princípio da eficiência, introduzido no cenário jurídico-nacional pela Emenda Constitucional da Reforma Administrativa, sobre o qual, em obra escrita em parceria com Sérgio Ferraz, já fizemos algumas ponderações:

"A Emenda Constitucional 19, de 4.6.1998, conhecida como 'Emenda da Reforma Administrativa', trouxe profundas modificações na Administração Pública brasileira. O propósito fundamental dessa reforma era a substituição do antigo modelo burocrático, caracterizado pelo controle rigoroso dos procedimentos, pelo novo modelo gerencial, no qual são abrandados os controles de procedimentos e incrementados os controles de resultados. Essa linha de pensamento, esse novo valor afirmado pela Constituição, não pode ser ignorado pelo intérprete e aplicador da lei.

"Não por acaso, aos princípios já previstos na redação original do art. 37, foi acrescentado o princípio da eficiência. É óbvio que esse princípio já estava implícito. Ao torná-lo explícito, ao afirmá-lo expressamente, o que se pretendeu foi demonstrar a redobrada importância que ele passou a ter. Em termos práticos, deve-se considerar que, quando mera formalidade burocrática for um empecilho à realização do interesse público, o formalismo deve ceder diante da eficiência.

"Isso significa que é preciso superar concepções puramente burocráticas ou meramente formalísticas, dando-se maior ênfase ao exame da legitimidade, da economicidade e da razoabilidade, em benefício da eficiência. Não basta ao administrador demonstrar que agiu bem, em estrita conformidade com a lei; sem se divorciar da legalidade (que não se confunde com a estrita legalidade), cabe a ele evidenciar que caminhou no sentido da obtenção dos melhores resultados" (Sérgio Ferraz e Adilson Abreu Dallari, *Processo Administrativo*, Malheiros Editores, 2000, pp. 77 e 78).

Não basta atuar de maneira conforme a lei. Não faz sentido emperrar a administração para dar estrito cumprimento à literalidade da lei. Agora é preciso mais: a administração deve buscar a forma mais eficiente de cumprir a lei, deve buscar, entre as soluções teoricamente possíveis, aquela que, diante das circunstâncias do caso concreto, permita atingir os resultados necessários à satisfação do interesse público.

Tudo isso pode e deve ser demonstrado ou no bojo do processo administrativo no qual se cuide da celebração do ajuste, ou em juízo, no momento de se postular a homologação de um acordo destinado a pôr fim a um litígio de maneira satisfatória para ambas as partes e, muito especialmente, de maneira a realizar o interesse público.

No caso da concessão, pelo particular credor, de vantagem para a liquidação da dívida da Fazenda Pública, a eficiência está diretamente relacionada à economicidade da transação pretendida, cabendo lembrar que esse é também um princípio constitucionalmente afirmado (art. 70 da CF) como condicionante da gestão financeira pública:

"No tocante ao princípio da economicidade ou da otimização da ação estatal, urge rememorar que o administrador público está obrigado a obrar tendo como parâmetro o ótimo. Em outro dizer, tem o compromisso indeclinável de encontrar a solução mais adequada economicamente na gestão da coisa pública. A violação manifesta do princípio dar-se-á quando constatado vício de escolha assaz imperfeita dos meios ou dos parâmetros voltados para a obtenção de determinados fins administrativos. Não aparecerá, no controle à luz da economicidade, nenhum traço de invasão da discricionariedade, porém se é certo que esta precisa ser preservada, não é menos certo que qualquer discricionariedade legítima somente o será se guardar vinculação com os imperativos de adequação e sensatez" (Juarez Freitas, *O Controle dos Atos Administrativos e os Princípios Fundamentais*, São Paulo, Malheiros Editores, 1997, pp. 85-86).

Numa perspectiva econômica, evidencia-se como de indiscutível interesse público o propósito de reduzir o estoque de precatórios, para controlar o volume do endividamento público, de molde a não exceder os limites da Lei de Responsabilidade Fiscal e viabilizar financiamentos para novos empreendimentos necessários à realização de políticas públicas.

Para concluir, basta dizer que a jurisprudência mais recente do Tribunal de Justiça de São Paulo, em face da grande massa de precatórios pendentes de pagamento, já tem admitido a celebração de acordos para a liquidação de débitos, afirmando, claramente, que essa prática não lesa o erário e não viola o art. 100 da Constituição Federal.

No agravo de instrumento 154.639.5/3 (8ª Câmara de Direito Público do Tribunal de Justiça do Estado de São Paulo, v.u., 1.3.2000, Rel. José Santana), o Tribunal reformou sentença que havia recusado homologação a acordo firmado por autarquia municipal (Departamento de Águas e Esgotos de Valinhos) em execução de sentença condenatória, pois, no entendimento da Corte, não haveria violação do art. 100 da CF, diante da demonstração do caráter vantajoso do acordo e da existência de recursos orçamentários para atendê-lo.

No agravo de instrumento 341.787-5/6 (Processo 677/1998, 2ª Vara Judicial da Comarca de Ubatuba/SP, 9ª Câmara de Direito Público do Tribunal de Justiça do Estado de São Paulo, v.u., 1.10.2003, Rel. Antonio Rulli), o Tribunal entendeu que não se cogitava de violação da ordem dos precatórios, pois embora tivesse sido expedido um ofício requisitório, não havia ainda precatório judicial devidamente formalizado.

Finalmente, no agravo de instrumento 366.364.5/9-00 (6ª Câmara de Direito Público do Tribunal de Justiça do Estado de São Paulo, v.u., 10.5.2004, Rel. Afonso Faro), que cuidava do pagamento de indenização expropriatória, acompanhando a manifestação do Procurador-Geral da Justiça, Dr. Luiz Antônio Guimarães Marrey, o Tribunal entendeu que o acordo era de interesse público, pois a Prefeitura Municipal de São Paulo tinha efetiva urgência na liberação da área desapropriada e o desconto de 23% era sobremaneira vantajoso para o erário.

Neste último acórdão há uma consideração extremamente pertinente, qual seja a de que a dotação orçamentária destinada ao acordo era a da própria obra, e não aquela reservada ao pagamento de precatórios judiciais.

Essa particularidade serve para evidenciar que o pagamento de importância destinada à satisfação do acordo não afeta direitos dos beneficiários de precatórios pendentes, pois a dotação para tal finalidade sempre será aquela determinada pelo montante dos precatórios judiciários apresentados até 1º de julho do ano correspondente à elaboração da proposta orçamentária.

Não se trata, portanto, de satisfazer um mero interesse da Administração, um interesse público secundário, em detrimento do conjunto de outros credores ou do interesse público primário, correspondente ao interesse de toda a coletividade. A obtenção de desconto substancial no montante de um crédito insuscetível de discussão libera recursos para outras finalidades e, na medida em que concorre para a realização da regularidade fiscal, favorece a obtenção de novos financiamentos para projetos de maior prioridade ou maior interesse público.

V — Conclusão

Diante de tudo quanto foi acima exposto, pode-se afirmar que, em princípio, existindo a possibilidade de concessão de desconto substancial pelo credor, é juridicamente viável a realização de acordo judicial para a efetivação direta (imediata ou parcelada) do pagamento.

Se houver interesse público, pode a Fazenda Pública efetuar o pagamento de maneira voluntária, independentemente de constrição judicial. A execução judicial, mediante a expedição de precatório, somente se justifica se houver recusa no pagamento voluntário.

A realização de acordo judicial com um único determinado e específico credor não viola os princípios constitucionais da isonomia e da impessoalidade. Com efeito, tem-se por óbvio que o acordo judicial somente pode ser feito com o credor que for parte no respectivo processo. Não há possibilidade de estendê-lo, automaticamente e genericamente, a todos os outros credores, em outros processos, pois cada caso exige uma específica negociação. Entretanto, poderá se configurar uma violação dos mencionados princípios se a Administração já houver negado ou vier a negar igual tratamento a outros credores em situações análogas.

Somente haverá ofensa ao art. 100 da Constituição Federal se houver puro e simples desarrazoado descumprimento da ordem cronológica de apresentação dos precatórios judiciários, com propósito de favorecimento, ainda que disfarçado.

Em princípio, o pagamento imediato da importância acordada, com recursos provenientes de dotação orçamentária específica para atendimento da obrigação que estiver sendo liquidada (por exemplo, realização de obra pública, fornecimento de bens ou pagamento de indenização expropriatória) não prejudica os beneficiários de precatórios, pois a dotação orçamentária destinada ao pagamento de precatórios não será afetada. No fundo a liquidação amigável de uma pendência, sem a emissão de precatório, acaba beneficiando os credores de precatórios mais recentes, que, indiretamente, avançam uma posição na fila.

Diante dos termos da Lei de Responsabilidade Fiscal é sempre conveniente a redução do montante da dívida pública e, muito especialmente, do estoque de precatórios, pois isso afeta a capacidade de realização de novos investimentos que demandem financiamentos.

Exatamente por tal razão, nos três níveis de governo, a Administração Pública está claramente empenhada em ajustar-se às exigências da Lei de Responsabilidade Fiscal, não podendo ser a celebração do acordo tomada, aprioristicamente, como um ato isolado de favorecimento indevido. De resto o oferecimento de um desconto substancial no montante do crédito é uma vantagem objetiva para o erário, sendo de indiscutível interesse público.

Em cada caso a regularidade da transação depende da demonstração cabal e objetiva da existência de interesse público e, especialmente, de vantagem para o erário, tanto financeira quanto, numa perspectiva mais ampla, econômica, no tocante à realização de políticas públicas.

Evidentemente, deverão ser respeitadas as disposições da Lei de Responsabilidade Fiscal que disciplinam a assunção de encargos e obrigações que acarretem aumento da despesa, muito especialmente quanto à existência de recursos orçamentários especificamente destinados ao atendimento do acordo, sem afetar as dotações correspondentes ao pagamento de precatórios judiciários.

CARREIRAS DE ESTADO: A DEFESA DO NÚCLEO ESTRATÉGICO

JUAREZ FREITAS

Professor Titular e Coordenador do Mestrado e do Doutorado em Direito da Pontifícia Universidade Católica do Rio Grande do Sul. Professor da UFRGS, da Escola Superior da Magistratura — AJURIS e da Escola da Magistratura do TRF-4ª R. Presidente do Instituto de Direito Administrativo do Rio Grande do Sul. Professor Visitante de Programas de Pós-Graduação em Direito no país e no exterior. Advogado e Parecerista

1. Introdução

As relações de Direito Público devem ser enfaticamente mais de Estado do que de governo.[1] Com efeito, assegurar a obrigatória continuidade das políticas públicas, para além dos governos episódicos, é uma das razões primordiais do Direito Administrativo contemporâneo. Nesse contexto, mingua o espaço da antiga discricionariedade, substituída, a pouco e pouco, pela noção de liberdade vinculada e justificável racionalmente, sem sucumbir a particularismos contrários à idéia de universalização, de sorte que toda discricionariedade (no plano dos mandamentos ou na eleição das conseqüências) resta vinculada aos princípios fundamentais, donde segue a *inexistência de discricionariedade pura*. Cobra-se, mais e mais, o exercício fundamentado do poder estatal. Vale dizer, *a exigência alastrada de motivação surge como antídoto contra a arbitrariedade* entendida como o exercício autofágico e coisificante do poder pela ausência de fundamentação reflexiva e conseqüente quebra da vocação para a sistematicidade.

O Direito Administrativo afirma-se, assim, menos como o Direito do Estado executor direto de serviços públicos ou universais, convertendo-se precipuamente em *Direito do Estado Regulador*, ao mesmo tempo em que começa a deixar de ser um plexo de normas viciadas pelo executivismo crônico (mormente no presidencialismo que se caracteriza pela excessiva concentração unipessoal das Chefias de Estado e de Governo). A continuidade pós-governamental e o planejamento passam a exercer papel maiúsculo na efetividade do complexo de princípios e regras que regem as relações de administração. Nesse quadro, mais do que nunca, para bem cumprir suas funções, indispensável a máxima valorização das carreiras de Estado, robustecidas e consolidadas em regime institucional que confira os devidos estímulos e as garantias compatíveis.

1. V., por obséquio, Juarez Freitas, *O Controle dos Atos Administrativos e os Princípios Fundamentais*, 3ª ed., São Paulo, Malheiros Editores, 2004, revisando categorias à luz da premissa mencionada.

Justamente essa última asserção é que abre ensejo à reflexão sobre as carreiras de Estado, tema do presente estudo.[2]

2. *Regime institucional e carreiras de Estado*

Quando o constitucionalismo e o próprio Direito Administrativo ainda se achavam em fase inicial de desenvolvimento, muitos, na falta de conceitos mais apropriados, cederam à tentação de pedir auxílio às categorias do Direito Privado,[3] optando pelas discutíveis virtudes do método extrapolativo, cuja lógica consiste em elucidar um ramo do Direito a partir do observado em outro mais antigo. Foi Paul Laband quem ressaltou que, nesse período embrionário, a literatura, sucumbindo ao comodismo das meras semelhanças, foi buscar nas figuras negociais do mandato (Harprech, Eybel, Troplong, Merlin e Laurent), da locação de serviços (Paul Kress, Wilhelm Neumann e D. Strube) — e até no contrato inominado[4] (J. C. Leist e J. A. Feurbach) — a inspiração para discernir a essência da relação jurídica articulada entre o Poder Público e seus funcionários. Depois de rechaçar, uma a uma, as alternativas de cunho privatista — por definição, precárias —, Laband, procurando harmonizar a idéia de bilateralidade com os princípios do Direito Público, animou-se a propor que tudo não passava de um contrato de direito público *sui generis*. Em seu entender, "a relação de serviço do funcionário público repousa sobre um contrato pelo qual, (...), o servidor se devota ao Estado, assume um particular dever de serviço e de fidelidade, engaja-se em um dever de obediência, e pelo qual o Estado, por sua vez, aceita tal promessa, assim como a singular relação de poder que lhe é oferecida, assegurando ao funcionário, em contrapartida, proteção e, também, sustento".[5]

Graças a esse pronunciamento, Laband acabou se tornando o precursor e um dos maiores expoentes da chamada teoria contratualista que, influenciada pela atmosfera liberal reinante na segunda metade do século XIX, elegeu o princípio da autonomia da vontade como sua principal pedra de alicerce. Ocorre que as notórias inconsistências da teoria bilateral muito cedo vieram à tona: como compatibilizar o largo espectro das intervenções unilaterais do Poder Público, inclusive no plano dos direitos e obrigações dos servidores, com a máxima sinalagmática da mútua pactuação dos vínculos? Ainda quando se cogitasse de um "contrato *sui generis*",[6] o certo é que, antes de se incorporar ao serviço público, o funcionário, nesse regime bilateral, teria a possibilidade de debater as condições do trabalho, as quais, uma vez acordadas, fariam lei entre os contraen-

2. Fragmentos do presente estudo constam no Parecer que emiti, em junho de 2004, a convite honroso da Febrafite sobre aspectos da Emenda Constitucional 42/2003.

3. Pontes de Miranda, *Comentários à Constituição de 1967 com a Emenda n. 1 de 1969*, t. III, São Paulo, Ed. RT, 1973, p. 418, já notara: "como acontece quando a qualquer relação jurídica menos conhecida, procurou-se explicar a relação jurídica entre o funcionário público e o Estado, assimilando-a a algumas das relações mais vulgares no mundo do direito, em subordinação do direito público ao direito privado, característica de séculos em que o direito civil representou a preocupação principal da burguesia, após a derrocada das instituições monárquico-feudais".

4. *Le Droit Public de L'Empire Allemand*, t. II, trad. C. Gandilhon e Th. Lacuire, Paris, V. Giard & E. Brière, 1901, pp. 114 e 115.

5. Ob. cit., pp. 119 e 120: "Le rapport de service du fonctionnaire de l'État repose sur un contrat par lequel, (...), contracte un devoir particulier de service et de fidélité, s'angage à un dévouement particulier, à une obéissance particulier, et par lequel l'État accepte cette promesse, ainsi que le rapport de puissance particulier qui lui est offert et assure en retour au fonctionnaire protection et, d'ordinaire, entretien".

6. Entre nós, M. I. Carvalho de Mendonça e Clóvis Beviláqua se incluem no rol dos juristas que acolheram a concepção do "contrato *sui generis*". Sobre o tema, v. Pontes de Miranda, ob. cit., p. 428.

tes, não podendo ser modificadas pela vontade exclusiva do Estado. Ora, salta aos olhos que esse resultado nunca refletiu a concreta e efetiva realidade que, já então, norteava as relações entre o Poder Público e seu corpo de funcionários.

O passo seguinte, nesse renhido debate, coube à criatividade de Otto Mayer. O eminente professor da Universidade de Estrasburgo, insurgindo-se, de um lado, contra a tese contratualista do seu colega Laband e, de outro, contra a anacrônica influência privatista da época, alertou para a circunstância de que o vínculo entre Estado e servidor público não tinha, propriamente, origem em um contrato de trabalho (público ou privado), mas, antes, numa "obrigação de servir de direito público".[7] Rejeitando, assim, as antigas concepções da gestão de negócios, da locação de serviços e do mandato, Mayer adverte que "a função é um círculo de atividades do Estado que devem ser geridas por uma pessoa ligada por uma obrigação de direito público de servir ao Estado".[8]

Mas o passo decisivo no sentido de superar, em se cogitando de servidores tipicamente estatais, a noção de contrato foi dado por uma tríade de renomados juristas franceses: Léon Duguit, Maurice Hauriou e Gaston Jèze. Ao dissociarem a realidade jurídica dos servidores públicos da de outras espécies de empregados da Administração, cujas relações de trabalho eram disciplinadas pelas regras do direito privado, em uníssono, trataram de repudiar o processo de colonização do Direito Público pela doutrina privatista, demarcando, ato contínuo, as características assaz peculiares do estatuto publicista reservado aos "funcionários propriamente ditos" (*fonctionnaire proprement dit*).

Duguit, aludindo à "situação geral dos funcionários",[9] escreveu que "a palavra estatuto designa a situação especial constituída para os funcionários pela aplicação das disposições legais ou regulamentares editadas para protegê-los contra todos os atos arbitrários dos governantes ou de seus agentes diretos. Esta definição do estatuto basta para mostrar que ele constitui, essencialmente, uma situação de direito objetivo resultante, diretamente, da aplicação do direito objetivo formulado pelas leis e pelos regulamentos do serviço público considerado".[10]

É o que, com idêntico sentido e com linguagem assemelhada, enunciou Hauriou, ressaltando que "se a concepção do contrato de serviço público deve ser afastada para os funcionários propriamente ditos e se, in-

7. *Droit Aministratif Allemand*, t. IV, Paris, V. Giard & E. Brière, 1906, § 42, p. 8: "La fonction publique, au contraire, est essentiellement liée à obligation de servir du droit public".

8. Ob. cit., p. 8: "La fonction est un cercle d'affaires de l'État, qui doivent être gérées par une personne liée par l'obligation de droit public de servir l'État". Sobre o confronto entre Laband e Otto Mayer v., p. ex., Fritz Fleiner, *Droit Administratif Allemand*, trad. Dh. Eisenmann, Paris, Librairie Dalegrave, 1933, que, por sua vez, seguiu o pensamento de Otto Mayer, sustentando que a opinião de Laband "ne peut cependant pas être acceptée. La nomination du fonctionnaire comme la naturalisation de l'étranger sont l'œuvre d'une disposition unilatérale de l'autorité, mais d'une disposition que l'autorité ne peut édicter qu'avec l'assentiment de l'intéressé" (p. 123). Na década de 1950, Friedrich Giese (*Allgemeines Verwaltungsrecht*, Tübingen, J. C. B. Mohr (Paul Siebeck), 1952, p. 55) também acolheu a ótica de que "die Ernennung ist kein öffentilichrechtlicher Vertrag, sondern ein einseitiger Staatshoheitsakt". Atuamente, a visão que prevalece é a de que se trata de ato administrativo, como mostra Hartmut Maurer, *Allgemeines Verwaltungsrecht*, Munique, C. H. Beck'sche Verlag, 1985, p. 146.

9. *Traité de Droit Constitutionnel*, t. III, Paris, Ancienne Librairie Fontemoing & Cie. Éditeurs, 1930, p. 159: "(...) situation générale des fonctionnaires (...)".

10. Ob. cit., p. 159: "Le mot statut désigne la situation spéciale qui est faite aux fonctionnaires par l'application des dispositions légales ou réglementaires édictées pour les protéger contre tous actes arbitraires de la part des gouvernants et de leurs agents directs. Cette définition du statut suffit à montrer qu'il constitue essentiellement une situation de droit objectif résultant directement de l'application du droit objectif formulée par les lois e règlements du service public considéré".

clusive, se deve evitar dizer que, no todo de sua relação, o funcionário se liga à Administração como uma parte à outra parte, pela boa razão de que funcionário e Administração são um dentro da instituição administrativa, não resta outra solução jurídica possível senão a de que o funcionário seja incorporado à Administração por uma requisição consentida que lhe confere um estatuto legal regulamentar e moral".[11]

Gaston Jèze, com seu inconfundível estilo oratório, também reproduziu esse ponto de vista, consoante o qual, "na França, os agentes do serviço público propriamente ditos estão em uma situação jurídica legal e regulamentar. Isso significa que o sistema do contrato não intervém em nenhum momento. Não é um contrato que incorpora o agente ao serviço público. Não é um contrato que regula os direitos e obrigações dos indivíduos no serviço público. Não é um contrato que fixa a duração das funções e as condições de exoneração do serviço público. A sanção dos direitos e das obrigações dos agentes do serviço público não é aquela dos direitos e obrigações resultantes de um contrato".[12]

Como não poderia deixar de ser, o eco das concepções francesa e alemã repercutiu entre nós. No Brasil, foi Pontes de Miranda um dos que mais aprofundadamente meditaram sobre a matéria. Embora o sistema constitucional brasileiro de 1946[13] para cá tenha sofrido abrangentes mutações na seara do regime jurídico dos servidores públicos, não se pode negar que, no plano das linhas-mestras, a reflexão ponteana sobre o trabalho público teve o raro mérito de resistir a sobressaltos e às mudanças circunstanciais, transformando-se, em questões nevrálgicas, em fonte atualizada, não só de orientação segura para os administradores, mas, igualmente, de esclarecido alerta para os legisladores.

Depois de investigar as diferentes teorias que disputavam a preferência da comunidade jurídica, detendo-se na polêmica que acirrara os ânimos entre os adeptos do regime contratual (bilateralidade) e da corrente estatutária (unilateralidade), Pontes ponderara que para discernir qual o enfoque mais

11. *Précis Élémentaire de Droit Administratif*, Paris, Librairie du Recueil Sirey, 1938, p. 72: "Si la conception du contrat de service public doit être écartée pour le fonctionnaire proprement dit et si même on doit éviter de dire que, pour l'ensemble de sa situation, le fonctionnaire soit lie à l'administration comme une partie à une autre partie, pour la bonne raison que fonctionnaire et administration ne font qu'un dans l'institution administrative, il reste qu'une solution juridique possible, à savoir que le fonctionnaire soit rattaché à l'administration par une réquisition consentie lui conférant un statut légal réglementaire et moral".

12. *Les Principes Généraux du Droit Administratif*, Paris, Marcel Giard Libraire-Éditeur, 1930, pp. 244 e 145: "En France, les agents au service public proprement dits sont dans une situation juridique légale et réglementaire. Cela signifie que le procédé du contrat n'intervient à aucun moment. Ce n'est pas un contrat qui fait entrer les agents au service public. Ce n'est pas un contrat qui règle les droits et obligations des individus au service public. Ce n'est pas un contrat qui fixe la durée des fonctions et les conditions de la sortie du service public. La sanction des droit et obligations des agents au service public n'est pas celle des droits et obligations résultant d'un contrat". André de Laubadère, em 1968 (num trabalho que foi publicado nos *Annales de la Faculté de Droit et des Sciences Économiques de Toulouse* — faculdade em lecionara Maurice Hauriou — e, também, no v. I das *Pages de Doctrine* lembrou, com lucidez, que, apesar das abertas divergências, sobretudo quanto ao modo de pensar a ciência jurídica, "c'est également un accord des deux grands maîtres [Duguit e Hauriou] que l'on rencontre, dans la théorie de la fonction public, sur des points fondamentaux, considérés depuis lors comme acquis: le rejet de la notion de contrat pour définir le lien unissant des fonctionnaire à l'intérieur de l'administration (...)" (*Pages de Doctrine*, v. I, Paris, LGDJ, 1980, p. 27).

13. A escolha da Constituição de 1946 como marco se explica pelo fato de que foi ao comentá-la que Pontes parece haver amadurecido o seu posicionamento sobre o tema dos funcionários públicos. Não se olvida, portanto, que Pontes, antes da Constituição de 1946, já comentara a de 1934.

correto, convém, antes de mais nada, ter presente que, enquanto "a relação jurídica é sempre bilateral, porque exige, pelo menos, dois pólos", apenas "a fonte da relação jurídica é que pode ser unilateral, ou bilateral, ou plurilateral".[14] Quer dizer: embora toda relação jurídica seja bilateral, nem todas as relações jurídicas vêm ao mundo ungidas pela bilateralidade. É preciso não confundir a necessária bilateralidade dos efeitos com a eventual bilateralidade das fontes. Não se deve negligenciar a evidência de que a polaridade na relação é um *a posteriori* cujo *a priori*, não raro, é a unilateralidade. Segundo Pontes, esse parece ser, sem rasuras, o caso da relação entre Estado e servidor público. Trata-se, de modo nítido, de posição jurídica da qual emergem incontáveis efeitos bilaterais. Todavia, não há como despistar o dado concreto de que, lá no princípio, no bojo originário de suas fontes, "a vontade dos figurantes como que desaparece: não só a vontade do funcionário público, ou do candidato à investidura, nos cargos públicos, mas, também, a do próprio Estado (...)".[15] É por isso que Pontes, armado de bons argumentos, termina afirmando que "o elemento institucional é predominante, quase exclusivo", motivo pelo qual "trata-se de relação jurídica (portanto, bilateral), mas institucional, o que repele a noção de pura contratualidade".[16]

Como se vê, a conclusão de Pontes, a despeito de divergências laterais, não desmente, no geral, o entendimento, quase em tudo convergente, de Mayer, Duguit, Hauriou e Jèze, vale dizer: à diferença do chamado empregado público, cujo contrato de trabalho é regido pela CLT,[17] a situação jurídica do servidor público "propriamente dito" é, sim, estatutária ou legal.

Com efeito, a disciplina hoje em vigor não tornou obsoletas, no particular, nenhuma das observações doutrinárias mencionadas. Ninguém ignora que a modificação do art. 39 da CF/1988, promovida pela Emenda 19/1998, tentou, de modo formalmente inconstitucional, descontinuar o "regime jurídico único", ampliando, em contrapartida,

14. Ob. cit., p. 432.

15. Ob. cit., p. 431.

16. Ob. cit., p. 431.

17. O dualismo entre servidores públicos estatutários (vínculo institucional de Direito Público) e empregados públicos (contrato de trabalho) conserva-se na Alemanha, na França e, também, no nosso sistema. Entre os alemães, Konrad Hesse, *Grundzüge des Verfassungsrechts der Bundesrepublik Deutschland*, Heidelberg, C. F. Müller Juristischer Verlag, 1978, p. 218 e Norbert Achterberg (*Allgemeines Verwaltungsrecht*, Heidelberg, Decker & C. F. Müller, 1982, p. 194) confirmam esse dualismo entre *Beamter* (servidor público estatutário) e *Angestellte* (empregado público), que vem de longe (Constituição de Weimar). Entre os franceses, Yves Gaudemet, ao atualizar o *Tratado* de André de Laubadère, esclarece que "a la différence du personnel fonctionnaire, uniformément soumis à une situation légale ou réglementaire de droit public, le personnel non fonctionnaire relève de régimes juridiques divers" (*Traité de Droit Administratif*, Paris, LGDJ, 1998, p. 40). Entre nós, a doutrina é uniforme no sentido de reconhecer que "a Constituição admite, na própria Administração direta, nas autarquias e fundações públicas, que certas atividades possam ser desenvolvidas sob regime de emprego" (Celso Antônio Bandeira de Mello, *Curso de Direito Administrativo*, São Paulo, Malheiros Editores, 2003, p. 240). Isso quer significar que, "embora o regime de cargo tenha que ser o normal, o dominante, na Administração direta, autárquica e fundações de Direito público, há casos em que o regime trabalhista (nunca puro, mas afetado, tal como se averbou inicialmente, pela interferência de determinados preceitos de Direito Público) é admissível para o desempenho de algumas atividades; aquelas cujo desempenho sob regime laboral não compromete os objetivos que impõem a adoção do regime estatutário como normal, o dominante" (ob. cit., p. 242). São do mesmo entendimento, por exemplo, Hely Lopes Meirelles, *Direito Administrativo Brasileiro*, São Paulo, Malheiros Editores, 2001, p. 383; Odete Medauar, *Direito Administrativo Moderno*, São Paulo, Ed. RT, 2002, p. 333; Maria Sylvia Zanella Di Pietro, *Direito Administrativo*, São Paulo, Atlas, 2001, p. 424 e Diogo de Figueiredo Moreira Neto, *Curso de Direito Administrativo*, Rio de Janeiro, Forense, 2003, p. 276.

o âmbito de utilização da figura do empregado público, cujas relações com o Estado são disciplinadas, basicamente, pelas regras constantes da Consolidação das Leis do Trabalho — CLT. Afigura-se irretorquível, entretanto, que subsiste, incólume, o regime institucional. É o que não deixam margem para maior dúvida as inúmeras alusões, no texto da Lei Fundamental, à categoria dos servidores titulares de cargos públicos na Administração direta, nas autarquias, nas fundações de Direito Público, no setor administrativo do Poder Legislativo e no próprio Poder Judiciário.

Do regime estatutário ou institucional decorre um bom número de conseqüências dignas de registro. É auspicioso que o constituinte derivado, apesar das vastas reformas que vem promovendo na esfera dos direitos dos servidores públicos, felizmente não abandonou o reconhecimento de que, para a segurança da sociedade e para a eficiência do serviço público, convém reservar aos ocupantes de certos cargos efetivos um *tratamento especial*, apto a propiciar a formação de uma carreira com o irrenunciável e profissional atributo da competência e capaz de colocar os seus membros a salvo das cooptações partidárias,[18] da descontinuidade governativa, assim como das ásperas angústias relacionadas à subsistência incerta na velhice.

Alexander Hamilton, faz tempo, observou: só o que detém controle sobre o próprio sustento mantém altivo domínio sobre a vontade.[19] Pessoas cuja sobrevivência depende da maré oscilante e fortuita da sorte ou da ascendência calculista de terceiros transformam-se, não raro, em servos indefesos, no mercado opressivo dos interesses econômicos e políticos. Dessa maneira, ontem como agora, perdura intacta, no fundamental, a idéia de "que o melhor meio de assegurar um bom funcionamento dos serviços públicos é conferir aos funcionários, legalmente, uma situação estável".[20]

O trágico inventário das tentativas de supressão radical do regime estatutário e de suas respectivas garantias institucionais, sobretudo a da estabilidade, atesta que elas jamais foram bem-sucedidas. Um caso emblemático foi o de Andrew Jackson nos EUA. Apesar daquele célebre alerta de Hamilton no final do século XVIII, chamando a atenção para que se cuidasse de resguardar a independência dos servidores (em especial a dos magistrados), o Presidente Jackson, em 1829, subvertendo o sistema da *due participation* criado por Thomas Jefferson, houve por bem introduzir a doutrina do *spoils system*. Tal "sistema dos despojos" conseguiu ser pior do que a mais equivocada aplicação da fórmula da "devida participação" que, concebida por Jefferson em bases de estrita igualdade entre os partidos, logo se converteu em reflexo proporcional ao desempenho nas eleições. O mecanismo da "devida participação" estava longe de ser o ideal, todavia o substitutivo posto em voga por Jackson sobrepujou-o, em muito, nas mazelas. Em contraste com o sistema da "devida participação", a alternativa prescrita por Jackson "degenerou em mero partidarismo".[21] O critério adotado por Jackson,

18. Como lembra Fritz Fleiner (ob. cit., pp. 66 e 67), na Alemanha, já "la Constitution d'Empire a cherché à parer au danger d'une introduction de la politique dans l'administration (*Politisierung der Verwaltung*) et de l'exercice d'influences de parti sur les fonctionnaires en proclamant le principe — qui va de soi — que 'les fonctionnaires sont les serviteurs de la collectivité, non d'un parti' (art. 130, al. 1)".

19. Com sublinha Hamilton (*The Federalist*, v. 43, n. 79, Chicago, Encyclopaedia Britannica, 1952, p. 233), "In the general course of human nature, a power over a man's subsistence amounts to a power over his will".

20. Leon Duguit, ob. cit., t. III, pp. 149 e 150: "Alors est née cette idée éminemment juste que le meilleur moyen d'assurer un bon fonctionnement des services publics, c'est de conférer légalement aux fonctionnaire une situation stable".

21. Leonard White (*Introduction to the Study of Public Administration*, Nova York, The Macmil-

sem apreço pela idéia de profissionalismo, foi, em resumo, o da simples e leiga rotatividade nos cargos. Como bem percebeu Gaston Jèze, "Jackson preconizava a seguinte regra: a cada um a sua vez".[22] Vale a pena transcrever o juízo que o eminente jurista francês formou a respeito dessa proposta indefensável: "Trata-se da exposição de um demagogo cínico ou bem o programa de um político inexperiente? O certo é que os resultados do sistema dos despojos foram deploráveis. Em poucos anos, os hábitos de concussão, imoralidade, introduziram-se na administração americana. Os abusos foram tais que levaram, em 1883, a uma reação que operou uma mudança radical no recrutamento da função pública (sistema do concurso)".[23]

Atualmente, no Brasil das "*reformas*", convém não perder de vista esta advertência histórica. Com efeito, as Emendas Constitucionais 19, 20 e 41 promoveram sucessivas e substanciais alterações, criando perigosos mecanismos de relativização da estabilidade e até reformando o que já havia sido reformado: novas regras aplicáveis às aposentadorias do setor público. Do ponto de vista publicista, as mudanças, no geral, não foram de boa filosofia. Mal compostas, algumas das modificações merecem as incontáveis críticas recebidas, tanto jurídicas como políticas. Nada obstante, seria unilateralismo negar que o constituinte teve alguns acertos. Cuidou de deixar clara e intocável a regra do concurso público. Mais: consciente de que o futuro das instituições depende, em larga medida, da salvaguarda de algumas carreiras de Estado, sem as quais periclitam a continuidade e o funcionamento da Administração Pública (da União, dos Estados, do Distrito Federal e dos Municípios), o Congresso Nacional deixou, aqui e acolá, sinais de cautela e prudência. É precisamente nesse rol em que se encaixam o recente acréscimo do inciso XXII ao art. 37 e a nova redação conferida ao inciso IV do art. 167, todos da Constituição Federal (EC 42/2003). Como se nota, o sentido finalístico e sistemático de ambos os dispositivos é confluente com a perspectiva de estatuir um tratamento diferenciado para algumas carreiras de cuja atuação eficiente, proba e estável depende o funcionamento não só de todas as instituições públicas, mas, também, e, sobretudo, da sociedade civil. O mundo moderno assemelha-se a um complexo sistema vivo e não é preciso grande argumentação para se perceber que determinados órgãos são mais vitais do que outros.

A propósito, o estudo da situação jurídica da "Administração Tributária" constitui boa ilustração da necessidade de uma perspectiva institucional e publicista. De fato, quando se lança um olhar investigativo em direção ao passado, nota-se que determinadas idéias constituem a culminância de valioso processo evolutivo que remonta a longes tempos. Não se trata, aqui, do apego supersticioso a velhos hábitos. Não. É apenas o reconhecimento de que, sob vários aspectos, não é possível compreender o presente sem consultar a provada sabedoria dos que nos antecederam. Ora, a decisão de conferir às "Administrações Tributárias da União, dos Estados, do Distrito Federal e dos Municípios" a elevada dignidade de "atividades essenciais ao funcionamento do Estado" e, nessa medida, de permitir, excepcionalmente, "a vinculação de receita de impostos (...) para realização de atividades de administração tributária", só experimenta

lan Company, 1957, p. 18): "Contrary to Jackson's expectation, rotation degenerated into mere partisanship".

22. Ob. cit., p. 405: "En termes plus nets, Jackson préconisait la règles: chacun son tour!".

23. Ob. cit. p. 405: "Est-ce là l'exposé d'un démagogue cynique ou bien le programme d'un homme politique inexpérimenté? Ce qui est certain, c'est que les résultats du système des dépouilles furent déplorables. En quelques années, les habitudes de concussion, l'immoralité, s'introduisirent dans l'administration américaine. Le abus furent tels qu'ils amenèrent en 1883 une réaction et firent opérer un changement radical dans le recrutement de la fonction public (système du concours)".

perfeita nitidez se projetada sob o pano de fundo de uma história que, de forma quase ininterrupta, conservou-se fiel à idéia de que os "organi essenziali e principali dell'attività tributaria"[24] reclamam, para a defesa e para o guarnecimento da sociedade, disciplina normativa especial.

Não é de hoje que as atividades que gravitam em torno da gestão e da fiscalização tributárias gozam de *status* jurídico preeminente. Assim a Roma da República, assim a do Principado, aquela com o *aerarium* e os *quaestores*, esta com as novidades do *fiscus* e dos *praefecti aerarii* (sem falar nos *procuratores fisci*, no *praetor fiscalis* e nos *advocati fisci*), conheceram a preocupação, crucial para o resguardo do vigor *romani*, de manter um aparato burocrático e administrativo eficiente e estável, ao mesmo tempo.

Para se ter idéia da relevância das funções desempenhadas, já no início do período da República, pelos *quaestores*, basta lembrar que "o cônsul — a mais alta magistratura de então — era obrigado a se fazer assistir pelo questor toda vez que retirasse dinheiro do tesouro, provavelmente sob o procedimento de que o questor remetia os recursos financeiros solicitados pelo cônsul e registrava em seus livros a soma desembolsada".[25] Isso significa que, eleito "pelo mérito",[26] "o questor exerce, nesse primeiro caso, uma representação indispensável (...)",[27] de cuja mediação até o cônsul depende. Como uma magistratura patrícia, ordinária e *cum potestas* — isto é, com a "faculdade de exprimir, com a própria vontade, a vontade do Estado, criando direitos e obrigações"[28] —, os questores ocupavam o ápice da estrutura administrativa romana, ficando abaixo somente das magistraturas *cum imperio*.[29]

No Principado, a partir de Augusto, surge, ademais, o *praefectus aerarii*. Àquela altura, entre os funcionários romanos, a categoria do *praefectum* (prefeito) é de todas a mais relevante.[30] O sentido etimológico da palavra *praefectum*, que designa o "representante de uma autoridade superior", já denuncia, por si só, a situação de destaque dos *praefecti aerarii*, que, escolhidos diretamente pelo *princeps*, representam-no na gestão do *aerarium*, bem como na do *fiscus*, podendo, o que o distingue de semelhantes magistraturas, receber "recompensas especiais (...) em caso de boa administração".[31] A independência desses funcionários responsáveis pela condução dos negócios públicos pode ser aquilatada pelo fato de que, "mesmo durante a mais turbulenta luta pelo poder (...) o aparato administrativo continuou a desenvolver com notável regularidade as suas funções, (...). E se isso vale para a administração em geral, vale, ainda mais, para a administração financeira".[32]

24. Lello Gangemi, *Elementi di Amministrazione Finanziaria Pubblica*, Pádua, Cedam, 1934, pp. 109 e ss.

25. Théodor Mommsen (*Manuel des Antiquités Romaines*, t. IV, trad. Paul Frédéric Girard, Paris, Thorin et Fils, 1894, p. 244: "(...) le consul était obligé de se faire assister du questeur toutes les fois qu'il retirait de l'argent du trésor, probablement sous cette forme que le questeur remettait l'aegent au consul sur l'ordre de celui-ci et inscrivait sur ses livres la somme déboursée".

26. Tacito (*The Annals*, v. 15, trad. Alfred John Church e William Jackson Brofribb, Chigago, Great Books, p. 106): "(...) the quaestorship was obtained, (...), by merit in the candidates (...)".

27. Théodor Mommsen, ob. cit., p. 244: "Par conséquent, le questeur qui exerçait dans le premier cas une représentation indispensable (...)".

28. Vincenzo Arangio-Ruiz (*Storia del Diritto Romano*, Nápoles, Casa Editrice Dott. Eugenio Jovene, 1968, p. 31): "(...) la facoltà di esprimere con la propria volontà quella dello Stato, creandogli diritti ed obblighi; (...)".

29. V. José Carlos Moreira Alves, v. I, *Direito Romano*, Rio de Janeiro, Forense, 1971, p. 30.

30. José Carlos Moreira Alves, ob. cit., p. 50.

31. Théodor Mommsen, ob. cit., pp. 260-161: "La perspective de récompenses spéciales leur était ouverte au cas de bonne administration".

32. Ricardo Orestano (*Il Problema delle Persone Giuridiche in Diritto Romano*, Turim, G. Giap-

A melhor parcela da herança portuguesa não destoa dessa antiga e sábia orientação de atribuir altos galardões aos funcionários encarregados de gerir as contas públicas. Em Portugal, na hierarquia da Administração do Rei D. Afonso V, logo abaixo do Alferes-mor — o cargo mais elevado —, encontrava-se, então, *Senex* ou *Calculus*,[33] servidor responsável pelo controle das receitas e das despesas da Casa Real. Segundo o texto das Ordenações Afonsinas, tal condição se justificava pelo fato elementar de que "todos os haveres passavam pelas suas mãos, e isso é coisa que move muito o coração dos homens".[34]

pichelli Editore, 1968, p. 255): "(...) anche durante le più turbinose lotte per il potere (...), l'apparato amministrativo há continuato a svolgere con notevole regolarità le sue funzione, (...). E se questo vale per l'amministrazione in generale, vale ancor più per l'amministrazione finanziaria". Como ressalta Orestano, "no exercício de sua atividade o aparato fiscal opera, de fato, como organização em larga medida independente da pessoa imperador, por meio de uma vastíssima burocracia cujos membros são escolhidos entre os adictos da casa imperial (...), aos quais é reconhecido um poder de iniciativa assaz extenso, confirmado por vários princípios" ("Nell'espletamento delle sua attività l'apparato fiscale opera infatti come organizzazione in larga misura indipendente dalla persona del princeps attraverso una vastissima burocrazia i cui membri sono scelti tra gli addetti alla cassa imperiale (...), alla quale è riconosciuto un podere d'iniziativa abbastanza esteso, confermato da vari principi") (ob. cit., p. 255).

33. De acordo com as Ordenações Afonsinas, Livro I, Título LVII, o mordomo-mor também era chamado de *Senex*, que em latim quereria dizer *velho*, pelo fato de que desempenhava ofício honrado. Já o designativo *Calculus*, ainda com base nas Ordenações Afonsinas, evocava a pedra com que os antigos faziam suas contas.

34. Ordenações Afonsinas, v. I, Lisboa, Fundação Calouste Gulbenkian, 1984, Livro I, Título LVII, p. 337: "(...), porque todo o haver paffa per fua maaõ, que he coufa, que move muito os coraçoões dos homees". Sobre a condição de superioridade do Mordomo-mor, v., ainda, Pontes de Miranda, ob. cit., pp. 440 e 441.

Seis séculos depois dessa lúcida advertência constante das Ordenações Afonsinas, Andrew Jackson, desafiando a própria tradição americana que remontava a Alexander Hamilton, deliberou fazer ouvidos moucos às lições da história e duvidar da vulnerabilidade daqueles que zelavam pelo destino das receitas públicas. O desfecho, sobretudo no que concerne à Administração Tributária, foi um constrangedor desastre. O desprestígio inoculado pelas reformas de Jackson no âmbito do serviço público, além de responsável pelo rápido declínio da eficiência administrativa, acabou por ensejar episódios estrepitosos. "Desses — conta Leonard White — o mais notável foi o caso do (...) coletor de impostos nomeado por Jackson para o Porto de New York, o qual fugiu para Espanha, em 1837, com algo em torno de $ 1.250.000",[35] uma cifra, sem dúvida, nababesca para os padrões da época.

Foram precedentes do gênero que estimularam a doutrina, em décadas mais recentes, a recomendar, como forma de prevenir fraudes e corrupção na área das contas públicas, que o pessoal ligado ao controle e à fiscalização de tributos fosse protegido por uma relação especial, estável e bem remunerada. Adolf Wagner, um dos clássicos da Ciência das Finanças, sublinhava, a propósito, que bons resultados nesse campo só seriam obtidos "organizando logicamente o serviço e concedendo uma situação conveniente aos servidores",[36] os quais deveriam ser "bem pagos e bem treinados".[37]

Em termos de "organização lógica do serviço" e de garantia de "uma situação con-

35. Ob. cit., p. 309: "Of these perhaps the most remarkable was the case (...) collector of the port of New York, who fled to Spain in 1837 with something over $ 1.250.000".

36. *Traité de la Science des Finances*, trad. Jules Ronjat, Paris, V. Giard & E. Brière, 1909, p. 482: "(...) en organisant logiquement le serviçe et en donnant une situation convenable aux employés, (...)".

37. Ob. cit., p. 468: "(...) bien payés et bien instruits".

veniente aos servidores", um dos princípios universalmente adotados foi o de que as atividades de fiscalização tributária (no exercício de indelegável poder de polícia fiscal) deveriam ser, sempre e sempre, desempenhadas por pessoas jurídicas de direito público, valendo-se, nessa medida, da performance profissional e segura de servidores ocupantes de cargos efetivos, isto é, cargos que, em nosso ordenamento, gozam das garantias peculiares do regime institucional.[38] Em grau diferenciado, o trabalho da Administração Tributária costuma ser fustigado pela influência de dois fortes grupos de pressão: de um lado, "os partidos políticos" que a "cercam por todos os lados" e, de outro, "fora da política", mas por ela secundada, a sedutora persuasão dos fiscalizados, "cujos interesses são, por vezes, atingidos pelas deliberações administrativas".[39] Assim, numa ordem constitucional em que a Administração Tributária tem por *munus* garantir a máxima eficácia da rede de tributos, conferindo de perto a regular incidência, admitir-se que as suas funções pudessem ser exercidas por entidades de direito privado ou por empregados não-estatutários (ainda que concursados), seria o mesmo que viciar o sistema pela base, fazendo com que os meios conspirassem contra os fins.

Depois de lastimar que a moralidade média ainda não estivesse elevada o suficiente para erradicar os efeitos perversos da malícia, Albert Hensel mostrou que a Administração Tributária, como "representante da autoridade do Estado",[40] serve para impedir que "nenhuma pretensão de imposto, por menor que seja, se subtraia, em qualquer caso, ao pagamento".[41] Com acerto, o Professor da Universidade de Königsberg destaca que, no moderno Estado de Direito, "também a administração tributária (ou sobretudo ela!) serve, enfim, à realização do ordenamento jurídico objetivo",[42] motivo por que, "livre de qualquer influência"[43] deve estar, efetiva e materialmente, em condições de se sobrepor, quer ao arbítrio da política, quer ao estigma da condescendência. A verdade é que um aparelho estatal incapaz de se proteger das investidas dos agentes políticos transitórios ou das perversões do mercado acaba oscilando, como um pêndulo, entre os extremos deletérios da interpretação *pro fisco* ou da interpretação *contra fiscum*. Ocorre que uma e outra não se amoldam aos desígnios imparciais e superiores do Estado de Direito.[44] Nem *pro fisco*, tampouco *contra fiscum*, Antes, a atuação da "Administração Tributária do Estado" (*amministrazione tributaria dello Stato*) há de ser, de forma isenta, *pro lege*. Constitucionalmente justificável no Estado dos direitos fundamentais.

Pois bem, semelhante mescla de rigor e de eqüidade na ação apenas se oferece em contexto jurídico muito singular. Foi o que percebeu, há muito, a melhor doutrina quando discutiu a possibilidade do exercício do poder de polícia por pessoas jurídicas de direito privado. Contra tal hipótese se pronunciou o entendimento majoritário da comunidade científica, impugnando-a com

38. Sobre garantias institucionais, em sentido largo, há lições preciosas do mestre Paulo Bonavides, *Curso de Direito Constitucional*, São Paulo, Malheiros Editores, 1996, p. 492.

39. Pontes de Miranda, ob. cit., p. 418.

40. *Diritto Tributario*, trad. Dino Jarach, Milão, Dott. A. Giuffrè Editore, 1956, p. 165: "(...) rappresentante dell'autorità dello Stato (...)".

41. Ob. cit., p. 163: "(...) che nessuna pretesa d'imposto, anche solo possibile, si sottragga in nessun caso al soddisfacimento".

42. Ob. cit., p. 165: "Anche l'attività amministrativa tributaria (o piuttosto proprio questa!) serve infine alla realizzazione dell'ordinamento giuridico obbiettivo".

43. Ob. cit., p. 169: "(...) sottrata ad ongi (...) influenza, (...)".

44. Sobre o excesso de exação da Administração Tributária, v., p. ex., Hugo de Brito Machado, *Estudos de Direito Penal Tributário*, São Paulo, Atlas, 2002, pp. 188 e ss.

argumentos, já de ordem moral e administrativa, já de caráter jurídico e constitucional.[45] Mas isso foi também o que os legisladores enxergaram e, sem demora, consagraram, de maneira expressa, no texto do Código Tributário Nacional, declarando, no seu art. 7º, § 3º, que:

Art. 7º. *A competência tributária é indelegável, salvo atribuição das funções de arrecadar ou fiscalizar tributos, ou de executar leis, serviços, atos ou decisões administrativas em matéria tributária, conferida por uma pessoa jurídica de direito público a outra (...).*

(...).

§ 3º. Não constitui delegação de competência o cometimento, a pessoas de direito privado, do encargo ou da função de arrecadar tributos. Como se constata, somente pessoa jurídica de direito público pode desempenhar atividades próprias da fiscalização tributária.

Aliomar Baleeiro, desde o início, observara, comentando o Código Tributário Nacional, que "a delegação para (...) fiscalização é restrita às pessoas de Direito Público",[46] o que importa dizer que a delegação à pessoa jurídica de direito privado encontra-se vedada.[47] O máximo que pode haver é a transferência à pessoa de direito privado da mera função instrumental de arrecadar,[48] como, aliás, em visível simetria com o Direito Romano,[49] tem acontecido, atual-

45. V. Juarez Freitas (*Estudos de Direito Administrativo*, São Paulo, Malheiros Editores, 1995, p. 54): "Outra característica nodal é a de que a polícia administrativa há de ser exercício privativo do Poder Público, (...)". É o que também ensinava Ruy Cirne Lima, quando escreveu que "traço característico da limitação ou restrição policial é o de ser imposta pelo poder público privativamente" (*Princípios de Direito Administrativo*, São Paulo, Ed. RT, 1982, p. 107).

46. *Direito Tributário Brasileiro*, Rio de Janeiro, Forense, 2004, p. 80.

47. A propósito, v. Hugo de Brito Machado (*Comentários ao Código Tributário Nacional*, v. I, São Paulo, Atlas, 2003, p. 156): "A reposta afirmativa à última daquelas questões pode ser sustentada, especialmente tendo-se em vista que a atribuição das funções em tela *[atividade de fiscalização]* não pode ser feita a pessoa jurídica de Direito Privado". Do mesmo autor, v., ainda, *Curso de Direito Tributário*, São Paulo, Malheiros Editores, 2004, p. 256. Com igual ponto de vista, v., ademais, Bernardo Ribeiro de Moraes, *Compêndio de Direito Tributário*, v. I, Rio de Janeiro, Forense, 1993, p. 269.

48. A tal respeito, Hugo de Brito Machado, *Curso de Direito Tributário*, cit., p. 256, assim se posiciona: "Não constitui delegação de competência tributária o cometimento a pessoas de direito privado do encargo ou da função de arrecadar tributos (CTN, art. 7º, § 3º). Simples função de caixa, que hoje é atribuída aos estabelecimentos bancários".

49. Aqui reaparece o fio contínuo da história. Apesar dos inegáveis contrastes entre os contextos institucionais, as semelhanças com o Direito Romano outra vez vêm a lume. Enquanto a função fiscalizatória propriamente dita ficava nas mãos de um Magistrado (dos *quaestor* na República e dos *praefecti aerarii* no Principado), a função arrecadatória era desempenhada pelos *publicani*, que operavam no seio de uma *societates publicanorum* por eles constituída (v. Max Kaser, *Das Römische Privatrecht*, Munique, C. H. Beck'sche Verlagsbuchhandlung, 1955, pp. 263 e ss.; e Wolfgang Kunkel, *Römische Rechtsgeschichte*, Köln, Böhlau Verlag, 1956, p. 26). No primeiro caso, tratava-se de típica relação de direito público, em que a *posizione pubblicistica* (v. Riccardo Orestano, ob. cit., p. 256) que vincula o *quaestor* ao *aerarium* e o *praefecti aerarii* ao *princeps* saltava aos olhos. No segundo caso, ao contrário, já se localiza também a presença do direito privado, com a intervenção de particulares, os *publicani* e as *societates publicanorum*, em vínculo de colaboração com o Poder Público. O nítido paralelismo entre os *quaestores*, os *praefecti aerarii* e os atuais fiscais de tributos é tão saliente quanto a clara parecença entre os *publicani*, as *societates publicanorum* e os modernos estabelecimentos bancários. Ontem como agora, enquanto uns fiscalizavam, outros arrecadavam. Lá como aqui, uns agiam sob o aguilhão vigilante do direito público, enquanto os outros com a presença coadjuvante e auxiliar do direito privado. Em certo período da história de Roma, como entre nós, o regime especial da *potestas* (o poder de declarar a vontade do Estado), somente aos primeiros restava garantido. Todavia, para que não haja mal-entendido, convém, desde logo, ressaltar a existência de contrastes. Para não alongar a exposição, suficiente recor-

mente, com vários estabelecimentos bancários, cuja rede de agências, mais próxima do contribuinte, permite eficiência, agilidade e conforto no recolhimento dos tributos em geral.

Mas o caráter diferenciado das regras disciplinadoras do exercício do poder de polícia — e a fiscalização tributária configura somente uma das tantas espécies —, também implicou a condição jurídica dos servidores incumbidos de representar o Estado no manejo dos instrumentos de intervenção reguladora na esfera dos interesses particulares. Nesse sentido, o entendimento doutrinário e jurisprudencial nunca deixou de proclamar que o desempenho profícuo do poder de polícia administrativo reclama, em face das injunções políticas e das sedições do mundo da economia, uma blindagem em torno do servidor, que só as garantias do cargo de carreira estatutário pode erigir. A utilização, em tal contexto, de empregado público, despido da armadura jurídica peculiar ao ocupante de cargo de provimento efetivo, "introduz riscos para a impessoalidade da ação do Estado em relação aos administrados".[50]

Convém chamar atenção para que até os defensores de um regime jurídico uniforme e indistinto para servidores públicos e trabalhadores particulares não deixam de conceder a imperiosa necessidade, em certos casos, "de se examinar, cuidadosamente, quais seriam os postos da função pública que requerem especiais direitos e deveres e como deveriam esses direitos e deveres ser constituídos e matizados em vista de cada tarefa e cargo".[51] Afinal, como pondera Martin Bullinger — um dos grandes defensores daquele mencionado regime uniforme —, "seria inoportuno que um oficial de portaria e um alto funcionário de Ministério fossem eventualmente submetidos a um regime jurídico substancialmente idêntico".[52]

Ainda com o advento da Emenda Constitucional 19 e, posteriormente, com a entrada em vigor da Lei 9.986/2000, o Poder Judiciário teve oportunidade de examinar a constitucionalidade de alguns dispositivos que conferiam aos servidores das Agências Reguladoras a condição de empregados públicos justamente ao atuarem como reguladores. É que a EC 19, ao tentar extinguir o "regime jurídico único", supostamente teria aberto espaço para que o art. 1º da Lei 9.986, curvando-se às conveniências da hora, pudesse, sem considerações de fundo, determinar que "as Agências Reguladoras terão suas relações de trabalho regidas pela Consolidação das Leis do Trabalho, (...), em regime de emprego público".

Submetido, entretanto, à apreciação do Supremo Tribunal Federal (ADI 2.310), esse dispositivo, tamanha a incompatibilidade com a Lei Fundamental, felizmente teve a

dar que os publicanos (*societates publicanorum*) tinham a possibilidade, por força de uma *lex censoria*, de manejar medidas executivas — agindo em nome próprio, jamais como substituto processual do povo romano —, podendo-se valer, contra os devedores de impostos (*vectigalia*), da *legis actio per pignoris capionem*, conforme o testemunho, entre outros, de Gaius em suas *Institutionum*, Livro IV, § 28 (v. Francis de Zulueta, *The Institutes of Gaius — Commentary*, v. II, Oxford, At The Clarendon Press, 1967, pp. 248 e 249; v, ainda, José Carlos Moreira Alves, ob. cit., p. 228, mais José Rogério Cruz e Tucci e Luis Carlos de Azevedo, *Lições de História do Processo Civil Romano*, São Paulo, Ed. RT, 1996, p. 70).

50. Cf. Celso Antônio de Mello, *Curso de Direito Administrativo*, São Paulo, Malheiros Editores, 2003, p. 242.

51. Martin Bullinger, *Öffentliches Recht und Privatrecht*, Stuttgart/Berlin/Köln/Mainz, W. Kohlhammer Verlag, 1968, p. 101: "(...) müsste sorgfältig geprüft werden, für welche Positionen des öffentlichen Dienstes besondere Beamtenrechte und Beamtenpflichten überhaupt erforderlich und wie diese Rechte und Pflichten je nach der besonderen Aufgabe und Stellung verschieden zu gestalten sind".

52. Idem, ob. cit., p. 101: "So erweist es sich u.U. als nicht angebraucht, einen technischen Hausmeister und den höheren Beamten eines Ministeriums im wesentlichen demselben Beamtenrecht zu unterwerfen".

sua eficácia, desde logo, suspensa. O Ministro Relator Marco Aurélio mostrou-se sensível à ponderação de que "prescindir, no caso, da ocupação de cargos públicos, com direitos e garantias a eles inerentes, é adotar flexibilidade incompatível com a natureza dos serviços a serem prestados (...)".[53]

Com muita freqüência, o ponto de melhor visibilidade só se deixa alcançar pela arte da comparação e, por conseguinte, pelo respeito à regra de que aquilo que vale ou repugna a uma relação jurídica em particular, também vale ou repugna a qualquer outra relação eventualmente assemelhada ou idêntica. Ora, o *status* dos servidores responsáveis pela Administração Tributária — *munus* delicado e desafiador — guarda parcial semelhança, no âmago, com a situação jurídica descrita pela doutrina e chancelada pelo STF, na ADI 2.310. Com efeito, se mesmo no caso das Agências Reguladoras, em que havia regra legislada prescrevendo o contrário, já se afastou a possibilidade de utilização exclusiva do regime celetista, com igual ou maior razão se deverá bani-lo, por inteiro, na seara da Administração Tributária, cujas funções sempre exigiram, ao longo da história, regime jurídico peculiaríssimo, atualmente reafirmado, em patamar constitucional, pelo inciso XXII acrescentado pela Emenda 42 ao art. 37 da Lei Fundamental.

Em outras palavras, o caráter especial das funções de polícia administrativa, desempenhadas pela vinculada e indelegável fiscalização de tributos, as quais se acha entrelaçado o regime estatutário, obteve a sua máxima e palpável consagração com a regra que confirmou, quanto à Administração Tributária, a sua natureza de "atividade essencial ao funcionamento do Estado". É em tal contexto e com tal espírito que se deve interpretar, quer o inciso XXII do art. 37, quer o inciso IV do art. 167, ambos da CF.

Dando continuidade, apesar das inúmeras variações políticas e ideológicas, a uma trajetória de resguardo dos núcleos estratégicos da Administração Pública, a EC 42, de modo não-excludente, já imprimiu à atuação de determinados servidores o selo de "atividade essencial", coroando, com esse título, uma carreira de deveres austeros, de cujo serviço depende não só o financiamento do Estado, mas, em igual medida, o bem-estar da sociedade e a eficácia dos direitos fundamentais.

Cumpre notar, ainda, que o emprego da palavra "carreira" não constitui licença retórica, divorciada de fundamentos normativos ou constitucionais. Antes, a escolha dessa categoria deve ser creditada ao próprio constituinte que, em confluência com o atributo da essencialidade, consignou o alerta de que o quadro de pessoal da Administração Tributária da União, dos Estados e dos Municípios deve ser formado por "servidores de carreiras específicas". Aqui, a expressão "carreira" tem sentido técnico muito preciso, querendo designar aqueles cargos de provimento efetivo — portanto estatutários — que, à diferença dos denominados "cargos isolados", se escalonam em classes hierarquizadas segundo o grau de responsabilidade ou de complexidade das atribuições funcionais.[54]

Tal, porém, não é tudo. Há outra relevante perspectiva a ser investigada. Decididamente, a alusão à carreira é mais rica do que, à primeira leitura, se pode imaginar. Ao que tudo indica, o uso do termo tem o fito adicional de reforçar aquele almejado

53. ADI 2.310. Foi por esse motivo que a Constituição Alemã, de 23.5.1949, no seu art. 33, alínea 4, preceituou que "l'exercice des droits de souveraineté doit être confié à titre permanent à des fonctionnaires publics (...)", sendo que, neste mesmo artigo, a alínea 5 determina, ainda, que "le droit de la fonction publique doit être réglementé en tenant compte des principes traditionnels du fonctionnariat" (*Constitutions et Documents Politiques*, org. Maurice Duverger, Paris, PUF, 1981, p. 468).

54. V. Hely Lopes Meirelles, *Direito Administrativo Brasileiro*, ob. cit., p. 398, e Celso Antônio Bandeira de Mello, ob. cit., p. 276.

ambiente de "institucionalização da independência" (*Institutionalisierung der Unabhängigkeit*)[55] com o escopo de erradicar, pelo menos em determinados domínios da Administração Pública, o regime de emprego celetista,[56] ou seja, no caso das funções essenciais que exigem o vínculo institucional.

Não foi por outro motivo que, na Alemanha, o Tribunal Constitucional (*Bundesverfassungsgericht*), referiu-se ao "servidor público de carreira como uma instituição que, com fundamento em conhecimentos técnicos, desempenho profissional e leal cumprimento do dever, garante uma Administração estável, representando um fator de compensação em face das forças políticas conformadoras da vida do Estado".[57] Mas o intento de consolidar o lastro de proteção jurídica imprescindível ao pleno e regular exercício da Administração foi mais longe. No caso da Administração Tributária, aqui tomado como exemplo, por se tratar de segmento administrativo cuja performance repercute, em última instância, no custeio de boa parte das atividades do Poder Público, o constituinte, numa inovação complementar, culminou por prescrever, em apoio àquela atmosfera de estabilidade, que "as administrações tributárias da União, dos Estados, do Distrito Federal e dos Municípios, (...) terão recursos prioritários para a realização de suas atividades". Para tanto, o constituinte derivado tornou-a exeqüível — essa reserva de "recursos prioritários" —, com o alargamento das exceções constantes do inciso IV do art. 167 da CF. Como se vê, desde a promulgação da EC 42, viabilizou-se "a vinculação de receita de impostos (...) para realização de atividades da administração tributária".

O que se observa, portanto, é que todas essas modificações, somadas às conquistas sedimentadas pela doutrina e pela jurisprudência, exprimem, da parte do Congresso Nacional, inegável solicitude no sentido de alargar a rede de proteção em torno do poder de polícia tributária. Cuida-se de bom paradigma do justificável zelo com setores estratégicos da Administração contra a intrépida inventividade das fraudes e sonegações. Daí a unidade finalística dessas mudanças, cujo alvo está em fundar, com firmes declarações de estatura constitucional, a independência dos fiscais de tributo, de um lado, incluindo-os, desde já, no rol das chamadas carreiras de Estado, e, de outro, irrigando-os com dotações orçamentárias capazes de arcar, pela via da vinculação de receitas fiscais, com os custos do aparato fiscalizatório e das suas inerentes garantias.

Em síntese, é da essência do poder de polícia, em qualquer das instâncias da Federação, estruturar-se a partir de uma carreira de servidores públicos estatutários, formada por cargos de provimento efetivo, devidamente concursados e dotados das garantias aptas a minimizar os efeitos deletérios da política episódica. Se é verdade que a função fiscalizatória ajuda a consolidar, no exemplo dado, a arrecadação de tributos e, por conseguinte, a eficiência do sistema tributário, não menos verdade que à fraqueza dos instrumentos de controle também se pode imputar o progressivo exaurimento das reservas públicas. Privados, simultaneamente, de servidores estatutários e de rubricas de custeio autônomas, os órgãos de controle fiscal poderiam acabar vítimas da inanição orçamentária, dos famigerados contingenciamentos (que ameaçam mortalmente a independência das agências reguladoras) e das conveniências externas, cumulativamente espoliados pelos interesses partidários ou pela insopitável astúcia.

55. Reinhold Zippelius, *Allgemeine Staatslehre*, Munique, C. H. Beck'sche Verlag, 1999, p. 382.

56. A despeito de também os empregados públicos serem concursados e de terem algumas garantias que decorrem de princípios de direito público que incidem em tais relações. Sobre o tema, v. Ney Freitas, *Dispensa de Empregado Público e o Princípio da Motivação*, Curitiba, Juruá, 2002.

57. *BverfGE*, 7, 162: "(...) Berufsbeamtentum als eine Institution (...), die gegründet auf Sachwissen, fachliche Leistung und loyale Pflichterfüllung, eine stabile Verwaltung sichern und damit einen ausgleichenden Faktor gegenüber den das Staatsleben gestaltenden politischen Kräften darstellen sollm".

Como se vê, afortunadamente, o ordenamento brasileiro, neste ponto exemplar da Administração Tributária, premuniu-se contra tais riscos por meio de quatro disposições com eficácia imediata e vinculante em todas as esferas da Federação. Primeira: as competências da Administração Tributária só podem ser exercidas por pessoas jurídicas de direito público. O *caput* do art. 7º do CTN já não deixava margem para maior controvérsia: quando se trata de fiscalização tributária, mesmo no caso de delegação, somente instituições de direito público podem desempenhá-las. Segunda: à luz da Constituição emendada (inciso XXII, art. 37), apenas o servidor público estatutário (estável, nos termos do art. 41 da CF) e de carreira reúne as credenciais necessárias e suficientes para se desincumbir das tarefas da Administração Tributária. O que a EC 42 teve em vista, com a ressalva de que o trabalho de fiscalização deve ser conduzido por servidores públicos, foi criar uma situação independente e garantida, capaz de propiciar o desenvolvimento de uma carreira de Estado (não meramente governativa), com os atributos do profissionalismo e da estabilidade, sem os quais a decência corre o risco de se transformar em presa das apreensões com a subsistência. Terceira: o inciso XXII acrescentado ao art. 37 da CF não visou a, tão-somente, impor o regime estatutário de carreira. O seu intuito também foi o de conceder às carreiras vinculadas à Administração Tributária o *status* de "atividades essenciais ao funcionamento do Estado". Isso significa que o constituinte, antecipando-se, lucidamente, a Projetos que versam sobre as carreiras de Estado, atribuiu aos fiscais de tributos da União, dos Estados e dos Municípios, de forma cogente e auto-aplicável, o título de "Carreira de Estado", com todos os consectários jurídico-constitucionais. Quarta: o inciso IV do art. 167, combinado com a parte final do citado inciso XXII do art. 37, ambos da CF, asseguram às Administrações Tributárias da União, dos Estados e dos Municípios, pela via da "vinculação de receita de impostos", a destinação orçamentária de "recursos prioritários para a realização de suas atividades". É como se a Administração de tributos passasse a desfrutar de fonte orçamentária específica, destinada a cobrir o custeio, inclusive salarial e previdenciário, da estrutura afeita à fiscalização e cobrança. Como o poder de tributar nada seria sem o eficiente poder de fiscalizar, o constituinte houve por bem garantir à Federação, em todas as instâncias, uma Administração independente não só do ponto de vista funcional, mas, também, do ponto de vista econômico-financeiro. Autonomia real! Com efeito, se a Administração de tributos não gozasse de independência quanto às dotações orçamentárias, aquela outra independência, a de natureza funcional, seria, em todos os sentidos, vã, dado que o livre manejo das verbas de custeio pode comprometer qualquer autonomia estatutária fundada em abstratas prescrições. Buscando inspiração novamente em Alexander Hamilton, é o caso de assinalar: o poder sobre a subsistência da Administração implica o poder sobre a eficácia da Administração.[58]

Mais: os administradores tributários mantêm vinculação institucional, que supõe um tratamento prudente e diferenciado (sem configuração de qualquer privilégio), preservando-se garantias que fazem as vezes de escudos contra a falta de continuidade das políticas públicas e a insegurança jurídica, não raro, propícia ao tormentoso arbítrio. Em outras palavras, o administrador que entretém vínculo institucional (não-contratual) é aquele concursado que pode aspirar, diferentemente do empregado, à estabilidade no serviço público (e não no cargo), um dos elementos constitutivos do regime estatutário.

3. *Estabilidade dos servidores pertencentes às carreiras de Estado*

Com efeito, a estabilidade na carreira de Estado, para além das mudanças pontuais

58. V. nota n. 19.

no tocante a regras, há de ser vista como rigorosamente intangível, desempenhando valiosa tríplice função. De fato, tal proteção de alçada constitucional colima: (a) garantir a manutenção das políticas públicas, uma vez que são os servidores estáveis que asseguram a permanência das metas do Estado (de longo prazo), sem prejuízo das alterações conjunturais, a cargo dos agentes políticos, transitórios por definição. A estabilidade oferece, ainda, ao servidor que responde por atividade essencial de Estado (b) a salvaguarda contra a prepotência dos mandantes de turno, não raro travestida de "discricionariedade". Como acentuado, sem a independência e a segurança oferecidas pela garantia da estabilidade, o cidadão logra ter menores chances de uma prestação adequada dos serviços essenciais, mormente por déficit de controle. A terceira função da estabilidade reside na (c) contrapartida que o regime institucional (não-contratual) oferece à vista da periclitante lâmina posta à disposição do Poder Público sob a forma de poderio unilateral (ainda que mitigado) de alteração das regras do regime.

No intuito de cumprir a tríplice função, a estabilidade no serviço público deve ser compreendida como proteção de alçada constitucional contra a perda do cargo, conferida a titular de cargo efetivo, nomeado em razão de concurso público, após o desenrolar do período de estágio probatório (presentemente, a regra é de três anos de real exercício no cargo) e mediante avaliação exitosa ao cabo do aludido estágio, não sendo suficiente o mero transcurso do lapso temporal apontado. Indispensável a conjugação do prazo e da aprovação por intermédio de comissão de estáveis, designada para tal fim (CF, art. 41, § 4º).

A calhar, ainda que de passagem, convém passar ao exame das situações de perda do cargo do servidor estável oriundas da Emenda Constitucional 19/1998. À primeira vista, exsurgem quatro hipóteses para a referida perda do cargo. Contudo, uma delas resulta abrangida por outra, de maneira que, a bem do rigor, são mais propriamente três as situações em que se admite a desvinculação compulsória do agente dotado dessa garantia. Uma a uma, cumpre fazer menção às circunstâncias de perda do cargo público. A primeira hipótese, nitidamente de cunho punitivo, segue da sentença transitada em julgado (art. 41, § 1º, I),[59] convindo averbar que, invalidada por sentença a demissão do servidor estável, aplica-se, nesse caso, a regra prevista no § 2º, cumprindo reintegrar o servidor no cargo. A segunda hipótese (não necessariamente de penalidade demissória) concerne ao processo administrativo em que seja assegurada a ampla defesa e, por suposto, o contraditório (art. 41, § 1º, II). A terceira hipótese é a relacionada à insuficiência de desempenho, matéria pendente de regulamentação por intermédio de lei complementar (CF, art. 41, § 1º, III), que não deve resvalar para o alargamento das sombrias veredas do arbítrio (discrição não-motivável) ou da violação do devido processo (material e formalmente considerado).

Tais hipóteses ostentam o traço de serem decorrentes, em regra, de penalidades demissórias, porém a segunda hipótese pode abarcar situação de mera desinvestidura, desde que conjugada ou entrelaçada à dicção do art. 169, § 4º, CF. Na leitura sistemática,[60] mostra-se aconselhável preferir com-

59. "Art. 41. São estáveis após 3 (três) anos de efetivo exercício os servidores nomeados para cargo de provimento efetivo em virtude de concurso público. § 1º. O servidor público estável só perderá o cargo: I — em virtude de sentença judicial transitada em julgado; II — mediante processo administrativo em que lhe seja assegurada ampla defesa; III — mediante procedimento de avaliação periódica de desempenho, na forma de lei complementar, assegurada ampla defesa. § 2º. Invalidada por sentença judicial a demissão do servidor estável, será ele reintegrado, e o eventual ocupante da vaga, se estável, reconduzido ao cargo de origem, sem direito à indenização, aproveitado em outro cargo ou posto em disponibilidade com remuneração proporcional ao tempo de serviço."

60. Para uma visão mais aprofundada do tema, v. Juarez Freitas, *A Interpretação Sistemáti-*

preender que o constituinte quis apenas punir severamente o servidor público que, de modo culposo grave ou doloso, torne insustentável a mantença do vínculo institucional. No entanto, o aludido liame perece se e somente se o laço com o Poder Público restar, de modo irremissível, maculado pela conduta inaceitável do agente público, no caso das carreiras de Estado.

Note-se que a suposta quarta hipótese autônoma do deslocado art. 169, § 4º,[61] em realidade está absorvida na segunda possibilidade elencada, pois também aí se exige processo administrativo escorado em todas as garantias. Mais: a "quarta" hipótese, trazida pelo art. 169, revela um desligamento sem conteúdo punitivo (dado que inexiste caráter sancionatório em decorrência da conduta do servidor), oriundo do enxugamento de despesas, e requer o processo administrativo estatuído no art. 41, § 1º, II, sem embargo de relevantes acréscimos de cautelas, sendo inviável para os ocupantes de cargos essenciais ao funcionamento do Estado.

Apresenta-se a hipótese do art. 169, § 4º, CF, como recurso derradeiro para fazer observar os limites de despesas com pessoal, estatuídos em lei complementar (atualmente, a Lei Complementar 101/2000). Assim, se medidas prévias não renderem resultado suficiente, o servidor estável poderá, em última instância, perder o cargo, "desde que ato normativo motivado de cada um dos Poderes especifique a atividade funcional, o órgão ou unidade administrativa objeto da redução de pessoal", vedada a discricionariedade pura.[62]

Todavia, uma motivação congruente, clara e aceitável será virtualmente impossível para o enxugamento de servidores que desempenhem atividades essenciais ao funcionamento estatal, sob pena de destruição do Estado. O constituinte não pode pedir que, em nome da austeridade fiscal, o Estado se destrua.

Vai daí a implicação decisiva do argumento: mostra-se plausível, por meio de saudável interpretação sistemática, acentuar a concordância prática dos preceitos em tela, salvaguardando a proporcionalidade e impondo o menor sacrifício aos servidores, de modo *a afastar a aplicação do art. 169 da CF em relação aos ocupantes de cargos essenciais ao funcionamento do Estado*, em sintonia com a premissa de que o interesse público supõe e requer a menor precariedade possível nas relações de administração, mormente no regime institucional das carreiras tidas como imprescindíveis à existência do Estado dos direitos fundamentais.

A sugerida interpretação resgata a segurança mínima das carreiras de Estado. Eis o caminho mais equilibrado, uma vez que sem a tranqüilização do servidor essencial, impossível edificar a consolidação do Estado essencial, nem máximo, nem mínimo. Reiterando: a obediência aos limites da Lei de Responsabilidade Fiscal, nos termos preconizados pelo art. 169 da CF, não pode conduzir o Estado ao suicídio.

Inquestionável que se encontra subjacente ao asseverado o forte apreço por aqueles que deliberaram investir suas energias numa carreira pública árdua, a qual, bem entendida e praticada, demanda pronunciada abnegação, mormente em face das múlti-

ca do Direito, 4ª ed., São Paulo, Malheiros Editores, 2004.

61. Art. 169, § 4º, CF: "Se as medidas adotadas com base no parágrafo anterior não forem suficientes para assegurar o cumprimento da determinação da lei complementar referida neste artigo, o servidor estável poderá perder o cargo, desde que ato normativo motivado de cada um dos Poderes especifique a atividade funcional, o órgão ou unidade administrativa objeto da redução de pessoal".

62. Toda discricionariedade está vinculada aos princípios fundamentais. A propósito, v. Juarez Freitas, *O Controle dos Atos Administrativos e os Princípios Fundamentais*, 3ª ed., São Paulo, Malheiros Editores, 2004.

plas restrições imanentes ao regime publicista. Note-se que, ao fim e ao cabo, a estabilidade nada mais representa do que uma contrapartida para as sérias restrições e desvantagens trazidas pela relação não-contratual. Além disso, pelo mesmo motivo, parece adequado afirmar que, no caso emblemático dos fiscais tributários, à semelhança, *v.g.*, com o que sucede com a carreira do juiz, não faz sentido admitir ocupante de cargo de confiança para o desempenho das funções inerentemente de Estado. Assim como não há juiz de confiança, não pode haver fiscal que não seja de carreira. Os cargos em comissão podem ser direcionados para funções de apoio, tão-somente. Por isso mesmo, os *cargos de direção, na Administração Tributária, devem ser reservados aos servidores de carreira*.

Tudo considerado, os administradores que exercem funções típicas e finalísticas de Estado (funções essenciais), além de terem a garantia de acesso impessoal do concurso público, merecem a proteção adicional de robustos anteparos formais e substanciais contra voluntarismos persecutórios ou enxugamentos fiscais lineares. Tais anteparos não devem servir, está claro, para a acomodação dos agentes públicos, mas para que possuam uma couraça num mundo de estonteante rotatividade no regime de trabalho. Essa segurança mínima, em vez de estimular a indolência, deve fazer-se benfazeja para o cumprimento fiel dos princípios constitucionais, em lugar da obediência acrítica aos chefes ou poderosos da hora.

Vez por todas, a garantia patrocinada pela estabilidade do art. 41 da CF deve ser concebida como proteção oferecida à sociedade, donde segue não haver motivo para antagonizar os qualificadamente estáveis. Em lugar da hostilidade, a estabilidade peculiar da carreira de Estado apresenta-se como requisito funcional para impedir que se torne postiço o Estado de Direito, sem prejuízo da luta contínua para que os seus agentes pautem as condutas sob o manto sagrado do interesse público.

4. Conclusões

Tendo em conta o asseverado, eis as principais conclusões:

(a) Há carreiras essenciais ao funcionamento do Estado (por exemplo, Procuradores ou fiscais de tributos), o que determina regime peculiar de natureza institucional, com a estabilidade qualificada do art. 41 da CF, sem aplicação da hipótese trazida pelo art. 169, § 4º, CF;

(b) Somente pessoa jurídica de direito público pode exercer competências privativas da Administração, uma vez que estas se inserem no âmbito indelegável da "utilização de poderes de soberania" (*Ausübung hoheitsrechlicher Befugnisse*);[63]

(c) Apenas servidor de carreira e, por conseguinte, ocupante de cargos de provimento efetivo pode executar as funções peculiares à fiscalização, haja vista que as suas tarefas são de cunho permanente (*ständige Aufgabe*)[64] e, ao pressuporem "utilização de poderes de soberania" (*Ausübung hoheitsrechlicher Befugnisse*), exigem, por simetria, o arrimo estatutário de um "*status* especial" (*besonderen status*);[65]

(d) Cumpre registrar que a alusão à carreira constante do inciso II, do art. 37 da CF designa, antes de mais nada, aqueles cargos estatutários de provimento efetivo que, em contraste com os cargos isolados, são escalonados em classes hierarquizadas de acordo com o grau de responsabilidade e de complexidade das funções. Mas não é só. Tal referência também exprime a preocu-

63. Konrad Hesse, ob. cit., p. 218. V., também, as alíneas 4 e 5 do art. 33 da Constituição Alemã, citado na nota n. 57 supra, as quais determinam que o exercício de poderes ou de direitos de soberania dever ser confiado exclusivamente a funcionário público regido pelos princípios tradicionais do funcionalismo.

64. Idem, ob. cit., p. 218.

65. Idem, ob. cit., p. 218. Nesta mesma linha, v. Hans J. Wolff e Otto Bachof, *Verwaltungsrecht*, v. II, Munique, C. H. Beck'sche Verlag, 1976, p. 486: "(...) einen besonderen rechtlichen Status".

pação do constituinte de criar um ambiente jurídico propício ao desenvolvimento de uma carreira cercada das garantias de direito público capazes de colocar determinados agentes públicos a salvo dos incidentes da política governamental transitória e dos acidentes da vida.

(e) A Lei que haverá de definir as carreiras de Estado deveria, por exemplo, deixar estampada a interpretação aqui defendida quanto às hipóteses de perda do cargo elencadas no art. 169, com a redação dada pela EC 19. Deve, ainda, garantir proventos integrais, arcados ou garantidos pelo Tesouro, por força da essencialidade. Deve, ademais, assegurar fortemente a irredutibilidade real de vencimentos, evitando que a corrosão inflacionária mine um dos alicerces do Estado. Deve deixar claro que os cargos de direção e de chefia, diretamente envolvidos com "atividade-fim", devem ser ocupados por membros de carreira, dada a natureza das tarefas e das garantias correspondentes.

(f) As carreiras de Estado precisam ter regime previdenciário diferenciado, compatível, por exemplo, com as inelimináveis garantias da integralidade de proventos. Quando se medita sobre o sentido finalístico da assertiva de que determinada carreira é essencial ao funcionamento do Estado, percebe-se que a intenção protetiva seria meramente nominal caso não se encontrasse acompanhada por provisões orçamentárias imunes à errática manipulação dos governos e dos partidos. O que se quer é que tenhamos agentes públicos, cujo acesso seja marcado pela imparcialidade e cuja permanência tenha garantias institucionais para que se façam, por sua vez, garantes de uma Administração Pública com reais condições de atuar como efetivadora dos princípios de Direito Público, isto é, agindo, para além do unilateralismo, inclusive governamental, sempre a favor da Constituição e, portanto, da concretização dos direitos fundamentais.

DIREITOS FUNDAMENTAIS E CLÁUSULAS PÉTREAS: OS DIREITOS FUNDAMENTAIS SOCIAIS E O PROBLEMA DE SUA PROTEÇÃO CONTRA O PODER DE REFORMA NA CONSTITUIÇÃO DE 1988

INGO WOLFGANG SARLET

Doutor em Direito (Universidade de Munique, Alemanha). Professor de Direito Constitucional na Faculdade de Direito e no Programa de Pós-Graduação em Direito (Mestrado e Doutorado) da PUC/RS e na Escola Superior da Magistratura (AJURIS). Juiz de Direito no RS

1. Considerações introdutórias: os direitos fundamentais e o desafio de sua sobrevivência num contexto reformista. 2. O problema dos limites materiais à reforma da Constituição: considerações gerais a respeito de sua natureza, funções e formas de manifestação. 3. "Cláusulas pétreas" e direitos fundamentais: os direitos sociais como limites materiais à reforma constitucional: 3.1 São os direitos fundamentais sociais limites materiais à reforma constitucional?; 3.2 Alcance da proteção outorgada aos direitos fundamentais sociais pelas "cláusulas pétreas". 4. Considerações finais.

1. Considerações introdutórias: os direitos fundamentais e o desafio de sua sobrevivência num contexto reformista

Que os direitos fundamentais, em virtude principalmente da sua dupla fundamentalidade formal e material — que lhes assegura uma normatividade reforçada relativamente às demais normas constitucionais[1] — reclamam também uma especial proteção da ordem jurídica, pena de restar esvaziada a sua particular dignidade no âmbito da arquitetura constitucional, constitui — de modo geral — premissa praticamente não contestada no âmbito da teoria constitucional contemporânea. Com efeito, consoante assinalado em outra oportunidade,[2] verificou-se que um dos esteios da fundamentalidade (formal e material), ao menos em nossa Consti-

1. Cf., paradigmaticamente, Robert Alexy, *Teoría de los Derechos Fundamentales*, Madri, Centro de Estudios Constitucionales, 1997, pp. 503 e ss.

2. Cf. o nosso *A Eficácia dos Direitos Fundamentais*, 2ª ed., Porto Alegre, Livraria do Advogado, 2001, pp.80 e ss. A respeito deste aspecto convém sinalar que se é verdade que os direitos fundamentais, por estarem protegidos contra uma supressão ou mesmo alteração por parte do poder de reforma constitucional (que atua sobre a Constituição escrita) são — também neste sentido —

tuição, é justamente a circunstância de terem os direitos fundamentais (ou, pelo menos parte dos mesmos, segundo entendem alguns setores da doutrina) sido expressamente erigidos à condição de "cláusula pétrea", integrando o rol do art. 60, § 4º, inc. IV, da nossa Carta Magna, constituindo, portanto, limites materiais à reforma da Constituição.

Que estamos diante de um tema de inequívoca atualidade e relevância, já é perceptível a partir do fato de que — pelo menos entre nós — vivenciamos um acentuado anseio reformista (do que dá conta a edição de algumas dezenas de emendas constitucionais[3]), com reflexos inevitáveis na seara dos direitos fundamentais em geral, mas que se manifestam com particular impacto no que diz com os direitos sociais, estes muitas vezes acusados de causarem a "ingovernabilidade" da nossa República, acarretando um deslocamento ilegítimo e (no nosso entender) também infundado de perspectiva. Com efeito, o que se verifica, é que é justamente nesta esfera — diretamente vinculada ao papel do Estado na promoção da justiça social — que se percebe com particular agudeza o impacto da globalização econômica e do ideário neoliberal sobre as Constituições e o Direito de cada Estado da comunidade internacional (citem-se aqui e exemplificativamente apenas a abertura ao capital estrangeiro, as privatizações e as reformas administrativa e previdenciária, sem que se vá aqui examinar os aspectos negativos e positivos de cada modificação já efetuada), notadamente sobre os países em desenvolvimento e com menor poder de barganha e resistência. Neste contexto, sobram razões para afirmar que um dos principais desafios[4] que atualmente enfrentam os direitos fundamentais, com particular agudeza na esfera dos direitos sociais, é o desafio da sua sobrevivência, o que evidentemente abrange a problemática ora versada. Com efeito, considerando que a constante "(re)construção da Constituição", para utilizarmos aqui a luminosa e perspicaz expressão utilizada pela Coordenação do Seminário ao qual se refere o presente texto, implica também a constante (re)construção da própria identidade constitucional,[5] de tal sorte que falar de uma (re)construção é falar sempre também de mudança e, portanto, de reforma constitucional, bem como assumindo que tal processo inevitavelmente — e a nossa experiência nessa seara lamentavelmente, como já anunciado, bem o demonstra — encontra-se acompanhada do risco de um reformismo precipitado e casuístico (de acordo com a lúcida perspectiva de Konrad Hesse[6]) e, neste sentido, sempre prejudicial à própria identidade da Constituição, não há como deixar de destacar a permanente atualidade e relevância do tema ora versado.

Além do mais, percebe-se que os poucos exemplos já referidos podem ser multi-

formalmente fundamentais, também é correto afirmar que a existência de limites materiais à reforma é indicativo de uma fundamentalidade material, que diz com a salvaguarda do núcleo essencial da Constituição material.

3. Demonstrando a trajetória reformista ao longo da história constitucional brasileira, Maria Garcia, "A Constituição desconstituída, as emendas e o cânone constitucional", in *Revista de Direito Constitucional e Internacional* 33/79 e ss., também aponta, com perspicácia, para a questionável constitucionalidade e duvidosa consistência técnico-legislativa do teor de expressivo número de emendas promulgadas, especialmente após a Constituição de 1988.

4. Versando a respeito justamente dos diversos desafios dos direitos fundamentais, ainda que não explorando a questão específica da proteção dos direitos fundamentais em relação à reforma da Constituição, v. o instigante ensaio de Menelick de Carvalho Neto, "A hermenêutica constitucional e os desafios postos aos direitos fundamentais", in José Adércio Leite Sampaio (coord.), *Jurisdição Constitucional e Direitos Fundamentais*, Belo Horizonte, Del Rey, 2003, pp. 142-163.

5. Aqui no sentido cunhado por Michael Rosenfeld, *A Identidade do Sujeito Constitucional*, Belo Horizonte, Mandamentos, 2003.

6. Cf. Konrad Hesse, *A Força Normativa da Constituição*, Porto Alegre, Sérgio Fabris, 1991.

plicados, revelando, de modo incontestável, que o processo da globalização econômica, bem como os seus subprodutos (notadamente nos seus aspectos negativos), atinge em cheio a ordem jurídico-constitucional,[7] inclusive no que diz com o direcionamento e conteúdo das reformas constitucionais.[8] Apenas para não deixarmos completamente intocado este ponto, convém lembrar, neste contexto, a oportuna advertência de Dieter Grimm, destacado publicista e antigo integrante do Tribunal Federal Constitucional da Alemanha, no sentido de que a discussão em torno da reforma de uma Constituição apenas faz sentido após a resposta de duas questões preliminares, quais sejam, o que as Constituições devem fazer e o que elas podem alcançar, em suma, que se responda a pergunta sobre quais efetivamente são as funções de uma Constituição.[9] Com efeito, não se deveria desconsiderar a importância, também entre nós, do debate em torno de quais as funções da nossa Carta Magna, já que das respostas a esta pergunta em muito depende a discussão em torno de quais as reformas (e qual o seu respectivo alcance) eventualmente necessárias.[10]

Ainda no âmbito da delimitação do objeto do presente estudo, cumpre sinalar — como, de resto, já deflui das considerações anteriores — que, não obstante estarmos tratando também de uma das modalidades da mudança constitucional, considerada no seu sentido mais amplo, deixamos de adentrar o igualmente fascinante e espinhoso terreno das assim designadas mudanças informais da Constituição (ou mutações constitucionais),[11] de tal sorte que ficaremos adstri-

7. A respeito do impacto da globalização econômica sobre a ordem jurídica nacional, v., entre nós, a paradigmática e profunda análise de José Eduardo Faria, *O Direito na Economia Globalizada*, São Paulo, Malheiros Editores, 1999, especialmente o estudo introdutório, pp. 13-58.

8. Versando justamente sobre o ponto, v., entre nós, Eduardo Kroeff Machado Carrion, *Reforma Constitucional e Direitos Adquiridos e outros Estudos*, Porto Alegre, Síntese, 2000, pp. 43 e ss.

9. Cf. Dieter Grimm, *Die Zukunft der Verfassung*, p. 315, em instigante ensaio que ostenta o título "Funções da Constituição e Reforma da Lei Fundamental" ("Verfassungsfunktion und Grundgesetzreform").

10. A respeito das funções da Constituição (e das Constituições em geral) na era da globalização, bem como no que diz com a reflexão sobre o próprio papel a ser exercido pelo Direito Constitucional, igualmente existe farta literatura. No que interessa especificamente aos direitos sociais e a atuação do Estado e das Constituições no âmbito da promoção da justiça social (o que envolve o entre nós tão acalorado — embora, por vezes, exagerado — debate em torno dos rumos do assim designado constitucionalismo dirigente), confiram-se os trabalhos de José Joaquim Gomes Canotilho, *Direito Constitucional e Teoria da Constituição* (3ª ed., Coimbra, Almedina, especialmente pp. 1.275-1.283 e 1.331-1.351), além do prefácio elaborado pelo mesmo autor para a 2ª edição da sua obra *Constituição Dirigente e Vinculação do Legislador* (Coimbra, Almedina, 2001), revisando substancialmente os fundamentos da sua concepção anterior, tal qual plasmada na 1ª edição, de 1982. Entre nós, v. Gilberto Bercovici, "A problemática da Constituição dirigente: algumas considerações sobre o caso brasileiro", in *Revista de Informação Legislativa* 142/41 e ss., 1999; José Eduardo Faria, *O Direito na Economia Globalizada*, cit., pp. 13-58; Paulo Bonavides, *Do País Constitucional ao País Neocolonial. A Derrubada da Constituição e a Recolonização pelo Golpe de Estado Institucional*, São Paulo, Malheiros Editores, 1999; José Lui Bolzan de Morais, "Constituição ou barbárie", in Ingo Wolfgang Sarlet (org.), *A Constituição Concretizada. Construindo Pontes com o Público e o Privado*, Porto Alegre, Livraria do Advogado, 2000, pp. 11-24; Jacinto Nelson de Miranda Coutinho (org.), *Canotilho e a Constituição Dirigente*, Rio de Janeiro, Renovar, 2002 (obra que retrata a discussão do ilustre constitucionalista de Coimbra com um seleto grupo de juristas nacionais sobre o tema), além da recente e notável contribuição de Lênio Luiz Streck, *Jurisdição Constitucional e Hermenêutica*, Porto Alegre, Livraria do Advogado, 2002, pp. 59-126, propondo um resgate e reafirmação da noção de supremacia da Constituição e um constitucionalismo compromissário-dirigente adequado aos países periféricos.

11. A respeito da mudança constitucional, dentre a farta literatura já produzida no direito com-

tos ao plano da reforma constitucional, considerada aqui como instrumento da mudança formal da Constituição, no sentido de alterações, acréscimos e/ou supressões que afetam o texto da Carta Magna (e que, portanto, operam no plano da Constituição escrita) pelos mecanismos ordinários e/ou extraordinários disponíveis para tanto.

Assim, cientes que uma análise mais abrangente da problemática ora posta não prescinde de uma incursão também por tais aspectos (entre outros tantos que ainda poderiam ser colacionados), mas tendo em conta até mesmo o espaço físico disponível para o presente ensaio, limitar-nos-emos a uma análise dogmática e, portanto, jurídico-constitucional da reforma constitucional propriamente dita e dos seus respectivos limites. Neste contexto, propomo-nos a revisitar e rediscutir dois pontos que julgamos essenciais e que continuam a gerar acirrada controvérsia, isto sem falar nas suas conseqüências práticas, inclusive no que diz com o controle jurisdicional da constitucionalidade das emendas constitucionais: a) a controvérsia a respeito de serem os direitos fundamentais sociais limites materiais à reforma constitucional; b) no caso de uma resposta afirmativa ao questionamento anterior (e esta é precisamente a tese que pretendemos sustentar, na esteira do que já havíamos feito em outra ocasião[12]) resta analisar qual o alcance da proteção outorgada pelo Constituinte aos direitos fundamentais sociais, isto é, até que ponto os mesmos são absolutamente "intocáveis" ou comportam algum tipo de ajuste e/ou restrição. Certos de que mesmo com estas limitações não poderemos fazer muito mais do que lançar algumas considerações de cunho mais genérico e exploratório, esperamos pelo menos contribuir ativamente para o aperfeiçoamento do debate permanente travado a respeito do tema, seja no âmbito doutrinário, seja na esfera jurisdicional ou legislativa.

2. O problema dos limites materiais à reforma da Constituição: considerações gerais a respeito de sua natureza, funções e formas de manifestação

Ainda que estejamos a singrar por mares "muito dantes navegados", já que a questão dos limites à reforma constitucional constitui certamente um dos temas mais discutidos da teoria da Constituição, sempre vale retomar alguns aspectos, ainda que em caráter meramente introdutório da análise do problema específico do nosso ensaio, que, de resto, igualmente nada tem de novo, muito embora esteja sempre de novo na ordem do dia e nos esteja a lançar permanentemente novos desafios. Também a controvér-

parado, v. o clássico e paradigmático ensaio de Georg Jellinek, *Reforma e Mutación de la Constitución*, Madri, Centro de Estudios Constitucionales, 1991 (trad. Christian Förster do original alemão *Verfassungsänderung und Verfassungswandlung. Eine staatsrechtlich-politische Abhandlung*, de 1906, com erudito estudo preliminar de Pablo Lucas Verdu), distinguindo a reforma constitucional (como sendo a modificação voluntária dos textos constitucionais) da mutação constitucional (tida como a modificação não necessariamente consciente da Constituição e que não altera o seu texto). Entre nós, a produção da primeira monografia específica publicada a respeito das assim designadas mudanças informais da Constituição, coube, provavelmente, a Anna Cândida da Cunha Ferraz, *Processos Informais de Mudança da Constituição*, São Paulo, Max Limonad, 1986. Mais recentemente, v. o contributo de Uadi Lammêgo Bulos, *Mutação Constitucional*, São Paulo, Saraiva, 1997.

12. Cf. o nosso *A Eficácia dos Direitos Fundamentais*, 2ª ed., pp. 363 e ss. Em verdade, retomaremos neste breve ensaio boa parte do conteúdo do capítulo versando sobre a "eficácia protetiva" dos direitos fundamentais (2ª parte, item 3.6) da obra referida, priorizando, contudo, os dois questionamentos formulados acima, mas com substancial reformulação do texto, notadamente mediante a introdução de nova doutrina, jurisprudência, além de argumentos adicionais, já que se cuida, em última análise, de temática que merece ser constantemente revisitada e reavaliada.

sia em torno dos limites às modificações (formais e informais) da Constituição radica na distinção traçada entre o Poder Constituinte e o poder de reformar a Constituição, já que esta é quem nos conduz inexoravelmente ao problema dos limites estabelecidos pelo próprio Constituinte para eventuais alterações na (e da) Constituição formal. Enquanto o Poder Constituinte originário costuma ser caracterizado como incondicionado, autônomo e ilimitado (pelo menos no que diz com o Poder Constituinte Formal),[13] o Poder Constituinte Reformador revela-se um poder juridicamente limitado, distinguindo-se pelo seu caráter derivado e condicionado e sujeito às restrições previstas pelo Constituinte. Neste sentido, há quem qualifique o Poder Constituinte originário como sendo uma potência — no sentido de um poder pré — (ou meta) jurídico, e, portanto, formalmente (juridicamente) ilimitado e incondicionado[14] — ao passo que Poder Reformador assume a feição de uma competência, já que juridicamente vinculado às normas de competência, organização e procedimento ditadas pelo primeiro (a potência).[15] É precisamente neste contexto e sentido que a lição de Nelson Saldanha se amolda como uma luva, já que para o ilustre jusfilósofo de Recife o poder reformador é, de certo modo, um poder *reconstituinte* (um poder de natureza cirúrgica), no sentido de que refaz uma Constituição já feita, sendo, de outra parte, um *poder demiúrgico*, que — por não ser um poder criador — não pode alterar toda a Constituição,[16] razão pela qual a existência de limites materiais se revela como ínsita ao próprio sistema constitucional.

A partir do exposto, percebe-se que é justamente a existência de normas limitativas da reforma constitucional que demonstra claramente que mesmo após a entrada em vigor da Constituição o Poder Constituinte originário continua a se fazer presente (no sentido de que, de algum modo, segue vinculando os poderes constituídos), já que, do contrário, poderia vir a depender do Legislador Constituinte (aqui compreendido como o poder de reforma da Constituição).[17] Importa, de tal sorte, que se tenha sempre presente a noção de que também no

13. Bem lembrando a necessária diferença entre os poderes constituintes material e formal, apenas este sendo ilimitado (isto é, não sujeito a limites e condições impostos pela ordem jurídica) v. Eduardo Kroeff Machado Carrion, *Reforma Constitucional e Direitos Adquiridos...*, pp. 17 e ss., apresentando sintética mas elucidativa distinção. Igualmente sustentando que o Poder Constituinte Originário não atua com independência absoluta em relação a alguma experiência constitucional, v. a lição de Nelson Saldanha, *O Poder Constituinte*, São Paulo, Ed. RT, p. 84, que, de resto, tece outras considerações de relevo a respeito da natureza e dos limites do Poder Constituinte (especialmente pp. 83 e ss.).

14. Não é à toa que muitos já aplicaram ao Poder Constituinte a famosa e multicitada fórmula de De Lolme (que, no entanto, referia-se à supremacia do Parlamento na Inglaterra) como sendo um poder que tudo pode, salvo transformar uma mulher em homem e um homem em mulher ("The Parliament can do anything, but not change a man into a woman or a woman into a man"). Abstraindo o fato de que hoje até mesmo a possibilidade de mudança de sexo foi assegurada pela tecnologia e pelos avanços da medicina (tendo inclusive alcançado uma proteção jurídico-constitucional), certo é que a plástica frase de De Lolme ainda segue reproduzindo, ao menos em boa parte e nos seus traços essenciais, o significado da noção de Poder Constituinte Originário, designadamente quando aplicada ao Poder Constituinte formal.

15. Cf., a clássica lição de Carl Schmitt, *Teoría de la Constitución* (*Verfassungslehre*), Madri, Editorial Revista de Derecho Privado, 1928, p. 114, a faculdade de reformar a Constituição é, como toda a faculdade constitucional, uma competência juridicamente regulada, isto é, em princípio limitada. Entre nós, adotando a distinção entre potência e competência Constituinte, v., p. ex., Edvaldo Brito, *Limites da Revisão Constitucional*, pp. 71 e ss.

16. Cf. Nelson Saldanha, *O Poder Constituinte*, p. 87.

17. Cf., entre nós e dentre muitos, Maurício Antonio Ribeiro Lopes, *Poder Constituinte Reformador: Limites e Possibilidades da Revisão Constitucional Brasileira*, São Paulo, Ed. RT, 1993, p. 133, embasado, tal qual a doutrina em geral, na

direito constitucional pátrio o Legislador, ao proceder à reforma da Constituição, não dispõe de liberdade de conformação irrestrita, encontrando-se sujeito a um sistema de limitações que objetiva não apenas a manutenção da identidade da Constituição, mas também a preservação da sua posição hierárquica superior no âmbito da ordem jurídica, de modo especial para evitar a elaboração de uma nova Constituição pela via da reforma constitucional.[18] É por estas razões, notadamente pelo fato de que o poder de reforma da Constituição encontra-se atrelado a algumas decisões fundamentais de outro sujeito (o poder constituinte originário), que chegou a se referir o caráter heterônomo desta vinculação.[19]

Ainda neste contexto, oportuno colacionar o magistério de Konrad Hesse, que — a despeito de reconhecer que, em primeira linha, a garantia de permanência de uma determinada ordem constitucional reside na sua força normativa — sinala que o direito constitucional deve sempre portar em si mesmo as garantias de sua efetivação, mas também assegurar, desde logo, os meios para a proteção de seu conteúdo, o que abrange a previsão de mecanismos que garantem a Constituição contra ataques internos e externos.[20] É justamente a já referida imposição de limites à reforma da Constituição (que podem ser de natureza diversa [formais, materiais, temporais e/ou circunstanciais] a depender de cada ordem constitucional concretamente considerada) que assume um papel de destaque na proteção da Constituição formal (escrita), mas que também reflete na Constituição material. A necessária possibilidade de alteração da Constituição (no nosso caso, por meio de emendas constitucionais) que se revela indispensável para o contínuo ajuste da Constituição formal à realidade constitucional, zelando pela inserção da Constituição no seu tempo e espaço, acaba sendo tão indispensável para a afirmação e manutenção de sua força normativa quanto o é a previsão de limites à reforma. Com efeito, vale lembrar aqui o magistério de John Rawls, destacando o que na sua ótica seriam, em síntese, as principais tarefas das emendas constitucionais: a) promover o ajuste dos valores constitucionais básicos a circunstâncias políticas e sociais em processo de transformação; b) incorporar à Constituição uma compreensão mais ampla e abrangente destes valores; c) aproximar a Constituição de suas promessas originais; e/ou d) ajustar as instituições constitucionais básicas à prática constitucional subseqüente, de tal sorte a eliminar eventuais pontos fracos.[21] Que as funções das emendas constitucionais — tal qual formuladas por Rawls — revelam o quanto são corretas as con-

doutrina de Sieyès e na elaboração teórica levada a efeito por Carl Schmitt, ao lembrar que, onde subsiste um Poder Constituinte remanesce sempre também um mínimo de Constituição que não necessita ser afetado pela reforma constitucional, nem mesmo pela revolução e golpes de Estado (*Teoría de la Constitución*, pp. 106-107).

18. Neste sentido, v. a lição de Cármen Lúcia Antunes Rocha, "Constituição e mudança constitucional: limites ao exercício do poder de reforma constitucional", in *Revista de Informação Legislativa* 120/168 e ss., 1993.

19. Cf. o entendimento de Karl-E. Hain, "Art.79, Abs.3, GG", in Christian Starck (ed.), *Das Bonner Grundgesetz*, v. 3, 4ª ed., Munique, Franz Vahlen, 2001, p. 34.

20. Cf. Konrad Hesse, *Grundzüge des Verfassungsrechts der Bundesrepublik Deutschland*, 20ª ed., Heidelberg, C. F. Müller, 1995, p. 288 (existe tradução de Luís Afonso Heck para o português, publicada sob o título *Elementos de Direito Constitucional da República Federal da Alemanha*, pela Sérgio Antonio Fabris Ed., Porto Alegre).

21. Cf. John Rawls, *O Liberalismo Político*, 2ª ed., São Paulo, Ática, 2000, p. 289. Cumpre sinalar, neste contexto, que muito embora o renomado filósofo americano não tenha efetivamente desenvolvido uma Teoria da Constituição e muito menos do Direito Constitucional, as referências feitas convergem basicamente com o que tem sido propugnado pela doutrina constitucional, além de evidenciarem, de modo emblemático, a necessidade e as principais funções da reforma constitucional.

siderações de Dieter Grimm, referidas na introdução, prescinde de maiores comentários.

Para além da existência de limites de ordem formal, temporal e circunstancial, todos agasalhados expressamente pela nossa vigente Constituição Federal de 1988 e que aqui não serão analisados,[22] assume particular relevo — seja pela sua importância para a proteção da obra do Poder Constituinte Originário, seja pelo número de questões complexas e controversas que suscita — a previsão, também entre nós, de limites materiais à reforma constitucional, que, em síntese, objetivam assegurar a permanência de determinados conteúdos da Constituição tidos como essenciais, ao menos de acordo com o entendimento do Constituinte. Neste sentido, já se observou que, em virtude da ausência de uma fonte jurídico-positiva (em suma, de uma norma superior que lhe sirva de fundamento de validade), a vedação de certas alterações da Constituição tem os seus olhos sempre voltados para frente, já que o núcleo da Constituição atual passa, de certa forma (adquirindo permanência), a ser vigente também no futuro.[23] A existência de limites materiais justifica-se, portanto, em face da necessidade de preservar as decisões fundamentais do Constituinte (ou aquilo que Rawls designou de elementos constitucionais essenciais), evitando que uma reforma ampla e ilimitada possa desembocar — consoante já lembrado na parte introdutória — na destruição da ordem constitucional, de tal sorte que por detrás da previsão destes limites materiais se encontra a tensão dialética e dinâmica que caracteriza a relação entre a necessidade de preservação da Constituição e os reclamos no sentido de sua alteração.[24]

Outrossim, tomando-se o sistema jurídico — na concepção formulada por Juarez Freitas — como uma rede axiológica e hierarquizada de princípios e regras em cujo centro encontra-se a Constituição,[25] verifica-se, na esteira do magistério de Alexandre Pasqualini, que todo o sistema jurídico (sem prejuízo de sua simultânea abertura material e estabilidade) "reclama um núcleo de constante fixidez (cláusulas pétreas), capaz de governar os rumos legislativos e hermenêuticos não apenas dos poderes constituídos, mas da própria sociedade como um todo".[26] Assim, o que se constata, no fundo,

22. A respeito dos limites ao poder reformador, v., no âmbito da manualística nacional, entre outros, além dos clássicos e indispensáveis contributos de José Horácio Meirelles Teixeira, *Curso de Direito Constitucional* (org. e atual. por Maria Garcia), Rio de Janeiro, Forense Universitária, 1991, pp. 152 e ss.; José Afonso da Silva, *Curso de Direito Constitucional Positivo*, 15ª ed., São Paulo, Malheiros Editores, 1998, pp. 67 e ss.; Paulo Bonavides, *Curso de Direito Constitucional*, 8ª ed., São Paulo, Malheiros Editores, 1999; a recente doutrina de André Ramos Tavares, *Curso de Direito Constitucional*, São Paulo, Saraiva, 2002, pp. 49-50.

23. Esta a pertinente observação de Paul Kirchhof, "Die Identität der Verfassung in ihren unabänderlichen Inhalten", in Josef Isensee/Paul Kirchhof (orgs.), *Handbuch des Staatsrechts der Bundesrepublik Deutschland* (HBStR), v. I, Heidelberg, C. F. Müller, 1987, p. 779.

24. Cf. José Néri da Silveira, "A reforma constitucional e o controle de sua constitucionalidade", in *Revista da AJURIS* 64/207, 1995. Semelhantemente também Cármen Lúcia Antunes Rocha, "Constituição e mudança constitucional...", *RIL* 120/176, 1993.

25. Acompanhamos, neste ponto, o magistral e original conceito proposto por Juarez Freitas (*A Interpretação Sistemática do Direito*, 3ª ed., São Paulo, Malheiros Editores, 2002, p. 54), que define o sistema como sendo "uma rede axiológica e hierarquizada topicamente de princípios fundamentais, de normas estritas (ou regras) e de valores jurídicos, cuja função é a de, evitando ou superando antinomias em sentido lato, dar cumprimento aos objetivos justificadores do Estado Democrático, assim como se encontram consubstanciados, expressa ou implicitamente, na Constituição".

26. Cf. Alexandre Pasqualini (*Hermenêutica e Sistema Jurídico. Uma Introdução à Interpretação Sistemática do Direito*, Porto Alegre, Livraria do Advogado, 1999, p. 80) também lembra, oportunamente (e de modo convergente com a idéia de uma relação dialética e dinâmica entre permanência e mudança constitucional, tal qual suficiente-

é que o reconhecimento de limitações de cunho material significa que necessariamente o conteúdo da Constituição não se encontra à disposição plena do legislador constitucional e, portanto, de uma maioria qualificada, sendo necessário, por um lado, que se impeça uma vinculação inexorável e definitiva das futuras gerações às concepções do Constituinte, ao mesmo tempo em que se garanta às Constituições a realização de seus fins.[27]

Tal constatação, aliás, não representa nenhuma novidade e já era sustentada ao tempo do surgimento das primeiras Constituições e das teorias a respeito do Poder Constituinte. Com efeito, enquanto nos Estados Unidos da América homens do porte de Jefferson e Thomas Paine, pregavam a impossibilidade de os mortos poderem, por intermédio da Constituição, impor sua vontade aos vivos, o art. 28 da efêmera, mas, mesmo assim, paradigmática Constituição Francesa de 1793, estabelecia que "um povo sempre tem o direito de revisar, reformar e alterar sua Constituição. Uma geração não pode submeter as gerações futuras às suas leis".[28] Que dessas assertivas não há como deduzir que a Constituição possa ser suprimida pelas legislaturas ordinárias apenas mediante a observância do procedimento (ainda que agravado) previsto para a reforma, já havia sido objeto da percuciente e paradigmática reflexão de Carl Schmitt, advertindo que o entendimento oposto (portanto, favorável à substituição da Constituição pelo Poder Reformador), e embasado no argumento do "porque não pode ser o que deve ser" conduz aqui a conseqüências manifestamente absurdas.[29] No mesmo sentido, vale reproduzir o magistério sempre atual de Hesse, lembrando que se é certo que uma Constituição não pode continuar em vigor mediante a simples vedação de determinadas reformas, caso ela já tiver perdido a sua força normativa, também é verdade que ela não poderá atingir as suas metas caso estiver à disposição plena dos poderes constituídos, já que "nesta hipótese o dispositivo sobre a reforma tornar-se-á o cerne da Constituição: a única coisa certa é que tudo poderá ser suprimido ou modificado".[30]

Assim, verifica-se — a partir do exposto — que o problema dos limites materiais à reforma constitucional passa inexoravelmente pelo equacionamento de duas variáveis, quais sejam, a permanência e a mudança da Constituição. Com efeito, se a imutabilidade da Constituição acarreta o risco de uma ruptura da ordem constitucional, em virtude do inevitável aprofundamento do descompasso em relação à realidade social, econômica, política e cultural, a garantia de certos conteúdos essenciais protege a Constituição contra os casuísmos da política e o absolutismo das maiorias (mesmo qualificadas) parlamentares. Os limites à reforma constitucional, de modo especial os de cunho material, traçam, neste sentido, a distinção entre o desenvolvimento constitucional e a ruptura da ordem constitucional por métodos ilegais (neste caso, inconstitucionais), de tal sorte que apesar de não terem o condão de impedir (mas evitar) a frustração da vontade da Constituição, nem o de proibir o recurso à revolução, poderão, em todo caso, retirar a esta a máscara da legalidade,[31]

mente enfatizado) que o Direito "se constitui, ao mesmo tempo, em um lugar de preservação e de inovação", de tal sorte que "sistema e abertura irmanam-se no preciso sentido de que, assegurando, a partir de dentro, a conservação e a mutação do ordenamento jurídico, culminam por preservá-lo, valendo-se sempre do seu próprio percurso lógico" (ob. cit., p. 78).

27. Neste sentido situa-se o entendimento de J. J. G. Canotilho, *Direito Constitucional e Teoria da Constituição*, 3ª ed., Coimbra, Almedina, 1999, p. 995.

28. Cf. lição de Pedro de Vega, *La Reforma Constitucional y la Problemática del Poder Constituyente*, Madri, Tecnos, 1995, pp. 58-59.

29. Cf. Carl Schmitt, *Teoría de la Constitución*, p. 106.

30. Cf. Konrad Hesse, *Grundzüge des Verfassungsrechts...*, p. 292.

31. Cf. Paul Kirchhof, "Die Identität der Verfassung...", p. 790.

assim como da própria legitimidade, como convém acrescentar.

De acordo com as considerações tecidas no item anterior, restou evidenciado, ainda que embrionariamente, tanto em que consistem os limites materiais à reforma constitucional, quanto qual a sua razão de ser e suas finalidades. Com base especialmente na clássica e multicitada doutrina de Carl Schmitt,[32] sustenta-se, também no âmbito da doutrina pátria, que uma reforma constitucional não poderá jamais ameaçar a identidade e continuidade da Constituição, de tal sorte que a existência de limites materiais expressos exerce função de cunho protetivo, obstaculizando não apenas a destruição da ordem constitucional, mas, para além disso, vedando também a reforma de seus elementos essenciais.[33] A prova da íntima relação entre os limites materiais à reforma constitucional e a identidade da Constituição reside no fato de que, em regra, os princípios fundamentais, os direitos fundamentais, bem como a forma de Estado e de governo, encontram-se sob o manto desta especial (e expressa) proteção contra sua alteração e esvaziamento por parte do Poder Constituinte reformador,[34] o que também ocorre na nossa atual Constituição, bastando aqui uma referência ao conteúdo ao seu art. 60, § 4º.[35] De acordo com a pertinente lição de Gilmar F. Mendes, o fato de ter o Constituinte considerado certos conteúdos tão relevantes a ponto de colocá-los sob a proteção das "cláusulas pétreas", leva à constatação de que justamente nestes dispositivos se encontram ancorados os elementos e princípios essenciais da ordem constitucional,[36] o que apenas vem a confirmar a diferença entre uma reforma e uma supressão da Constituição.[37] Em verdade, os limites materiais expressamente estatuídos pelo Constituinte podem ser designados como constituindo uma espécie de "sumário de toda a tradição constitucional democrática",[38] o que não vem necessariamente a significar que — para além dos conteúdos elencados no respectivo elenco da Constituição (portanto, expressamente previstos) — não existam outros conteúdos alcançados pela proteção contra eventual reforma constitucional. Por outro lado, ainda que a própria existência de limites expressos tenha encontrado sensível resistência no seio da doutrina (nacional e alienígena, em particular) a sua inequívoca presença também na nossa Constituição — e isto (salvo a experiência do "Es-

32. *Teoría de la Constitución*, pp. 119 e ss.

33. Entre nós, vale citar, dentre tantos, Gilmar Ferreira Mendes, *Limites da Revisão...*, p. 250, que, neste contexto, também se reporta às lições dos alemães Bryde e Hesse.

34. Neste sentido, v. M. A. Ribeiro Lopes, *Poder Constituinte Reformador...*, p. 147. De acordo com a pertinente observação de Gilmar Ferreira Mendes (*Limites da Revisão...*, p. 251), inspirada nas lições de B. O. Bryde, quando o Constituinte considerou determinados conteúdos da Constituição tão relevantes a ponto de colocá-los sob a proteção das assim denominadas "cláusulas pétreas", é possível partir-se do pressuposto de que justamente nestes dispositivos se encontram ancorados os elementos e princípios essenciais da ordem constitucional.

35. Registre-se que a nossa Constituição vigente contém o catálogo mais abrangente de limites materiais expressos à reforma constitucional no âmbito de nossa evolução constitucional. Com efeito, enquanto a Constituição de 1891 (art. 90, § 4º) continha a proibição de abolição da República, a Federação e a igual representação dos Estados no Senado Federal, a Constituição de 1934 (art. 178, § 5º) previa como limites materiais expressos apenas a República e a Federação. Já a Constituição de 1937, a exemplo do que já ocorrera com a Carta de 1824, não continha nenhum limite material expresso. No art. 217, § 6º, da Constituição de 1946, por sua vez, foram novamente protegidas a República e a Federação, o que veio a ser mantido pela Constituição de 1967-1969 (art. 47, § 1º).

36. Cf. Gilmar Ferreira Mendes, *Limites da Revisão...*, p. 251, inspirado nas lições do publicista germânico B. O. Bryde.

37. Cf. Carl Schmitt, *Teoría de la Constitución*, p. 123.

38. Cf. Vital Moreira, *Constituição e Revisão Constitucional*, Lisboa, Editorial Caminho, 1980, p. 102, muito embora referindo-se ao caso de Portugal.

tado Novo") desde o advento da primeira Carta da República — faz com que as teses contrárias — salvo no que diz com a discussão em nível acadêmico e com uma eventual decisão em sentido diverso pelo Poder Constituinte Originário — tenham perdido a sua força, de tal sorte que não é este o momento para uma análise mais detalhada das diversas posições.[39]

O que importa colocar em destaque é, sem dúvida, a circunstância de que a existência de limites materiais expressamente previstos na Constituição (habitualmente denominados de "cláusulas pétreas", "garantias de eternidade" ou "cláusulas de intangibilidade") não exclui, por sua vez, outras limitações desta natureza, que, por não consagradas no texto constitucional, costumam ser qualificadas como limites materiais implícitos (imanentes ou não-escritos).[40] Com efeito, também entre nós a doutrina majoritária — a despeito de importantes posicionamentos em sentido contrário[41] — reconhece a existência de limites materiais implícitos à reforma constitucional, não se registrando, contudo, unanimidade a respeito de quais sejam exatamente estes limites.[42] Nesta esfera, houve quem fizesse menção às lições dos constitucionalistas norte-americanos Joseph Story e Thomas Cooley, salientando que o primeiro sustentava que a Federação não poderia ser abolida por meio de uma reforma constitucional, sendo que o segundo, além de desenvolver esta mesma idéia, advogava o ponto de vista de acordo com o qual o espírito da Constituição traçava certos limites implícitos às alterações da Constituição.[43] A doutrina dos limites implícitos costuma também ser reconduzida ao pensamento de Carl Schmitt, já que a identidade da Constituição (independentemente de qualquer limitação expressa) jamais poderia vir a ser destruída por uma reforma constitucional.[44] Outro argumento em favor do reconhecimento dos limites implícitos pode ser extraído da monumental obra do publicista lusitano Gomes Canotilho, que chama a atenção para o risco de as Constituições, especialmente as que não contêm limitações expressas (cláusulas pétreas), se transformarem em Constituições provisórias, verdadeiras Constituições em branco, à mercê da discricionariedade do poder reformador.[45] Ade-

39. Para uma rápida mas clara exposição das diversas concepções a respeito, v., entre nós, Uadi Lammêgo Bulos, *Mutação Constitucional*, pp. 40 e ss.

40. Neste sentido já se posicionava o nosso clássico Nelson de Souza Sampaio, *O Poder de Reforma Constitucional*, pp. 92 e ss.

41. Bastaria aqui mencionar, ficando apenas no âmbito da doutrina nacional e sem adentrar no exame de todos os argumentos colacionados, as posições de Pontes de Miranda (dentre os "clássicos") e de Manoel Gonçalves Ferreira Filho, como representante da corrente doutrinária que atualmente critica o reconhecimento de limitações implícitas.

42. Aqui deixaremos de adentrar a discussão a respeito da existência de várias categorias de limitações não expressas, valendo-nos da fórmula genérica dos limites implícitos (ou imanentes). Com efeito, para não deixarmos completamente em aberto este ponto, cumpre citar aqui o magistério de Joaquim José Gomes Canotilho, *Direito Constitucional*..., 3ª ed., p. 995, sustentando a diferença entre o que designa de limites textuais implícitos (deduzidos diretamente do próprio texto constitucional, no sentido de subentendidos no mesmo) e os limites tácitos (que seriam os limites imanentes numa ordem de valores pré-positiva).

43. Cf. a lembrança de Manoel Gonçalves Ferreira Filho, *O Poder Constituinte*, p. 111, muito embora criticando a doutrina dos limites implícitos, especialmente em outros trabalhos, alguns dos quais citados ao longo deste texto.

44. Cf. entre outros, Gilmar Ferreira Mendes, *Limites da Revisão*..., p. 250. Para o próprio Carl Schmitt, *Teoría de la Constitución*, pp. 119 e ss., a faculdade (competência) de reformar a Constituição, embora extraordinária, não é ilimitada, já que qualquer alteração, acréscimo ou supressão do texto constitucional apenas pode ocorrer sob o pressuposto de assegurar a continuidade e garantia da Constituição, jamais podendo resultar na sua destruição ou supressão, entendimento do qual decorre a noção de que sempre as decisões políticas fundamentais (ainda que não havendo uma expressa vedação de sua supressão) estarão ao abrigo de uma reforma constitucional.

45. Cf. José Joaquim Gomes Canotilho, *Direito Constitucional*..., 3ª ed., p. 996.

mais, consideramos que a razão está com os que advogam a tese de que os limites materiais expressos nada mais são do que a explicitação de limites que sempre deveriam ser considerados implícitos na Constituição, de tal sorte que a vantagem dos limites expressos consiste basicamente em impedir controvérsias a respeito de quais seriam os verdadeiros limites à reforma constitucional.[46]

De outra parte, resulta evidente que a construção de uma teoria dos limites implícitos à reforma constitucional apenas pode ser efetuada à luz de determinada ordem constitucional (isto é, do direito constitucional positivo), no sentido de que as limitações implícitas deveriam ser deduzidas diretamente da Constituição, considerando-se especialmente os princípios cuja abolição ou restrição poderia implicar a ruptura da própria ordem constitucional.[47] Nesta mesma linha de entendimento, o clássico Loewenstein, igualmente reconhecendo a existência de limites implícitos (que também designa de tácitos ou imanentes) destaca que nessas hipóteses a proibição da reforma decorre do "espírito", do "telos" da Constituição, independentemente de uma proclamação expressa.[48]

46. Cf. o magistério de Vital Moreira, *Constituição e Revisão Constitucional*, p. 103.

47. Neste sentido, entre nós, a lição de Celso Ribeiro Bastos, *Curso de Direito Constitucional*, 11ª ed., São Paulo, Saraiva, 1989, p. 36. Também Canotilho (*Direito Constitucional*..., 3ª ed., p. 995) parece comungar deste entendimento, sustentando que "a idéia de limitação do poder de revisão, no sentido apontado, não pode divorciar-se das conexões de sentido captadas no texto constitucional. Desta forma, os limites materiais devem encontrar um mínimo de recepção no texto constitucional, ou seja, devem ser limites textuais implícitos".

48. Cf. Karl Loewenstein (*Teoría de la Constitución*, 2ª ed., Barcelona, Editorial Ariel, 1976, p. 189) lembrando, ainda, a conexão da noção de limites implícitos com a idéia de direito natural, no sentido da imunidade da qual certos valores gozam na ordem constitucional, sem que, contudo, o autor tenha admitido a existência de normas constitucionais originárias inconstitucionais (ob. cit., pp. 192-193).

Com isto perde em substância a argumentação dos que — alegando o arbítrio na identificação — repudiam os limites implícitos, já que, mesmo não havendo como afastar alguma dose de subjetivismo, a identificação de eventuais limitações não expressas, além de ter cunho excepcional e subsidiário (em relação aos limites expressos) estará sempre vinculada (no sentido de afinada) com o conteúdo da própria Constituição formal. No caso específico da Constituição Federal de 1988, basta um breve exame do elenco constante no art. 60, § 4º (que enuncia os limites expressos) para verificar o quão necessária se torna a admissão de limites implícitos, ainda mais considerando-se estes como desde logo subentendidos no sistema constitucional.

Voltando-nos agora, portanto, ao problema da identificação dos limites implícitos que harmonizam com o direito constitucional pátrio há que destacar, em primeiro plano, a impossibilidade de proceder-se a uma reforma total ou, pelo menos, de uma reforma que tenha por objeto os princípios fundamentais de nossa ordem constitucional, já que resultaria na sua destruição.[49] Aliás, aplicando-se efetivamente este princípio (inalterabilidade da identidade da Constituição), até mesmo a existência de limites expressos parece dispensável, já que os princípios e direitos fundamentais, assim como as decisões essenciais sobre a forma de Estado e de governo, fatalmente não poderiam ser objeto de abolição ou esvaziamento. O próprio Carl Schmitt já havia destacado que "as decisões políticas fundamentais da Constituição são assunto do Poder Constituinte do Povo e não pertencem às competências das instâncias autorizadas para reformar e revisar as leis constitucionais".[50]

49. Cf., dentre outros e por todos, Paulo Bonavides, *Curso de Direito Constitucional*, 8ª ed., p. 178, que ainda refere a impossibilidade de vir o Poder Constituinte Reformador a substituir o Poder Constituinte originário.

50. Cf. Carl Schmitt, *Teoría de la Constitución*, p. 122.

Poder-se-á sustentar, na esteira deste entendimento, que todos os princípios fundamentais do Título I da nossa Constituição (arts. 1º a 4º) integram o elenco dos limites materiais implícitos, ressaltando-se, todavia, que boa parte deles já foi contemplada no rol das "cláusulas pétreas" do art. 60, § 4º, incs. I a IV, da Constituição de 1988. Ainda que se tenha como demasiada esta extensão dos limites materiais (o que se assume aqui apenas *ad argumentandum*), parece-nos que não se afigura razoável o entendimento de que a Federação e o princípio da separação dos poderes se encontram protegidos contra o Poder Constituinte reformador e o princípio da dignidade da pessoa humana não, ainda mais quando o mesmo assume relevantes funções autônomas e não apenas como núcleo essencial dos direitos fundamentais, quando este for o caso.[51] Mais recentemente, sustentou-se — em nosso sentir, apropriadamente — a inalterabilidade da forma de governo republicana e do sistema presidencialista, argumentando-se, neste sentido, que, com base na consulta popular efetuada em abril de 1993, a República e o Presidencialismo passaram a corresponder à vontade expressa e diretamente manifestada do titular do Poder Constituinte, não se encontrando, portanto, à disposição do poder de reforma da Constituição.[52] Ressalte-se, neste contexto, que a decisão, tomada pelo Constituinte, no sentido de não enquadrar estas decisões fundamentais no rol das "cláusulas pétreas" (art. 60, § 4º), somada à previsão de um plebiscito sobre esta matéria, autoriza a conclusão de que se pretendeu conscientemente deixar para o povo (titular do Poder Constituinte) esta opção.[53]

Já no que diz com os direitos fundamentais, que atualmente constituem limite material expresso (art. 60, § 4º, inc. IV, da Constituição Federal), aparentemente não subsistem razões para continuar a considerá-los limites implícitos, a exemplo do que ocorria no constitucionalismo pretérito.[54] Todavia, tal qual já havíamos anunciado na parte introdutória, segue controversa a inclusão de todos os direitos fundamentais no elenco dos limites materiais (expressos ou implícitos), já que a Constituição, em seu art. 60, § 4º, inc. IV, refere os "direitos e garantias individuais", o que tem gerado, por parte de não poucos doutrinadores, uma negativa (ou, pelo menos uma certa reserva) em relação à condição de limites materiais à reforma constitucional por parte dos direitos fundamentais sociais. Cuida-se, contudo, de aspecto a ser versado em capítulo próprio, visto cuidar-se de um dos problemas centrais do nosso estudo.

Por derradeiro, ainda no que diz com a identificação de limites implícitos, verifica-se que também as normas sobre o Poder Constituinte e sobre a reforma da Constitui-

51. A respeito da dignidade da pessoa humana e suas diversas funções na ordem constitucional v. o nosso *Dignidade da Pessoa Humana e Direitos Fundamentais na Constituição Federal de 1988*, 2ª ed., Porto Alegre, Livraria do Advogado, 2002, onde sustentamos que a dignidade da pessoa, apesar de ser, em regra, o fundamento direto dos direitos fundamentais (que, neste sentido, possuem um conteúdo em dignidade) não se confunde necessariamente com o conteúdo essencial dos direitos, já que nem todos os direitos fundamentais — pelo menos não na nossa Constituição — constituem exigências diretas da dignidade da pessoa e, mesmo em sendo este o caso, o seu conteúdo em dignidade não será igual. Registra-se este aspecto, já que sempre se poderá argumentar que a dignidade da pessoa humana já estaria incluída na proteção atribuída aos direitos e garantias individuais, assegurados contra uma supressão pelo art. 60, § 4º, da Carta de 1988.

52. Cf. a posição de Raul Machado Horta, "Natureza, limitações e tendências da revisão constitucional", in *Revista Brasileira de Estudos Políticos* 78-79/15-16, 1994.

53. Cumpre lembrar que desde a Constituição de 1891 o princípio republicano marcou presença dentre os limites expressos à reforma constitucional.

54. Dentre os que consideravam os direitos fundamentais limites materiais implícitos destaca-se Nelson de Souza Sampaio, *O Poder de Reforma Constitucional*, p. 93.

ção costumam ser enquadradas nesta categoria, de tal sorte que se pode sustentar, na esteira de expressiva doutrina, a impossibilidade de revisão das próprias "cláusulas pétreas" e até mesmo dos limites formais à reforma constitucional.[55] Todavia, como se cuida de tema particularmente relevante e, além disso, objeto de significativa controvérsia, deixaremos aqui de desenvolver este ponto. Além disso, importa deixar consignado, desde logo, que, pelo fato de serem necessária e diretamente extraídos de uma Constituição concreta, aos limites materiais implícitos pode (e deve) ser atribuída a mesma força jurídica dos limites expressos, razão pela qual asseguram à Constituição, ao menos em princípio, o mesmo nível de proteção, temática que, de resto, será enfrentada no último segmento do nosso texto.[56]

3. "Cláusulas pétreas" e direitos fundamentais: os direitos sociais como limites materiais à reforma constitucional

3.1 São os direitos fundamentais sociais limites materiais à reforma constitucional?

O fato de o Constituinte ter guindado os direitos fundamentais à condição de limite material expresso à reforma constitucional pode ser considerado, consoante já assinalado, um dos indicadores da fundamentalidade formal das normas que os consagram, aqui no sentido de uma proteção privilegiada no âmbito da arquitetura constitucional. Todavia, também no que tange a este aspecto não são poucas as indagações com as quais se depara todo aquele que objetiva aprofundar-se no exame da matéria, já que o art. 60, § 4º, inc. IV, de nossa Constituição, utiliza a expressão "direitos e garantias individuais", gerando no mínimo uma dúvida fundada no que concerne à inclusão dos demais direitos fundamentais (sociais e políticos [neste caso, além dos já referidos no inc. II, do art. 60], p. ex.) no elenco das assim designadas "cláusulas pétreas", aspecto a respeito do qual até hoje não se registra consenso na doutrina. De outra parte, a discussão gira em torno até mesmo da possibilidade de se estender aos direitos sociais a proteção contra a ação do poder de reforma constitucional, seja na condição de limites expressos (por serem também direitos individuais), seja como limites implícitos.

Desde logo, em se tomando como ponto de partida o enunciado literal do art. 60, § 4º, inc. IV, da Constituição Federal, poder-se-ia afirmar — e, de fato, há quem sustente tal ponto de vista — que apenas os direitos e garantias individuais (art. 5º da Constituição Federal) se encontram incluídos no rol das "cláusulas pétreas" de nossa Constituição. Caso fôssemos aferrar-nos a esta exegese de cunho estritamente literal, teríamos de reconhecer que não apenas os direitos sociais (arts. 6 a 11), mas também os direitos de nacionalidade (arts. 12 e 13), bem como, de modo geral (a não ser o sufrágio secreto e universal assegurado no art. 60, § 4º, inc. II) os direitos políticos (arts. 14 a 17) fatalmente estariam excluídos da proteção outorgada pela norma contida no art. 60, § 4º, inc. IV, de nossa Lei Fundamental. Aliás, por uma questão de coerência, até mesmo os direitos coletivos (de expressão coletiva) constantes no rol do art. 5º não po-

55. Entre nós, também este já era o entendimento do clássico Nelson de Souza Sampaio (*O Poder de Reforma Constitucional*, p. 93). No âmbito da literatura constitucional estrangeira destacam-se os trabalhos de Vital Moreira, *Constituição e Revisão Constitucional*, pp. 102 e ss., com expressivo e convincente número de argumentos contrários a "dupla revisão", assim como Joaquim José Gomes Canotilho, *Direito Constitucional...*, 3ª ed., pp. 998 e ss., e Pedro de Vega, *La Reforma Constitucional...*, pp. 265 e ss. Entre nós, vale conferir o recentíssimo ensaio de Luís Virgílio Afonso da Silva, "Ulisses, as sereias e o poder constituinte derivado", in *Revista de Direito Administrativo* 226/29, out./dez. 2001.

56. Esta a oportuna consideração de Cármen Lúcia Antunes Rocha, "Constituição e mudança constitucional...", p. 178.

deriam ser merecedores desta proteção. Já esta simples constatação indica que tal interpretação dificilmente poderá prevalecer. Caso assim fosse, os direitos essenciais de participação política (art. 14), a liberdade sindical (art. 8º) e o direito de greve (art. 9º), apenas para citar alguns exemplos, encontrar-se-iam em condição inferior à dos demais direitos fundamentais, não compartilhando o mesmo regime jurídico reforçado, ao menos não na sua plenitude. Paradoxalmente, em se levando ao extremo este raciocínio, poder-se-ia até mesmo sustentar que o mandado de segurança individual integra as "cláusulas pétreas", ao passo que o mandado de segurança coletivo por estas não se encontra abrangido!? Da mesma forma — e coerentemente com a exegese literal e restritiva referida — deveria ser questionada a condição de limite material do art. 5º, inc. XXXII, que dispõe sobre a proteção do consumidor, na forma da lei, apenas para mencionar outro exemplo emblemático. Neste contexto, sustentou-se que a expressão "direitos e garantias individuais", utilizada no art. 60, § 4º, inc. IV, da nossa Carta Magna, não se encontra reproduzida em nenhum outro dispositivo da Constituição, razão pela qual mesmo com base numa interpretação literal não se poderia confundir estes direitos individuais com os direitos individuais e coletivos do art. 5º de nossa Lei Fundamental.[57]

Para os que advogam uma interpretação restritiva do art. 60, § 4º, inc. IV, da Constituição, abre-se outra alternativa. Com efeito, poder-se-ia sustentar, ainda, que a expressão *direitos e garantias individuais* deve ser interpretada de tal forma, que apenas os direitos fundamentais equiparáveis aos direitos individuais do art. 5º podem ser considerados "cláusula pétrea". A viabilidade desta concepção esbarra na difícil tarefa de traçar as distinções entre os direitos individuais e os não-individuais. Caso considerássemos como individuais apenas os direitos fundamentais que se caracterizam por sua função defensiva (especialmente os direitos de liberdade), concepção que corresponde à tradição prevalente no direito constitucional pátrio, pelo menos até o advento da atual Lei Fundamental, teríamos de identificar nos outros capítulos do Título II da nossa Carta, os direitos e garantias passíveis de serem equiparados aos direitos de defesa, de tal sorte que as liberdades sociais (direitos sociais não-prestacionais) necessariamente também se encontrariam ao abrigo das "cláusulas pétreas". Solução semelhante foi adotada no constitucionalismo português, onde há disposição expressa estabelecendo que os direitos análogos aos direitos, liberdades e garantias se encontram sujeitos ao mesmo regime jurídico (art. 17 da Constituição da República Portuguesa), destacando-se, neste particular, a sua condição de limites materiais ao poder de revisão da Constituição, tal qual enunciado no art. 288 da Carta Magna lusitana, o que se aplica, inclusive, às assim denominadas liberdades sociais (na condição de direitos análogos), ainda que constantes no capítulo dos direitos econômicos, sociais e culturais.

Entre nós, à míngua de um regime jurídico diferenciado expressamente previsto na Constituição, tal entendimento não poderá prevalecer, já que não encontramos — conforme assinalado em outra oportunidade[58] e com o devido respeito em relação às posições divergentes — qualquer sustentáculo

57. Cf. Maurício Antonio Ribeiro Lopes, *Poder Constituinte Reformador...*, p. 182.

58. Sobre a fundamentalidade também dos direitos sociais da Constituição v. o nosso *A Eficácia dos Direitos Fundamentais*, 2ª ed., pp. 201 e ss. No sentido divergente, v., entre outros, o referencial estudo de Ricardo Lobo Torres, "A cidadania multidimensional na era dos direitos", o mesmo (org.), *Teoria dos Direitos Fundamentais*, Rio de Janeiro, Renovar, 1999, pp. 252 e ss., distinguindo entre aquilo que denomina de um *status positivus socialis*, constituído pelas prestações estatais destinadas à proteção dos direitos econômicos e sociais e que não compartilha do regime da fundamentalidade, e um *status positivus libertatis*, vinculado ao

no direito constitucional positivo para justificar uma distinção no que diz com a fundamentalidade dos direitos sociais, a não ser contrariando o sentido mínimo da Constituição formal e material.

Nesta mesma linha de pensamento, não há como deixar de referir que até mesmo o nosso Supremo Tribunal Federal, em que pese uma postura ainda tendencialmente mais conservadora (ou, no mínimo, tímida) em matéria de direitos fundamentais,[59] consagrou — em decisão histórica e paradigmática — a possibilidade de uma exegese ampliativa dos limites materiais, assegurando a proteção contra eventual reforma constitucional também a direitos e garantias situados fora do Título II (isto é, não elencados no art. 5º) da nossa Constituição, como ocorreu por ocasião do julgamento da ADI 939-7, quando se reconheceu que o princípio da anterioridade, previsto no art. 150, inc. III, alínea *b*, da Constituição Federal, constitui também autêntica garantia (e direito) individual (fundamental) do cidadão-contribuinte, assumindo, portanto, a condição de "cláusula pétrea".

No direito pátrio há quem sustente que os direitos sociais não podem, em hipótese alguma, ser considerados como integrando as "cláusulas pétreas" da Constituição, isso pelo fato de não poderem (ao menos na condição de direitos a prestações) ser equiparados aos direitos de liberdade do art. 5º. Para, além disso, argumenta-se que, se o Constituinte efetivamente tivesse tido a intenção de gravar os direitos sociais com a cláusula da intangibilidade, ele o teria feito, ou nominando expressamente esta categoria de direitos no art. 60, § 4º, inc. IV, ou, no mínimo, referindo-se de forma genérica a todos os direitos e garantias fundamentais, mas não apenas aos direitos e garantias individuais.[60] Tal concepção e todas aquelas que lhe podem ser equiparadas esbarram, contudo, nos seguintes argumentos: a) a Constituição brasileira, diversamente da portuguesa, não traça qualquer diferença entre os direitos de liberdade (defesa) e os direitos sociais, inclusive no que diz com eventual primazia dos primeiros sobre os segundos; b) os partidários de uma exegese conservadora e restritiva em regra partem da premissa de que todos os direitos sociais podem ser conceituados como direitos a prestações materiais estatais, quando, em verdade, já se demonstrou que boa parte dos direitos sociais são equiparáveis, no que diz com sua função precípua e estrutura jurídica, aos direitos de defesa; c) para além disso, relembramos que uma interpretação que limita o alcance das "cláusulas pétreas" aos direitos fundamentais elencados no art. 5º da CF acabaria por excluir (caso levada as últimas conseqüências) também os direitos de nacionalidade e os direitos políticos, que igualmente não foram expressamente previstos no art. 60, § 4º, inc. IV, de nossa lei Fundamental.[61]

mínimo existencial para uma vida com dignidade, no contexto do qual poder-se-á reconhecer até mesmo direitos subjetivos a prestações sociais.

59. Bastaria lembrar aqui as decisões que seguem consagrando a paridade hierárquica entre leis ordinárias internas e tratados internacionais, mesmo em matéria de direitos humanos, bem como as decisões a respeito da prisão civil do depositário infiel, do regime de cumprimento da prisão civil e da negativa em reconhecer um direito fundamental ao duplo grau de jurisdição.

60. Cf. Otávio Bueno Magano, "Revisão constitucional", in *Cadernos de Direito Constitucional e Ciência Política* 7/110-111, 1994, chegando até mesmo a sustentar não apenas a possibilidade, mas inclusive a necessidade de se excluírem os direitos sociais da Constituição.

61. Não esqueçamos, como oportunamente averbou Celso Lafer (*A Reconstrução dos Direitos Humanos*, São Paulo, Cia. das Letras, 1991, pp. 146 e ss.), que o direito à nacionalidade e o direito à cidadania — por sua vez, umbilicalmente ligado ao primeiro, como verdadeiro direito a ter direitos —, fundamentam o vínculo entre o indivíduo e determinado Estado, colocando o primeiro sob a proteção do segundo e de seu ordenamento jurídico, razão pela qual não nos parece aceitável que posição jurídica fundamental de tal relevância venha a ser excluída do âmbito de proteção das "cláusulas pétreas".

Todas estas considerações revelam que apenas por meio de uma interpretação sistemática (ainda mais tendo em conta, que toda interpretação, tal como leciona Juarez Freitas, é necessariamente sistemática)[62] se poderá encontrar uma resposta satisfatória no que concerne ao problema da abrangência do art. 60, § 4º, inc. IV, da nossa Lei Fundamental. Que uma exegese cingida à expressão literal do referido dispositivo constitucional não pode prevalecer parece ser evidente. Como a inclusão dos direitos sociais (e demais direitos fundamentais) no rol das "cláusulas pétreas" pode ser justificada à luz do direito constitucional positivo é questão que merece análise um pouco mais detida. Já no Preâmbulo de nossa Constituição encontramos referência expressa no sentido de que a garantia dos direitos individuais e sociais, da igualdade e da justiça constitui objetivo permanente de nosso Estado. Além disso, não há como negligenciar o fato de que nossa Constituição consagra a idéia de que constituímos um Estado democrático e social de Direito, o que transparece claramente em boa parte dos princípios fundamentais, especialmente no art. 1º, incs. I a III, e art. 3º, incs. I, III e IV. Com base nestas breves considerações, verifica-se, desde já, a íntima vinculação dos direitos fundamentais sociais com a concepção de Estado da nossa Constituição.[63] Não resta qualquer dúvida de que o princípio do Estado Social, bem como os direitos fundamentais sociais, integram os elementos essenciais, isto é, a identidade de nossa Constituição, razão pela qual já se sustentou que os direitos sociais (assim como os princípios fundamentais) poderiam ser considerados — mesmo não estando expressamente previstos no rol das "cláusulas pétreas" — autênticos limites materiais implícitos à reforma constitucional.[64] Poder-se-á argumentar, ainda, que a expressa previsão de um extenso rol de direitos sociais no título dos direitos fundamentais seria, na verdade, destituída de sentido, caso o Constituinte, ao mesmo tempo, tivesse outorgado a estes direitos proteção jurídica diminuída. Neste caso, fatalmente os direitos sociais acabariam sofrendo um significativo déficit no âmbito de sua fundamentalidade.

Para além do exposto, verifica-se que todos os direitos fundamentais consagrados em nossa Constituição (mesmo os que não integram o Título II) são, na verdade e em última análise, direitos de titularidade individual, ainda que alguns sejam de expressão coletiva.[65] É o indivíduo que tem assegurado o direito de voto, assim como é o indivíduo que tem direito à saúde, assistência social, aposentadoria, etc. Até mesmo o direito a um meio ambiente saudável e equilibrado (art. 225 da CF), em que pese seu habitual enquadramento entre os direitos da terceira dimensão, pode ser reconduzido a uma dimensão individual, pois mesmo um dano ambiental que venha a atingir um grupo dificilmente quantificável e delimitável de pessoas (indivíduos) gera um direito à reparação para cada prejudicado. Ainda que não se queira compartilhar este entendimento, não há como negar que nos encontramos diante de uma situação de cunho notoriamente excepcional, que em hipótese alguma afasta a regra geral da titularidade individual da absoluta maioria dos direitos fundamentais.

62. Cf. Juarez Freitas, *A Interpretação Sistemática...*, especialmente pp. 70 e ss.

63. Neste sentido o entendimento de Maurício Antonio Ribeiro Lopes, *Poder Constituinte Reformador...*, pp. 183 e ss., sustentando que também os direitos de nacionalidade e os direitos políticos integram as "cláusulas pétreas" de nossa Constituição, de modo especial em face de sua estreita vinculação com os princípios fundamentais do Título I (especialmente o art. 1º, *caput* e seus incs. II e V), que consagram o princípio democrático, o princípio da soberania popular, o pluralismo político, etc.

64. Esta a pertinente lição de Raul Machado Horta, "Natureza, limitações...", pp. 14-15.

65. Assim já havíamos sustentado desde a 1ª edição do nosso *A Eficácia dos Direitos Fundamentais* (pp. 366-367), entendimento hoje, entre nós, também advogado com ênfase por Juarez Freitas, *A Interpretação Sistemática...*, pp. 209-210.

Neste contexto, importa lembrar as críticas tecidas em relação a este argumento (mediante referência direta à nossa obra) por Gustavo Costa Silva, em relativamente recente monografia sobre o tema. Com efeito, para este autor, o nosso entendimento, no que concerne à titularidade individual como fundamento da inserção dos direitos sociais no elenco das "cláusulas pétreas", é falho, especialmente por que estaria a desconsiderar que "a dualidade básica entre direitos 'individuais' e 'sociais' nada tem a ver com a titularidade, remetendo na verdade à vinculação de uns e de outros a diferentes estágios da formação do *ethos* do Estado constitucional", no caso, como segue argumentando o autor, na circunstância e de que os direitos individuais estão vinculados ao paradigma do estado liberal individualista, e não ao estado social de cunho solidário.[66] Ainda que se reconheça a inteligência do argumento esgrimido pelo nosso crítico, parece-nos que a resposta já foi fornecida, designadamente quando apontamos para a circunstância de que não é possível extrair da nossa Constituição um regime diferenciado entre os direitos de liberdade (individuais) e os direitos sociais, mesmo que entre ambos os grupos de direitos, notadamente entre a dimensão negativa (defensiva) e positiva (prestacional) existam diferenças no que diz com o seu objeto e função.[67] Da mesma forma, convém repisar que a Constituição de 1988 alberga tanto elementos liberais quanto sociais e que ambos compõe a identidade da nossa Carta, na condição de ordem jurídica fundamental de um Estado democrático e social de Direito. Além disso, em momento algum nos limitamos a colacionar apenas o argumento da titularidade individual de todos os direitos para fundamentar a nossa posição, já que esta é apenas uma razão entre outras.

Ao sustentarmos que a proteção assegurada pelo Constituinte aos direitos individuais estende-se aos direitos sociais, na verdade nada mais fizemos do que admitir que estes estão subentendidos (e neste sentido são sempre limites textuais implícitos, no sentido emprestado por Gomes Canotilho) no elenco expressamente assegurado pela nossa Carta Magna. Certo é — e não deveríamos esquecer disso — que implícitos (e aqui independentemente da adoção de uma determinada noção de limites implícitos), ou não, os direitos sociais estão sujeitos à mesma proteção contra reformas constitucionais, na condição de limites materiais, que os demais conteúdos essenciais da Constituição. Por esta razão, a divergência entre as teses que integram os direitos fundamentais sociais no âmbito direto de proteção do art. 60, § 4º, inc. IV (argumentando com base na titularidade individual) e os que, muito embora rechaçando este argumento, admitem que os direitos sociais, sendo fundamentais, constituem limites implícitos, é certamente mínima (ou, pelo menos, menor do que parece), de modo especial considerando as suas respectivas conseqüências práticas.

Outro argumento utilizado pelos que advogam (tal como aqui o faz Manoel Gonçalves Ferreira Filho) uma interpretação restritiva das "cláusulas pétreas" diz com a existência de diversas posições jurídicas constantes no Título II de nossa Constituição que não são, na verdade, merecedoras

66. Cf. Gustavo Just da Costa e Silva, *Os Limites da Reforma Constitucional*, Rio de Janeiro, Renovar, 2000, pp. 124 e ss. (citação extraída da p. 129).

67. Que tais diferenças não permitem que se sustente uma dicotomia entre os direitos negativos e positivos, não afasta, em princípio, a possibilidade de se admitir um tratamento em parte diferenciado no que diz com a eficácia e efetividade dos direitos que integram o segundo grupo. A respeito deste ponto, remetemos ao nosso "Os direitos fundamentais sociais na ordem constitucional brasileira", in Danielle Annoni, *Os Novos Conceitos do Novo Direito Internacional. Cidadania, Democracia e Direitos Humanos*, Rio de Janeiro, América Jurídica, 2002, pp. 219 e ss. (especialmente pp. 233 e ss., onde apontamos para a existência não de uma dicotomia, mas apenas de uma espécie de dualismo relativo entre os direitos negativos e positivos).

do *status* peculiar aos verdadeiros direitos fundamentais, razão pela qual há quem admita até mesmo a sua supressão por meio de uma emenda constitucional.[68] Muito embora não de modo igual, Oscar Vilhena Vieira prefere trilhar caminho similar, ao sustentar, em síntese, que apenas as cláusulas que designa de *superconstitucionais* (isto é, os princípios — incluindo os direitos fundamentais essenciais — que constituem a reserva de justiça constitucional de um sistema) encontram-se imunes à supressão pela reforma da Constituição, não advogando, de tal sorte, a exclusão prévia de qualquer direito ou princípio do elenco das "cláusulas pétreas", seja individual (liberal) ou social.[69] No nosso sentir, esta linha argumentativa apenas poderia prevalecer caso partíssemos da premissa de que existem direitos apenas formalmente fundamentais e que estes (justamente por serem fundamentais apenas em sentido formal, poderiam ser suprimidos do texto constitucional), o que não corresponde, consoante já assinalado, à concepção majoritária no âmbito da doutrina, de acordo com a qual todos os direitos fundamentais o são, tanto no sentido formal, quanto no material.[70] De qualquer modo, é de questionar-se a possibilidade dos poderes constituídos decidirem qual direito é, ou não, formal e materialmente fundamental (notadamente de decidir qual não é fundamental em sentido material), decisão esta que, em última análise, importaria numa afronta à vontade do Poder Constituinte, que, salvo melhor juízo, detém o privilégio de deliberar sobre o que é, ou não, fundamental. Além disso, correr-se-ia o sério risco de eliminar direitos "autenticamente" fundamentais, circunstância que, por si só, desrecomenda a adoção deste ponto de vista.

Ademais — e sem que se vá aqui aprofundar o ponto — não é de desprezar o argumento de que em se adotando um critério exclusivamente material para identificar quais os conteúdos protegidos contra a reforma constitucional, até mesmo — por questão de coerência lógica — eventuais posições elencadas no art. 5º da nossa Carta Magna (já que também ali se encontram diversos exemplos de questionável fundamentalidade material[71]) haveriam de ficar excluídas. Ao sustentarmos — na esteira de outros autores — que os direitos fundamentais são todos (inclusive eventuais direitos sediados fora do Título II, tal qual reconheceu o próprio Supremo Tribunal Federal) "cláusulas pétreas" estaremos até mesmo limitando a possibilidade de um demasiado arbítrio jurisdicional, impedindo que os órgãos do Poder Judiciário deliberem contra uma fundamentalidade expressamente enunciada pelo Constituinte, de modo inequivocamente genérico (basta ver a epígrafe do Título II da nossa Lei Fundamental: Dos Di-

68. Este o entendimento de Manoel Gonçalves Ferreira Filho (*Significação e Alcance das Cláusulas Pétreas*, p. 16) que, no entanto, reconhece que o art. 60, § 4º, inc. IV, da nossa Constituição abrange todos os direitos fundamentais, e não apenas os direitos individuais e coletivos do art. 5º.

69. Cf. Oscar Vilhena Vieira, *A Constituição e sua Reserva de Justiça*, São Paulo, Malheiros Editores, 1999, pp. 222 e ss., onde desenvolve o seu pensamento, que aqui vai reproduzido de modo sintético. Registre-se, contudo, que o ilustre jurista, na sua qualificada obra, não exclui os direitos sociais da proteção contra eventuais reformas constitucionais, notadamente os direitos sociais básicos à alimentação, saúde, moradia, educação, já que "essenciais à realização da igualdade e da dignidade entre os cidadãos" (ob. cit., p. 321).

70. Sustentando a que os direitos fundamentais o são tanto em sentido formal quanto material, já que em favor das normas formalmente constitucionais (e fundamentais) milita uma presunção de materialidade constitucional (e fundamental), v., por todos, Jorge Miranda, *Manual de Direito Constitucional*, v. IV, 2ª ed., Coimbra, Coimbra Ed., 1993, p. 9.

71. Poderíamos mencionar apenas a proteção às participações individuais em obras coletivas, tal qual enunciado no art. 5º, inc. XXVIII, *a*, ou mesmo a norma que dispõe a respeito da aplicação da lei nacional ou estrangeira na hipótese de sucessão de bens de estrangeiros (art. 5º, inc. XXXI).

reitos e Garantias Fundamentais), de tal sorte a abranger tanto os direitos ditos individuais quanto os sociais. A opção por esta linha argumentativa, por sua vez — e convém sublinhar este aspecto — não repudia (pelo contrário, reforça) a legitimidade e necessidade de uma atuação jurisdicional comprometida com os princípios e direitos fundamentais, tanto é que caberá aos órgãos do Poder Judiciário a tarefa de sindicar a constitucionalidade das emendas que venha a conflitar com as "cláusulas pétreas", inclusive quando estiverem em causa os direitos sociais.

Por derradeiro, cumpre relembrar que a função precípua das assim denominadas "cláusulas pétreas" é a de impedir a destruição dos elementos essenciais da Constituição, encontrando-se, neste sentido, a serviço da preservação da identidade constitucional, formada justamente pelas decisões fundamentais tomadas pelo Constituinte. Isto se manifesta com particular agudeza no caso dos direitos fundamentais, já que sua supressão, ainda que tendencial, fatalmente implicaria agressão (em maior ou menor grau) ao princípio da dignidade da pessoa humana (art. 1º, inc. III, da nossa Constituição). Assim, uma interpretação reducionista no campo dos limites materiais (especialmente dos expressos) da Carta Magna não nos parece ser a melhor solução, ainda mais quando os direitos fundamentais (inclusive os direitos sociais) inequivocamente integram o cerne da nossa ordem constitucional. Por certo, não há como negar que uma interpretação restritiva das "cláusulas pétreas" tem por objetivo impedir uma petrificação de toda a Constituição, o que não pode prevalecer diante de uma exegese sistemática, que tenha sempre presente a necessidade de preservar os seus elementos essenciais, insuscetíveis de supressão ou esvaziamento (hipóteses que se equivalem) pela atuação do poder de reforma constitucional. Aqui vale reproduzir a exortação recentemente formulada por Carlos Ayres Brito, em instigante ensaio sobre o tema: "as normas constitucionais autorizativas da produção de emendas é que devem ser interpretadas restritivamente, porque emenda é sempre exceção ao princípio lógico ou tácito da estabilidade da Constituição. As cláusulas pétreas, ao contrário, caracterizando-se como afirmadoras daquele princípio de estabilidade ínsito a cada Estatuto Supremo, elas é que devem ser interpretadas extensivamente".[72]

Constituindo os direitos fundamentais sociais (assim como os políticos) valores basilares de um Estado social e democrático de Direito, sua abolição acabaria por redundar na própria destruição da identidade da nossa ordem constitucional, o que, por evidente, se encontra em flagrante contradição com a finalidade precípua dos limites materiais. Quanto ao risco de uma indesejável galvanização da Constituição, é preciso considerar que apenas uma efetiva ou tendencial abolição das decisões fundamentais tomadas pelo Constituinte se encontra vedada, não se vislumbrando qualquer obstáculo à sua eventual adaptação às exigências de um mundo em constante transformação, o que, contudo, constitui aspecto a ser versado no próximo item. Para além disso, caso se queira mesmo a substituição da nossa ordem constitucional vigente por outra, isto é, em se continuando a insistir numa revisão ampla e praticamente irrestrita, haverá de se ter a coragem de propor a convocação de uma nova Assembléia Constituinte, única instância com legitimidade para tanto.

3.2 Alcance da proteção outorgada aos direitos fundamentais sociais pelas "cláusulas pétreas"

Voltando-nos, agora, ao problema do alcance da proteção outorgada pelos limi-

72. Cf. Carlos Ayres Brito, "A Constituição e o monitoramento de suas emendas", in Paulo Modesto e Oscar Mendonça (coords.), *Direito do Estado — Novos Rumos*, t. 1, São Paulo, Max Limonad, 2001, p. 66.

tes materiais à reforma constitucional, há que atentar, desde logo, para o fato de que o enunciado da norma contida no art. 60, § 4º, da nossa Constituição ("... não serão objeto de deliberação propostas de emenda tendentes a abolir ..."), encerra pelo menos duas diretrizes: a) não apenas as alterações da Constituição que objetivam a supressão dos princípios guindados à condição de "cláusula pétrea", mas também as que revelam uma tendência à sua supressão se encontram vedadas; b) os projetos de emenda que atentam contra estes mandamentos sequer poderão ser apreciados e votados pelo Congresso, de tal sorte que mesmo antes de sua promulgação encontra-se viabilizado o controle jurisdicional de sua constitucionalidade.[73] Os limites materiais, pelo menos no nosso direito constitucional positivo, não podem, portanto, ser qualificados como meras cláusulas impeditivas da abolição de textos, isto é, da supressão de dispositivos da Constituição, já que uma abolição tendencial alcança necessariamente o plano normativo, partindo-se da premissa (que aqui vai tida como pressuposto teorético do estudo) de que existe uma substancial diferença entre o texto e a(s) norma(s) nele contida(s), muito embora — e convém frisar tal aspecto para espancar incompreensões a respeito de nossa posição na matéria — não se possa endossar a idéia de que a relação entre texto e norma seja pautada por uma lógica da indiferença recíproca, ainda mais em se cuidando de disposições e normas de matriz constitucional.[74]

À vista dos elementos normativos referidos, importa sinalar, desde logo, que também entre nós as "cláusulas pétreas" não implicam absoluta imutabilidade dos conteúdos por elas assegurados. Por outro lado, não é de fácil determinação o momento no qual determinada emenda à Constituição efetivamente tende a abolir o princípio protegido, já que a abolição (supressão) do texto constitucional é, em regra, fácil de identificar. Tal aferição, registre-se desde já, apenas poderá ocorrer à luz do caso concreto, cotejando-se o conteúdo da emenda com a decisão fundamental integrante do rol das "cláusulas pétreas", o que igualmente se impõe na hipótese de nos depararmos com alguma limitação material implícita. Para além disso, verifica-se que uma abolição efetiva, para efeitos do controle da constitucionalidade da reforma, pode ser equiparada a uma abolição tendencial, já que ambas as hipóteses foram expressamente vedadas pelo Constituinte.

A garantia de determinados conteúdos da Constituição por meio da previsão das

73. A respeito da possibilidade de controlar-se a constitucionalidade de uma emenda à Constituição mesmo no decorrer de sua apreciação pelo Congresso, já encontramos posição firmada pelo Supremo Tribunal Federal. Neste sentido, v. especialmente o voto prolatado pelo eminente Ministro Moreira Alves, por ocasião do julgamento ocorrido em 8.10.1980 (*RTJ* 99/1.040, 1980). Mais recentemente, já sob a égide da Constituição vigente, tal controle prévio da constitucionalidade das Emendas à Constituição foi reiterada por ocasião do julgamento da ADI 466-2-DF, ocorrido em 3.4.1991, quando, apesar de rechaçar-se a viabilidade do controle abstrato preventivo, não se excluiu eventual controle concreto, no caso, mediante a impetração de mandado de segurança, a exemplo do que ocorreu com a decisão anterior citada. Na doutrina, destaca-se, entre outros, o trabalho de José Paulo Sepúlveda Pertence, "O controle de constitucionalidade das Emendas Constitucionais pelo Supremo Tribunal Federal: crônica de jurisprudência", in Paulo Modesto e Oscar Mendonça (coords.), *Direito do Estado...*, t. 1, pp. 23 e ss., abordando alguns dos principais casos apreciados pelo STF.

74. A respeito desta temática, v., entre outros (apenas no âmbito da literatura nacional), Eros Roberto Grau, *Ensaio e Discurso sobre a Interpretação/Aplicação do Direito*, São Paulo, Malheiros Editores, 2002, pp. 70 e ss. (atualizando e aprofundando suas influentes lições anteriores sobre o tema), Lênio Luiz Streck, *Hermenêutica Jurídica e(m) Crise. Uma Exploração Hermenêutica da Construção do Direito*, Porto Alegre, Livraria do Advogado, 1999, p. 16, nota de rodapé 2, bem como Humberto Bergmann Ávila, *Teoria dos Princípios. Da Definição à Aplicação dos Princípios Jurídicos*, São Paulo, Malheiros Editores, 2003, pp. 22-23.

assim denominadas "cláusulas pétreas" assume, desde logo, uma dúplice função, já que protege os elementos que compõem a identidade e estrutura essenciais da Constituição, proteção esta que, todavia, assegura estes conteúdos apenas na sua essência, não se opondo a desenvolvimentos ou modificações que preservem os princípios naqueles contidos.[75] Com efeito, de acordo com a lição da doutrina majoritária, as "cláusulas pétreas" de uma Constituição não objetivam (apenas, deveríamos acrescentar) a proteção dos dispositivos constitucionais em si, mas, sim, dos princípios neles plasmados, não podendo estes ser esvaziados por uma reforma constitucional.[76] Neste sentido, é possível sustentar que as "cláusulas pétreas" contêm, em verdade, também — além da vedação da supressão de determinado texto (dispositivo) — uma proibição de ruptura de determinados princípios constitucionais.[77] Mera modificação no enunciado do dispositivo não conduz, portanto, necessariamente a uma inconstitucionalidade, desde que preservado o sentido do preceito e não afetada a essência do princípio objeto da proteção.[78] De qualquer modo, é possível comungar o entendimento de que a proteção imprimida pelas "cláusulas pétreas" não implica a absoluta intangibilidade do bem constitucional protegido,[79] pelo menos não no sentido de impedir todo e qualquer tipo de restrição. Não se pode negligenciar, neste contexto, que os direitos e garantias fundamentais (a despeito de constituírem limites materiais à reforma) podem ser objeto de restrição até mesmo pelo legislador infraconstitucional, desde que preservadas as exigências da reserva legal (quando for o caso) bem como salvaguardado o núcleo essencial do direito restringido e observados os ditames da proporcionalidade, de tal sorte que não nos parece aceitável a tese que o poder reformador (ainda que sempre limitado) possa menos que o legislador ordinário. Tomando-se como parâmetro o direito constitucional pátrio, tal assertiva pode ser perfeitamente ilustrada à luz de alguns dos princípios integrantes do rol do art. 60, § 4º, de nossa Constituição.

Com efeito, quando o nosso Constituinte estabeleceu a intangibilidade do princípio federativo (art. 60, § 4º, inc. I), tal proteção não se limitou apenas ao art. 1º da Constituição (de acordo com o qual o Estado Federal Brasileiro se compõe da união indissolúvel da União, dos Estados, do Distrito Federal e dos Municípios), mas estende-se a todos os elementos essenciais da Federação. Em se levando em conta que o princípio federativo se manifesta em diversos outros dispositivos da Constituição, verifica-se que também estes se encontram ao abrigo da proteção das "cláusulas pétreas".[80] As normas versando sobre a distribuição de competência entre os diversos entes da Federação (arts. 21 a 24 da Constituição), a auto-organização e autonomia dos Estados (arts. 25 a 28) e dos Municípios (arts. 29 e 30) constituem apenas alguns exemplos inequívocos no sentido de que também estas normas, dada a sua particular relevância para a caracterização de uma efetiva Federação, se encontram imunes à atuação erosiva de uma reforma constitucional. Não restam dúvidas de que, no caso de uma supressão da competência legislativa privativa dos Estados e Municípios, o Estado Federal ficaria atingido em um de seus elementos essenciais.

75. Cf. Paul Kirchhof, "Die Identität der Verfassung...", p. 802.

76. Esta a lição de Jorge Miranda, *Manual de Direito Constitucional*, v. II, 2ª ed., p. 155.

77. Cf. a oportuna ponderação de Gilmar Ferreira Mendes, *Limites da Revisão...*, p. 251, baseado na doutrina de B. O. Bryde.

78. Neste sentido, v., recentemente também Gilmar Ferreira Mendes, *Plebiscito — EC 2/92* (Parecer), p. 120.

79. Este já era o entendimento de Nelson de Souza Sampaio, *O Poder de Reforma Constitucional*, p. 89.

80. Cf. Raul Machado Horta, "Natureza, limitações...", p. 17.

Raciocínio semelhante pode ser aplicado ao princípio da separação dos poderes, que igualmente se encontra ao abrigo das "cláusulas pétreas" (art. 60, § 4º inc. II, da Constituição Federal). Caso a autonomia e independência do Poder Judiciário (assim como as garantias funcionais dos Magistrados) viessem a ser restringidas de tal forma — há até mesmo quem pretenda suprimi-las por completo — que ficassem virtualmente inoperantes, poder-se-ia sustentar uma inequívoca afronta ao princípio da separação dos poderes.[81] Há que destacar, neste contexto, que o nosso Supremo Tribunal Federal acabou trilhando precisamente esta linha de entendimento. Em julgamento ocorrido no dia 8.10.1980, o Supremo Tribunal Federal, mesmo tendo julgado improcedente a ação e a despeito da controvérsia em torno do mérito da decisão (e, de modo especial, das suas motivações de ordem política e circunstancial), entendeu que a mera ampliação do mandato dos prefeitos por mais dois anos não poderia ser considerada uma abolição (nem mesmo tendencial) da nossa República, já que o postulado republicano da limitação temporal dos mandatos políticos ficou preservado,[82] de tal sorte que também aqui — na jurisprudência do nosso Supremo Tribunal — transparece a idéia de que o objeto da proteção é o conteúdo essencial do direito, orientação esta que seguiu sendo adotada pela nossa mais alta Corte mesmo após a vigência da nossa atual Constituição.[83]

No âmbito da doutrina pátria, revelando uma nítida (mas não de todo imune a reservas) tendência de adesão à doutrina alemã, já há quem sustente que uma emenda constitucional apenas tende a abolir um bem protegido pelas "cláusulas pétreas" na hipótese de vir a ser atingido o núcleo essencial do princípio em questão, não ficando obstaculizada a sua regulamentação, alteração ou mesmo a sua restrição (desde que não afetado o núcleo essencial).[84] O núcleo do bem constitucional protegido é, de acordo com este ponto de vista, constituído pela essência do princípio ou direito, não por seus elementos circunstanciais, cuidando-se, neste sentido, daqueles elementos que não podem ser suprimidos sem acarretar alteração substancial no seu conteúdo e estrutura.[85] Neste contexto, afirmou-se acertadamente que a constatação de uma efetiva agressão ao núcleo essencial do princípio protegido depende de uma ponderação tópica, mediante a qual se deverá verificar se a alteração constitucional afeta apenas aspectos ou posições marginais da norma, ou se, pelo contrário, investe contra o próprio núcleo do princípio em questão.[86]

À luz do que até agora foi exposto percebe-se que, também no que diz com os direitos fundamentais, a proteção a estes outorgada pelo Constituinte, incluindo-os no

81. Sobre a reforma constitucional, o princípio da separação dos poderes e a garantia da independência e autonomia do Poder Judiciário, v., especialmente José Néri da Silveira, "A reforma constitucional...", pp. 210 e ss.

82. V. voto do Ministro Moreira Alves, in *Revista Trimestral de Jurisprudência* 99/1.040-1.041, 1980.

83. Cf. deflui da decisão proferida na ADI 2.024-DF (Relator Ministro Sepúlveda Pertence), onde restou assentado que "as limitações materiais ao poder constituinte de reforma, que o art. 60, § 4º, da Lei Fundamental enumera, não significam a intangibilidade literal da respectiva disciplina na Constituição originária, mas apenas a proteção do núcleo essencial dos princípios e institutos cuja preservação nela se protege".

84. Esta a lição, entre nós, de Flávio Bauer Novelli, "Norma constitucional inconstitucional? A propósito do art. 2º da EC 3/93", in *Revista Forense* 330/80 e ss., 1995, baseado especialmente na doutrina de K. Stern.

85. Assim também Flávio Bauer Novelli, "Norma constitucional inconstitucional?...", p. 82.

86. Cf. Gilmar Ferreira Mendes, *Plebiscito — EC 2/92*, p. 120, que, neste sentido, se posiciona favoravelmente à teoria do núcleo essencial, já referida na formulação que, entre nós, lhe deu Flávio. B. Novelli, especificamente no contexto da problemática da reforma constitucional.

rol das "cláusulas pétreas", não alcança as dimensões de uma absoluta intangibilidade, já que apenas uma abolição (efetiva ou tendencial) se encontra vedada. Também aqui se aplica a já referida tese da preservação de seu núcleo essencial, razão pela qual até mesmo eventuais restrições legislativas, desde que não-invasivas do cerne do direito fundamental, podem ser toleradas, como, de resto, dá conta farta e expressiva literatura e jurisprudência já produzida entre nós, razão pela qual deixamos de tecer maiores considerações a respeito. Que tal circunstância apenas pode ser aferida à luz do caso concreto e considerando as peculiaridades de cada direito fundamental parece não causar maior controvérsia. Assim, constata-se, desde logo, que não há como determinar em abstrato, para todos os direitos fundamentais, a amplitude de sua proteção contra reformas constitucionais, destacando-se, ainda, que tal proteção há que ser diferenciada, dependendo do direito fundamental que estiver em causa. Isto reforça a idéia — entre nós também introjetada pelo Supremo Tribunal Federal — no sentido de que o conteúdo das assim denominadas "cláusulas pétreas" não pode ser determinado e definido a partir de um modelo ideal e apriorístico, mas sim, com base na fórmula concretamente adotada pelo Poder Constituinte Originário.[87] Nesta linha de raciocínio, parece-nos possível endossar (neste ponto) a posição de que a noção de uma intangibilidade do núcleo essencial do princípio e/ou direito fundamental protegido na condição de limite material à reforma constitucional apenas opera no contexto da ordem jurídico-constitucional vigente e não com efeitos *ad eternum*, já que sempre superável por uma nova manifestação do Constituinte originário.[88]

Inicialmente, consideramos oportuna a lembrança de que também o princípio da aplicabilidade imediata (art. 5º, § 1º, da Constituição) integra o rol das "cláusulas pétreas", razão pela qual — também entre nós — é possível sustentar o ponto de vista de que em hipótese alguma poderá ser esvaziada esta força jurídica privilegiada peculiar aos direitos fundamentais, sob pena de vir a ser colocada em risco sua própria fundamentalidade.[89] Já no que diz com a determinação do núcleo essencial dos direitos fundamentais identificam-se alguns aspectos carentes de elucidação. Registre-se, neste contexto, que a Constituição de 1988 não enunciou qualquer parâmetro que possa indicar o caminho a ser seguido, a não ser a impossibilidade de eliminação ou tendencial abolição do direito fundamental. Neste sentido, consideramos oportuna a menção ao exemplo fornecido pela Lei Fundamental da Alemanha, que nos poderá ser útil no desenvolvimento do tema. Com efeito, verifica-se que nessa paradigmática ordem constitucional, os direitos fundamentais não foram diretamente referidos no art. 79, inc. III ("cláusulas pétreas"), não ficando, contudo, à mercê da atuação do poder de reforma constitucional, já que mediatamente protegidos por meio do princípio da dignidade da pessoa humana e do reconhecimento dos direitos humanos por parte do povo alemão (art. 1º, incs. I e II da Lei Fundamental).

É, portanto, pelo seu maior ou menor conteúdo em dignidade da pessoa humana que um direito fundamental, de acordo com o direito constitucional germânico, se encon-

87. Cf. a já citada decisão na ADI 2.024-DF, relatada pelo Ministro Sepúlveda Pertence.

88. Neste sentido, v. Karl-E. Hain, "Art. 79, Abs.3 GG", in Christian Starck (ed.), *Das Bonner Grundgesetz*, v. 3, 4ª ed., p. 39.

89. Neste sentido, Klaus Stern, "Die Bedeutung der Unantastbarkeitsgarantie des Art. 79, III, GG für de Grundrechte", in Klaus Stern (org.), *Der Staat des Grundgesetzes*, Köln, Carl Heymanns Verlag, 1992, pp. 283 e ss., argumentando (com relação ao direito germânico) a impossibilidade de se reduzirem os direitos fundamentais a meras proclamações destituídas de eficácia e vinculatividade. A respeito do núcleo essencial, existe — além de farta bibliografia (parte da qual já referida) — acirrada controvérsia, seja em relação ao conteúdo deste "núcleo essencial", não sendo este o momento para enveredar por este trabalho.

tra imune à ação erosiva ou mesmo supressiva do poder de reforma da Constituição, de tal sorte que intangível não é o direito fundamental em si, mas, sim, o seu conteúdo em dignidade da pessoa humana.[90] Consoante a oportuna lição de Maunz, os valores da dignidade da pessoa humana e do reconhecimento dos direitos humanos (art. 1º, incs. I e II, da Lei Fundamental), não se esgotam em si mesmos, manifestando-se em cada direito fundamental na condição de elementos integrantes de seu núcleo material intangível.[91] Para além do princípio da dignidade da pessoa humana e do reconhecimento dos direitos humanos, a Lei Fundamental alemã também erigiu o princípio do Estado democrático e social de Direito à condição de "cláusula pétrea", acabando por fundamentar, também sob este ângulo, uma proteção mediata dos direitos fundamentais, na qualidade de concretizações e exigências deste princípio, especialmente no que diz com o direito de proteção judiciária (art. 19, inc. IV, da LF), bem como dos diversos direitos fundamentais processuais, direitos de participação política e direitos sociais. Atente-se, contudo, para o fato de que nem todo direito fundamental pode ser considerado elemento essencial (e, portanto, intangível) do princípio do Estado democrático e social de Direito.[92]

Em se levando em conta que a Lei Fundamental da Alemanha consagra também, no âmbito do regime das restrições aos direitos fundamentais, a garantia do núcleo essencial (art. 19, inc. II), sustenta-se que esta, ao contrário do que pretendem alguns, não pode ser confundida com o conteúdo em dignidade da pessoa humana, resultante de uma exegese combinada dos arts. 1º, I, e 79, III, ambos da Lei Fundamental, de tal sorte que, se é possível afirmar que todos os direitos fundamentais contêm um núcleo essencial, nem todos — ao menos de acordo com a doutrina majoritária alemã — podem ser considerados como exigências do princípio da dignidade da pessoa humana, cuidando-se, portanto, de grandezas independentes entre si, ainda que não isentas de pontos comuns,[93] posição que nós também adotamos e que parece ganhar espaço também no direito brasileiro. É por este motivo que a doutrina alemã majoritária entende que a garantia do núcleo essencial (dirigida tão-somente ao legislador infraconstitucional) não se revela idônea para servir de parâmetro à aferição do grau de proteção outorgado pelo art. 79, inc. III, da Lei Fundamental, já que este vincula o poder de reforma da Constituição.[94]

Até que ponto a solução desenvolvida no direito constitucional germânico pode ser transposta para o nosso meio é, no entanto, questão discutível, no mínimo em face da ausência de qualquer dispositivo que expressamente ampare esta alternativa. Parece-nos que, ao utilizar-se das expressões (abolir e tendente a abolir), o Constituinte pátrio efetivamente quis preservar em qualquer hipótese o cerne de cada direito fundamental, independentemente de seu conteúdo em dignidade da pessoa humana. A utilização da fórmula do núcleo essencial (ainda que não expressamente consagrada) manifesta sua utilidade não apenas na medida em que revela ser de um manejo mais transparente e flexível, mas também em virtude da fundada dúvida quanto ao conteúdo, em dignidade da pessoa humana, de todos os direitos fundamentais, constantes, ou não, do catálogo.

90. Assim também a lição de Klaus Stern, "Die Bedeutung der Unantastbarkeitsgarantie...", p. 290, posição que, aliás, reflete o pensamento dominante no âmbito da doutrina alemã.

91. Cf. Theodor Maunz, "Anmerkungen zu Art. 79 GG", in Maunz/Dürig/Herzog/Scholz, *Grundgesetz-Kommentar*, v. III, Munique, C. H. Beck, 1996, p. 17.

92. Esta a oportuna referência de Michael Brenner, "Möglichkeiten und Grenzen Grundrechtsbezogener Verfassungsänderungen", in *Der Staat* 32/503, 1993.

93. Neste sentido, dentre tantos, Brunn-Otto Bryde, "Anmerkungen zu Art. 79 GG", in Ingo von Münch (org.), *Grundgesetz-Kommentar*, v. III, 2ª ed., Munique, C. H. Beck, 1983, p. 235.

94. Cf. Michael Brenner, "Möglichkeiten und Grenzen...", p. 507.

Aliás, é de reconhecer-se que a própria intangibilidade do princípio da dignidade da pessoa humana não se encontra expressamente enunciada em nossa Constituição, podendo, contudo, sustentar-se o seu enquadramento na seara dos limites materiais implícitos à reforma constitucional, consoante já assinalado. Considerando-se, ao menos em regra, os direitos fundamentais como concretizações, em maior ou menor grau, do princípio da dignidade da pessoa humana, poder-se-á até mesmo sustentar — ao contrário do que ocorre no constitucionalismo germânico — que este princípio é que acaba sendo assegurado mediante a proteção outorgada aos direitos fundamentais, e não estes por aquele. Cuida-se, no mínimo, de uma influência recíproca e, portanto, de uma via de duas mãos.

Com base no exposto, é de relembrar-se, neste contexto, a lição de Flávio Novelli, no sentido de que as "cláusulas pétreas", estando a serviço da proteção do "cerne constitucional intangível" (Pontes de Miranda), isto é, do "âmbito nuclear da estatalidade constitucional" (Klaus Stern), repelem toda e qualquer emenda que intente a supressão ou a alteração substancial dos direitos fundamentais ou dos princípios fundamentais da Constituição incluídos no rol dos limites materiais à reforma da Constituição.[95] Por núcleo essencial dos direitos e dos princípios fundamentais estruturantes poderá considerar-se, de acordo com o entendimento de Klaus Stern, recolhido por Flávio Novelli, os elementos que constituem "a própria substância, os fundamentos, os elementos ou componentes deles inseparáveis, eles verdadeiramente inerentes, por isso que integrantes de sua estrutura e do seu tipo, conforme os define a Constituição", isto é, seus elementos essenciais, e não meramente acidentais.[96] Constata-se, portanto, que não apenas emendas constitucionais que efetivamente venham a abolir (suprimir) um direito fundamental, mas também que venham a atingi-lo de forma equivalente, tendendo à sua abolição, isto é, ferindo o seu conteúdo essencial (e, portanto, ferindo de morte o direito fundamental objeto da atuação do poder reformador), se encontram inequivocamente vedadas pela nossa Constituição.

Que o grau de proteção de cada direito fundamental irá depender, em última análise, da adequada delimitação de seu núcleo essencial parece-nos inquestionável. Da mesma forma, haverá que se ter por incontroversa a inevitável diferenciação decorrente das especificidades de cada direito fundamental, de modo especial no que diz com o seu âmbito de proteção. Se tais conclusões já se impõem relativamente aos direitos de defesa, com maior razão ainda se poderá sustentar tal ponto de vista no âmbito dos direitos a prestações, no qual a delimitação de seu núcleo essencial e de seu âmbito de proteção se revela, de modo geral, particularmente problemática. Assim, não há como desconsiderar as características dos direitos prestacionais na difícil empreitada de definir o seu grau de proteção contra a atuação do poder de reforma constitucional, o que, além disso, deverá ser feito à luz de alguns exemplos recolhidos em nossa Constituição. Atente-se, ainda, para o fato de que todos os direitos fundamentais equiparáveis aos direitos de defesa — em que pese sua expressa inclusão no capítulo dos direitos sociais ou políticos — se sujeitam aos mesmos parâmetros aplicáveis àqueles.

Voltando-nos novamente à indagação a respeito de qual o conteúdo essencial dos direitos sociais, verifica-se que a resposta deverá se extraída direta ou indiretamente da norma que consagrou este direito fundamental ao nível da Constituição. Assim, poder-se-á afirmar, a título de exemplo, que, no caso do direito à assistência social, pela sua inequívoca vinculação com a garantia das condições materiais mínimas existenciais, este critério poderia servir como fron-

95. Cf. Flávio Bauer Novelli, "Norma constitucional inconstitucional?...", pp. 79-81.

96. Cf. mais uma vez, Flávio Bauer Novelli, "Norma constitucional inconstitucional?...", p. 82.

teira demarcatória do conteúdo essencial (mínimo) deste direito fundamental, solução que, aliás, se revela pertinente para outros direitos fundamentais sociais prestacionais (saúde, salário mínimo, previdência social, etc.).

Tendo em conta que poderíamos ampliar o debate, tanto mediante o aprofundamento da análise aqui iniciada, quanto pela referência a outros exemplos, mas considerando que já estamos a extrapolar os limites materiais do que deveria ser um breve ensaio, convém focalizar o que importa. Com efeito, considerando que também os direitos fundamentais sociais integram as "cláusulas pétreas", mas que nem por isso (a exemplo dos demais direitos fundamentais) encontram-se, pelo menos em princípio, imunes a qualquer restrição ou ajustamento, já que — para além da abolição do respectivo texto que os consagra (o que equivaleria a sua supressão da Constituição) — sempre o núcleo essencial de cada direito encontra-se blindado contra qualquer limitação, podemos arrematar afirmando que (especialmente no que diz com os direitos sociais na sua dimensão prestacional) o conteúdo em dignidade da pessoa e a categoria do mínimo existencial (considerado como o mínimo de prestações materiais indispensável a uma existência digna e, portanto, saudável)[97] assume neste contexto papel de destaque, como diretriz material a guiar (e vincular) tanto o poder reformador quanto os que se encontram incumbidos da tarefa de controlar a sua atuação.

Para além disso, resulta evidente a necessária observância também das exigências postas pelo princípio da proporcionalidade (nas suas três manifestações da adequação [ou idoneidade], necessidade [ou menor sacrifício dos bens fundamentais restringidos] e da proporcionalidade em sentido estrito [razoabilidade ou ponderação entre os fins e os meios, de modo a estabelecer uma equação justa e harmônica], que aqui não iremos desenvolver mas que nem por isso deixa de exercer relevante papel também no controle de constitucionalidade das emendas constitucionais, até mesmo pelo fato de estar umbilicalmente vinculado à cogente hierarquização (ou ponderação, como preferem Alexy e outros) de bens jurídicos inerente ao processo).

4. Considerações finais

Considerando que o nosso propósito foi o de rediscutir alguns aspectos relevantes e sempre atuais da reforma constitucional no âmbito dos direitos fundamentais sociais, convém que aproveitemos esta oportunidade para destacar alguns resultados (parciais) a que chegamos.

Neste contexto, o primeiro ponto a ser sublinhado e relembrado é o que diz com o relevante papel das emendas constitucionais na manutenção do delicado e sempre tenso equilíbrio entre a Constituição formal e a realidade constitucional. Por esta razão, a possibilidade de reformas constitucionais talvez seja mesmo uma espécie de "mal necessário" e, como todo "mal" (por mais necessário que seja) deve ser mantido sob rigorosos limites, estes fixados expressa e/ou implicitamente pelo Poder Constituinte Originário. Dentre estes limites, assumem papel de destaque as assim designadas "cláusulas pétreas" (aqui abrangendo tanto os limites materiais expressos e implícitos), que protegem justamente o conjunto de bens constitu-

97. Vinculando a noção de dignidade da pessoa humana, especialmente (mas não exclusivamente) na sua perspectiva positiva (prestacional) às condições para uma vida saudável, v. o nosso *Dignidade da Pessoa Humana...*, 2ª ed., p. 62. A respeito da categoria do mínimo existencial e do seu conteúdo e significado entre nós, ainda há relativamente pouca doutrina disponível. Dentre os trabalhos mais relevantes, importa destacar o pioneiro texto de Ricardo Lobo Torres, "O mínimo existencial e os direitos fundamentais", in *Revista de Direito Administrativo* 177/20-49, 1989, e, mais recentemente, a obra de Ana Paula de Barcellos, *A Eficácia Jurídica dos Princípios Constitucionais. O Princípio da Dignidade da Pessoa Humana*, Rio de Janeiro, Renovar, 2002, pp. 201 e ss.

cionais essenciais à preservação da identidade da Constituição, o que necessariamente inclui os direitos fundamentais sociais, seja por força do art. 60, § 4º, inc. IV, da nossa Carta Magna, seja na condição de limite implícito, já que, para efeitos do reconhecimento (especialmente pelo Poder Judiciário) de sua proteção contra eventual emenda, as situações virtualmente se equivalem. No que concerne ao alcance desta proteção, a nossa ordem constitucional — notadamente (mas de longe não exclusivamente) em face do teor literal do art. 60, § 4º, da Constituição de 1988, não apenas veda uma supressão (ou abolição) de dispositivos da Carta (o que seria muito pouco), mas impede também uma abolição tendencial (o que pode vir a ser demais), o que remete a discussão ao plano mais polêmico da identificação do núcleo essencial, já que é este quem goza de imunidade perante o Poder Reformador, de tal sorte que efetivamente intangível não é o direito ou princípio, mas sim, o seu conteúdo essencial, por sua vez, aferível apenas no caso concreto e à luz de cada dispositivo e norma constitucional especificamente considerados.

Portanto, seja qual for o direito fundamental, a incidência material das "cláusulas pétreas" deverá se máxima (no sentido de que deve abranger e proteger todos os direitos fundamentais — inclusive os direitos sociais — mesmo quando sediados fora do Título II da Constituição), ao passo que, no plano do ajuste e/ou restrição efetuada pela emenda — já que uma abolição (inclusive tendencial) desde logo encontra-se vedada —, não deverá ir além do indispensável (e, portanto, deverá ser mínima) salvaguardando sempre o núcleo essencial, além de observar atentamente os ditames da proporcionalidade e as exigências da dignidade da pessoa humana, na sua dupla feição negativa e positiva. Afinal de contas, também em matéria de reformas constitucionais — e, talvez, especialmente aqui, importa frisar — haverá de se observar a máxima hermenêutica do *in dubio pro dignitate*[98] e, por que não ousar enunciá-lo, o postulado do *in dubio pro identitate*, ou seja, em caso de dúvida, há de se privilegiar sempre a exegese mais afinada com a preservação dos conteúdos essenciais da nossa ordem constitucional.

Por derradeiro, considerando que os direitos fundamentais assumem também uma feição utópica e promocional, fixando horizontes de sentido para o Estado, a Sociedade e a pessoa individualmente considerada, não há como deixar de reconhecer que também o poder de reforma constitucional (especialmente por força dos limites materiais expressos e implícitos que outorgam às utopias dos direitos fundamentais um cunho de permanência) encontra-se inequívoca e diretamente vinculado a estas utopias, não estando autorizado a afastá-las ou esvaziá-las de sentido. Neste sentido, não nos parece despropositado afirmar que levar as "cláusulas pétreas" a sério implica reconhecer-lhes a sua razão de ser e o seu necessário alcance, já que também os limites à reforma da Constituição (com destaque aqui para os limites materiais) constituem garantias indispensáveis tanto da afirmação da nossa identidade constitucional (e os direitos sociais, assim como a justiça social de modo geral inequivocamente integram esta identidade) quanto contra a transformação do nosso Estado (ainda) constitucional e democrático de Direito naquilo que o nosso querido e sempre iluminado Professor Paulo Bonavides designou de Estado "Neocolonial".[99]

98. Para Juarez Freitas, *A Interpretação Sistemática...*, p. 267.

99. Cf. Paulo Bonavides, *Do País Constitucional ao País Neocolonial...*, cit., 1999.

AGÊNCIAS REGULADORAS INDEPENDENTES, PODER ECONÔMICO E SANÇÕES ADMINISTRATIVAS (REFLEXÕES INICIAIS ACERCA DA CONEXÃO ENTRE OS TEMAS)*

EGON BOCKMANN MOREIRA

Mestre e Doutor em Direito do Estado pela UFPR. Pós-Graduado em Regulação Pública pelo CEDIPRE, da Faculdade de Direito da Universidade de Coimbra. Advogado e Consultor em Curitiba

I. Introdução. II. O dever-poder administrativo e o poder econômico. III. Esboço de um conceito de poder econômico. IV. Poder econômico e limites jurídicos. V. O Estado como "agente normativo e regulador da atividade econômica" (Constituição, art. 174). VI. O "ciclo regulatório" e as sanções administrativas. VII. O conceito de sanção administrativa e as autoridades reguladoras independentes: VII.1 A especialização do Direito Administrativo Sancionador e os seus três fundamentos; VII.2 O Direito Administrativo Sancionador, as agências independentes e o princípio da legalidade; VII.3 O Direito Administrativo Sancionador, as agências independentes e o princípio da tipicidade. VIII. Conclusão.

I. Introdução

1. O presente ensaio parte de uma abordagem conjunta de dois temas que ainda não encontraram estabilidade no Direito Administrativo brasileiro (aqui compreendido tanto como conjunto de normas quanto como disciplina científica).

O primeiro deles é objeto de intensos debates, os quais envolvem uma novidade no Direito pátrio — apesar de exemplos pretéritos acerca de situações semelhantes.[1] A

*Texto-base da comunicação apresentada ao II Fórum Brasileiro de Direito Público da Economia, realizado no Rio de Janeiro, nos dias 25 e 26.11.2004. Manifesto minha honra e satisfação por participar deste Fórum, para o qual fui gentilmente convidado pelos Profs. Alexandre Aragão e Paulo Modesto. Agradeço a revisão, críticas e sugestões de Andreia Cristina Bagatin, Bruno Bockmann Moreira e Claudia Tosin Kubrusly. Os erros e omissões remanescentes, bem como as traduções que aparecem ao longo do texto, são de responsabilidade exclusiva do autor.

1. A comparação das hodiernas agências reguladoras com as comissões dos governos Vargas e Kubitschek pode ser vista em Pedro Dutra ("Agências reguladoras: reforma ou extinção?", *RDPE* 3/187-208, Belo Horizonte, Fórum, jul.-set. 2003) e Edson Nunes ("Agências regulatórias: gênese, contexto, perspectivas e controle", *RDPE* 2/163-200, Belo Horizonte, Fórum, abr.-jun. 2003).

discussão é vigorosa devido à rejeição ou críticas negativas por parcela da doutrina, simultânea ao acolhimento (ainda que às vezes comedido) por outros cientistas.[2] Trata-se das agências reguladoras independentes (ou comissões administrativas independentes ou autarquias especiais ou autoridades administrativas independentes).

O segundo tema é o das sanções administrativas — o qual, ao contrário das agências, ainda não despertou interesse e debates proporcionais à sua magna importância. Apesar da antiguidade do assunto, a legislação é dispersa (a não ser o genérico art. 68 da Lei 9.784/1999) e não gerou maior atenção da doutrina, nem tampouco grandes debates jurisprudenciais. Muitas vezes, e como não poderia deixar de ser, a cognição do tema é tratada como apêndice de princípios do Direito Criminal. À parte de alguns trabalhos pontuais (e valiosos), apenas mais recentemente surgiram obras que abordam de maneira específica o tema (deixando-se de lado o universo das "sanções disciplinares", que não interessa ao presente ensaio).[3]

2. A importância da abordagem conjunta desses assuntos está justamente na essência de cada um deles, correlacionada aos temas do "poder econômico" e das "liberdades econômicas".

Em termos de uma perspectiva genérica, é pacífico que as autoridades reguladoras independentes são entidades concebidas para disciplinar determinados setores da economia, instruídas pelas idéias de neutralidade técnica, estímulo à concorrência, garantia à liberdade de empresa, estabilidade e segurança (jurídica e econômica). Prestam-se a disciplinar alguns dos mais importantes campos da economia, nos quais predominam situações de monopólio ou, quando menos, intenso exercício de poder de mercado.

Contudo, no Brasil, a definição das tarefas específicas dessas autoridades administrativas não se dá de uma forma harmônica (nem na legislação nem frente à doutrina). A impressão que se tem é a de que as autarquias especiais brasileiras são criadas e explicadas com peculiaridades *ad hoc*: para fins fixados caso a caso e não visando à implementação geral de um novo modelo de regulação pública da economia. Há um setor econômico carente de investimentos? Crie-se a agência! Há dúvidas quanto à eficácia da atuação da agência? Crie-se um outro órgão e limite-se a competência dela![4]

2. No primeiro caso: Celso Antônio Bandeira de Mello (*Curso de Direito Administrativo*, 17ª ed., São Paulo, Malheiros Editores, 2004, pp. 156 e ss.), Lúcia Valle Figueiredo (*Curso de Direito Administrativo*, 6ª ed., São Paulo, Malheiros Editores, 2003, pp. 136 e ss.) e Eros Roberto Grau ("As agências, essas repartições públicas", in Calixto Salomão Filho (org.), *Regulação e Desenvolvimento*, São Paulo, Malheiros Editores, 2002). No segundo, Carlos Ari Sundfeld (org.) (*Direito Administrativo Econômico*, São Paulo, Malheiros Editores, 2000), Leila Cuéllar (*As Agências Reguladoras e seu Poder Normativo*, São Paulo, Dialética, 2001), Marçal Justen Filho (*O Direito das Agências Reguladoras Independentes*, São Paulo, Dialética, 2002) e Alexandre Santos de Aragão (*Agências Reguladoras*, Rio de Janeiro, Forense, 2002).

3. Em meados da década de 1980, Régis Fernandes de Oliveira publicou o seu *Infrações e Sanções Administrativas* (São Paulo, Ed. RT, 1985). Apenas recentemente surgiram as obras de Eduardo Rocha Dias (*Sanções Administrativas Aplicáveis a Licitantes e Contratados*, São Paulo, Dialética, 1997); Fábio Medina Osório (*Direito Administrativo Sancionador*, São Paulo, Ed. RT, 2000); Daniel Ferreira (*Sanções Administrativas*, São Paulo, Malheiros Editores, 2001) e Heraldo Garcia Vitta (*A Sanção no Direito Administrativo*, São Paulo, Malheiros Editores, 2003), bem como o ensaio de Rafael Munhoz de Mello ("Sanção administrativa e princípio da legalidade", in Lúcia Valle Figueiredo (coord.), *Devido Processo Legal na Administração Pública*, São Paulo, Max Limonad, 2001). *Last but not least*, a partir da 17ª ed. de seu *Curso*, Celso Antônio Bandeira de Mello passou a dedicar um capítulo à análise do tema (ob. cit., pp. 743-757).

4. Sobre a criação de um órgão que implicou essa *capitis deminutio* nas agências brasileiras, acentuando a precariedade da solução regulatória dantes aventada, v. nosso estudo, em parceria com

Ou seja, há uma parcial definição (e uma parcial incerteza) quanto ao panorama regulatório brasileiro e também quanto ao relacionamento do Estado com a economia. E assim *la nave và*.

3. Com algum esforço de síntese, podem ser apontadas as seguintes competências concretas ínsitas a tais pessoas administrativas especiais: o desenvolvimento e a implementação de normas secundárias que disciplinem a conduta dos agentes do respectivo setor regulado; a fixação e/ou o controle das tarifas e preços das atividades reguladas; a fixação e/ou o controle dos bens e serviços produzidos no âmbito daquela regulação específica; a promoção e o resguardo da concorrência do respectivo setor (efetiva ou "simulada", esta nos casos dos monopólios); a composição de conflitos entre os agentes do setor e entre estes e os consumidores.

Mas talvez a função que venha a despertar maiores desafios seja a sancionadora: a competência detida pelas autoridades independentes para aplicar sanções jurídicas negativas em face do descumprimento de preceitos normativos por parte dos agentes regulados.[5] Trata-se da competência para instalar e instruir um processo que albergue a possibilidade de um provimento final de índole punitiva, em última instância administrativa, em face da violação aos comandos emanados de leis e normas regulamentares (muitas delas expedidas pela própria autoridade reguladora).

4. À parte as considerações quanto à atenuação contemporânea do caráter cogente do Direito Econômico (consensualidade, *soft law*, auto-regulação etc.), fato é que as autoridades reguladoras disciplinam condutas, estabelecem deveres e proibições, vigiam e punem. E a idéia de sanção é inerente às competências de ordens e controles. Caso as agências não detivessem competência sancionatória, muitas de suas atribuições restariam emasculadas. Haveria toda uma estrutura regulatória do exercício da conduta dos agentes em setores com extremo poder econômico, despida de conseqüências imediatas quanto à violação das regras.

Por isso a importância do cruzamento dos temas sanções administrativas, poder econômico e autoridades administrativas independentes.

A fim de exercitar um início de compreensão, o presente texto traçará um breve conceito de poder econômico. Isso para firmar a necessidade da previsão de controle administrativo e da institucionalização de conseqüências normativas estáveis e previsíveis como essenciais à regulação pública da economia. Depois, tratará do ciclo regulatório das autoridades independentes para, ao final, discorrer com brevidade acerca do tema da competência sancionatória por elas detida.

II. O dever-poder administrativo e o poder econômico

5. A cogitação acerca do Direito Administrativo da Economia (onde reside a compreensão das agências reguladoras independentes) envolve aquela que talvez seja a mais séria manifestação de poder, cuja disciplina é uma das mais árduas: o poder econômico (do Estado e dos particulares).

Leila Cuéllar, a respeito da "Câmara de Gestão da crise de energia elétrica" ("As agências reguladoras brasileiras e a crise energética", in Vital Moreira (org.), *Estudos de Regulação Pública — I*, Coimbra, Coimbra Ed., 2004, pp. 567 e ss.).

5. O presente texto não tratará das sanções premiais, nem tampouco cogitará da aplicação de sanções contra quaisquer pessoas que não os agentes econômicos cuja atividade é disciplinada pelas autoridades reguladoras (servidores públicos, consumidores, *v.g.*). Acerca das sanções premiais, e por todos, v. Norberto Bobbio, "Sulle sanzioni positive", in *Scritti Dedicati ad Alessandro Raselli*, t. I, Milão, Giuffrè, 1971, pp. 229-249 (posteriormente adaptado e publicado nos ensaios "La funzione promozionale del diritto" e "Le sanzioni positive" — ambos em *Dalla Struttura alla Funzione*, Milão, Ed. di Comunità, 1977, pp. 13-32 e 33-42, respectivamente).

Ao longo da História, essa é uma das esferas de poder mais estável e permanente em todas as nações (ao lado do poder teológico e do poder político, os três muitas vezes irremediavelmente unidos entre si).

6. A análise do conceito de poder econômico e sua relação com o mundo do Direito envolve um corte de planos lógicos: através de normas jurídicas, o Direito Administrativo da Economia institucionaliza a Administração Pública (incluindo-se aí as agências reguladoras) e o exercício da função administrativo-econômica — a qual, ao seu tempo, intervém sobre o poder econômico dos agentes que interagem no mercado. Intervenção formal e substancial, institucionalizada pelo Direito e realizada das mais diversas maneiras. É o *dever-poder* administrativo controlando o poder econômico (ou ao menos tentando controlá-lo).

Esse controle administrativo tem por finalidade conter o exercício abusivo do poder econômico, em prestígio à livre iniciativa, à livre concorrência e à liberdade de empresa — bem como em razão da função social estabelecida constitucionalmente para tais liberdades (arts. 1º, 170, *caput* e incs., 173, §§ 4º e 5º, 174).

Constatação que traz consigo um rol muito mais rico de alternativas dinâmicas para o poder econômico do que para a competência estática da Administração: esta tem os seus limites positivados em lei prévia — ao contrário daquele, que tem limites no mundo do ser e alguns poucos no mundo do dever-ser. A exceção de um é a regra da outra.

7. Destaque-se que se pretende conferir à locução "poder econômico" uma acepção de capacidade inerente aos agentes privados. Ao se tratar do "poder" exercitado pela Administração, utilizar-se-ão as locuções "dever-poder" e "competência".

Com isso se visa a sublinhar a qualificação *funcional* das competências atribuídas por lei à Administração Pública: a fonte primária do poder administrativo (a norma jurídica) atribui, ela mesma, um determinado do fim a ser perseguido quando do exercício desse mesmo poder, funcionalizando as competências detidas pela Administração.[6]

8. Mas é importante sublinhar que o poder não é algo que se concede ou que se ganha: é conquistado (e consolidado). Frente aos regimes democráticos, nem o poder político nem o econômico possuem características graciosas — pois nenhum deles advém da natureza essencial daquele que o exerce (como nas monarquias absolutas) ou de um poder supremo e alheio à sociedade em que é exercido (como nos governos teocráticos).[7]

O poder é eficaz quando detentor de atributos que o tornem desigual e desproporcional, quando estabeleça relações de subordinação. Caso os demais operadores dispo-

6. Fábio Konder Comparato vai além e afirma a funcionalização de *todo* e *qualquer* poder jurídico, especialmente o econômico: "Com efeito, todo poder jurídico reduz-se, em última análise, a uma função, cujo exercício se liga a um fim" (...). "Ora, a finalidade última desse poder [o econômico] do qual todos nós dependemos, não pode ser apenas, nem principalmente, a produção e a partilha de lucros entre proprietários ou capitalistas; não deve ser, tampouco, assegurar ao empresário um nível de elevada retribuição econômica e social. O poder econômico é uma função social, de serviço à coletividade" (*O Poder de Controle na Sociedade Anônima*, 3ª ed., Rio de Janeiro, Forense, 1983, pp. 393 e 395).

7. A definição de poder é sobremaneira complexa e escapa aos limites do presente texto. Por todos, Norberto Bobbio (*Teoria Geral da Política* (org. Michelangelo Bovero), Rio de Janeiro, Campus, 2000, pp. 238 e ss., e *Diritto e Potere*, Nápoles, Edizioni Scientifiche Italiane, 1992), Miguel Reale ("O poder na democracia", in *Pluralismo e Liberdade*, São Paulo, Saraiva, 1963, pp. 207 e ss.), Mario Stoppino (verbete "poder", em Bobbio, Matteuci e Pasquino, *Dicionário de Política*, v. 2, 3ª ed., Brasília, UnB, 1991, pp. 933-943) e Richard Sennett (*Autoridade*, Rio de Janeiro, Record, 2001). No entanto, permanece atual o alerta de Fábio Konder Comparato, no sentido de que "A importância do poder, como fenômeno social, ainda não foi inteiramente compreendida" (*Poder de Controle na Sociedade Anônima*, 3ª ed., cit., p. 1).

nham de capacidades e possibilidades equivalentes, frustrada estará a essência de sua definição. O poder gera efeitos típicos e peculiares quando detido com exclusividade por um determinado sujeito (singular ou coletivo). Caso contrário, não é poder. Assemelhar-se-á à coordenação de interesses entre pessoas livres, autônomas e iguais.

9. Igualmente é pacífico, como o explana Fábio Konder Comparato, que "o fenômeno do poder obedece na sociedade a um movimento centrípeto, ou contracionista". A soma e o manejo dos instrumentos de poder — compreendidos como os "meios ou recursos cuja disposição ou titularidade (...) confere a um grupo social a qualidade de centro do poder" — é definida pelo autor como "condição indispensável para a existência de um forte centro de poder. A partir de certo grau, a predominância política, para subsistir, deve combinar-se com um mínimo de força armada e capacidade econômica. Todo centro de poder é levado, naturalmente, a adquirir novos instrumentos de poder, ou a aliar-se a outros centros".[8]

Esse efeito centrípeto gera relevantes repercussões frente ao poder econômico, que tem por lastro a atuação do próprio agente e os seus méritos no mercado. Aqui se levam em conta os resultados econômicos obtidos (legítimos ou não). Mas o conceito de poder econômico não trata apenas da faculdade de agir e dispor acerca das respectivas esferas pessoais de alternativas. Não se pode prestigiar a idéia de que o único fator decisivo para a adoção de condutas é o *interesse egoístico* dos agentes econômicos, bastando a cada um explorar racionalmente as oportunidades oriundas das fronteiras de sua liberdade individual. Isso por que o êxito econômico é conquistado e consolidado pelos próprios operadores com base em decisões autônomas, na justa medida em que influenciam ou mesmo positivam objetivamente a escolha de terceiros. Isso significa que há aqueles que simplesmente não fazem escolhas (egoísticas ou altruísticas). Isto é, numa situação de mercado capitalista há agentes econômicos que simplesmente não dispõem de opções autônomas e livres (nem de *trade-offs* nem de trocas equivalentes).

Porém, a idéia econômica primária está em que as *escolhas racionais* dos agentes econômicos levam em conta exclusivamente aquelas vantagens que porventura possam advir da atuação em determinado mercado e o risco do investimento, visando ao máximo de benefícios possíveis.[9] Isso resulta, para aqueles que exercem o poder econômico, numa série infinita de novos pretendentes e concorrentes, configurando um perfil agressivo dos operadores (com diferentes graus de intensidade). Igualmente importa que a ampliação do poder econômico de uns poucos significa a supressão (ou a inexistência) da capacidade decisória de muitos outros.

8. "Um quadro institucional para o desenvolvimento democrático", in Hélio Jaguaribe (coord.), *Brasil, Sociedade Democrática*, Rio de Janeiro, José Olympio, 1985, p. 396. O que leva o autor à seguinte conclusão: "Há um certo equívoco tradicional envolto na idéia de uma organização democrática do poder. (...) Ora, todo poder obedece, por natureza, a um movimento centrípeto e contracionista, e não dispersivo ou tendente à diluição em grande número de indivíduos. O poder é, a bem dizer, sempre exterior ao povo, em todas as suas manifestações. Nesse sentido, o conceito de soberania popular encontra-se menos ligado à constituição do poder (a representatividade eleitoral, p. ex.), que à limitação de seu exercício. O povo, obviamente, não é o titular do poder por meio de seus representantes. Ele é antes sujeito *ao* poder do que sujeito *no* poder" (ob. cit., p. 397).

9. Como lecionam Joseph E. Stiglitz e Carl E. Walsh: "Por trás de boa parte da análise econômica está a hipótese básica da *escolha racional*, significando que as pessoas ponderam os custos e benefícios de cada possibilidade sempre que se deparam com uma escolha. Essa hipótese está baseada na expectativa de que pessoas e empresas agem de forma coerente, com uma noção razoavelmente bem definida do que gostam e dos objetivos que pretendem alcançar, e com alguma idéia de como é possível chegar a eles" (*Introdução à Microeconomia*, Rio de Janeiro, Campus, 2003, p. 22).

10. O mesmo se diga, num grau decrescente, em relação àqueles que exercem o poder político e o *dever-poder* administrativo. Não se pode desprezar que as relações de poder também se reproduzem no seio da ordem jurídico-administrativa. Porém, a Administração é institucionalizada pelo princípio da legalidade (cujas origens estão em outros poderes), enquanto que o poder econômico tende a se firmar por si só (caso contrário, poder não seria), dentro da liberdade negativa que o sistema normativo assegura.[10]

A Administração Pública da economia ingressa nesse cenário (ou o constitui) como um estranho, de molde a estabilizar as relações e promover ganhos sociais (ou melhor, distribuí-los). *A priori,* e num plano conceitual, em sistemas capitalistas o Estado intervém excepcionalmente na economia, dela não participando como parte natural. A própria idéia de intervenção retrata um fenômeno pontual, de curta duração, urgente, que se exaure em si mesmo.

Contudo, não existe um sistema capitalista contemporâneo isento de Estado. O que se tem são sistemas capitalistas mistos (ou de iniciativa dual), os quais autorizam — senão determinam — o ingresso do Estado na economia e a regência da economia pela Ordem Jurídico-Econômica, para controlar determinados aspectos do poder econômico privado.[11] Não há espaços vazios a serem preenchidos, mas o perene confronto entre poderes.

11. No cenário brasileiro contemporâneo, assume especial importância a figura das agências reguladoras independentes — que são criadas através de lei com o escopo de disciplinar e controlar determinado setor econômico e respectivos grupos de agentes, estes detentores de significativo poder econômico com sérias repercussões sociais. As agências são pessoas administrativas às quais, sob o rótulo de autarquias especiais, é conferida a regência regulamentar de alguns dos mais relevantes setores da economia.

12. Em suma, o poder econômico e a sua relação com o Direito Administrativo da Economia envolvem uma série de embates — tanto entre os operadores dos respectivos mercados como entre estes e a Administração Pública, passando pela relação de ambos com os usuários e consumidores. O que engloba a competência pública de impor sanções. Mas para que se possa avançar no tema, cumpre apresentar um rápido rascunho do que se compreende por poder econômico.

III. Esboço de um conceito de poder econômico

13. O poder econômico pode ser definido como *a capacidade de tomar decisões autônomas e implementar fatos e condutas que produzam efeitos econômicos (diretos ou indiretos, internos ou externos)*. Envolve *a possibilidade e a capacidade de cogitar, decidir e agir, determinando o comportamento próprio e o alheio na esfera das relações econômicas (mesmo sem imposição e mesmo por omissão).*

Essa definição traz consigo a noção de que a titularidade do poder econômico implica a correspondente restrição às possibilidades decisórias de terceiros. Restringe a liberdade alheia. Na medida em que o seu

10. "É assegurado a todos o livre exercício de qualquer atividade econômica, independentemente de autorização de órgãos públicos, salvo nos casos previstos em lei" (Constituição, art. 175, parágrafo único).

11. O "capitalismo misto" é aquele em que o Estado mantém uma parcela dos bens e serviços relativos à atividade produtiva e regulação da economia. Cf. David N. Hyman (*Public Finance*, 6ª ed., Fort Worth, The Dryden Press, 1999, pp. 8-13), Fábio Nusdeo (*Curso de Economia*, 3ª ed., São Paulo, Ed. RT, 2001, pp. 185 e ss.) e Joseph E. Stiglitz (*Economics of the Public Sector*, 3ª ed., Nova Iorque, W. W. Norton & Company, 2000, p. 4). Críticas a essa classificação — que conduziria à defesa de um sistema econômico misto — podem ser vistas em Avelãs Nunes (*Os Sistemas Económicos*, Coimbra, Almedina, 1994, pp. 208 e ss.).

titular o detém, os demais agentes que compõem aquela específica situação de mercado têm as suas possibilidades de escolhas restringidas devido às opções primárias do detentor do poder econômico. O mesmo se dá em relação aos consumidores dos produtos e serviços postos naquela situação de mercado.

14. Claro que poderia ser cunhada uma definição de "poder econômico" com características não-liberais e mais carregadas na juridicidade. Por exemplo: "a possibilidade [*autorizada ou não-proibida pelo Direito*] para tomar decisões [*não-autônomas* ou *permitidas*] e implementar fatos e condutas que produzam efeitos econômicos [*lícitos*] (diretos ou indiretos)". Mas, rigorosamente, não mais se trataria de *poder* em sentido estrito.

Isso por que o poder econômico não depende dá aprovação ou aceitação alheia, impondo-se e mantendo-se por si só não somente em face de seu detentor, mas de todos os demais agentes econômicos. Na dicção de Miguel Reale, essa é a nota distintiva do poder propriamente dito: "um *ato decisório dotado de validade objetiva* (...). *Em poder escolher para outrem consiste a nota distintiva e eminente do poder*".[12]

15. O poder econômico resulta da espontaneidade e da capacidade dos próprios agentes, de sua conduta concreta nos respectivos mercados mediante atos de vontade e da influência objetiva, determinante das escolhas e comportamentos alheios. Em decorrência, suprime a espontaneidade de outros tantos agentes econômicos (estes em número francamente superior). Pode chegar a inibir a liberdade empresarial de terceiros e/ou a livre concorrência. Não é imanente, pois é conquistado de fato; nem é transcendente, porque é oriundo dos agentes eles mesmos e de suas ações econômicas. A ampliação da influência objetiva nas decisões econômicas alheias denota a dimensão do poder econômico em jogo.

Logo, esse conceito alberga a capacidade e a possibilidade de alguns agentes econômicos imporem as suas decisões a todos os demais operadores daquele mercado específico — incluindo-se aí o Estado. E com certeza essa imposição de vontade será favorável ao seu detentor. Por fim, é inerente a qualquer poder a potencialidade de abusos e desvios.

16. Quando muito, talvez o poder econômico seja imanente ao conceito clássico de mercado, inseparavelmente contido (ou implicado) na natureza libertária desse mesmo conceito. (O que poderia implicar um moto-contínuo, inercial e neutralizador do conceito de poder.) E o modelo do mercado perfeito talvez seja transcendente ao poder econômico e seus agentes, pois sua perfeição absoluta o colocaria além da realidade sensível (estaria além da substância).

Assim, não há dúvidas de que a concepção acima descrita traz consigo algo de uma idéia liberal da economia e suas conseqüências. Não na defesa de um liberalismo clássico, pleno e absoluto, mas oriunda da constatação fática do comportamento dos agentes numa situação de mercado capitalista, da respectiva capacidade operativa e das conseqüências econômico-sociais de sua conduta. Está se tratando do poder econômico num primeiro momento cognitivo, sem freios ou contrapesos de outra natureza que não a própria conduta econômica dos demais agentes. A possibilidade de as pessoas privadas tomarem suas próprias decisões e as exercitarem sem obstruções de qualquer ordem nos respectivos mercados. Livre concorrência, mercado e agentes econômicos bastariam a si próprios.

12. "O poder na democracia", cit., p. 215. Comparato contrapõe-se ao entendimento de Reale, no sentido de que a "preposição de finalidade" caracterizaria o poder: "Posso, com efeito, tomar uma decisão para outrem, ou em seu benefício, na minha esfera de competência, sem eliminar a capacidade decisória do beneficiário" — defendendo o "poder de decidir *por outrem*" (*O Poder de Controle na Sociedade Anônima*, 3ª ed., cit., p. 103 e nota 59).

17. O que também traz consigo o resultado (ou a premissa) do liberalismo econômico: não deveria haver regulação jurídica na esfera econômica, mas o mercado e a sua "mão invisível" (Adam Smith) encarregar-se-iam de compor o ótimo social e econômico. O Estado não deveria se intrometer no domínio econômico, pois isso faria com que a perfeição deste não pudesse ser alcançada. O exercício concomitante de vários agentes levaria a uma adequação perfeita (econômica e com resultados sociais ótimos, quando menos em longo prazo). O Direito Administrativo da Economia estaria fora desse plano cognitivo (e mesmo fático) — ou, nas palavras de Farjat, traduziria a "antítese do modelo jurídico liberal", cuja ordem pública econômica celebrava a "interdição ao Direito Econômico" e "tinha por objeto impedir o nascimento do Direito Econômico".[13]

Segundo a ideologia liberal, o mercado e a concorrência constroem-se a si próprios, numa *autopoiese* que fecha o sistema em sua auto-referência interna (uma ordem unitária auto-referencial). A intervenção econômica do Estado apenas promoveria a desordem e aumentaria os custos. Como firmou Vital Moreira: "A ideologia liberal apresentava-se com uma unidade sem brechas, no plano económico, no plano jurídico, no plano filosófico: *laissez-faire, laissez-contracter, laissez-aller*, não eram mais do que a expressão da visão de uma sociedade que se acreditava naturalmente ordenada, eternamente equilibrada".[14]

18. Se essa compreensão da economia tinha a sua razão de ser no cenário sócio-econômico libertário dos séculos XVIII e XIX (Smith publicou *A Riqueza das Nações* em 1776, 13 anos antes da Revolução Francesa), isso se desnaturou com o desenvolvimento capitalista depois da Revolução Industrial, consolidando-se com a formação dos grandes conglomerados econômicos ao início do século XX. Desde então, as relações entre os agentes econômicos não são mais horizontais, atomizadas e igualitárias, mas claramente verticalizadas, concentradas e hierarquizadas.

Apesar de os mercados e seus defensores apregoarem os benefícios da ideologia liberal pura neste início do século XXI, é nítido que muitas vezes a atividade econômica pode se configurar ineficiente ou iníqua, concentradora de capital e de fatores de produção. E o livre poder econômico traz consigo a semente dos abusos. Isso particularmente porque a conquista dos mercados incide de forma ampliativa: o exercício do poder econômico visa a gerar e consolidar mais poder. E a "mão invisível" não opera de forma perfeita, pois os mercados falham constantemente. A inexistência de um mercado perfeito é a regra. "A mão invisível orienta, em geral, os mercados para uma alocação eficiente dos recursos. Contudo, por várias razões, a mão invisível às vezes não funciona. Os economistas usam a expressão *falha de mercado* para referir-se à situação em que o mercado por si só não consegue alocar recursos eficientemente".[15]

19. Enfim, e à parte algumas rejeições de porte, está consolidado o entendimento acerca da necessidade da regulação pública da economia.[16] Aliás, nesta quadra históri-

13. *Droit Économique*, 2ª ed., Paris, PUF, 1982, p. 707.

14. *Economia e Constituição*, Coimbra, FDUC, 1970, p. 159 (reproduzido em *A Ordem Jurídica do Capitalismo*, 4ª ed., Lisboa, Caminho, 1987, p. 65).

15. N. Gregory Mankiw, *Introdução à Economia*, Rio de Janeiro, Campus, 2001, p. 11. São exemplos de falhas de mercado: monopólio, externalidades, oligopólio, informações assimétricas, bens públicos, concorrência destrutiva etc. As falhas de mercado são uma das razões da intervenção do Estado na Ordem Econômica. Ampliar em Stiglitz e Walsh, *Introdução à Microeconomia*, cit., pp. 187-286.

16. O tema envolve controvérsias que devem ser compreendidas em seu contexto histórico e geopolítico. Por exemplo, em 1965, Fábio Konder Comparato publicou o seu célebre texto "O indispensável direito econômico" (*RT* 353/14, São Pau-

ca brasileira, nem sequer seria cabível advogar a exclusão do Estado do cenário econômico (tanto em termos regulatórios como em termos produtivos). Essa cogitação implicaria descontextualizar a discussão, subordinando a compreensão do tema a modelos econômicos adversos àqueles relativos a um País capitalista subdesenvolvido. Ainda há um longo tempo e a necessidade de muito desenvolvimento e sustentabilidade econômica para que se possa falar com propriedade num "Estado Mínimo" brasileiro.

IV. Poder econômico e limites jurídicos

20. Fato é que os agentes econômicos comportam-se de uma forma crescente, que procura não encontrar limites. Se porventura os encontrar, visam a os transpor da maneira mais eficaz e com menores custos. Assim, a liberdade econômica tende a ser conduzida a abusos. As possibilidades de escolhas dos agentes econômicos residem em sua própria capacidade de as implementar no respectivo mercado. "A História adverte que todo poder, livre de peias, degenera, naturalmente, em pura força, a serviço do seu titular. Compete, pois, ao Estado intervir no jogo econômico para evitar a degradação da função social das empresas".[17]

O poder econômico somente se retrai na presença de outro poder privado (igual ou superior), ou diante de um poder público institucionalizado com firmeza. Caso contrário, os agentes econômicos comportar-se-iam sem restrições na busca do maior lucro possível e demais benefícios cogitáveis.

As hipóteses de concorrência perfeita e da plena liberdade de mercado não residem no comportamento dos agentes econômicos, mas são oriundas do modelo de mercado ideal vislumbrado por seus criadores. Os próprios operadores traem essa visão onírica que se poderia ter de um mercado concorrencial perfeito. Caso não haja limites institucionalizados, os agentes não hesitarão em tomar decisões que os beneficiem ao máximo (ao mesmo tempo em que prejudicam os concorrentes, os consumidores e mesmo o Estado).[18]

21. De há muito se constatou que o mercado não funciona à perfeição. O modelo ideal da concorrência perfeita é um paradigma analítico, albergando apenas aquelas variáveis endógenas eleitas pelos cientistas. Jamais configurou uma derivação do exame absoluto dos fatos concretos e nunca foi implementado integralmente. Melhor dizendo: o modelo nunca existiu de fato (nem pode existir, diga-se de passagem).

O que tornou imprescindível que o Estado fizesse parte da economia: seja para suprir as suas lacunas, seja para corrigir os seus defeitos. O Estado não só age economicamente nos mercados, mas estabelece deveres e obrigações que limitam as opções econômicas das pessoas privadas. Assim, é importante avançar no tema. Isso porque o Direito Administrativo da Economia abran-

lo, Ed. RT, 1965), enquanto que George J. Stigler, em 1962, publicou o ensaio "What can regulators regulate?: the case of electricity" (em colaboração com C. Friedland), no qual demonstra que a regulação é ineficiente em termos econômicos (ora aumenta ora não diminui os custos dos serviços regulados) e, em 1971, o texto "The theory of economic regulation", no qual consolida a "teoria da captura" da regulação — que seria apenas um custo a mais para empresas e grupos de empresas bem organizados (*The Citizen and the State*, Chicago, University of Chicago Press, 1975, pp. 61-77 e pp. 114-141).

17. Fábio Konder Comparato, *O Poder de Controle na Sociedade Anônima*, 3ª ed., cit., p. 396.

18. Não se está a defender um eventual "vício incorrigível" do mercado capitalista, mas a descrever uma peculiaridade inerente à raça humana. "Na visão de Freud, os seres humanos, caso desimpedidos, buscariam egoisticamente seus interesses, satisfações e prazeres. Se alguém ou alguma coisa interferisse, eles ficariam com raiva e, se acreditassem que eram fortes o bastante, removeriam sem hesitar o obstáculo" (Michael Kahn, *Freud Básico*, Rio de Janeiro, Civilização Brasileira, 2003, pp. 181-182).

ge a correção de desvios provocados pelos próprios agentes (ou pelo mercado em si), bem como a própria instalação de fatos econômicos.

22. Cogite-se de um exemplo tradicional das falhas de mercado: o monopólio.[19] Não há dúvidas de que os agentes econômicos pretendem, sem exceção, aumentar os lucros na maior medida possível (e imaginável). Os seus legítimos interesses egoísticos visam a diminuir os custos, dominar o mercado em que atuam e impor os preços que dêem o melhor retorno ao investimento. Quanto menor o número de concorrentes a oferecer o mesmo produto ou serviço, mais fácil ao agente exercer o seu poder econômico no mercado visado.

O monopólio é a expressão máxima do *poder de mercado*. Deter poder de mercado significa uma forma qualificada de poder econômico, consistente na capacidade de influir decisivamente sobre os preços de um determinado produto. Implica a definição do comportamento dos demais agentes econômicos do respectivo setor, de molde a estabelecer objetivamente o preço do produto por si produzido, impondo-o ao mercado (e, em conseqüência, a qualidade e a quantidade).

No monopólio, o poder de mercado é incontrastável — o monopolista é um *price maker*, não um *price taker*. O preço é fabricado pelo agente como se mais um produto fosse. As informações são internas, assimétricas e reservadas ao produtor. Na medida em que só existe um único vendedor, a demanda numa situação de monopólio é (ou tende a ser) toda a demanda do mercado. O monopolista realiza grandes investimentos iniciais e lucros anormais em longo prazo (pois não ingressarão novos concorrentes no mercado, que se adaptará às regras da oferta). Logo, os monopólios são projetos (ou investimentos) duradouros (longa maturação para o retorno expectado), unidos ao desenvolvimento de barreiras ao ingresso (ou à retirada) de terceiros do respectivo mercado (e respectivos custos).

A tendência dos agentes econômicos é a de conquistar, manter e ampliar o poder de monopólio. O que resulta no desenvolvimento de restrições à entrada (ou à futura saída) de novos operadores naquele mercado específico, que devem ser tão ou mais eficientes que o exercício da própria atividade econômica do agente. As barreiras são um custo extraordinário, que se refletirá no preço praticado pelo monopolista (é o único que pode inserir custos extraordinários sem preocupações). *V.g.*, a concentração de matérias-primas e as barreiras técnicas (aqui o exemplo da *Microsoft* é típico).

23. O que mais uma vez acentua a necessidade do prestígio ao Direito Administrativo da Economia e a compreensão ampla da atividade regulatória do Estado.

Isso por que, reitere-se, a regulação brasileira implementada através das autoridades administrativas independentes desenvolve-se em alguns dos setores mais significativos da economia nacional, nos quais o poder econômico é marcante e os monopólios são um dado usual. Confira-se os setores abrangidos por algumas das agências reguladoras brasileiras: energia elétrica (ANEEL, Lei 9.427/1996); telecomunicações (ANATEL, Lei 9.472/1997); petróleo (ANP, Lei 9.478/1997); saúde e vigilância sanitária (ANVISA, Lei 9.782/1999); saúde suplementar (ANS, Lei 9.961/2000); recursos hídricos (ANA, Lei 9.984/2000); transportes terrestres e aquaviários (ANTT e ANTAQ, Lei 10.233/2001).

19. A origem e a evolução dos monopólios merece ser vista em Avelãs Nunes, *Os Sistemas Económicos*, cit., pp. 161-207. Acerca dos conceitos jurídicos de monopólio e monopólio estatal, v. Fábio Konder Comparato ("Monopólio público e domínio público — Exploração indireta da atividade monopolizada", in *Direito Público*, São Paulo, Saraiva, 1996, pp. 146 e ss.) e Luiz Gastão Paes de Barros Leães ("Construção e operação do gasoduto para importação do gás boliviano: o exercício do monopólio do gás pela União", *RTDP* 14/160, São Paulo, Malheiros Editores, 1996).

Em vista da dimensão do poder econômico detido pelos operadores de tais setores, a atividade regulatória há de deter séria carga de *dever-poder* cogente. A supremacia e indisponibilidade do interesse público são condições essenciais à regulação pública desses campos da economia. Ressalve-se que não se está a afirmar que a regulação se resume a coagir e constranger, ou que se deva ignorar as conquistas contemporâneas relativas ao declínio da coercitividade no mundo do Direito. O destaque ora conferido a tal dimensão da atividade regulatória visa a outros efeitos, pois, como bem fixou Miguel A. Fernández Ordóñez, "é muito difícil que um regulador possa levar adequadamente suas tarefas se não há um certo temor por parte dos monopólios quanto às conseqüências que possam resultar de não cumprir com o que decida o regulador, pelo que se deve conceder aos órgãos reguladores, com o sistema de recursos que se considere adequado, suficientes faculdades sancionadoras, ou ao menos, faculdades de iniciação de expedientes sancionadores e proposta de sanção aos órgãos decisórios correspondentes".[20]

Constatação que conduz a uma compreensão mais adequada do assim denominado "ciclo regulatório" — que será abordado a seguir, depois de uma pontual análise do Texto Maior.

V. O Estado como "agente normativo e regulador da atividade econômica" (Constituição, art. 174)

24. A compreensão dos lindes jurídicos à atividade econômica privada pressupõe a leitura do Texto Maior. Como é sabido, a Constituição brasileira celebra o princípio da livre iniciativa como um "valor social" (arts. 1º, IV, e 170). As pessoas são livres para criar o seu próprio estabelecimento (comercial e/ou industrial), bem como para ingressar no mercado e exercer a sua atividade econômica, em concorrência com as outras que lá estão. O prestígio a essa liberdade é um dever do Estado.

Tal como as demais liberdades celebradas constitucionalmente, a de empresa não existe livre de peias. Há limites jurídicos (e econômicos) quanto à entrada no mercado e ao próprio exercício da empresa. Além dos chamados monopólios naturais (cujo exemplo maior é o setor de água e saneamento), existem setores contingenciados devido a razões de racionalidade e segurança econômica (bancos, seguros etc.) ou motivos tecnológicos (rádio, televisão e telefonia celular, em razão do âmbito do espectro) ou de saúde pública (hospitais, planos de saúde etc.), bem como devido a reservas constitucionais (art. 177 — petróleo e gás natural, minérios nucleares).

25. Por outro lado, e nos termos do art. 173 da Constituição, não há limites prefixados à intervenção do Estado mediante a exploração direta de atividade econômica — depende da oportunidade, da conveniência e do interesse coletivo posto em jogo ("quando necessária aos imperativos de segurança nacional ou a relevante interesse coletivo, conforme definidos em lei"). Há o princípio da supremacia do interesse público e a necessidade de justificação da ação produtiva estatal (a qual, de qualquer forma, deve ser vislumbrada de forma restritiva face ao regime capitalista celebrado na Carta).

26. Para além da intervenção direta, a Constituição prevê a ação do Estado "como agente normativo e regulador da atividade econômica", atribuindo-lhe, "na forma da lei, as funções de fiscalização, incentivo e planejamento" (art. 174). Dentre essas três funções, apenas a de planejamento é meramente indicativa para o setor privado. Ao presente ensaio interessa sobremaneira a função de fiscalização, inserida no conjunto de ações determinantes do Estado enquanto agente normativo e regulador.

20. "Reflexión preliminar" à obra de Miguel Ángel Lasheras, *La Regulación Económica de los Servicios Públicos*, Barcelona, Ariel, 1999, p. 9.

26.1 À evidência, o termo constitucional "fiscalização" deve ser compreendido de forma ampla, subordinado ao exercício da condição de "agente normativo e regulador" — e não apenas no sentido estreito "de ver se algo foi feito como devia ser". Envolve uma compreensão anterior à mera atividade de fiscalizar, que é aquela de estabelecer positivamente os parâmetros comportamentais que serão posteriormente examinados e controlados.

Como leciona José Afonso da Silva, a "*fiscalização*, como toda fiscalização, pressupõe o poder de regulamentação, pois ela visa precisamente controlar o cumprimento das determinações daquele e, em sendo o caso, apurar responsabilidades e aplicar penalidades cabíveis. Não fora assim o poder de fiscalização não teria objeto".[21]

26.2 Logo, a lei há de prever determinadas competências dirigidas a regular o exercício de certas atividades econômicas, atribuindo ao Estado a capacidade de verificar o seu cumprimento por parte das pessoas privadas. Num primeiro momento, essa competência fiscalizatória é fixada em lei e atribuída por excelência à Administração Pública (direta e/ou indireta, a depender da específica previsão legal); num segundo instante, poder-se-á cogitar da competência do Judiciário (princípio da inafastabilidade, art. 5º, inc. XXXV, da Constituição) e do Legislativo (máxime através dos Tribunais de Contas, em face de determinadas hipóteses que envolvam os arts. 70 e 71 da Constituição) para exercer tal controle.

Mas é patente que a letra do art. 174 refere-se à definição de regras comportamentais aos agentes privados, o cumprimento das quais deverá ser fiscalizado pelo Estado. O que avulta de importância na análise das competências normativas detidas pelas agências reguladoras. Na pena de Caio Tácito: "É sobretudo no direito econômico, área crescente de intervencionismo estatal, que se multiplica a atividade regulamentar exercida pelas agências administrativas incumbidas do controle do Estado sobre a economia. Impõe-se assegurar aos organismos administrativos uma agilidade de adaptação às exigências mutáveis dos fenômenos financeiros e econômicos que leva necessariamente à ampliação do poder de editar normas".[22]

27. A atividade de regulação econômica através da fiscalização não se exaure no definir as condutas (permitidas, proibidas e obrigatórias) e as vistoriar, sindicar ou supervisionar, mas engloba a capacidade de punir os eventuais desvios. Isto é, a regulação contempla um amplo conjunto de fenômenos normativos que se sucedem, partindo de um ponto inicial (a Ordem Econômica constitucional) e terminando num estado conclusivo (a aplicação das sanções). Trata-se da idéia de "ciclo regulatório", celebrada por Vital Moreira.

VI. O "ciclo regulatório" e as sanções administrativas

28. Etimologicamente, regular significa estabelecer a regra — "aquilo que regula, dirige, rege ou governa".[23] Para o Direito o conceito não se encerra neste primeiro momento, mas abrange a implementação da regra, a fiscalização quanto ao seu cumprimento e a aplicação de sanções em razão do seu desrespeito.

A noção jurídica de regulação econômica abrange o foro normativo (de usual geral e abstrato) e a respectiva ação do Estado que dê cumprimento às regras, visando a atingir os objetivos públicos nela consignados. Significa o estabelecimento, através de

21. *Curso de Direito Constitucional Positivo*, 19ª ed., São Paulo, Malheiros Editores, 2001, p. 786.

22. "Comissão de Valores Mobiliários. Poder regulamentar", in *Temas de Direito Público*, 2º v., Rio de Janeiro, Renovar, 1997, p. 1.084.

23. Antônio Geraldo da Cunha, *Dicionário Etimológico da Língua Portuguesa*, 2ª ed., 11ª reimpr., Rio de Janeiro, Nova Fronteira, 1999, p. 672.

normas jurídicas emanadas do Estado, de parâmetros comportamentais destinados a certos agentes (ou a um grupo de agentes ou mesmo a todo um setor econômico) quando em determinada situação de mercado. Mas não só isso, pois a regulação econômica designa o conjunto de normas jurídicas externas aos operadores, pelas quais eles vêem-se obrigados a adotar específica conduta econômica frente àquela situação de mercado, e igualmente a supervisão estatal e a imputação de punições aos descumprimentos.

Noção que se assemelha ao "conceito operacional" de regulação, elaborado por Vital Moreira: "o estabelecimento e a implementação de regras para a actividade económica destinadas a garantir o seu funcionamento equilibrado, de acordo com determinados objectivos públicos".[24]

29. Através da regulação, o Estado (*in concreto* a Administração Pública) pretende fazer com que os operadores econômicos adotem determinadas condutas fixadas positivamente em fonte normativa. Comportamentos que não adotariam espontaneamente em situações de mercado livre. Isto é, a regulação implica um *plus* qualificador da conduta dos agentes econômicos, instalando um móvel externo (normativo) às decisões econômicas. Caso contrário, terá, quando muito, um mero efeito psicológico ou abrangerá normas supérfluas.[25] Por isso a necessidade de seu caráter cogente, limitador do poder econômico detido por alguns dos operadores.

Mas o fenômeno regulatório não se dá apenas quando do estabelecimento de regras (legais, regulamentares ou contratuais), mas também num momento anterior (a produção normativa e os procedimentos de criação legislativa, em especial frente aos órgãos reguladores[26]) e num momento posterior (o cumprimento das regras e a imputação de sanções em decorrência do seu desrespeito).

Ou seja, há todo um "circuito regulatório", uma linha evolutiva que determina o início da cadeia de regulação e o seu ponto final. Vital Moreira expõe com clareza todo esse ciclo regulatório: "Um processo de regulação implica tipicamente as seguintes fases: formulação das orientações de regulação; definição e operacionalização das regras; sancionamento dos transgressores; decisão dos recursos. Condensando e agregando esses diversos níveis, podem ser reunidos em três etapas essenciais: (a) a aprovação das normas pertinentes (leis, regulamentos, códigos de conduta, etc.); (b) implementação concreta das referidas regras (autorizações, licenças, injunções, etc.); (c) fiscalização do cumprimento e punição das infracções".[27]

Logo, o conceito de regulação econômica compreende quando menos três subconceitos: regulamentação normativa, supervisão fiscalizatória e sanção punitiva. O primeiro deles refere-se à via normativa, geral e abstrata (ou excepcionais leis-medida). O segundo reporta-se ao controle fático do comportamento dos agentes que se subordinam à situação de mercado regulado; à fiscalização em sentido estrito. Por fim, a san-

24. *Auto-Regulação Profissional e Administração Pública*, Coimbra, Almedina, 1997, p. 34. Na seqüência, o autor esquadrinha o conceito de regulação, suas variações e tendências.

25. Ressalve-se que pensadores como Cass Sustein discorrem sobre aquela regulação com função facilitadora, que "remove pressões psicológicas e auxilia as pessoas a fazerem o que, em verdade, elas desejam fazer". Seria "um esforço facilitador para a satisfação de vontades privadas" — como no caso dos cintos de segurança para jovens motoristas, regulação de tráfego aéreo etc. ("As funções das normas reguladoras", trad. Vera Scarpinella, *RDPE* 3/33-65, Belo Horizonte, Fórum, jul.-set. 2003, pp. 37-38).

26. Acerca do tema, v. o nosso "Agências reguladoras independentes, *deficit* democrático e a 'elaboração processual de normas'", *RDPE* 2/221, Belo Horizonte, Fórum, abr.-jun. 2003.

27. *Auto-Regulação Profissional*..., cit., pp. 36-37.

ção é a punição contra as infrações das normas dantes estabelecidas. A vantagem em distinguir as várias vertentes está em que assim se define o todo do ciclo regulatório e torna-se possível um desdobramento analítico mais preciso da questão.[28]

30. É importante ressaltar que nem sempre todas as fases do ciclo regulatório precisam ser atribuídas a um único órgão. Imagine-se um modelo centralizado hierarquicamente (ou descentralizado, porém com controle tutelar indireto), no qual haja uma divisão de atribuições entre pessoas, órgãos e agentes. Nada mais natural do que a Administração central reservar-se a prerrogativa de aplicar sanções ou examinar os recursos administrativos.

Porém, essa compreensão fragmentada não é de todo adequada ao modelo de agências reguladoras independentes. Em verdade atenta contra a essência dessa proposta regulatória — que agrega um complexo de competências jurídicas visando a fins de ordem administrativa e econômica.[29] À parte da discussão quanto à competência normativa dessas agências, é nítido que suprimir as etapas de fiscalização e punição das infrações significaria igualmente retirar delas a sua independência. Equivaleria a outorgar a um terceiro, externo à agência, um título exclusivo para controlar, averiguar e punir os eventuais desvios por ela constatados. Ou um meta-controle administrativo quanto às punições. Competência essa que, por óbvio, não seria vinculada aos provimentos e decisões da agência (caso o fosse, o eventual recurso a autoridades externas poderia, quando muito, controlar erros materiais ou desvios de fato). Em decorrência, os preceitos punitivos e respectivas sanções poderiam transformar-se em promessas não cumpridas, o que implicaria descrédito ao regulador e desprezo à regulação.

Tese que remonta à razão de ser atribuída uma capacidade sancionadora à própria Administração Pública, tal como exposta por Garrido Falla e Fernandez Pastrana: "o fato de que a sanção se imponha precisamente para reprimir transgressões que foram produzidas em um campo cuja competência e cuidado foi previamente encomendado à Administração. A configuração da Administração como um poder jurídico (e em tal sentido auto-suficiente) postula essa potestade sancionadora".[30]

31. A titularidade da competência sancionatória faz parte da quintessência da idéia de regulação econômica independente.[31] A independência "postula essa potestade sancionadora". Para além das digressões acerca do novel Direito Econômico e da sua consensualidade, é nítido que o cumprimento aos deveres econômicos e a contenção dos abusos do poder econômico só terão eficácia caso haja punições proporcionais aos desvios. E quem regula com independência deve poder punir com iguais atributos. Caso

28. Claro que o ciclo regulatório pode ser compreendido sob um ângulo mais largo, englobando variações orgânicas e cronológicas, que vão desde as orientações políticas do governo até as decisões do Poder Judiciário, passando pelos tratados internacionais.

29. Para Elisabetta Bani a peculiaridade dos poderes singulares atribuídos às autoridades reguladoras (inclusive o sancionador) nasce justamente do complexo de poderes a elas atribuído. Não podem ser compreendidos de *per si*, mas em conjunto e no contexto dos fins buscados por essa forma de regulação pública da economia (*Il Potere Sanzionatorio delle Autorità Indipendenti*, Turim, G. Giappichelli, 2000, pp. 40-43).

30. *Régimen Jurídico y Procedimiento de las Administraciones Públicas*, 2ª ed., Madri, Civitas, 1995, pp. 304-305.

31. Ao tratar das funções administrativas no universo do Direito Regulatório, Marcos Juruena Villela Souto destaca que "A constatação de alguma violação dos limites ou deveres impostos a servidores, administrados ou contratados ensejará a atuação da função sancionatória do administrador, que poderá ter natureza disciplinar, de polícia administrativa ou do contrato". Ou seja, trata-se de uma das funções inerentes ao objeto do Direito Administrativo (*Direito Administrativo Regulatório*, Rio de Janeiro, Lumen Juris, 2002, p. 29).

contrário haverá uma "regulação independente de Pirro" (em que a independência do regulador será irrelevante, sem vantagens para ninguém, significando apenas um aumento de custos).

Ora, a sanção administrativa exige obediência a uma regra de competência previamente estabelecida, não só no que diz respeito à forma e limites do seu exercício, mas em especial quanto à substância e à estabilidade da capacidade punitiva da Administração. A competência para aplicar sanções há de ser vinculada àquele que detém capacidade administrativa quanto à fiscalização das atividades desenvolvidas pelas pessoas privadas. A complexidade econômico-social dos setores regulados exige um apuramento técnico dos agentes administrativos.

O conteúdo material da competência sancionatória tem relação imediata com a sua razão formal: saberá aplicar a sanção adequada aquele que maiores conhecimentos detiver e que mais interagir naquele setor específico (por exemplo, uma multa, ainda que elevada, pode ser irrelevante para uma empresa do setor de saúde ou bancário, ao contrário de uma suspensão de atividades ou publicidade quanto ao desvio constatado).

Mesmo porque as sanções administrativas econômicas não têm unicamente uma natureza punitiva ou repressiva. Ao contrário: a sua idéia primeira está em conter abusos e prevenir desvios, desestimulando os agentes a arcar com riscos e custos extraordinários. A especialização técnica é essencial para a perfeita compreensão dos limites e especificidade das sanções.

Logo, à agência reguladora independente deve ser reservada a competência para aplicar as sanções administrativas que a lei lhe atribuir. A atribuição dessa competência a um terceiro implica coarctar a razão de ser de entidades independentes — subtraindo do regulador um dos mais importantes momentos do ciclo regulatório.

32. Concluído que as sanções administrativas são inerentes à regulação econômica e que a reserva desse poder punitivo às agências reguladoras independentes é essencial a esse modelo regulatório, cumpre examinar a noção de sanção administrativa e o núcleo duro do Direito Administrativo Sancionador.

VII. O conceito de sanção administrativa e as autoridades reguladoras independentes

33. O tema das sanções administrativas envolve um campo todo próprio do ilícito — o ilícito administrativo e suas conseqüências. Trata-se da *punição aplicada por autoridades administrativas, vinculada ao desrespeito a preceitos normativos de ordem administrativa (isto é, não-civis em sentido estrito e não-criminais), infligindo um mal àquele que praticou a conduta ilícita.*

A sanção administrativa *impõe uma conseqüência considerada deletéria (um castigo institucionalizado), em decorrência do desrespeito a específicas previsões normativas anteriores, imputada àquele que cometeu o desvio, determinada por uma autoridade constituída pelo sistema normativo contra o qual a ofensa foi cometida.*

Conforme frisa Vital Moreira, através da aplicação das sanções "a Administração penaliza o cidadão que cometeu um *ilícito administrativo*. Com a aplicação de sanções administrativas a Administração visa *punir* actuações ilícitas que pressupõem a culpa do agente pela violação de uma regulamentação preexistente", podendo consistir no pagamento de quantias pecuniárias e também "na suspensão de funções, no encerramento de um estabelecimento, ou noutra sanção materialmente diversa".[32]

32. Anotações do Prof. Doutor Vital Moreira (Capítulo 9, "As funções da Administração", subitem 9.2, "As sanções administrativas"), disponíveis na página do CEDIPRE, <ttp://www.fd.uc.pt/cedipre/pos_graduacao/2002_2003/documentos/instrumentos_autoridades_regulacao_economica/Sancoes%20administrativas.pdf>, consulta em 29.6.2004.

Para Celso Antônio Bandeira de Mello, sanção administrativa "é a providência gravosa prevista em caso de incursão de alguém em uma infração administrativa cuja imposição é da alçada da própria Administração".[33] No mesmo sentido a doutrina de Rafael Munhoz de Mello, para quem a sanção administrativa "é a conseqüência jurídica atribuída pelo ordenamento jurídico a um ilícito, a ser imposta no exercício da função administrativa, se preciso através da utilização da força".[34]

A compreensão mais apurada do conceito de sanção administrativa exige a fragmentação analítica de seus componentes em face de um Direito Administrativo Sancionador, de molde a dissociá-la das sanções civis *stricto sensu* e das sanções criminais.

VII.1 A especialização do Direito Administrativo Sancionador e os seus três fundamentos

34. Seguindo o caminho traçado por Eduardo Correia e Figueiredo Dias, é possível defender a especialização do Direito Administrativo Sancionador com lastro em três fundamentos conexos: a natureza do ilícito, a natureza da sanção e as especificidades processuais.[35] A visão unitária dessa tríade permite a compreensão da natureza e do regime jurídicos do ilícito administrativo e respectivas sanções.

34.1 O ilícito punível através de sanções administrativas é aquele oriundo de infrações administrativas, tal como definidas em lei, reportando-se a um fundamento de substância constitucional (sobremaneira *a contrario sensu* da "dignidade penal" dos delitos vinculados ao Direito Criminal). Envolve a repressão àquelas condutas das pessoas privadas que tenham vínculo com o exercício da função administrativa do Estado (abrangendo aqui a função administrativo-econômica dele), objeto de sanção punitiva devido a uma proibição legal específica, esta em sede de Direito Administrativo.

Tal como os ilícitos penais e civis, a conduta será um ilícito administrativo a depender da específica previsão legal que a positive. Ou seja, e na lição de Régis Fernandes de Oliveira, não há uma distinção ontológica essencial entre os ilícitos civis, penais e administrativos. O que se dá é uma "questão de grau de valores encampados pelo sistema, dependendo da maior ou menor repulsa do ordenamento jurídico à ação ou omissão antijurídica. Isso leva à conseqüência jurídica ou forma de reação ao dano causado".[36]

Para os ilícitos administrativos, o que está em jogo é uma prescrição legal de ordem administrativa, inserida no regime jurídico-administrativo dessa função estatal.

33. *Curso de Direito Administrativo*, 17ª ed., cit., p. 744.

34. "Sanção administrativa e princípio da legalidade", cit., p. 151. Sobre os conceitos de sanção e pena, aprofundar em Pierrette Poncela, *Droit de la Peine*, 2ª ed., Paris, PUF, 2001, pp. 33-46. As referências bibliográficas européias acerca das sanções administrativas são vastas. Por todos: Alejandro Nieto, *Derecho Administrativo Sancionador*, 3ª ed., Madri, Tecnos, 2002; Pasquale Cerbo, *Le Sanzioni Amministrative*, Milão, Giuffrè, 1999; George Dellis, *Droit Pénal et Droit Administratif*, Paris, LGDJ, 1997; e Frank Moderne, *Sanctions Administratives et Justice Constitutionelle*, Paris, Economica, 1993.

35. A tese do primeiro autor pode ser vista em *Direito Criminal*, v. I (com a colaboração de Figueiredo Dias, Coimbra, Almedina, 1999, pp. 27 e ss.). As idéias do segundo autor estão no ensaio "Do direito penal administrativo ao direito de mera ordenação social", in *Temas Básicos da Doutrina Penal*, Coimbra, Coimbra Ed., 2001, p. 144. O desenvolvimento do tema e respectivos desdobramentos que abaixo seguem têm lastro na doutrina de Eduardo Correia e Figueiredo Dias. Faça-se menção também ao pensamento crítico de Paulo Ferreira da Cunha, cujos argumentos orientaram a construção desta parte do ensaio (*A Constituição do Crime: da Substancial Constitucionalidade do Direito Penal*, Coimbra, Coimbra Ed., 1998).

36. *Infrações e Sanções Administrativas*, cit., pp. 6-7. Sustentando também a unidade ontológica entre ilícitos e sanções penais e administrativas, v. José Garberí Llobregat e Guadalupe Buitrón Ramírez, *El Procedimiento Administrativo Sancionador*, v. I, Valencia, Tirant lo Blanch, 2001, pp. 36-45.

Trata-se da disciplina administrativa (especialmente através de deveres, ordens e proibições) de determinados aspectos da vida privada (*v.g.*, dever de pagar impostos, proibição à venda de remédios como se alimentos fossem, proibição à prática de preços abusivos, proibição à construção de imóveis em determinadas áreas, dever de observância de determinadas especificidades técnicas nos serviços prestados ao público). As infrações administrativas violam tais prescrições — que, por mais significativas que sejam, não são "valores ou interesses *fundamentais* da vida comunitária ou da personalidade ética do homem, mas simples valores de criação ou manutenção de uma certa *ordem social*".[37]

No plano do Direito Administrativo Econômico, o ilícito envolve a positivação de deveres e/ou proibições legais de ordem administrativa que visem a disciplinar as condutas dos agentes econômicos (no que digam respeito às liberdades econômicas previstas na Constituição e leis ordinárias, excetuadas as previsões em leis criminais). Como frisou Oswaldo Aranha Bandeira de Mello: "Certo, não se confunde o crime, o delito penal, que ofende a segurança social e individual e viola os direitos da personalidade humana ou do seu patrimônio, com as infrações administrativas".[38] Em decorrência da natureza de tal ordem de ilícitos, a ordem jurídica prevê conseqüências proporcionais: trata-se das sanções administrativas.

34.2 As sanções administrativas têm uma natureza eminentemente *preventiva* e secundariamente *retributiva* — i.é, ao mesmo tempo em que são instituídas com vistas a coibir a prática de condutas ilícitas, importam a imputação de um sofrimento específico ao agente que cometeu o ilícito.[39] Não envolvem um ressarcimento do dano (tal como as sanções civis), nem tampouco uma compensação aos prejuízos causados ou a imposição de um castigo como um fim em si mesmo. Têm por objetivo imediato prevenir contra a prática de outras tantas violações de equivalente dimensão normativa e por objetivo mediato punir a violação à proibição positivada em norma administrativa.

Essa dissociação entre as sanções administrativas e sanções penais é adotada por Oswaldo Aranha Bandeira de Mello quanto aos distintos objetivos da norma administrativa e da penal. "Esta visa punir atos contrários ao interesse social e aquela aos da atividade administrativa. A distinção está no fundamento da responsabilidade, tendo em vista o bem jurídico ofendido".[40]

Porém, em sede de Direito Administrativo a punição retributiva escapa aos fins e limites típicos do Direito Criminal (a personalidade do agente, o seu estado anímico, a sua ressocialização etc.), "antes serve como mera admonição, como especial *advertência* ou *reprimenda* relacionada com a observância de certas proibições ou imposições legislativas; e o que esta circunstância representa em termos de medida concreta da sanção é da mais evidente importância".[41]

Por isso que as sanções administrativas são sempre econômicas: ora de forma

37. Eduardo Correia, *Direito Criminal*, v. I, cit., pp. 28-29.

38. *Princípios Gerais de Direito Administrativo*, v. I, 2ª ed., Rio de Janeiro, Forense, 1979, p. 562.

39. Eduardo Correia é mais específico, reputando que as sanções administrativas são "medidas empregadas para conduzir ao cumprimento de um dever, sejam elas de coacção direta (em que o órgão do Estado se substitui à vontade do próprio obrigado, como no caso de coacção policial) ou de coacção indireta (em que se impõe ao obrigado uma privação de liberdade ou de bens para que ele se decida a cumprir um dever, como nas chamadas multas de constrangimento). Ora justamente o mal que com elas se impõe a quem as sofre visa apenas — ao contrário do que acontece com as verdadeiras penas — o cumprimento de um dever" (*Direito Criminal*, v. I, p. 31).

40. *Princípios Gerais de Direito Administrativo*, v. I, 2ª ed., cit., p. 561.

41. Figueiredo Dias, "Do direito penal administrativo ao direito de mera ordenação social", cit., p. 151.

direta (multa pecuniária) ora indiretamente (suspensão ou interdição do funcionamento do estabelecimento, confisco e destruição de bens, publicidade compensatória, caducidade etc.). Para o agente econômico, leia-se aumento desproporcional e extraordinário dos respectivos custos. Não se trata apenas de "graus de punição" entre as sanções penais e as administrativas, mas verdadeiramente de paradigmas punitivos diversos. Como destacou Paulo Ferreira da Cunha, a verdade "é que há sanções administrativas, fiscais e até civis (e até medidas bem duras e agrestes não classificadas como sancionatórias) que têm efeitos objectivos por vezes até mais gravosos que muitas penas".[42]

Também devido à especificidade da esfera administrativa sancionatória que tais sanções não podem envolver a chamada "prisão administrativa", vedada que está pelo inc. LXI do art. 5º da Carta, ao dispor que "ninguém será preso senão em flagrante delito ou por ordem escrita e fundamentada de autoridade judiciária competente".[43] Trata-se de sanção de dignidade penal (ou criminal), a ser praticada com exclusividade pelo Poder Judiciário.

34.3 Por fim, a terceira peça essencial ao núcleo duro do Direito Administrativo Sancionador reside na autonomia do processo e nas autoridades competentes para aplicar as sanções.

A apuração do ilícito administrativo e a aplicação da respectiva sanção exigem um processo administrativo instalado e instruído nos termos da Constituição Federal (arts. 5º, II, LIV e LV, e 37, *caput*) e, ao nível federal, da Lei 9.784/1999 (quando menos subsidiariamente em face de legislação específica). Esse processo administrativo há de ser conduzido pela autoridade administrativa competente (Lei 9.784/1999, arts. 5º e 11 e ss.), que o instruirá, lançará a decisão e a executará (a não ser em casos de execução que exijam recurso ao Judiciário, como na cobrança de multas). A sanção administrativa exige um processo desenvolvido num universo todo próprio.

O *juiz natural* da sanção administrativa é a autoridade detentora da competência para conhecer, processar e decidir a questão (Constituição, art. 5º, XXXVII e LIII). Competência essa definida antes da prática da infração, sem exceções posteriores. Conforme já consignamos anteriormente, no processo administrativo "o juiz natural é a autoridade de menor grau hierárquico à qual foi previamente atribuída a competência para proferir decisão em determinada categoria de casos concretos".[44]

Em contrapartida, os crimes e respectivas penas exigem um processo judicial específico, desenvolvido frente à autoridade competente do Poder Judiciário, positivado em regime de Direito Criminal e Direito Processual Penal.[45] O *juiz natural* dos crimes e

42. O excerto é oriundo de parte do texto que critica a concepção das "penas" e o paradigma sancionatório do Direito Penal (*A Constituição do Crime*, cit., p. 35).

43. Nesse sentido, a jurisprudência do STF (*v.g.*, HC 70.743-DF, Min. Sepúlveda Pertence, *DJ* 1.7.1994 e RHC 66.905-PR, Min. Moreira Alves, *DJ* 10.2.1989).

44. *Processo Administrativo: Princípios Constitucionais e a Lei 9.784/1999*, 2ª ed., São Paulo, Malheiros Editores, 2003, p. 290. Acerca do princípio do juiz natural em face das peculiaridades do processo administrativo frente às agências reguladoras, v. Marcos Juruena Villela Souto, *Direito Administrativo Regulatório*, pp. 176 e 348 e ss.

45. Parte da doutrina elege apenas esse dado processual (e, em conseqüência, a autoridade que aplica a sanção) como o critério distintivo entre crimes e ilícitos administrativos. Método e juízo que, segundo James Goldshmidt, encontram fundamento em Carnelutti: "L'applicazione della pena ha luogo a mezzo del processo, e questo mezzo di derivazione della pena da reato appare al Carnelutti tanto essenziale che non esita a comprenderlo nella stessa definizione del reato: il reato è un fatto che viene colpito con una pena mediante processo. Anche per il Carnelutti l'applicazione processuale della pena deve dunque considerarsi come criterio discretivo fra le pene vere e proprie e la altre sanzioni penali: pene disciplinari e amministrative, mentre

sanções penais é o Poder Judiciário, nos estreitos limites e condições da Carta Constitucional. Processo e garantias mais rígidos, em face de ilícitos e punições consideradas mais severas pelo sistema normativo.

35. A compreensão uníssona dessa tríade de fundamentos possibilita a compreensão da especificidade das sanções administrativas (e do Direito Administrativo Sancionador) em face das demais normas punitivas.

Porém, a cognição da natureza e regime jurídico das sanções administrativas não se esgota nesse plano, pois requer um exame de dois dos princípios essenciais à atividade punitiva: a legalidade e a tipicidade, vislumbrados nos domínios do Direito Administrativo Sancionador detido pelas autoridades administrativas independentes.

VII.2 O Direito Administrativo Sancionador, as agências independentes e o princípio da legalidade

36. A fim de enfrentar as sanções aplicadas pelas agências reguladoras independentes é necessário esquadrinhar um assunto comum a ambos os temas: o princípio da legalidade.

Ora, talvez o mais sério dilema que envolve as agências reguladoras independentes seja justamente aquele da competência regulamentar e do confronto entre os regulamentos "autônomos" e aqueles "executivos". Porém, se pode haver dúvidas ou discussões doutrinárias quanto à possibilidade de essas agências estabelecerem em regulamento deveres e/ou obrigações às pessoas privadas, isso não se põe frente às sanções administrativas. Aqui os limites são ainda mais estreitos e firmes.

À parte a discussão quanto aos lindes do regulamento no Direito Administrativo brasileiro, deve-se afastar qualquer compreensão que porventura cogite da geração e definição de ilícitos e suas respectivas sanções através de ato administrativo (regulamentar ou não). Como já escrevemos em outra ocasião, "o regulamento não pode *criar* penas e sanções, nem tributos, inclusive contribuições da seguridade social (CF, arts. 5º, XXXIX; 149; 150, I; e 195). Aplica-se o princípio da tipicidade penal (*nullum crimen, nula poena, sine praevia lege*), tributária e da seguridade, ao Direito Administrativo".[46]

Constatação que autoriza um aprofundamento do princípio da legalidade em termos punitivos — com o inevitável recurso à teoria desenvolvida em sede do Direito Criminal.

37. Na lição de Castanheira Neves, o princípio da legalidade criminal remonta a Feuerbach (1801) e tem, até o presente, "o sentido funcional de uma garantia jurídica. É a primeira função do princípio *nullum crimen* decerto uma *função de garantia*, exigida pela idéia do Estado-de-Direito, contra o exercício já ilegítimo (político-juridicamente ilegítimo), já abusivo (persecutório e arbitrário), já incontrolável (subtraído à racionalidade jurídico-dogmática e crítico-metodológica) do *ius puniendi* estadual".[47] O mesmo Castenheira Neves aponta os seguintes corolários normativos do princípio:

(a) "Nullum crimen, nulla poena sine *lege scripta*" — ao mesmo tempo em que afirma a exclusividade da lei, o princípio

le due specie di reato — delitti e contravvenzioni — si distinguono soltanto per la natura della pena comminata" ("Contributo alla Sistematica delle Teorie Generali del Reato (a proposito di un recente libro di F. Carnelutti)", trad. G. Nencioni, *Rivista Italiana di Diritto Penale*, 1934, p. 294).

46. "Agências administrativas, poder regulamentar e o Sistema Financeiro Nacional", *RDA* 218/93-112, Rio de Janeiro, Renovar, out.-dez. 1999, p. 107. No mesmo sentido, Leila Cuéllar, *As Agências Reguladoras Brasileiras e seu Poder Normativo*, cit., p. 125, e Celso Antônio Bandeira de Mello, *Curso de Direito Administrativo*, 17ª ed., cit., pp. 746-748.

47. "O princípio da legalidade criminal", in *Digesta: Escritos acerca do Direito, do Pensamento Jurídico, da sua Metodologia e outros*, v. 1º, Coimbra, Coimbra Ed., 1995, p. 352.

exclui outras fontes normativas para a incriminação e punição. Trata-se de uma "exigência da legalidade": "só a lei é fonte político-juridicamente legítima da incriminação punitiva";[48]

(b) "Nullum crimen, nulla poena, sine *lege praevia*" — significa "a irrenunciável proibição da retroactividade criminal *in malam partem*". A segurança jurídica e a estabilidade das relações sociais não admitem a positivação de condutas puníveis *ex post facto*;[49]

(c) "Nullum crimen, nulla poena sine *lege certa*" — "*Lex certa* será a lei *determinada* na sua formulação prescritiva e no seu conteúdo normativo, em termos de poder impor-se já como critério autônomo e suficiente da incriminação punitiva, já como fundamento verdadeiramente vinculante da decisão concreta que impute essa incriminação — e para que assim possa prever-se essa decisão, seja ela susceptível de preservar a igualdade e de se submeter a um *contrôle* objectivo na sua aplicação individualizada e concreta";[50]

(d) "Nullum crimen, nulla poena sine *lege stricta*" — a incriminação há ser só e tão-somente aquela imposta em lei, nos estreitos limites legais. A pena não tem valência autônoma em relação à lei. Exclui-se "tanto a incriminação (e a agravação) como a determinação da pena por analogia".[51]

Não pode haver dúvidas de que o princípio e seus corolários aplicam-se às sanções administrativas (sejam elas impostas pela Administração direta ou indireta; esta independente ou não). Constatação que se intensifica em face das próprias agências reguladoras independentes. Reitere-se: se incertezas podem existir quanto ao fundamento da sua competência normativa, delas não se cogita quanto àquele relativo à competência sancionatória. Não é possível que ato administrativo estabeleça, por si só e *ab ovo*, quaisquer sanções. Isso tanto para os regulamentos como em foro de atos concretos.[52]

38. Num primeiro momento, e em raciocínio analógico ao pensamento de Liszt, se em sede de Direito Criminal o princípio *nullum crimen* significa "a defesa do direito criminal contra a política criminal",[53] no foro do Direito Econômico o princípio implica a defesa do Direito Econômico contra a política econômica. Isso não importa dizer que a política seja um mal, mas a garantia explicita a exigência de um condicionamento normativo da atividade sancionatória do Estado. A punição só pode ser derivada e oriunda de condutas descritas em previsões normativas lançadas em lei prévia, certa e de aplicação estrita.

48. "O princípio da legalidade criminal", cit., p. 355. Neste ponto, bem como nos demais, o autor aprofunda o debate, as críticas e cogitações acerca da compreensão hodierna do princípio.

49. Idem, p. 361.

50. Idem, p. 370.

51. Idem, p. 385.

52. Apesar de sua magna importância quanto às autoridades reguladoras independentes, o presente ensaio não ingressará no terreno pantanoso das "relações de especial sujeição" ou "de supremacia especial" — assunto que remete à advertência de W. Hassemer quanto ao *ethos* do princípio da legalidade (forma escrita da lei como pressuposto necessário para o discurso sobre os limites da liberdade) em face de variações jurídico-consuetudinárias: algo "como meter a mão numa *black box*, numa caixa mágica, em que ninguém, salvo o mago, sabe muito bem o que está lá dentro" (*apud* Castanheira Neves, "O princípio da legalidade criminal", cit., p. 356). No Brasil, a matéria pode ser aprofundada na doutrina de Celso Antônio Bandeira de Mello (*Curso de Direito Administrativo*, 17ª ed., cit., pp. 720 e ss.) e nos comentários de Rafael Munhoz de Mello a acórdão do TRF-3ª R., de lavra do Des. Fed. Mairan Maia Júnior ("O poder normativo das agências reguladoras e as relações de especial sujeição", *RDPE* 1/283, Belo Horizonte, Fórum, jan.-mar. 2003). V. também a monografia de Mariano López Benítez, que trata do tema de maneira ampla e infatigável (*Naturaleza y Presupuestos Constitucionales de las Relaciones Especiales de Sujeición*, Madri, Civitas, 1994).

53. *Apud* Castanheira Neves, "O princípio da legalidade criminal", cit., p. 374.

Sob outro ângulo, as sanções administrativas previstas em lei garantem a defesa do Direito Econômico contra o próprio poder econômico dos agentes privados. Não se trata apenas de preservar a liberdade dos agentes em face de excessos do Estado, mas em especial dos excessos e desvios cometidos pelos detentores de poder econômico. Destina-se à preservação de *bens jurídico-econômicos* e à *ordem social econômica*, ambos celebrados na Carta Constitucional (livre iniciativa, liberdade de empresa, livre concorrência, direito de propriedade e sua função social etc.).

39. Assim, a segurança e a confiança jurídica exigem que os agentes econômicos tenham ciência acerca do quê o ordenamento jurídico define como ilícito administrativo e quais as conseqüências previstas para a sua prática (de forma escrita, prévia, certa e estrita).

Considerações que não impedem uma compreensão que permita às agências administrativas dar concretude aos *standards* normativos descritos em lei — ainda que para fins sancionadores. Porém, é mais adequado subordinar o tema à *rationale* oriunda do princípio da tipicidade.

VII.3 O Direito Administrativo Sancionador, as agências independentes e o princípio da tipicidade

40. O Direito Sancionador não pode se satisfazer apenas com o respeito ao princípio da legalidade. É imprescindível o recurso à teoria do tipo. Como bem adverte L. A. Machado, "o tipo não se confunde com o princípio da reserva legal (legalidade, anterioridade da lei penal)", porém, e mais do que isso, o tipo "é garantidor, sem confundir-se com ele, do princípio da anterioridade da lei penal nos regimes políticos democráticos-liberais".[54]

Assim, os princípios da legalidade e da tipicidade completam-se mutuamente: "Evidentemente ineficaz a existência do conceito do tipo, se aplicado a fatos pretéritos, sem a garantia da reserva legal; da mesma forma, conquanto não se confundindo os dois princípios, a manutenção do *nullum crimen sine praevia lege* com um tipo abastardado, aberto, em que predominam elementos normativos extrajurídicos, de valoração consuetudinária ou social, elimina a garantia do Direito Penal democrático-liberal que se funda, que se alicerça exatamente no princípio do tipo. A certeza do Direito Penal, nesta hipótese, desapareceria, cedendo lugar à vacilante construção jurisprudencial. Esse o motivo de o tipo formal dever ser certo, claro, o mais possível objetivamente descrito, infenso a valorações consuetudinárias ou sociais".[55]

Através do tipo, são definidos os elementos nodais à caracterização de uma conduta como ilícita e à dimensão da respectiva sanção (o verbo, a descrição da conduta, o seu tempo e modo, os requisitos condicionais objetivos e subjetivos, a sanção e seus parâmetros). Não basta a atribuição de uma determinada competência sancionatória em lei, mas é imprescindível que a própria lei descreva com firmeza e minúcias o fato concreto ao qual se pretende aplicar determinada sanção. O tipo é uma descrição normativa que deve ser encarada em sua globalidade, uma combinação de dados limitados e prefixados que posteriormente será preenchida pelo comportamento do agente.[56]

54. *Direito Criminal*, São Paulo, Ed. RT, 1987, pp. 89 e 90. Constatação que é expressa na lei espanhola do processo administrativo: os arts. 127 e 128 da Lei 30/1992 diferenciam os princípios da legalidade e da tipicidade. Aprofundar em Carmen Chinchilla Marín, "Potestad sancionadora de las administraciones públicas", in Benigno Pendás García (coord.), *Administraciones Públicas y Ciudadanos*, Barcelona, Práxis, 1993, pp. 753 e ss.

55. L. A. Machado, *Direito Criminal*, cit., pp. 95-96.

56. Daí a lição de L. A. Machado: "A ligação entre o fato (rico, colorido, variado) e o tipo (seco, fechado, certo, indiscutível) faz com que a tipici-

A dupla função do tipo emerge com clareza da clássica doutrina de Heleno Fragoso: "a de *garantia* e a de *fundamentação* do fato punível. Por um lado, o tipo limita o poder punitivo do Estado, introduzindo um elemento de segurança na justiça punitiva e excluindo o arbítrio, pois toda ilicitude penal só pode ser ilicitude típica. A exata realização da conduta típica constitui pressuposto do crime e da imposição de pena. Por outro lado, o tipo fundamenta a ilicitude penal, constituindo o esquema a que deve ajustar-se a antijuridicidade (tipo de ilícito), funcionando como indício ou como expressão da mesma".[57]

41. Lembre-se que a teoria do tipo e o pensamento tipológico não constituem uma "reserva de mercado" do Direito Criminal. Ao contrário: ambos transbordam os limites desse ramo do Direito (e disciplina jurídica), com impacto frente ao Direito Civil, Direito Administrativo. Enfim, é um tema da Teoria Geral do Direito.[58]

dade, que é a capacidade de adequação do fato ao tipo, a carga de tipo que o fato conduz. No homicídio não basta o fato morte; é indiferente, ao Direito Criminal, a morte natural, a morte causada em si mesmo (suicídio). O fato morte somente conterá tipicidade, somente portará a relação fato-tipo, quando causada por um ser humano contra outro" (*Direito Criminal*, cit., p. 98).

57. *Conduta Punível*, São Paulo, Jose Bushatsky, 1961, p. 131. Ampliar em Luis Luisi (*O Tipo Penal, a Teoria Finalista e a Nova Legislação Penal*, Porto Alegre, Sergio Fabris, 1987).

58. O que se pode conferir, *v.g.*, em alguns trabalhos específicos de Direito Civil (Pedro Pais de Vasconcelos, *Contratos Atípicos*, Coimbra, Almedina, 1995), de Direito Tributário (Mizabel Derzi, *Direito Tributário, Direito Penal e Tipo*, São Paulo, Ed. RT, 1988), de Teoria Geral do Direito (Karl Larenz, *Metodologia da Ciência do Direito*, trad. José Lamego, 2ª ed., Lisboa, Fundação Calouste Gulbenkian, 1989, especialmente pp. 254 e ss. e 561 e ss.). E igualmente envolve o Direito Administrativo, o ato e sua a hermenêutica — pois, como firmou Emilio Betti, "i provvedimenti sono sottoposti a una rigorosa tipicità legale per quanto concerne i rispettivi presupposti di competenza e requisiti di struttura" (*Interpretazione della Legge e degli Atti Giuridici*, Milão, Giuffrè, 1971, pp. 342-343).

No que respeita ao Direito Administrativo Sancionador, a tipicidade do ilícito administrativo configura a realização objetiva da conduta descrita na norma e passível de punição administrativa. O ilícito administrativo "é o *tipo de conduta* que a norma incriminadora apresenta".[59] O princípio da tipicidade exige que a legalidade contemple uma descrição específica do comportamento passível de punição administrativa. É uma descrição, clara e minuciosa, da conduta cuja concretização implica uma violação à ordem jurídico-administrativa e faz eclodir o dever funcional de aplicar a sanção correspondente.

Igualmente, o princípio da tipicidade exige a definição normativa concreta quanto à sanção a ser aplicada, seu conteúdo e limites. Não basta a definição da ação (ou omissão) proibida, mas também das conseqüências do seu descumprimento. É necessária a predeterminação normativa de todas as condutas e de todas as respectivas sanções. Mesmo porque a aplicação da sanção é ato vinculado para a Administração (não existem juízos de oportunidade ou conveniência). Logo, para ser vinculado, há de ser prévia e minuciosamente definido para a sua aplicação compulsória.

42. Contudo, é possível a existência válida de "normas administrativas sancionadoras em branco": previsões normativas cuja estrutura é incompleta. A sanção é certa, porém o conteúdo do preceito é indeterminado, devendo ser preenchido por dispositivos de legislação diversa daquela que estabelece a sanção ou através de provimentos administrativos específicos (atos ou regulamentos).

42.1 A expressão remonta à teoria das normas penais em branco ("almas em busca de um corpo", na consagrada expressão

59. Heleno Fragoso, *Conduta Punível*, cit., p. 175.

de Binding), que contemplam casos nos quais a completude da norma sancionadora eclodirá quando da positivação do complemento à sua aplicação — seja por parte do Poder Legislativo, seja por parte do órgão administrativo a quem foi atribuída essa competência.

As normas penais em branco são homogêneas ou heterogêneas, a depender da fonte normativa que as completará: no primeiro caso, trata-se da mesma fonte instituidora da norma incompleta (o Poder Legislativo); no segundo, a fonte formal será outra, que não a emissora do comando normativo primário (p. ex., normas que exigem complementação através de regulamentos administrativos). As heterogêneas são também conhecidas por normas penais em branco em sentido estrito, pois envolvem a interação de outro poder, que emana ato secundário à lei, num grau hierárquico inferior (o que faz parte da própria noção de ato administrativo).

Doutrina que fundamenta entendimento pacífico nos Tribunais Superiores. Como já decidiu o STF, em hipótese de norma homogênea: "A tipificação da figura penal definida no art. 7º, IX, da Lei 8.137/1990, por ser norma penal em branco, foi adequadamente preenchida pelo art. 18, § 6º, I, do Código de Defesa do Consumidor, que define como impróprio ao uso e consumo produto cujo prazo de validade esteja vencido".[60]

E o STJ, no que diz respeito à norma em branco heterogênea: "O art. 1º, I, da Lei 8.176/1991, ao proibir o comércio de combustíveis 'em desacordo com as normas estabelecidas na forma da lei', é norma penal em branco em sentido estrito, porque não exige a complementação mediante lei formal, podendo sê-lo por normas administrativas infralegais, estas sim, estabelecidas 'na forma da lei'".[61]

60. RHC 80.090-SP, Min. Ilmar Galvão, *DJ* 16.6.2000.

61. RHC 9.834-SP, Min. Felix Fischer, *RSTJ* 162/428.

42.2 Ora, na justa medida em que é possível à Administração completar o preceito criminal em branco, nada mais adequado e razoável que também possa fazê-lo em relação às sanções administrativas. Com o que se retorna à idéia de que a agência reguladora saberá melhor quais sanções devem ser aplicadas naquele setor regulado (quais repercutem melhor não só em termos punitivos, mas também quanto à análise da estabilidade e segurança do mercado ele mesmo e na condição de forma específica de prevenção contra outros desvios).

É perfeitamente válido que a lei instituidora da sanção administrativa estabeleça uma previsão que admita um provimento complementar por parte da Administração Pública, de molde a concretizá-la. Aquilo que Régis Fernandes de Oliveira qualifica de "norma infracional em branco, cujo conteúdo é preenchível pela Administração Pública".[62]

43. Em suma, os princípios da legalidade e da tipicidade não impedem de forma absoluta a edição de regulamentos com conteúdo normativo sancionador. O que se exige é uma compreensão limitada à tal competência das agências reguladoras independentes, adequada à própria natureza e regime jurídico dos ilícitos administrativos (e respectivas sanções).

Aplica-se o raciocínio desenvolvido por José Garberí Llobregat e Guadalupe Buitrón Ramírez, que limita a operacionalidade do regulamento administrativo "à *especificação ou graduação* do quadro infrator e sancionador estabelecido pela lei, *sem que em nenhum caso cause a alteração do*

62. *Infrações e Sanções Administrativas*, cit., p. 39. Em sentido semelhante, Caio Tácito ("Comissão de Valores Mobiliários. Poder regulamentar", cit.) e Alexandre Aragão, para quem "a aplicação de sanções deve estar apoiada em algum dispositivo legal, ainda que genérico, ficando a gradação e a especificação das penalidades a serem normatizadas pela agência" (*Agências Reguladoras*, cit., p. 318).

respectivo quadro ou a alteração de sua natureza e limites pela via regulamentar, e sempre que ele contribua para a *mais correta identificação das condutas* ou *à mais precisa determinação das correspondentes sanções*".[63]

VIII. Conclusão

44. É comum a assertiva de que, se os economistas concordam em algo, trata-se da paternidade de sua ciência: ela nasceu da obra de Adam Smith, ao final do século XVIII. Porém, o Direito Econômico (cuja data de nascimento mais consensual é a I Grande Guerra) significou a institucionalização de um paradigma antitético às teses do pai da Ciência Econômica.

Assim, e quando menos desde o início do século XX, a Economia e o Direito passaram a desenvolver um relacionamento de amor e ódio; de dependência e repulsa. E o Direito não se satisfez em "apenas" inserir o Estado na Economia e reger a atividade dos agentes econômicos, mas também se dedicou a criar punições e castigos àqueles que não cumprem as suas regras (apesar de eventualmente obedecerem às regras econômicas de mercado).

Essa relação conturbada experimentou sérias variações no seu conteúdo e modo de ser. Em especial no Brasil, onde o modelo interventivo centralizador federal instalado a partir da Revolução de 1930 foi consolidado no período de exceção pós-1964, com a criação de um forte Estado-empresário num sistema teoricamente liberal (liberalismo clássico de fachada). Essa proposta interventiva foi conduzida até meados da década de 1990, quando foi parcialmente sucedida pela implementação das agências reguladoras independentes: que nada têm de liberal, mas significam a institucionalização de uma espécie de neutralidade na regulação pública da economia.

Assim, e apesar da ausência de hegemonia do modelo regulatório das agências independentes (não foi implementado em todos os setores econômicos e nem todos os Estados da Federação o adotam), fato é que muitos dos setores econômicos mais significativos e poderosos submetem-se a esse tipo de intervenção regulatória. Intervenção firme que só poderá se firmar e se legitimar se efetivamente dispuser de instrumentos e meios que tornem possível impor a regulação pública da economia aos detentores de poder de mercado.

Porém, isso não poderia significar o abrir das comportas da legalidade, permitindo aos reguladores criar livremente deveres aos agentes econômicos regulados e respectivas sanções negativas. O Direito Econômico (e a Economia) também devem dispor de garantias contra o exercício exacerbado da política econômica — seja ela exercida pela Administração direta, seja pelas agências reguladoras independentes. Assim, não só é necessário reservar determinadas competências sancionadoras às agências, como também é imprescindível a discussão acerca dos seus respectivos limites e conteúdos — com o que o presente ensaio pretende humildemente colaborar.

Curitiba, julho de 2004.

63. *El Procedimiento Administrativo Sancionador*, v. I, cit., p. 90.

CONCEITO DE CONTRATO ADMINISTRATIVO

VLADIMIR DA ROCHA FRANÇA

Mestre em Direito Público pela UFPE.
Doutor em Direito Administrativo pela PUC/SP.
Professor de Direito Administrativo pela Universidade Potiguar.
Advogado em Natal/RN

Não raras vezes, o Estado vê-se compelido a recorrer à iniciativa privada para adquirir os bens e serviços necessários para a concretização do interesse público. Em outras oportunidades, o próprio interesse público demanda a celebração de negócios jurídicos que envolvam a transação econômica de bens pertencentes ao domínio público.

Dentre os instrumentos postos à disposição da Administração para a efetivação dessas tarefas, há o contrato.[1] Tomando-se por base a distinção entre fato jurídico e ato jurídico proposta por Celso Antônio Bandeira de Mello,[2] é possível defini-lo como a declaração prescritiva, composta por um acordo de duas ou mais vontades, que insere normas jurídicas individuais destinadas à regulação dos interesses de suas partes. Na teoria dos atos jurídicos, o contrato classifica-se como negócio jurídico, haja vista o seu vínculo com o exercício da autonomia privada.[3]

O contrato encontra-se fundado em quatro princípios básicos:

(i) o princípio da autonomia da vontade;

(ii) o princípio do consensualismo;

(iii) o princípio da obrigatoriedade dos preceitos convencionados (*pacta sunt servanda*);

(iv) o princípio da relatividade dos efeitos do contrato;

(v) o princípio da boa-fé; e,

(vi) o princípio da função social do contrato.

Como bem leciona Maria Helena Diniz,[4] o princípio da autonomia da vontade, base da liberdade contratual, atribui às pessoas (sujeitos de direitos e deveres[5]) "o poder de estipular livremente, como melhor

1. Ver arts. 37, XXI, e 173, § 1º, II e III, da Constituição Federal.

2. *Curso de Direito Administrativo*, pp. 337-340. Cf. Maria Helena Diniz, *Curso de Direito Civil (Teoria das Obrigações Contratuais e Extracontratuais)*, v. 3, pp. 23-24; e Hans Kelsen, *Teoria Pura do Direito*, pp. 275-277.

3. Maria Helena Diniz, *Curso de Direito Civil Brasileiro (Teoria Geral do Direito Civil)*, v. 1, pp. 278-279.

4. *Curso de Direito Civil Brasileiro*, v. 3, p. 31.

5. Sobre o conceito de pessoa, ver Hans Kelsen, ob. cit., pp. 181-204.

lhes convier, mediante acordo de vontades, a disciplina de seus interesses, suscitando efeitos tutelados pela ordem jurídica". Esse cânone fundamental do sistema do direito positivo envolve:[6]

(i) a liberdade de criar o contrato;

(ii) a liberdade de contratar ou não;

(iii) a liberdade de escolha do outro contratante; e

(iv) a liberdade de fixar o conteúdo do contrato.

O sistema do direito positivo pode impor restrições à autonomia privada tanto por injunção da ordem pública, dos bons costumes como para assegurar a prevalência do interesse público sobre o interesse privado.[7] Outro preceito justificado pela autonomia da vontade é a admissibilidade de revisão judicial do contrato como meio de defesa contra a quebra do equilíbrio entre as partes.[8]

Outro princípio fundamental do contrato é o consensualismo, que reconhece o acordo de vontades como um fato jurídico hábil para a criação de norma jurídica.[9] O mero consentimento basta para o aperfeiçoamento do contrato, salvo quando o ordenamento jurídico torne solene o negócio jurídico, exigindo formalidades específicas para a sua formação e validade.[10]

Não se deve olvidar do princípio da obrigatoriedade dos preceitos convencionados (*pacta sunt servanda*), mediante o qual o sistema do direito positivo reconhece as regras veiculadas pelo contrato como normas jurídicas, prevendo mecanismos para assegurar a efetividade caso inobservadas por uma das partes.[11] Todavia, esse princípio sofre atenuações quando o equilíbrio entre as partes é ameaçado.

O princípio da relatividade dos efeitos do contrato, por sua vez, determina que as normas jurídicas introduzidas pelo negócio jurídico vinculam somente as partes que nele intervieram, não prejudicando ou beneficiando terceiros salvo nas exceções legalmente admitidas.[12] Já o princípio da boa fé, impõe às partes o dever de agir com lealdade e probidade, bem como a relevância da "vontade real" na interpretação do negócio jurídico.[13]

Por fim, tem-se o princípio da função social do contrato. Nos termos do art. 421 do Código Civil, a liberdade contratual deve ser exercida em razão e nos limites da função social do contrato. Recorrendo-se mais uma vez à Maria Helena Diniz:[14] "A liberdade de contratar não é absoluta, pois está limitada não só pela supremacia da ordem pública, que veda convenção que lhe seja contrária e aos bons costumes, de forma que a vontade dos contratantes está subordinada ao interesse coletivo, mas também à função social do contrato, que o condiciona ao atendimento do bem comum e dos fins sociais. Está consagrado o princípio da socialidade".

Esses princípios orientam todos os contratos. Afinal, o contrato é um instituto da teoria geral do direito, não sendo campo exclusivo da doutrina do direito privado.[15] Todavia, os contratos assumem o perfil determinado pelos respectivos regimes jurídicos. Pode-se mencionar, inclusive, a existência

6. Maria Helena Diniz, *Curso de Direito Civil Brasileiro*, v. 3, p. 31.

7. Ibid., pp. 31-33. Cf. Roberto Ribeiro Bazilli, *Contratos Administrativos*, p. 18; Oswaldo Aranha Bandeira de Mello, *Princípios Gerais do Direito Administrativo*, v. 1, pp. 250-256.

8. Maria Helena Diniz, *Curso de Direito Civil Brasileiro*, v. 3, pp. 33-34.

9. Ibid., p. 34; e Hans Kelsen, ob. cit., p. 276.

10. Ver arts. 107, 108 e 109 do Código Civil.

11. Maria Helena Diniz, *Curso de Direito Civil Brasileiro*, v. 3, p. 34. Ver Código Civil, arts. 112, 113 e 422.

12. Idem, ob. cit., p. 36.

13. Ibid., pp. 36-37.

14. Ob. cit., p. 305. Cf. José Afonso da Silva, *Curso de Direito Constitucional Positivo*, p. 770.

15. Cf. Maria Sylvia Zanella Di Pietro, *Direito Administrativo*, p. 242; e Carlos Ari Sundfeld, *Licitação e Contrato Administrativo de acordo com as Leis 8.666/1993 e 8.883/1994*, p. 199.

de contratos de direito público, que abrangem os contratos de direito internacional e os contratos de direito administrativo.[16]

Tradicionalmente, emprega-se "contrato da Administração", para designar todo e qualquer contrato celebrado pela Administração.[17] A expressão "contrato administrativo" reservar-se-ia apenas para os contratos inteiramente subordinados ao regime jurídico-administrativo.

Nos contratos administrativos existem as chamadas "cláusulas exorbitantes".[18] São prerrogativas instrumentais — deveres-poderes — que o ordenamento jurídico atribui à Administração nesses ajustes em razão do princípio da prevalência do interesse público sobre o interesse privado,[19] e que jamais seriam aceitas em contratos privados. Elas asseguram uma posição de supremacia para a Administração em relação ao contratado, sendo o seu exercício condicionado ao que for adequado, necessário e razoável para a concretização do interesse público.[20]

Embora a expressão "cláusula exorbitante" traga a falsa idéia de que o direito civil seria o "direito comum" do sistema do direito positivo, ela pode ser perfeitamente usada se o jurista não perder de vista de que o "direito comum" do direito público é o direito administrativo. Apesar de sofrível, essa expressão é bem consolidada no discurso científico e será empregada no curso desse trabalho, na falta de outra melhor.

A doutrina administrativista não é unânime quanto à compatibilidade da noção de contrato com essas injunções da prevalência do interesse público sobre o interesse privado. Seguindo a síntese feita por Maria Sylvia Zanella Di Pietro,[21] pode-se identificar três correntes a respeito dessa questão:

(i) a que nega a existência do contrato administrativo;

(ii) a que reconhece a existência do contrato administrativo, ao lado de contratos privados da Administração; e,

(iii) a que classifica todos os contratos celebrados pela Administração como contratos administrativos.

A primeira corrente considera os princípios contratuais clássicos (autonomia da vontade, *pacta sunt servanda*, bem como a idéia de equilíbrio entre as partes) inteiramente incompatível com a posição de supremacia que se outorga à Administração em razão do interesse público. Em especial, no que concerne às cláusulas regulamentares ou de serviço, determinadas e alteradas unilateralmente pela Administração. Contrato limitar-se-ia às cláusulas econômico-financeiras do contrato e seria regido, por conseguinte, pelo regime jurídico de direito privado.[22]

A segunda corrente entende que todos os contratos celebrados pela Administração

16. Maria Sylvia Zanella Di Pietro, ob. cit., p. 242. Os contratos de direito internacional são regidos pelas normas de direito internacional público, observados os preceitos constitucionais pertinentes. Esses pactos não serão objeto de maiores reflexões nesse modesto ensaio.

17. Maria Sylvia Zanella Di Pietro, ob. cit., p. 240.

18. Roberto Ribeiro Bazilli, ob. cit., p. 23; Maria Sylvia Zanella Di Pietro, ob. cit., p. 256.

19. Prefere-se usar "prevalência" em lugar de "supremacia" porque esta última palavra pode denotar a falsa impressão de que haveria um total esmagamento do interesse privado em função do interesse público. Cf. Vladimir da Rocha França, *Invalidação Judicial da Discricionariedade Administrativa no Regime Jurídico-Administrativo Brasileiro*, p. 48.

20. As cláusulas exorbitantes encontram-se previstas no art. 58 da Lei 8.666, de 21.6.1993. No contrato administrativo, a Administração tem a prerrogativa de, unilateralmente, modificá-lo ou extingui-lo, desde que dentro da legalidade e sem prejuízo do direito do contratado ao equilíbrio econômico-financeiro. Também se reconhece ao Poder Público o poder de fiscalizar a execução do contrato e de aplicar sanções administrativas, caso seja comprovada a inadimplência da outra parte.

21. Maria Sylvia Zanella Di Pietro, ob. cit., p. 240. Cf. Roberto Ribeiro Bazilli, ob. cit., pp. 19-22.

22. Cf. Oswaldo Aranha Bandeira de Mello, ob. cit., v. 1, pp. 681-687.

se encontram subordinados ao regime jurídico-administrativo. Logo, não haveria outra espécie de contrato para Administração senão o contrato administrativo.[23]

A terceira corrente entende que a Administração pode celebrar tanto contratos administrativos como contratos de direito privado, consoante as exigências de interesse público. Nos contratos de direito privado da Administração, esta se subordinaria aos preceitos do regime jurídico de direito privado que não sejam incompatíveis com o regime jurídico-administrativo; já nos contratos administrativos, a avença ficaria inteiramente sujeita ao regime jurídico-administrativo.[24]

Expostas as principais correntes sobre a matéria, segue-se agora para uma tomada de posição. Ressalte-se que qualquer reflexão nesse aspecto demanda uma interpretação sistemática das normas regentes dos contratos firmados pela Administração.

Não há dúvida que o contrato pode ser empregado pela Administração no sistema do direito positivo em vigor. A própria Constituição Federal reconhece a legitimidade da atividade contratual da Administração, desde que observados os princípios do regime jurídico-administrativo, ao prever, por exemplo:

(i) que as obras, serviços, compras e alienações, caso contratadas, devem sê-lo mediante processo administrativo;[25]

(ii) o contrato de concessão de serviço público;[26]

(iii) a sujeição dos contratos celebrados pelas empresas estatais (empresas públicas e sociedades de economia mista) a regime jurídico especial distinto dos demais contratos da Administração;[27]

(iv) contratos da União destinados a viabilização das atividades econômicas sujeitas à monopólio estatal;[28] bem como,

(v) a possibilidade da celebração de contratos de trabalho pela Administração, desde que precedidos de processo administrativo.[29]

Ressalte-se que a Lei Maior confere à União a competência legislativa para expedir normas gerais sobre os contratos firmados pela Administração. Atualmente, as normas gerais sobre os contratos da Administração são veiculadas pela Lei Federal 8.666, de 21.6.1993. Embora seja um diploma legal que enfrente justa antipatia na doutrina administrativa, ele introduz no sistema do direito positivo alguns preceitos imprescindíveis para a compreensão da atividade contratual da Administração.

Em seu art. 1º, a Lei Federal 8.666/1993 faz referência à disciplina de "contratos administrativos pertinentes à obras, serviços, inclusive de publicidade, compras, alienações e locações no âmbito dos Poderes de União, dos Estados, do Distrito Federal e dos Municípios", estendendo ainda a incidência das normas por ela introduzidas a todas as entidades da administração pública indireta. Ao se visitar o enunciado do art. 2º, *caput*, da Lei Federal 8.666/1993, reforça-se a norma constitucional que exige a prévia realização de licitação pública para a contratação de obras, serviços, compras, alienações, concessões, permissões e locações pela Administração, salvo nas hipóteses em que esse processo é dispensável ou inexigível.

A Lei Federal 8.666/1993 chega, no parágrafo único do art. 2º, a definir contrato,

23. Cf. Carlos Ari Sundfeld, ob. cit., pp. 199-203.

24. Cf. Maria Sylvia Zanella Di Pietro, ob. cit., pp. 245-248.

25. Ver Constituição Federal, art. 37, *caput*, e XXI. Esses contratos devem ser precedidos de licitação ou de processo de contratação direta (dispensa ou inexigibilidade de licitação).

26. Ver art. 175, *caput*, e parágrafo único, I, da Constituição Federal.

27. Ver arts. 22, XXVII, e 173, § 1º, III, Constituição Federal.

28. Ver art. 177, § 1º, da Constituição Federal.

29. Ver arts. 37, I, II e IX, e 39, da Constituição Federal. Nesse caso, a Lei Maior exige o concurso público ou um processo seletivo simplificado (este diante de situações excepcionais).

para os fins de sua incidência, como "todo e qualquer ajuste entre órgãos ou entidades da Administração Pública e particulares, em que haja um acordo de vontade para a formação de vínculo e a estipulação de obrigações recíprocas, seja qual for a denominação utilizada".[30] Mais à frente, esse diploma legal torna aparentemente difícil o acolhimento da doutrina que classifica essas avenças em contratos de direito privado da Administração e contratos administrativos:

(i) ao estabelecer que os contratos administrativos "regulam-se pelas cláusulas e pelos preceitos de direito público, aplicando-se-lhes, supletivamente, os princípios da teoria geral dos contratos e as disposições de direito privado" (art. 54); e,

(ii) ao determinar a aplicação de determinadas "cláusulas exorbitantes" para os "contratos de seguro, de financiamento, de locação em que o Poder Público seja locatário, e aos demais cujo conteúdo seja regido, predominantemente, por norma de direito privado" e para os "contratos em que a Administração for parte como usuária de serviço público" (art. 65, § 3º).

Não se deve olvidar que a Lei Federal 8.666/1993 não é o único diploma legal orientado para a regulação jurídica dos contratos celebrados pela Administração. As concessões e permissões de serviço público,[31] os contratos que tem por objeto a utilização de bens públicos[32] e os contratos de emprego público[33] são regidos por leis específicas. Todavia, esse instrumento introdutor apresenta elementos muito relevantes para o deslinde da questão.

Feitas essas considerações, mostra-se possível expor uma posição consistente sobre a existência dos contratos administrativos.

Em primeiro lugar, a presença de cláusulas exorbitantes no ajuste não descaracteriza a sua natureza contratual. Podem ser surpreendidas duas espécies básicas de cláusulas no contrato administrativo:[34]

(i) as cláusulas regulamentares ou de serviço, determinadas unilateralmente pela Administração, que dispõem sobre objeto do contrato e sua execução; e,

(ii) as cláusulas econômicas, pertinentes à equação econômico-financeira que foi ajustada entre Administração e terceiro,[35] as quais devem ser respeitadas por aquela no exercício de suas prerrogativas.

E, não se nega que o exercício das cláusulas exorbitantes é efetuado por meio de ato unilateral e que essas prerrogativas são indispensáveis para o interesse público, sendo insuscetíveis de derrogação por vontade das partes envolvidas na avença.

Todavia, segundo Carlos Ari Sundfeld,[36] os contratos administrativos têm natureza contratual porque:

(i) as relações constituídas por esses negócios jurídicos são oriundas de um acordo de vontades firmado entre Administração e terceiro, e não por um ato unilateral dotado de imperatividade;[37]

(ii) há a contraposição de interesses, na qual Administração visa objeto necessá-

30. Malgrado a expressão "obrigações recíprocas", Marçal Justen Filho (*Comentários à Lei de Licitações e Contratos Administrativos*, p. 42) adverte que o contrato administrativo pode ser unilateral, isto é, prever obrigação para apenas uma das partes. A doação é apontada como exemplo.

31. Ver Lei Federal 8.987, de 13.2.1995, bem como a legislação das agências reguladoras de serviços públicos. Há controvérsias quanto à natureza contratual da permissão de serviço público, diga-se de passagem. Cf. Celso Antônio Bandeira de Mello, ob. cit., pp. 671-682.

32. Ver Lei Federal 9.636, de 15.5.1998, por exemplo.

33. Ver Lei Federal 9.962, de 22.2.2000.

34. Roberto Ribeiro Bazilli, ob. cit., p. 89.

35. A doutrina costuma empregar a palavra "terceiro" ao invés de "administrado", haja vista a possibilidade jurídica do contrato administrativo envolver autarquia. Cf. Carlos Ari Sundfeld, ob. cit., p. 215.

36. Ob. cit., p. 212.

37. Sobre o assunto, assevera Lúcia Valle Figueiredo: "A Administração, que dispõe do *po-*

rio a um interesse público específico e o terceiro, um interesse patrimonial legítimo;[38] e,

(iii) deve haver uma equivalência entre as prestações convencionadas no negócio jurídico.

Afirma Sundfeld que o peculiar do contrato administrativo, quando comparado com os demais contratos, reside no grau de indeterminação das prestações nele ajustadas, por força das cláusulas exorbitantes, alertando com bastante precisão: "Porém, o vínculo obrigacional em si não é instável, porquanto à definição (ou redefinição) exata do objeto, procedida pela Administração no curso da execução, corresponde uma definição (ou redefinição) do montante da remuneração do particular, nos termos da equação econômico-financeira consensualmente estabelecida, e que é intangível. Em outras palavras: no contrato administrativo em sentido estrito, a Administração tem o poder de, por variados atos posteriores à sua celebração, determinar exatamente o objeto do vínculo, mas não tem a faculdade de escapar dele mesmo (nem mesmo quando dão por findo o contrato antes do prazo, porque também nesse caso há reflexos patrimoniais determinados pela equação econômico-financeira)".[39]

Em segundo lugar, o sistema do direito positivo admite o emprego de preceitos de direito privado pela Administração, desde que estes não sejam incompatíveis com os princípios do regime jurídico-administrativo. Aqui, o interesse público demanda o recurso ao direito privado para a sua concretização. O emprego do regime jurídico empresarial às empresas públicas e sociedades de economia mista representa um bom exemplo disso.

Deve ser ressaltado, contudo, que a Administração não deixa de ficar submetidas a sujeições inteiramente estranhas para o particular, na aplicação do regime jurídico do direito privado. É manifestamente ilegal, por exemplo, a demissão de empregado público que foi realizada sem a observância de preceitos caros ao regime jurídico-administrativo, como a motivação, o contraditório e a ampla defesa.

Isso acontece em virtude do princípio da legalidade administrativa, ao submeter ação administrativa ao que for autorizado pela lei.[40] A lei impõe essas limitações à Administração, com intuito de assegurar a indisponibilidade do interesse público e os direitos dos administrados. Noutro giro: nas relações jurídico-privadas que envolvem a Administração, as prerrogativas usualmente reconhecidas aos particulares podem sofrer restrições e condicionamentos para evitar que a gestão do interesse público fique ao inteiro alvedrio do administrador.

Assim, com base nos enunciados normativos supracitados, pode se afirmar a existência do gênero contrato da Administração, que abrange duas espécies:

(i) os contratos administrativos; e,

(ii) os contratos de direito privado da Administração.

Nos contratos administrativos, há a presença obrigatória das cláusulas exorbitantes, que asseguram à Administração uma posição de supremacia para a melhor tutela do interesse público. São prerrogativas decorrentes princípio da prevalência do inte-

der extroverso no ato administrativo, poder de constranger unilateralmente, *não pode obrigar a pactuar*" (*Curso de Direito Administrativo*, p. 468). Cf. Marçal Justen Filho, ob. cit., p. 41.

38. Marçal Justen Filho (ob. cit., p. 668) lembra a que a presença de interesses contrapostos não é imprescindível para a conformação de um vínculo contratual. Isso seria característica de uma espécie de contrato (o contrato "comutativo" ou "distributivo"), havendo também o contrato "cooperativo", no qual as partes fixam um objetivo comum, como nos contratos societários. O contrato administrativo seria uma espécie de contrato comutativo.

39. Ob. cit., pp. 212-213. Alerte-se que no trecho adiante transcrito, o jurista paulista usa expressão "contrato administrativo em sentido estrito", em virtude de sua oposição à existência de contratos de direito privado da Administração.

40. Hely Lopes Meirelles, *Direito Administrativo Brasileiro*, p. 82.

resse público sobre o interesse privado, e que são indisponíveis para a Administração, não podendo ser afastadas por qualquer acordo de vontades. Os contratos administrativos compreendem a prestação de serviços públicos, a utilização privativa de bens públicos de uso comum ou de uso especial, a aquisição de bens e serviços indispensáveis para as atividades administrativas, e as alienações demandadas pelo interesse público.

Não se deve esquecer que nos contratos administrativos, as cláusulas exorbitantes prescindem de previsão contratual. Também seja ressaltado que os preceitos de direito privado tem aplicação subsidiária nessas convenções, por força do art. 54 da Lei Federal 8.666/1993.

Os contratos de direito privado da Administração são subordinados aos preceitos do regime jurídico de direito privado que sejam compatíveis com o regime jurídico-administrativo. O conteúdo desses pactos é regido predominantemente por normas de direito privado, embora o ordenamento jurídico imponha limitações à Administração que somente obrigariam os particulares se estes assim consentissem.

Ao empregar a expressão "no que couber", o art. 65, § 3º, da Lei Federal 8.666/1993, o ordenamento jurídico confere à Administração a prerrogativa da apreciar a conveniência e a oportunidade do emprego de algumas cláusulas exorbitantes nos contratos de direito privado da Administração. O que demanda, por conseguinte, previsão contratual para a sua admissibilidade.[41]

Contudo, nem todos os contratos de direito privado da Administração admitem cláusulas exorbitantes. Os contratos civis, mercantis e de trabalho firmados pelas empresas públicas e sociedades de economia mista não devem prever a essas entidades prerrogativas estranhas àquelas previstas para os particulares em geral.[42]

Assim, é possível compreender os contratos administrativos como as declarações convencionais emitidas pela Administração e terceiro, que introduzem normas jurídicas individuais destinadas à regulação de interesses contrapostos, sob um regime jurídico-administrativo.

Referências bibliográficas

BANDEIRA DE MELLO, Celso Antônio. *Curso de Direito Administrativo*. 13ª ed., São Paulo, Malheiros Editores, 2001.

BANDEIRA DE MELLO, Oswaldo Aranha. *Princípios Gerais do Direito Administrativo*. v. 1, 2ª ed., Rio de Janeiro, Forense, 1979.

BAZILLI, Roberto Ribeiro. *Contratos Administrativos*. São Paulo, Malheiros Editores, 1996.

DINIZ, Maria Helena. *Curso de Direito Civil Brasileiro (Teoria Geral do Direito Civil)*. v. 1, 17ª ed., São Paulo, Saraiva, 2001.

______. *Curso de Direito Civil Brasileiro (Teoria Geral das Obrigações Contratuais e Extracontratuais)*. v. 3, 16ª ed., São Paulo, Saraiva, 2001.

DI PIETRO, Maria Sylvia Zanella. *Direito Administrativo*. 15ª ed. São Paulo, Jurídico Atlas, 2003.

FIGUEIREDO, Lúcia Valle. *Curso de Direito Administrativo*. 4ª ed. São Paulo, Malheiros Editores, 2000.

FRANÇA, Vladimir da Rocha. *Invalidação Judicial da Discricionariedade Administrativa no Regime Jurídico-Administrativo Brasileiro*. Rio de Janeiro, Forense, 2000.

JUSTEN FILHO, Marçal. *Comentários à Lei de Licitações e Contratos Administrativos*. 8ª ed., São Paulo, Dialética, 2002.

KELSEN, Hans. *Teoria Pura do Direito*. 3ª ed. Trad. João Baptista Machado. São Paulo, Martins Fontes, 1991.

MEIRELLES, Hely Lopes. *Direito Administrativo Brasileiro*. Atualizada por Eurico de Andrade Azevedo *et al*. 26ª ed., São Paulo, Malheiros Editores, 2001.

SILVA, José Afonso da. *Curso de Direito Constitucional Positivo*. 21ª ed., São Paulo, Malheiros Editores, 2002.

SUNDFELD, Carlos Ari. *Licitação e Contrato Administrativo de acordo com as Leis ns. 8.666/1993 e 8.883/1994*. São Paulo, Malheiros Editores, 1994.

41. Cf. Maria Sylvia Zanella Di Pietro, ob. cit., pp. 246-247. Marçal Justen Filho (ob. cit., pp. 543-544) entende que, nessas avenças, deve se garantir ao particular o direito de optar entre o restabelecimento da equação financeira e a extinção do vínculo, não sendo portanto lícita a rescisão unilateral nesse caso.

42. Ver art. 173, § 1º, II, da Constituição Federal.

LIQUIDAÇÃO EXTRAJUDICIAL *EX OFFICIO*: NECESSIDADE NA ESFERA ADMINISTRATIVA DE PRÉVIA INTERVENÇÃO E DO DEVIDO PROCESSO LEGAL COM MOTIVAÇÃO DA DECISÃO. NATUREZA DA RELAÇÃO JURÍDICA ENTRE AGENTES FINANCEIROS E O FUNDO DE GARANTIA DOS DEPÓSITOS E LETRAS IMOBILIÁRIAS (FGDLI)

CELSO ANTÔNIO BANDEIRA DE MELLO

Titular de Direito da Pontifícia Universidade Católica de São Paulo — PUC/SP

O ilustre advogado Dr. Bento de Barros Ribeiro expõe-nos os fatos abaixo, formulando, em face deles, a seguinte

CONSULTA

"O *Diário Oficial da União*, de 11 de fevereiro de 1985, publicou os atos de decretação de liquidação extrajudicial das empresas Sulbrasileiro Crédito Imobiliário S/A, sediada em Porto Alegre e Sulbrasileiro SP Crédito Imobiliário S/A, sediada em São Paulo, nomeando liquidantes para geri-las.

A liquidação extrajudicial das citadas empresas invocou como base "representação fundamentada do Banco Nacional de Habitação, de 7 de fevereiro de 1986", isto é, datada de quatro dias antes da *publicação* das liquidações, *que se deu em uma segunda feira*. Logo, com o intervalo de um dia útil entre a data mencionada e o dia em que foi publicada. Tal representação, ademais, jamais foi apresentada aos sócios e aos administradores das empresas liquidadas, não tendo sido tampouco publicada no *Diário Oficial da União*. As empresas, seus sócios e dirigentes foram, pois, deliberadamente, colhidos de surpresa. O Banco Central do Brasil e o extinto Banco Nacional de Habitação (BNH) não instauraram processos, ainda que sumaríssimos, nos quais ouvissem os alcançados pelos atos, praticados sem qualquer manifestação de contraditório. Afora a tal "representação fundada do Banco Nacional de Habitação", o Banco Central do Brasil, para as liquidações, invocou o art. 15, inciso I, letras *b* e *c* da Lei 6.024, de 13.3.1974.

Quando da liquidação, a Caixa a Econômica Federal, como gestora do Fundo de Garantia dos Depósitos e Letras Imobiliárias (FGDLI) habilitou-se como credora pelo valor das contas de poupança e o liquidante determinou a inclusão da Caixa no quadro geral de credores e "pagou" a conta do FGDLI imputada à Sulbrasileiro SP Crédito Imobiliário S/A. No Rio Grande do Sul, com relação à empresa Sulbrasileiro Crédito Imobiliário S/A, o liquidante, em nome dela, "confessou" a dívida do FGDLI em favor da Caixa Econômica.

O FGDLI foi criado pela Resolução RC-3 de 1967, do Conselho de Administração do extinto BNH, a teor dos arts. 17, IV, e 18, VII, da referida Lei 6.024, cuja finalidade, consoante estabelece seu item 1, é a de "garantir financeiramente, em seu vencimento, a integridade das poupanças do público aplicadas nas sociedades e carteiras de crédito imobiliária e associações de poupança e empréstimos, contra o risco de insolvência da empresa".

Em face do exposto, pergunta-se:

I — No sistema da Constituição vigente à época da liquidação extrajudicial das mencionadas empresas e no sistema da atual Constituição seria necessário que os atos de liquidação extrajudicial das empresas fossem antecedidos de processos administrativos, ainda que sumários, nos quais os interessados (sócios e dirigentes das Companhias) fossem ouvidos? Em caso afirmativo, tais atos administrativos estariam eivados de nulidade?

II — A simples menção, nos atos de liquidação, à "representação fundamentada do Banco Nacional de Habitação", que jamais foi apresentada aos responsáveis pelas empresas afetadas e também não foi publicada no *Diário Oficial da União*, apanhando de surpresa as liquidandas, constitui-se em motivação suficiente para os sobreditos atos administrativos?

III — A simples invocação de dispositivos legais constantes das alíneas *b* e *c* do inciso I do art. 15 da Lei 6.024, de 13.3.1974, sem especificação das condutas que presumidamente as teriam violado, bastaria para motivar validamente os decretos de liquidação extrajudicial das aludidas empresas? Se não bastar, os atos em questão estariam maculados de nulidade?

IV — Ante os termos da mencionada Lei 6.024 e da Resolução RC-3 do Conselho de Administração do extinto BNH, qual a natureza jurídica das relações constituídas entre os Agentes Financeiros e o Fundo de Garantia dos Depósitos e Letras Imobiliárias (FGDLI)?

V — Considerando a natureza jurídica do FGDLI e das relações entretidas entre ele e as sociedades de crédito imobiliário seria legítima a habilitação de crédito do FGDLI, através de seu gestor à época, a Caixa Econômica Federal, sem antes ser acertado, através de processo judicial, a responsabilidade das sociedades de crédito imobiliário pelos pagamentos?

VI — Considerando a natureza jurídica do FGDLI e das relações entretidas com ele pelas sociedades de crédito imobiliário, bem como as condições em que foram decretadas as liquidações extrajudiciais em apreço, a débito de quem deveria ser levado o montante relativo à cobertura das contas de poupança transferidas para outras instituições financeiras congêneres?"

Às indagações respondo nos termos que seguem.

Parecer

1. Dispõe o art. 5º, LIV, da Lei Magna: "ninguém será privado da liberdade ou de seus bens sem o devido processo legal".

Estatui o inciso LV do mesmo artigo: "aos litigantes, em processo judicial ou administrativo, e *aos acusados em geral* são assegurados o contraditório e ampla defesa, com os meios e recursos a ela inerentes".

Assim, está estampadamente claro na Constituição do País que a Administração Pública não pode investir contra a liberdade ou contra a propriedade das pessoas sem antes cumprir a seqüência itinerária de atos que se constituam em um processo regular, assegurada ampla defesa, quando se trate de adotar providência conducente a qualquer medida gravosa que intente tomar em relação a estes bens jurídicos. Vale dizer: a "privação" deles está condicionada ao "devido processo legal", sem o que será nula, por inconstitucional.

De resto, como se vê, na linguagem do inciso LV, se a providência a ser adotada pretender-se fundada no propósito de sancionar, de reprimir conduta do administrado havida como censurável, será, de todo modo, assegurado o contraditório e ampla defesa, mesmo que a Administração tenha se omitido em assumir, por declaração formal, a existência de processo administrativo instaurado. Deveras, como assinala a doutrina, o texto em questão, além de referir processo administrativo ou judicial, menciona "e aos acusados em geral", prevenindo, dessarte, com esta locução compreensiva, qualquer fraude ao espírito que o animou.

Ou seja: basta que o ato restritivo pressuponha um comportamento indevido imputado explícita ou implicitamente a alguém para que a Administração, antes de agir contra ele, tenha que assegurar-lhe previamente contraditório e ampla defesa. Este é o princípio, excepcionado apenas em algumas hipóteses limite em que a ausência de medida tomada incontinenti acarretaria o perecimento do bem jurídico que o Poder Público estaria adstrito a defender — casos nos quais a ouvida da parte só poderia ser feita *a posteriori*. Valham como exemplo a dissolução pela polícia de segurança de uma passeata que se transmuda em depredação de bens públicos e ou particulares, a destruição parcial de uma propriedade, interrompendo sua contigüidade a imóvel vizinho, efetuada por bombeiros, para evitar que incêndio de grandes proporções se alastre às edificações confinantes etc.

2. A origem longínqua do "devido processo legal" (o *due process of law*) remonta, como se sabe, à Magna Carta que João Sem Terra, em 1215, foi compelido a conceder aos barões. Em seu art. 39 este documento feudal assegurava que nenhum homem livre teria sua liberdade ou propriedade sacrificados, salvo na conformidade da *law of the land*. Tratava-se, na verdade, de uma defesa contra o arbítrio real e a consagração de um direito a julgamento, efetuado pelos próprios pares, na conformidade do direito costumeiro (a "lei da terra"), ou seja: o direito assente e sedimentado nos precedentes judiciais, os quais exprimiam a *common law*. Esta expressão *law of the land*, cerca de um século depois, sob Eduardo III, em 1354, no *Statute of Westminster of the Liberties of London*, foi substituída por *due process of law*.

Ao trasladar-se a idéia nelas abrigada para as colônias americanas, antes e depois da independência prevaleceu a expressão *law of the land*, até a Constituição de Nova Iorque, de 1821, que foi a primeira a incorporar em seu texto a dicção *due process of law*. Esta terminologia, entretanto — que, a final, seria a definitivamente consagrada — já havia entrado na Constituição norte-americana, através da Emenda V, aprovada em 1789 e ratificada pelos Estados em 15.12. 1791. Inicialmente concebida como garantia puramente processual (*procedural due process*), evoluiria ao depois, mediante construção pretoriana da Suprema Corte norte-americana, para converter-se em garantia também "substancial" (*substantive due process*) conforme abertura possibilitada pela Emenda XIV (*equal protetion of the laws*), abrigando e expandindo a idéia de resguardo da vida, da liberdade e propriedade, inclusive contra legislação opressiva, arbitrária, carente de razoabilidade.[1] Demais disto, como anota Carlos Roberto Siqueira Castro: "Do

1. Cf. ao respeito, na doutrina nacional, entre outros, dos quais recolhemos estas anotações: Ada Pellegrini Grinover, *As Garantias Constitucionais do Direito de Ação*, São Paulo, Ed. RT, 1973, Caps. I, II e III; Carlos Roberto de Siqueira Castro, *O Devido Processo Legal e a Razoabilidade das Leis*

campo processual penal e civil a garantia do devido processo legal alastrou-se aos procedimentos travados na Administração Pública, impondo a esses rigorosa observância dos princípios da legalidade e da moralidade administrativa. Por sua crescente e prestigiosa aplicação, acabou por transformar-se essa garantia constitucional em princípio vetor das manifestações do Estado contemporâneo e das relações de toda ordem entre o Poder Público, de um lado, e a sociedade e os indivíduos de outro".[2]

De seu turno, Ada Pellegrini, citando Comoglio, expõe que, na conformidade da lição do autor, entre as conseqüências do elemento "igualdade", ínsito na noção de devido processo legal, contam-se as de que "os princípios constitucionais de probidade processual aplicam-se sempre que o indivíduo possa sofrer uma perda quanto à vida, a liberdade ou à propriedade, *independentemente da natureza do órgão* perante o qual a *deprivation* deva concretamente efetivar-se" e, demais disto, que "conseqüentemente; a cláusula é requisito de constitucionalidade no tocante a qualquer procedimento (*mesmo administrativo, tributário ou arbitral*) pelo qual possa ocorrer a perda de direitos individuais constitucionalmente garantidos".[3]

na Nova Constituição do Brasil, Rio de Janeiro, Forense, 1989, Caps. II e III; Adhemar Ferreira Maciel, "*Due Process of Law*", in *Perspectivas do Direito Público*, obra coletiva de *Estudos em Homenagem a Miguel Seabra Fagundes*, Belo Horizonte, Del Rey, 1995, pp. 409 a 418; Lúcia Valle Figueiredo, "Princípios constitucionais do processo", in *RTDP*, 1993, v. 1/118, "O devido processo legal e a responsabilidade do Estado...", in *RTDP*, 1995, v. 11/5 e "Estado de Direito e devido processo legal", in *RTDP*, 1996, v. 15/35; Dinorá Adelaide Musetti Grotti, "Devido processo legal e o procedimento administrativo", in *RTDP*, 1997, v. 18/34; Cármen Lúcia Antunes Rocha, "Princípios constitucionais do processo administrativo no Direito Brasileiro", in *RTDP*, 1997, v. 17/6 e Geraldo Brindeiro, "O devido processo legal e o Estado Democrático de Direito", in *RTDP*, 1997, v. 19/50.

2. Ob. cit., pp. 40-41.

3. Ob. cit., pp. 40 e 41 (os grifos são nossos).

3. Compreende-se que tenha ocorrido a completude desta trajetória ampliativa no Estado de Direito, pois é da essência dele o enquadramento da conduta estatal dentro de limites jurídicos, tanto materiais como formais. Com efeito, o próprio do Estado de Direito é subordinar o exercício do poder público à obediência de normas adrede concebidas para conformar-lhe a atuação, prevenindo, dessarte, seu uso desatado ou descomedido. Deveras, o propósito que nele se consubstancia é o de oferecer a todos os integrantes da Sociedade segurança de que não serão amesquinhados pelos detentores do Poder nem surpreendidos com medidas e providências interferentes com a liberdade e a propriedade sem cautelas preestabelecidas para defendê-las eficazmente.

Tal enquadramento da conduta estatal em pautas balizadoras, como se disse e é universalmente sabido, concerne tanto a *aspectos materiais* — pelo atrelamento do Estado a determinados fins antecipadamente propostos como os validamente perseguíveis — quanto a *aspectos formais*, ou seja, relativos ao preestabelecimento dos meios eleitos como as vias idôneas a serem percorridas para que, através delas — e somente através delas — possa o Poder Público exprimir suas decisões. Estes últimos concernem à prévia definição dos *processos* que canalizarão as manifestações estatais.

4. A indicação das *formas adequadas* para aportar nos fins buscados define o *modus procedendi* obrigatório para o Poder Público, com o que sua atuação fica inserida na intimidade de uma trilha cujo percurso correto é a maior garantia para o atendimento dos bens jurídicos que o Estado de Direito visa resguardar.

Não por acaso disse Yhering que: "a forma é a maior inimiga do capricho e irmã gêmea da liberdade". O processo é uma "formalização" do comportamento.

Na mesma linha de idéias, vale colacionar as seguintes judiciosas averbações da eminente constitucionalista Cármen Lucia Antunes Rocha:

"A história do processo retrata a própria história do homem em sua luta pela democratização da relação do poder e com o poder."

"O processo reflete uma forma de convivência estatal civilizada segundo parâmetros previamente determinados pelo Direito posto à observância de todos. A civilização é formal. As formas desempenham um papel essencial na convivência civilizada dos homens; elas delimitam espaços de ação e modos inteligíveis de comportamento para que a surpresa permanente não seja um elemento de tensão constante do homem em seu contato com o outro e em sua busca de equilíbrio na vivência com o outro e, inclusive, consigo mesmo."[4]

"Fora daí, não há solução para a barbárie e para a descrença no Estado. Sem confiança nas instituições jurídicas, não há base para a garantia nas instituições políticas. O processo é, pois, uma garantia da Democracia realizável pelo Direito, segundo o *Direito e para uma efetiva justiciabilidade*."[5]

"Como instrumento realizador desses princípios de Justiça, segurança e interesse público, o processo baliza-se segundo os elementos nos quais eles se compõem e se decompõem, pois o meio presta-se aos fins e não o contrário. O processo é um instrumento de exercício do poder. Assim, a democracia política e mesmo a democracia social tem no processo uma forma de manifestação e realização dos seus princípios."[6]

Pouco além, referindo-se ao processo administrativo anotou:

"O processo administrativo democrático não é senão o encontro da segurança jurídica justa. Ela é uma das formas de concretização do princípio da legitimidade do poder, à medida em que se esclarecem e se afirmam os motivos das decisões administrativas. Tais decisões são questionadas e deslindadas no processo administrativo e, nesse sede, o poder no exercício do qual elas forma adotadas recebe a sua condição legítima própria. Quanto mais democrático for o processo administrativo mais demonstrativo ele é da essência e prática do exercício do poder em determinado Estado."[7]

"É, pois, para a realização dos princípios democráticos legitimadores do exercício do poder que se põe o processo administrativo como instrumento de ação do agente público, gerando-se em sua base jurídica o conjunto elementar dos subprincípios que dão ao cidadão a segurança de aplicação eficiente do Direito justo."[8]

5. Ocorre que o Estado contemporâneo caracteriza-se pela multiplicação das finalidades que lhe foram reconhecidas como próprias e pela intensificação de seus poderes. Uma e outra foram havidas como necessárias à promoção do progresso e à organização das relações sociais e econômicas em vista de satisfazer objetivos considerados, na atualidade, pertinentes à esfera pública. Tanto razões ideológicas quanto reclamos ditados pela sofisticação e complexidade da vida moderna, ensejados pelo avanço tecnológico, acarretaram tais mudanças.

Por força destas transformações, a proteção dos indivíduos não mais resulta, sobretudo, da prévia delimitação das finalidades perseguíveis pelo Estado, mas reside ***especialmente*** na prefixação dos *meios*, *condições* e *formas* a que se tem de cingir para alcançá-las.

É no *modus procedendi*, é no atendimento às formas e condições disciplinadoras do comportamento do Poder Público, é em suma, na rigorosa obediência ao *due process of law* que residem as garantias dos indivíduos e grupos sociais personalizados. Sem isto, os membros do corpo social ficariam

4. "Princípios constitucionais do processo administrativo no Direito Brasileiro", *Revista Trimestral de Direito Público* 17/1997, pp. 5-6.

5. Idem, p. 6.

6. Idem, p. 7.

7. Idem, pp. 7-8.

8. Idem, pp. 10-11.

inermes ante o agigantamento dos poderes de que veio a dispor o Estado como consectário natural das necessidades da sociedade moderna.

Bem por isso, a legislação em todos os Países esmera-se em clausular a ação do Estado mediante enunciação dos pressupostos condicionadores do exercício de seus poderes e em formalizar cada vez mais acentuadamente o "processo" (ou "procedimento" como querem outros dizer) através do qual se formam as decisões estatais. Ou seja: regula-se o *iter* formativo da medida a ser imposta aos administrados.

Então, como a passagem do poder em abstrato (competência) para sua expressão em concreto (ao ato final) transita por providências intermédias, preestabelecidas, pode-se controlar a correção e procedência do que foi decidido. Verifica-se, pois, se a Administração tinha motivos reais para agir como agiu e se atendeu ao que deveria atender para chegar à decisão que chegou ou se, reversamente, sua conduta foi caprichosa, aleatória, desabrida ou simplesmente precipitada, mais extensa ou mais intensa do que o indispensável.

6. À vista disto, tornou-se comum nos doutrinadores contemporâneos do direito público falarem em "jurisdicionalização do procedimento administrativo" para aludir, precisamente, ao conjunto das providências que visam assegurar uma correta formalização no surgimento da "vontade" da Administração, de molde a obter-se, simultaneamente, eficiência em sua atuação e garantia aos administrados.

Eduardo García de Enterría e Tomás-Ramón Fernández, expoentes do direito público em nosso tempo, observaram que entre as garantias da posição jurídica dos administrados: "El procedimiento administrativo es la primera de esas garantías, en tanto que supone que la actividad de la Administración tiene que canalizarse obligadamente a través de unos cauces determinados como requisito mínimo para que pueda ser calificada de legítima".[9]

O mesmo Tomás-Ramón Fernández anota que, dessarte, complementa-se a garantia de defesa em sede jurisdicional por dois ângulos: de um lado porque — uma vez disciplinada a conduta administrativa desde o primeiro ato propulsivo até o ato final — impede que os interesses do administrado sejam considerados apenas *ex post facto*, vale dizer, depois de atingidos, pois oferece oportuni-dade ao interessado de exibir suas razões antes de ser afetado. De outro lado, o procedimento administrativo revela-se de grande utilidade para complementar a garantia da defesa jurisdicional porquanto, em seu curso, aspectos de conveniência e oportunidade passíveis de serem levantados pelo interessado podem conduzir a Administração a comportamentos diversos dos que tomaria, em proveito do bom andamento da coisa pública e de quem os exibiu em seu interesse. Ora, tais aspectos não poderiam ser objetos de apreciação na via jurisdicional, que irá topar com o ato sem poder levar em conta senão a dimensão da legalidade.[10]

É, de resto, esta faceta a que se acaba de aludir que põe em pauta um segundo bem jurídico alcançado por tal meio, a saber: concorre-se para uma decisão mais bem informada, mais conseqüente, mais responsável, auxiliando, assim, a eleição da melhor solução para os interesses públicos em causa, pois a Administração *não se faz de costas para os interessados*, mas, pelo contrário, toma em conta aspectos relevantes por eles salientados e que, de outro modo, não seriam, talvez, sequer vislumbrados.

7. O quanto até aqui se anotou torna visível que o devido processo — donde, a ouvida formal do interessado, seu direito de

9. *Curso de Derecho Administrativo*, 2ª ed., v. II, Madri, Civitas, pp. 381-382.

10. *Curso de Derecho Administrativo*, reimpressão da 3ª ed., v. I, Madri, Civitas, 1981, pp. 384-385.

pleno conhecimento dos elementos do expediente, a possibilidade de produzir instrução probatória, em suma, a ampla defesa, com os meios e recursos a ela inerentes — *são da própria essência do Estado de Direito.*

Deveras, à falta disto, não se asseguraria aos administrados a concretização do fundamento do Estado de Direito — qual seja o de que "todo poder emana do povo e em seu nome será exercido" — e muito menos a realização do projeto nele contido: subordinar o exercício do poder a trâmites que acautelem seu uso injusto ou descomedido; impedir a adoção de medidas inopinadas que ponham em sobressalto os membros da Sociedade e lhes dificultem, embarguem ou elidam a possibilidade de obstar agravos à liberdade e à propriedade decididos e executados caprichosa, sectária ou apenas precipitadamente ou mesmo efetuados em intensidade ou extensão mais amplos do que os requeridos para atendimento dos interesses que os justificariam.

Uma vez que o devido processo legal é da essência do Estado de Direito, ter-se-á de concluir que a ausência de menção constitucional expressa não significa que haja sido postergada ou dispensada sua observância obrigatória, se a Constituição do País proclama "que todo poder emana do povo e em seu nome será exercido"; se adota a tripartição do exercício do poder; se prevê mandatos temporários e eleição para Legislativo e Executivo; se estabelece ingresso no Judiciário por concurso, outorgando aos magistrados predicamentos garantidores de independência; se procede a arrolamento de direitos e garantias individuais afirmando a inviolabilidade da vida, da liberdade, da segurança e da propriedade; se afiança que a lei assegurará aos acusados ampla defesa com os meios e recursos a ela inerentes; se declara garantido o direito de propriedade salvo desapropriação mediante indenização justa e prévia e, demais disto, se proclama que a especificação de direitos e garantias nela estabelecida "não exclui outros direitos e garantias decorrentes do regime e dos princípios que adota". Se uma Constituição acolhe tais princípios, *ipso facto*, propõe-se a consagrar um Estado de Direito com vetores democráticos; logo, traz consigo todas as implicações que lhe são inerentes. Era o que ocorria com a Carta de 1969.

8. Eis porque, mesmo antes da Constituição de 1988 incluir expressamente no rol protetor a norma segundo a qual "ninguém será privado da liberdade ou de seus bens sem o devido processo legal" ou o aclaramento cauteloso de que a ampla defesa (já dantes prevista em precedentes textos desta envergadura) abrangia processos judiciais e administrativos, é claro que, de direito, já vigorava plenamente a proteção do devido processo legal em face de quaisquer órgãos do Poder Público. A referência constitucional explícita mais não significou senão advertência contra o risco de eventual desconhecimento de valores jurídicos impostergáveis no Estado de Direito, por serem princípios gerais dele em ordenamentos desta tipologia; logo, obrigatórios, visto que, como disse o nunca assaz lembrado Eduardo García de Enterría: "Conviene recordar a este propósito que los principios generales del Derecho son una condensación de los grandes valores jurídicos materiales que constituyen el *substractum* del Ordenamiento y de la experiencia reiterada de la vida jurídica. No consisten, pues, en una abstracta e indeterminada invocación de la justicia o de la consciencia moral o de la discreción del juez, sino, más bien, en la expresión de una justicia material especificada técnicamente en función de los problemas jurídicos concretos y objetivada en la lógica misma de las instituciones".[11]

9. Assim, ainda em 1975, sob o império da Carta de 1969, o Prof. Persio de Oliveira Lima (que muitos anos depois seria Desembargador no TRF da 3ª Região), em atenção ao caráter principiológico do devido processo, propõe o problema de sua vi-

11. *Curso...*, cit., p. 400.

gência em face de leis que pretendessem desconhecê-lo e oferece a conseqüente resposta:

"Mas, seria esta cláusula do *due process of law*, aceita nos sistemas jurídicos da *common law*, aplicável também ao sistema jurídico brasileiro?

"Parece nos que sim, pois consta da art. 153, § 35, da Constituição Federal: 'A especificação dos direitos e garantias expressas nesta Constituição não exclui outros direitos e garantias decorrentes do regime e dos princípios que ela adota'.

"Diante deste dispositivo, que garante a proteção dos princípios constitucionais implícitos e dos direitos derivados da natureza do regime, é forçoso reconhecer que a própria Constituição não admite abusos do Poder Legislativo que venham a configurar uma agressão aos valores prestigiados pelo sistema jurídico nacional.

"Qualquer norma de um sistema jurídico, para ser válida, precisa se amoldar à sistemática que decorre dos princípios agasalhados pelo sistema. Conforme ensina Geraldo Ataliba, 'sistemática é o *principium relationis* do sistema, é a própria harmonia fundamental ínsita a seus princípios e determinante das relações recíprocas entre seus elementos'.

"Assim, uma norma não pode ser um elemento de contradição dentro do sistema jurídico, porque o sistema necessariamente deve ser uno e coerente, sob pena de não subsistir como uma ordem sistêmica. Se uma norma contraria princípios afirmados por outra norma, que lhe é superior, esta norma fatalmente será rejeitada pelo sistema jurídico por ser incompatível.

"Como se viu anteriormente, a liberdade de iniciativa, o direito de concorrência e o direito de usufruir os resultados do trabalho, são valores que estão na condição de princípios adotados pelo sistema constitucional do País e, por isso, o exercício dos direitos deles decorrentes só podem sofrer restrições quando ditadas pelo interesse público e, mesmo assim, só quando os fins pretendidos não possam ser alcançados por outros meios, pois, conforme salientou Themístocles Cavalcanti, tais restrições são para preservar o sistema jurídico vigente e não para destruí-lo.

"É de se concluir, pois que o desvio ou abuso da competência legislativa, mesmo que resultem em leis aparentemente constitucionais, não são normas que podem ser acolhidas pelo sistema jurídico, visto que agridem os princípios básicos prestigiados pelo sistema, e admitir como válidas e eficazes normas que carreguem semelhantes vícios seria admitir que o sistema constitucional não é mais rígido, que leis ordinárias podem desfigurar todo o arcabouço constitucional e mesmo mudar as características básicas de todo o sistema jurídico.

"Além disso, está no art. 153 da Constituição que é assegurada a inviolabilidade dos direitos concernentes à liberdade e à propriedade, nos termos expostos no capítulo dos direitos e garantias individuais. Neste capítulo, está o dispositivo que consagra os princípios implícitos e os direitos decorrentes do regime."[12]

Daí que, um quarto de século depois, Dinorá Grotti não teve hesitação em anotar que:

"Mesmo antes da Constituição de 1988 a doutrina e a jurisprudência já entendiam consagrado o princípio do devido processo legal.

"Ele emergia de algumas normas de garantia do processo e do direito de segurança, inscritas entre os direitos e garantias individuais. Seu reconhecimento dependia de pesquisa no texto constitucional e de construção doutrinária. Agora, ele está expresso."[13]

10. É ao lume do até agora exposto que se há de defrontar o primeiro quesito da

12. "Poder de polícia e o *due process of law*", *Revista de Direito Público* 35/36, jul.-dez. 1975, p. 149.

13. "Devido processo legal e o procedimento administrativo", in *RTDP*, ano 1997, v. 18/35.

Consulta. Nele se indaga se, perante a atual Constituição e perante a que vigia (Carta de 1969) quando da decretação extrajudicial das empresas referidas na Consulta, tal medida para ser válida demandaria processo administrativo prévio, ainda que sumário, com ouvida dos atingidos por ela e, caso afirmativa a resposta, se tais liquidações foram nulas.

Consoante exposição feita, não cabe a menor dúvida ou entredúvida que a ausência de processo prévio, ausência de ouvida dos interessados, ausência de defesa, vicia irremediavelmente ditas liquidações, as quais se revelam como providências nulas e da mais teratológica nulidade, quer quando confrontadas com a atual Constituição, quer quando confrontadas com a Constituição vigente à época.

Com efeito, a circunstância da Lei 6.024, de 13.1.1974 — cujo art. 15, I, letras *b* e *c*, foi invocado como suporte normativo da decisão — não referir a obrigação de processo (ou procedimento) prévio para adoção das sobreditas providências de modo algum representa ou poderia representar afastamento da irrefragável necessidade de obediência a tais cautelas, pois resultam da própria essência do Estado de Direito. Ainda aqui devem ser, outra vez, invocadas as lições admiráveis do insigne publicista espanhol Eduardo García de Enterría. Referindo-se ao exercício do chamado poder discricionário disse o iluminado mestre: "La Administración — hay que repetirlo una vez más — no es un poder soberano, sino una organización subalterna al servicio de la comunidad, y por esta simplicísima e incontestable razón *no puede pretender apartar en un caso concreto*, utilizando una potestad discrecional, *la exigencia particular y determinada que dimana de un principio general del Derecho en la materia de que se trate. La Ley que ha otorgado a la Administración tal potestad de obrar no ha derogado para ella la totalidad del orden jurídico*, el cual, con su componente esencial de los principios generales, sigue vinculando a la Administración".[14]

Ora, se isto ocorre nas hipóteses em que há discricionariedade administrativa, maiormente ocorrerá nos casos em que a Administração está vinculada a situações já prefiguradas na lei, mesmo se, em algum caso, o reconhecimento delas envolve margem de discrição na tarefa de subsumir fatos a hipóteses normativas.

11. Cabe aqui abrir parênteses para registrar que, de fora parte indagações feitas na Consulta, deve-se sublinhar que o instituto da liquidação extrajudicial *ex officio* é ostensivamente inconstitucional. Desde logo, trata-se de uma das mais violentas incursões na esfera de direitos dos administrados, pois implica, além do apoderamento e gestão dos bens da pessoa jurídica, dissolução dela *sem ser por decisão judicial*, em contraste com o previsto, hoje no art. 5º, XIX, segundo o qual "as associações só poderão ser compulsoriamente dissolvidas ou ter suas atividades suspensas por decisão judicial, exigindo-se, no primeiro caso, o trânsito em julgado". Tal garantia já existia no art. 153, § 28, da Carta de 1969, de acordo com cujos termos: "É assegurada a liberdade de associação para fins lícitos. Nenhuma associação poderá ser dissolvida, senão em virtude de decisão judicial". Aliás, correspondentes dispositivos já constavam dos arts. 150, § 28, da Carta de 1967, 141, § 12, da Constituição de 1946 e 113, item 12, da Constituição de 1934. Note-se que os doutrinadores registram que a expressão "associações" não foi usada em acepção técnica restrita, em oposição a sociedades, mas em seu sentido amplo, de maneira a abranger a concorrência associada de pessoas para persecução de fins lícitos. Confira-se ao respeito o que resulta dos ensinamentos de Pontes de Miranda[15] ou do Min. José Celso de

14. *Curso de Derecho Administrativo*, 3ª ed., Madri, Civitas, 1981, p. 400 — grifos nossos.

15. *Comentários à Constituição de 1967, com a Emenda 1, de 1969*, 2ª ed., t. V, Ed. RT, 1970, p. 608.

Mello Filho[16] em face da Carta de 1967, já alterada pela Emenda 1 de 1969, de Themístocles Cavalcanti[17] à vista da Constituição de 1946 e de José Afonso da Silva[18] ante a Constituição de 1988.

Aliás, cumpriria dizer também que, independentemente da inconstitucionalidade das citadas liquidações, uma coisa ao menos seria inquestionavelmente certa. Nenhuma liquidação extrajudicial *ex officio* poderia ser efetuada sem que fosse precedida de intervenção. Por meio desta, ante o disposto no art. 6º da Lei 6.024 e dos poderes que assistem ao interventor nos termos dos arts. 9º a 12, já se acautelaria às completas o interesse jurídico a ser defendido com urgência, sendo, pois, desnecessário proceder com radicalidade máxima desde o primeiro instante.

12. A liquidação não pode ser senão a culminância de um processo ao cabo do qual se tenha por concluído, ao cabo da intervenção, que não há outra solução possível. Deveras: o art. 12 da referida Lei prevê que após o relatório do interventor, o Banco Central tem quatro alternativas: (a) determinar a cessação da intervenção; (b) mantê-la sob intervenção até eliminação das irregularidades; (c) *decretar a liquidação extrajudicial dela* e (d) autorizar o interventor a requerer-lhe a falência nas hipóteses que enumera. É lógico, pois, que a decretação de liquidação deveria ser a culminância de situação apurada muito grave e não, como admite o § 1º do art. 15 — este ao menos desenganadamente inconstitucional — uma possibilidade exercitável desde logo e inopinadamente.

A razão desta manifesta inconstitucionalidade está em que o Poder Público não pode adotar medidas mais intensas ou extensas do que o necessário para resguardar o bem jurídico entregue à sua cura. É dizer: tem de respeitar o princípio da proporcionalidade.

No Estado de Direito pessoa alguma pode ser assujeitada a sofrer em sua liberdade constrições administrativas maiores que as necessárias ao atendimento do interesse público que justifica a limitação ou restrição estabelecida pela autoridade competente para editá-la.

Calham, à fiveleta, as seguintes citas literais de Capaccioli: "Si deve tuttavia tener presente che, come vedremo, il potere discrezionale va sempre esercitato in modo che, fatta salva la soddisfazione dell'interesse pubblico per cui il potere è stato dalla legge conferito all'amministrazione (denominato interesse primario), *gli interessi confliggenti con tale interesse (detti secondari) debbono essere sacrificato il meno possibile, siano pubblici o privati*: questa regola è utilizzabile a fini interpretativi".[19]

É que os poderes públicos não são deferidos às autoridades para que deles façam um uso qualquer, mas tão-só para que os utilizem na medida indispensável ao atendimento do bem jurídico que estão, de direito, obrigadas a curar.

13. Deveras, a lei outorga competências em vista de um certo fim. Mas, só pode fazê-lo com respeitos aos valores constitucionais e sem atribuir poderes que superem o indispensável para atender aos bens jurídicos albergados na Lei Magna. Toda demasia, todo excesso desnecessário ao seu atendimento, configuram uma superação do escopo que as poderia animar, um transbordamento da finalidade justificadora e uma despicienda invasão na esfera de liberdade dos administrados. De outra feita, em obra teórica,[20] averbamos que as competências admi-

16. *Constituição Federal Anotada*, 2ª ed., Saraiva, 1986, pp. 476-477.

17. *A Constituição Federal Comentada*, v. III, Rio de Janeiro, Konfino Editor, 1949, pp. 109-110.

18. *Curso de Direito Constitucional Positivo*, 6ª ed., 2ª tir., São Paulo, Ed. RT, 1990, pp. 235-236.

19. Enzo Cappacioli, *Manuale di Diritto Amministrativo*, v. I, Pádua, Cedam, 1980, p. 158 — o grifo é nosso.

20. *Curso de Direito Administrativo*, 7ª ed., Malheiros Editores, 1995, p. 65.

nistrativas só podem ser validamente exercidas na *extensão e intensidade proporcionais* ao que seja realmente demandado para cumprimento da finalidade de interesse público a que estão atreladas. Segue-se que as disposições, sejam legais, sejam administrativas, cujos conteúdos ultrapassem o necessário para alcançar o objetivo que as justifica ficam maculadas de invalidade, porquanto desbordam do âmbito da competência; ou seja, superam os limites que lhes corresponderiam.

Se é autorizada a restrição de situação jurídica dos administrados além do que caberia, porque as medidas previstas ou tomadas possuem uma extensão ou intensidade supérfluas, prescindendas, excessivas em relação ao que bastaria para proteção imediata do interesse público que lhes serve de calço, fica patenteada de maneira clara a ilegitimidade em que está incursa.

14. De fato, o *plus*, a demasia, acaso existentes, não beneficia a ninguém, não concorrem em nada para o benefício coletivo. Apresentam-se, pois, como providências ilógicas, *desarrazoadas*, representando, pois, única e tão-somente, um agravo inútil, gratuito, aos direitos de cada qual — e, por isto, juridicamente inaceitáveis.

Ressentindo-se destes defeitos, além de demonstrarem anacrônico menoscabo pela situação jurídica do administrado — como se ainda vigorasse a ultrapassada relação soberano/súdito (ao invés de Estado/cidadão) — exibem, ao mesmo tempo, tanto um descompasso óbvio com o princípio da razoabilidade como sua assintonia com o escopo que as tornaria justificáveis.

Cabe aqui, outra vez, invocar lições de Enzo Cappacioli:

"Ma è altresì principio fondamentale della discrezionalità che, fin dove possibile, l'interesse primario deve essere soddisfatto col minor sacrificio degli interesse secondari.

"Questo principio si riconnette a, e ad un tempo evidenzia, una ulteriore caratteristica della discrezionalità: la ragionevolezza. Il potere discrezionale deve essere esercitato secondo ragionevolezza. Se il fine pubblico può essere raggiunto con sacrificio minore, o in ipotese con nessun sacrificio degli interesse secondari (pubblici o privati), non v'è motivo di operare diversamente."[21]

Com efeito, ninguém deve ser obrigado a suportar onerações à sua liberdade ou propriedade que não sejam, efetivamente, condicionais à proteção ao bem jurídico coletivo. Isto porque é o atendimento deste valor — e tão-somente ele — o que faz irromper *in concreto* a competência exercitável pela autoridade pública e, ao mesmo tempo lhe delimita a compostura, isto é, a específica amplitude na situação em causa.

Dessarte, decretar liquidação extrajudicial sem antes promover intervenção — que já é plenamente acautelatória da segurança do mercado e da defesa dos bens jurídicos postos sob risco ou violados — corresponde a sobrepujar o necessário para atendimento do escopo perseguível e postergar *in limine* qualquer possibilidade de que o interessado produza a defesa pertinente antes de ter seu destino já decidido ou implacavelmente sinalizado.

15. Todas as considerações precedentes exalçam a idéia de que, no moderno Estado de Direito, quer-se cintar de cuidados a atuação do Poder Público para evitar condutas intemperantes, para prevenir descomedimentos, para assegurar uma atuação imparcial e obsequiosa às liberdades do cidadão e também — cumpre frisá-lo — para efetivar seu ideal democrático, razão por que o Estado não pode agir sem dar satisfações aos administrados. Antes e pelo contrário — se todo poder emana do povo e em seu nome é exercido — o mínimo que se espera é que o Poder Público justifique sua conduta perante os integrantes do corpo social, maiormente perante quem será agravado por comportamento seu.

Disto decorre o mais amplo reconhecimento de que a Administração só pode agir

21. Ob. cit., p. 285.

supeditada em *motivos* suficientes para tanto, como também faz emergir para ela o dever de *motivar* seus atos, de sorte a que se possa conferir se agiu devidamente embasada e que fundamentos de direito e de fato lhe serviram de calço para adotar a providência que tenha tomado.

16. Motivos, como se sabe, são os antecedentes que autorizam ou exigem a prática do ato administrativo. É que "o agir da Administração está sempre ligado à verificação de determinados fatos ou situações a que a norma alude", bem o disse Afonso Rodrigues Queiró, o eminente mestre coimbrão. Em rigor: "A actividade da Administração é uma actividade de subsumpção dos fatos da vida real às categorias legais".[22]

Assim, os motivos são supostos normativos explícitos ou implícitos cuja ocorrência no plano da realidade fática faz irromper *in concreto* a competência abstratamente prevista na regra de direito. Logo, eles é que condicionam a deflagração da atividade administrativa, seja como comportamento facultado, seja como comportamento obrigatório, pois a realização do ato, conforme palavras de Caio Tácito: "pressupõe certos antecedentes objetivos. A autoridade competente *não atua no vácuo; ela se movimenta em função de aspectos de fato ou de direito que determinam a sua iniciativa.* O ato administrativo se inicia, portanto, com a verificação da *existência dos motivos*".[23]

Deveras, no Estado de Direito, a Administração não pode se valer dos poderes de que está equipada — mormente quando se trate de restringir direitos dos administrados, de impor-lhes limitações, gravames ou sanções — simplesmente porque queira fazê-lo. Seria inconcebível que pretendesse impor-se *quia nominor leo*. Donde, é condição de legitimidade do ato o haver-se realizado o *motivo* que justifica racionalmente o exercício da competência.

17. Já a *motivação* é a enunciação das razões que suportam a prática do ato; é, pois, o aclaramento dos motivos, a fundamentação da conduta adotada. Na motivação, além da remissão à regra de direito habilitante, são referidos os fatos que o agente deu como presentes para justificar a produção do ato e, se a lei não os referiu previamente, cumpre indicar a relação de pertinência entre eles e a conduta adotada em vista do atendimento do escopo próprio da norma aplicanda. A motivação, por alguns é considerada um requisito integrante da "forma" do ato ou de sua "formalização", enquanto para outros atina a seu próprio conteúdo.

Em preciosa monografia sobre o motivo e a motivação dos atos administrativos, o Prof. e Desembargador Antonio Carlos de Araújo Cintra faz uma resenha de opiniões de juristas eminentes e exara sua própria lição nos seguintes termos:

"Zanobini, por exemplo, entende que 'a motivação contém as condições de ordem jurídica, técnica e administrativa que justificam a emanação do ato e com base nas quais se determinou a vontade da Administração'. Para Stassinopoulos, a motivação do ato administrativo é a 'menção das circunstâncias ou das considerações que fundaram o ato e que se relacionam, ora à oportunidade, ora a sua legalidade'. Idêntica é a posição de Diez, que a propósito invoca a autoridade de Stassinopoulos. É de salientar, ainda, com a mesma tendência, a orientação adotada por Cassagne, que declaradamente se inclina por um conceito mais amplo, para incluir na motivação a indicação da finalidade do ato, além de seus motivos.

"A nosso ver, acompanhando Taruffo, a idéia de motivação deve partir da constatação de que ela constitui um discurso, ou seja, um conjunto de proposições ligadas entre si e inseridas num contexto autonomamente identificável. Considerada como signo lingüístico complexo, em sentido próprio, a motivação se caracteriza por sua in-

22. *Reflexões sobre a Teoria do Desvio de Poder*, Coimbra Ed., 1940, p. 19.

23. *Direito Administrativo*, Saraiva, 1975, p. 5 — o primeiro grifo é nosso.

tencionalidade, apresentando-se como um discurso destinado a justificar racionalmente o ato motivado."[24]

O mesmo autor acentuou a tendência universal, na doutrina como na jurisprudência, em prol do "alargamento da extensão de incidência da necessidade de se motivarem os atos administrativos".[25] Equivalente demonstração é feita em outra não menos importante monografia, da lavra de Florivaldo Dutra de Araújo, sobretudo no que se refere ao direito positivo estrangeiro e à jurisprudência brasileira.[26] Mesmo os defensores de posições mais antiquadas acordam na necessidade de motivação *nos atos restritivos e ablativos de direito.*

18. O reconhecimento desta evolução e de sua conformidade com o espírito do Estado Democrático de Direito levou um dos mais insignes administrativistas da América Latina, o pranteado Ramon Real, a emitir as seguintes considerações como fecho de notável artigo sobre a matéria:

"1º. La necesidad de motivar, o fundar obligatoriamente, los actos administrativos es un principio general del derecho administrativo contemporáneo. Ese principio debe ser reconocido como tal en los Estados cuyas leyes y jurisprudencia aún no han proclamado.

"2º. Este nuevo principio general del derecho administrativo se arraiga en las bases constitucionales del Estado de derecho y tiene comunidad de fundamentos con la necesidad de fundar los actos jurisdiccionales. Es un aspecto de la 'jurisdiccionalización' o extensión de los principios del debido proceso a la actividad administrativa.

"3º. La fundamentación obligatoria es prenda de buena administración, a la vez que garantía democrática de los administrados.

"4º. La omisión o defecto grave de la fundamentación produce nulidad por vicio de un elemento esencial del acto, que excede su formalidad y toca su contenido y racionalidad."[27]

Em suma: a autoridade necessita referir não apenas a base legal em que se quer estribada, mas também os fatos ou circunstâncias sobre os quais se apóia e, quando houver discrição, a relação de pertinência lógica entre seu supedâneo fático e a medida tomada, de maneira a se poder compreender sua idoneidade para lograr a finalidade legal.

Faltando a enunciação da *regra jurídica* proposta como aplicanda, não se tem como saber se o ato é adequado, ou seja, se corresponde à competência utilizada; omitindo-se a enunciação dos *fatos* e situações à vista dos quais se está procedendo de dado modo, não se terá como controlar a própria *existência material* de um motivo para ele e, menos ainda seu *ajustamento à hipótese normativa*; carecendo de fundamentação esclarecedora do *por quê* se agiu da maneira tal ou qual, não haverá como reconhecer-se, nos casos de discrição, *se houve ou não razão prestante* para justificar o ato e, pois, se ele era, deveras, confortado pelo sistema normativo. Com efeito, como contestar a validade de um ato se os seus motivos, se sua razão de ser, permanecerem ignoradas, ocultas? Como impugná-lo, como submetê-lo ao crivo jurisdicional, se forem, desde logo, desconhecidas as bases em que está assentado?

Daí a precisa lição da eminente professora e juíza do Tribunal Regional Federal da 3ª Região, Lúcia Valle Figueiredo:

"Constitui-se a motivação na exposição administrativa das razões que levaram à prática do ato. Na explicitação das circunstâncias de fato que, ajustadas às hipóteses normativas, determinaram a prática do ato.

24. *Motivo e Motivação do Ato Administrativo*, Ed. RT, 1979, pp. 105 a 107.

25. Idem, ibidem, p. 120.

26. *Motivação e Controle do Ato Administrativo*, Del Rey, 1992, Cap. V, pp. 162 e ss.

27. "La fundamentación del acto administrativo", in *Revista de Derecho Publico*, Universidad de Chile, 27, ene.-jun. 1980, pp. 131-132 e in *RDP* 62, abr.-jun. 1982, p. 17.

"Por isso mesmo não se pode conceber que por motivação se entenda a mera alusão dos dispositivos legais. De verdade, os dispositivos legais apontados não servem a justificar a prática de qualquer ato.

"A norma descreve situações que, se acontecidas, demandam a prática do ato.

"A motivação, embora possa ser sucinta, deve demonstrar — de maneira cabal — o *iter* percorrido pelo administrador para chegar à prática do ato."[28]

E logo, à p. seguinte:

"A motivação é elemento essencial para o controle, sobretudo para o controle judicial.

"Não haveria possibilidade de aferir se o ato se conteve dentro da competência administrativa, dentro da razoabilidade, que deve nortear toda competência, caso não sejam explicitadas as razões condutoras do provimento emanado."

19. Fixados estes pontos não há dificuldade em responder aos quesitos 3 e 4 da Consulta. No primeiro deles se indaga se a simples menção, nos atos de liquidação, de que estavam embasados em representação fundamentada do Banco Nacional de Habitação (não publicada no *DOU*, datada de apenas quatro dias antes e não apresentada previamente aos interessados) constituiria motivação suficiente para as providências em causa. No subseqüente, pergunta-se se a mera indicação dos dispositivos legais invocados (art. 15, inciso I, alíneas *b* e *c* da Lei 6.024, de 13.3.1974), sem enunciação das condutas que os violariam, bastaria para motivar validamente as liquidações e, sendo negativa a resposta, se tais atos incorreriam em nulidade.

O quanto se disse nos tópicos acima já traz resposta a ambos os questionamentos.

Deveras, é inadmissível que a Administração invista e de modo radical, como ocorre nas liquidações extrajudiciais, contra a liberdade e propriedade dos administrados, *auto-executando a própria pretensão*, sem antes exibir àqueles que atingirá com providência tão violenta, as razões, os motivos que lhe estão a suportar o comportamento e sem ensejar-lhe opor considerações que sejam pertinentes para salvaguarda de direitos e interesses. Tal omissão sonega a possibilidade de avaliar-se a propriedade da medida, ou seja, sua idoneidade ante os fatos imputados e sua proporcionalidade em face das inculcas que faça ao administrado. Comportamento deste jaez equivale a tratar o administrado como um súdito, como alguém que não tem direitos a argüir, pois simplesmente passa por cima da pessoa sem lhe dar satisfações de qualquer espécie, chegando a causar espanto tal desenvoltura contrastante com noções comezinhas do Estado de Direito.

De resto, a mera circunstância de haver sido feita remissão a uma representação, que não foi dada a conhecer aos interessados e que precedeu em apenas quatro dias (dois dos quais dias mortos) às liquidações, já demonstra que não havia mesmo intento algum de atender ao interesse jurídico que torna obrigatório motivar; qual seja: exibir à parte ou partes interessadas os fundamentos da conduta ensejando-lhe(s) oportunidade tempestiva de questioná-los eficazmente.

20. É lógico, outrossim, que a mera remissão a dispositivos legais não se constitui em motivação; não produz o mínimo necessário para que se identifique a ocorrência ou inocorrência dos fatos em vista dos quais seria ou não cabível o exercício da competência prevista nos dispositivos chamados à colação. Donde, não ensancha o questionamento do bem ou mal fundado exercício do Poder, incorrendo na antítese dos valores transfundidos no Estado de Direito. Dessarte, é simples concluir que foram nulas e de irretorquível nulidade as liquidação extrajudiciais procedidas sem o atendimentos dos requisitos mencionados.

21. Instituições financeiras exercem atividades que, por manipularem vultosos

28. *Curso de Direito Administrativo*, Malheiros Editores, 1994, p. 101.

recursos de terceiros, estão sujeitas a condicionamentos múltiplos, instituídos pelo Estado a fim de acautelar a salvaguardar os interesses do público. Tal necessidade se exponencia em relação a recursos alocados na intimidade do Sistema Financeiro de Habitação desenvolvido sob a égide de entidade estatal e que mobiliza a poupança de um contingente gigantesco de pessoas.

Nesta linha de preocupações acauteladoras dos recursos de tal contingente de pessoas é que se encarta a previsão dos arts. 17, IV, e 18, II e VII, da Lei 4.380, de 21.8.1964, que instituiu o Sistema Financeiro para a Aquisição da Casa Própria e criou o Banco Nacional de Habitação (BNH), de fora parte outras providências.

Dispõe o citado art. 17, IV:

> O Banco Nacional de Habitação terá por finalidade:
>
> (...).
>
> IV — manter serviços de redesconto *e de seguro* para garantia das aplicações do Sistema Financeiro de Habitação e dos recursos a ele entregues.

De seu turno, o art. 18, II e VII, estabelece:

> Compete ao Banco Nacional de Habitação:
>
> (...).
>
> II — estabelecer as condições gerais quanto a limites, prazos, retiradas, juros e *seguro obrigatório* das contas de depósito no Sistema Financeiro de Habitação;
>
> (...).
>
> VII — fixar as condições e os *prêmios dos seguros de depósitos* e de aplicações a que serão obrigadas as entidades integrantes do Sistema Financeiro de Habitação.

22. Com fulcro no art. 29 da Lei 4.380 e para atender ao disposto no item IV do art. 17 e no item VII do art. 18 da mesma Lei, o Conselho de Administração do BNH, em 10.1.1967, expediu a Resolução 3/1967 cujo item 1 declara que "Resolve":

> Criar o Fundo de Garantia dos Depósitos e Letras Imobiliárias, destinado a garantir financeiramente, em seu vencimento, a integridade das poupanças do público aplicadas nas Sociedades e Carteiras de Crédito Imobiliário e Associações de Poupanças e Empréstimos, contra o risco da insolvência da empresa.

Na conformidade do item 2, o capital e as reservas do Fundo serão compostos (a) pelo valor de "capital inicial integralizado pelo BNH", (b) "pela reserva cumulativa das contribuições pagas ao Fundo pelos Agentes Financeiros sobre o volume total de suas operações" e (c) pela "renda das aplicações dos recursos do Fundo". A taxa de contribuição ao Fundo está prevista no item 3, correspondendo a 0,125%, por trimestre, aplicável sobre o saldo total dos depósitos e letras emitidas até o último dia do trimestre anterior.

Conforme as expressões da lei supratranscritas e dos itens da Resolução é visível que os bens em causa foram "segurados" no mencionado Fundo e que a taxa de contribuição paga pelos Agentes Financeiros corresponde a um "prêmio" resultante de estipulação em favor de terceiros (os depositantes de poupanças) — ademais instituída com caráter obrigatório, para prevenir os riscos de insolvência.

Ou seja: tais Agentes Financeiros do BNH estão assujeitados a um seguro obrigatório, porquanto o item 12 da Resolução estabelece que as autorizações para funcionamento dependem de se obrigarem expressamente a integrar o Fundo e a atender os dispositivos da Resolução e seus regulamentos, disto se excetuando apenas as Caixas Econômicas. Sobremais, a teor dos itens 13 e 13.1, as Sociedades de Crédito Imobiliário e as correspondentes Carteiras das Sociedades de Crédito e Financiamento, já em funcionamento, dispunham de 120 dias para adaptar-se ao disposto na Resolução. Acresce que tais Carteiras, bem como as Sociedades de Crédito e Financiamento, para poderem manter suas inscrições no BNH, deveriam, em três anos no máximo, se transformarem em Sociedades de Crédito Imobiliário ou criarem empresas autônomas do mesmo grupo para absorverem as atividades de Crédito Imobiliário de suas respectivas Carteiras correspondentes.

23. Em termos gerais, pode-se dizer que seguro, em direito, é uma relação jurídica obrigacional pela qual alguém — um estipulante —, para proteção contra riscos, paga a outrem (o segurador) uma certa importância (o prêmio) obtendo deste, em contrapartida, a garantia de que acobertará (total ou parcialmente), em favor do segurado (que pode ou não ser o próprio estipulante) prejuízos de um eventual sinistro, salvo se tal ocorrência for imputável ao próprio estipulante ou ao segurado.

Ora, a figura contemplada nos itens da referida Resolução 3/1967 obviamente retrata um "seguro", no que, aliás, dá cumprimento às literais determinações da Lei 4.380. Ou seja, os Agentes Financeiros pagam um prêmio, que a Resolução nominou de "taxa" ao "Fundo de Garantia dos Depósitos e Letras Imobiliárias" para que dito Fundo garanta financeiramente, em seu vencimento, a integridade das poupanças do público aplicadas nas Sociedades e Carteiras de Crédito Imobiliário e Associações de Poupanças e Empréstimos, no caso de insolvência da empresa, conforme estampadamente consta do item 1 da mesma Resolução. O Fundo é o segurador, os poupadores são os segurados e as empresas são as que se garantem contra os riscos do sinistro pelo qual teriam de responder ante os poupadores.

Aliás, nem poderia ser de outro modo, visto que, se não fora para obter tal garantia prevista em lei não haveria o título jurídico pelo qual se lhes impôs a exigência do pagamento trimestral a que alude o item 3 da Resolução. Deveras, se não fora para cumprir esta lei — que fala em "seguro" —, isto é, se não fora para instituir um seguro, tal Resolução não poderia criar a obrigação de pagamento imposta aos Agentes Financeiros (por falta de supedâneo legal) e nem haveria razão para invocar os dispositivos que invocou: precisamente os que mencionam "seguro".

Daí que a Consultoria-Geral da República, em 9 de setembro de 1980 (Consulta 25/C/80 — PR 2.810/1980, *DOU* 18.9.1980, pp. 18.676 e ss.), por manifestação do então Consultor-Geral da República e posteriormente Ministro do Supremo Tribunal Federal, Clovis Ramalhete, ao pronunciar-se sobre a natureza dos suprimentos efetuados pelos Agentes Financeiros ao Fundo em questão não titubeou em dizer:

> O Fundo atende a algumas finalidades do BNH; entre outras, a de fixar as condições e os *prêmios dos seguros* de depósitos e de aplicações, tornados compulsórios pelo BNH, às entidades do Sistema Financeiro de Habitação (Lei 4.380/1964, art. 18, VII).
>
> Vê-se que os atendimentos pelo Fundo, aos agentes financeiros, não constituem aplicação originária de recursos do BNH. Constituem suprimentos, com recursos do Fundo, os quais são geridos pelo BNH (Resolução RC-3/1976, item 4), constituídos por contribuições de terceiros e *destinados a cobrir risco.*
>
> Ora, tais suprimentos destinam-se à cobertura de risco; *em essência, um seguro*; e não constituem aplicação de recursos originários do BNH, mas apenas de recursos por ele geridos. Por conseguinte, não se encontram eles naquela situação definida em lei como crédito do BNH sujeito à correção monetária, nas liquidações extrajudiciais. — *Devem corresponder, no que for, a prejuízo do Fundo* (p. 18.680).

24. Ante o exposto, é simples a resposta ao quarto quesito, no qual se indaga sobre a natureza jurídica das relações constituídas entre os Agentes Financeiros do extinto BNH e o Fundo de Garantia dos Depósitos e Letras Imobiliárias (FGDLI), à luz da Lei 4.380 e da Resolução RC-3 do Conselho de Administração.

Trata-se, induvidosamente, de uma relação de "seguro", na qual, ditos agentes pagam um prêmio para garantir-se contra eventual sinistro — o da insolvência — protegendo-se dessarte os poupadores e ficando o Fundo como garantidor das poupanças do público aplicadas nas Sociedades e Carteiras de Crédito Imobiliário e Associações de Poupanças e Empréstimos.

25. Dada a natureza jurídica das relações em causa, cabe ao Fundo, com seus próprios recursos, acobertar os poupadores, pois para isto foi constituído, conforme se lê na Resolução que o criou: "destinado a garantir financeiramente, em seu vencimento, a integridade das poupanças do público aplicadas nas Sociedades e Carteiras de Crédito Imobiliário e Associações de Poupanças e Empréstimos, contra o risco da insolvência da empresa".

Segue-se que para eximir-se de fazê-lo, transladando tal dever a sociedades de crédito imobiliário liquidandas, terá antes que demonstrar haverem sido elas as *responsáveis* pelos sinistros. Sem esta prova, segurador algum pode livrar-se das obrigações contraídas, deixando a descoberto quem lhe pagava o prêmio, contrapartida do acautelamento do risco.

Dita demonstração, como é óbvio, só poderia ser feita *judicialmente* e nunca dada como estabelecida pela própria Administração. É que, se ela mesma pudesse dar como constituída tal responsabilidade, estaria erigida *não apenas* em juíza das circunstâncias permissivas da investida definitiva contra bens alheios e executora de seu apoderamento (liquidação) — ato cujo suporte jurídico seria a defesa de um *interesse da coletividade — mas também em juíza apreciadora da persistência das obrigações que dantes assumira* e, demais disto, *em executora de sua própria liberação* em relação a atos nos quais *o que entra em causa é simplesmente um interesse patrimonial secundário do aparelho administrativo do Estado*.

26. Impende aqui recordar a notória distinção, corriqueiramente apontada no direito italiano, entre os chamados "interesses primários" do Estado, que são os *interesses públicos propriamente ditos*, e os interesses ditos "secundários", que são os interesses que se encarnam nas subjetividades públicas, pelo mero fato de serem pessoas, tal como se encarnariam em pessoas privadas.

O interesse primário ou interesse público, propriamente dito, é o complexo de interesses coletivos prevalentes na sociedade e por isto encarnado no Estado e posto à sua compita, como expressão que é do todo social. Ditos interesses concernem ao universo social, ultrapassando, portanto, o mero interesse do aparelho administrativo do Estado considerado simplesmente *enquanto tal* e por isto, suscetível de ter, também ele, outra ordem de interesses — os chamados interesses secundários — especificamente relacionados com a simples individualidade de pessoa jurídica. De fato, o interesse secundário é composto pelos interesses que o Estado pode ter como qualquer sujeito de direito, isto é, interesses subjetivos simples, a ele referíveis tanto quanto o seriam a quaisquer pessoas, independentemente de natureza pública ou privada. É que, sendo também o Estado uma pessoa — e *nisto* similar às demais — tanto como elas terá interesses, os quais serão interesses *parciais* (independentemente dos interesses da coletividade como um todo), isto é, expressivos das vantagens e conveniências peculiares a um dado sujeito, dentre os múltiplos existentes no sistema.

Este discrímen, corrente e moente na doutrina italiana, como dito, é exposto com exemplar clareza por Renato Alessi,[29] colacionando lições de Carnelutti e Picardi, ao elucidar que os interesses secundários do Estado *só podem ser por ele buscados quando coincidentes com os interesses primários*, isto é, com os interesses públicos propriamente ditos. Alessi anota que seriam exemplos de interesses meramente secundários os de pagar valor irrisório aos seus servidores, pois com isto o Erário se desfalcaria o mínimo possível ou o de tributar desmesuradamente os cidadãos, que, dessarte, enriqueceria o Tesouro estatal. Adverte, entretanto, que ditos interesses não responde-

29. *Sistema Istituzionale del Diritto Amministrativo Italiano*, 2ª ed., Milão, Giuffrè Ed., 1960, p. 197 e notas de rodapé ns. 3 e 4.

riam à razão de existir seja da remuneração dos servidores, seja da tributação, motivo porque descoincidiriam com os interesses primários, isto é, públicos propriamente ditos.

27. Em obra teórica, aos exemplos aportados pelo insigne mestre precitado, ajuntamos outros, de busca indevida de interesses secundários, todos extraídos, infelizmente, da desmandada prática administrativa brasileira. Assim:

"Poderíamos acrescentar que seria concebível um interesse da pessoa Estado em recusar administrativamente — e até a questionar em juízo, se convocado aos pretórios — responsabilidade patrimonial por atos lesivos a terceiros, mesmo que os houvesse causado.

"Teria interesse em pagar valor ínfimo nas desapropriações, isto é, abaixo do justo, inobstante o preceito constitucional. Com todos estes expedientes, muitos dos quais infelizmente (e injustamente) adota, resguardaria ao máximo seu patrimônio, defendendo interesses à moda de qualquer outro sujeito, mas agrediria a ordem normativa.

"Ocorre que em todas estas hipóteses estará agindo contra o Direito, divorciado do interesse público, do interesse primário que lhe assiste cumprir. Este proceder, nada obstante seja comum, é fruto de uma falsa compreensão do dever administrativo ou resultado de ignorância jurídica.

"Os interesses a que se aludiu são todos interesses secundários e que a pessoa governamental tem apenas segundo os termos em que o teria qualquer pessoa. Não são interesses públicos. *Não respondem à razão última de existir própria das pessoas governamentais em geral*."[30]

28. Também Georges Pequignot, um clássico no tema dos contratos administrativos — os quais conferem posição de autoridade à parte governamental, segundo habitualmente expõem os doutrinadores —, observa que tal prevalência não comparece no confronto de interesses *puramente patrimoniais das partes*, pois só tem lugar na defesa dos interesses públicos que presidem tais contratos.

Rechaçando a hipótese do uso de poderes unilaterais para alterar os termos definidores das vantagens econômicas do contratado consignadas na avença, observa que a Administração não teria onde se apoiar para fazê-lo. É que, como averbou, nisto não entra em causa um interesse do serviço público; logo que poderia aduzir para calçar-se? Um interesse financeiro, indaga o autor? E o repele anotando: "Mas, o interesse financeiro da Administração é um *interesse da mesma natureza que o do particular. Os direitos que então se fazem presentes são idênticos e tão respeitáveis uns quanto os outros*".[31]

Assim, não haveria cogitar da extrapolação da posição de autoridade da Administração Pública nas liquidações extrajudiciais com a posição que lhe assiste no concernente aos interesses secundários e estritamente patrimoniais comuns relativos ao tema do acobertamento do seguro. Em relação a estes não lhe socorre a autoridade, nem, pois, a presunção de legitimidade de seus atos, pois tais atributos são indissoluvelmente ligados ao tema da realização de um interesse transcendente, é dizer, público, inexistindo no que atina a vínculos nos quais, em relação à sua contraparte, está a questionar interesses alocados em um mesmo plano. Daí que terá de demonstrar em juízo, ou seja, em processo regular, a pretensão de evadir-se aos encargos do seguro para lançá-los sobre os ombros de entidade liquidanda.

29. De fato, não seria de aceitar — pena de consagrar-se a inanidade do direito de quem carreou recursos para o seguro — que

30. *Atos Administrativos e Direitos dos Administrados*, Ed. RT, 1981, pp. 16 e 17 — o grifo é atual.

31. *Théorie Générale du Contract Administratif*, A. Pedone, 1945, pp. 434-435 — grifos nossos.

a própria Administração Pública pudesse, com um só lance, por um de seus braços (o Banco Central) dissolver *sponte propria* um sujeito de direitos, liquidando-o (ademais sem defesa prévia e sem sequer motivação exibida) e extrair disto mesmo, a liberação de encargos que recairiam sobre outro de seus braços (o FGDLI) e que, de seu turno, radicavam-se em outra relação jurídica: a de seguro. Com efeito, a liquidação das empresas corresponde ao sinistro, visto que, por força dela, é que se proclamará o reconhecimento de exposição dos poupadores a prejuízos acobertáveis pelo seguro.

Se a demonstração *judicial* prévia fosse prescindenda, a Administração Pública poderia sempre eximir o Fundo de arcar com os encargos que lhe são inerentes, bastando-lhe para tanto decretar a liquidação extrajudicial da instituição financeira! Com isto, o próprio Fundo revelar-se-ia um "sem-sentido", pois poderia *jamais* acorrer ao cumprimento de sua função, ficando ao alvedrio da Administração (que o instituiu) fazê-lo, ou não, arcar com o seguro para o qual fora criado. E tudo sem oportunidade de defesa prévia dos alcançados por poderes tão desatados.

Logo — de fora parte qualquer discussão sobre a constitucionalidade das liquidações extrajudiciais "de ofício" previstas na Lei 4.380 —, ter-se-ia sempre que separar dois temas: o da própria liquidação e o tema do seguro. Por este responde o FGDLI (que para tanto existe), salvo reconhecimento em processo judicial de que ocorreram circunstâncias que lhe excluem tal obrigação, a ser imputada à instituição financeira que haja comprovadamente procedido de modo a gerar o sinistro.

30. As respostas à quinta e sexta indagações da Consulta nada mais são que o corolário de todas as averbações precedentes. Na primeira delas pergunta-se sobre a legitimidade da habilitação de crédito do FGDLI promovida por seu gestor à época (Caixa Econômica Federal) e reconhecida pelo liquidante, sem que antes, através de processo judicial, fosse acertada a responsabilidade das sociedades de crédito imobiliário pelo correspondente pagamento. Na segunda indaga-se à débito de quem deveria ser atribuído o montante utilizado pelo FGDLI para cobertura das contas de poupança transferidas para outras instituições congêneres.

Já se deixou dito e redito linhas acima que a Administração Pública não pode, por si própria, dar como estabelecida a responsabilidade de entidades financeiras por sinistro, cujo acobertamento competia ao Fundo, para fins de repassar tal encargo às liquidandas, pois só em processo judicial regular é que se poderá fazer tal apuração. Reitera-se que, maiormente estando em pauta um interesse patrimonial, interesse secundário e não interesse primário, público propriamente dito, falece à esfera administrativa posição de autoridade em confronto desta ordem. Seria um abuso extremo que pudesse, de uma só penada, investir arrasadoramente contra a liberdade associativa e a propriedade de pessoas jurídicas, extraindo concomitantemente disto — como se fora simples conseqüência da providência por ela mesma unilateralmente tomada e executada — a liberação de encargos patrimoniais que assumiu com a criação do Fundo segurador, para lançá-los às costas de quem contribuía para ele, sem prévia demonstração judicialmente reconhecida de que tais ônus deveriam ser suportados pelo estipulante do seguro e não pelo segurador.

Em face mesmo desta conclusão resulta evidente que o montante utilizado para cobertura das contas de poupança transferidas para outras instituições financeiras quando da liquidação extrajudicial das empresas mencionadas na Consulta deveria ser levado a débito do Fundo de Garantia dos Depósitos e Letras Imobiliárias (FGDLI).

31. Isto tudo posto e considerado, aos quesitos da Consulta respondo:

I — No sistema da Constituição vigente à época da liquidação extrajudicial das empresas mencionadas na Consulta e no sistema da atual Constituição os atos de liquidação extrajudicial inafastavelmente teriam de haver sido precedidos de processos administrativos, ainda que sumários, nos quais os interessados (sócios e dirigentes das Companhias) fossem ouvidos. A omissão de tal elementar cautela vicia de irremediável nulidade as sobreditas liquidações.

II — A simples menção, nos atos de liquidação, a "representação fundamentada do Banco Nacional de Habitação", jamais apresentada aos responsáveis pelas empresas afetadas e também não publicada no *Diário Oficial da União*, apanhando de surpresa as liquidandas, não se constitui em motivação suficiente para os sobreditos atos administrativos.

III — A simples invocação de dispositivos legais constantes das alíneas *b* e *c* do inciso I do art. 15 da Lei 6.024, de 13.3.1974, sem especificação das condutas que presumidamente as teriam violado, à toda evidência, não bastaria para motivar validamente decretos de liquidação extrajudicial das empresas referidas na Consulta, com o que ressalta à todas as luzes uma insuficiência que grava de nulidade tais liquidações.

IV — Ante os termos da pré-falada Lei 6.024 e da Resolução RC-3 do Conselho de Administração do extinto BNH a natureza jurídica das relações constituídas entre os Agentes Financeiros e o Fundo de Garantia dos Depósitos e Letras Imobiliárias (FGDLI) é a de um seguro, no qual ditos agentes pagam o correspondente a um prêmio para garantir-se contra eventual sinistro, a bem da proteção dos poupadores depositantes.

V — Em vista da natureza jurídica do FGDLI e das relações entretidas entre ele e as sociedades de crédito imobiliário foi manifestamente ilegítima a habilitação de crédito do FGDLI, pois teria de haver sido previamente acertada em processo judicial a responsabilidade das empresas liquidandas pelo pagamento em questão.

VI — Considerando a natureza jurídica do FGDLI e das relações entretidas com ele pelas sociedades de crédito imobiliário, bem como as condições em que foram decretadas as liquidações extrajudiciais em apreço, o montante utilizado pelo FGDLI para cobertura das contas de poupança transferidas para outras instituições financeiras congêneres deveria ter sido levado a débito deste Fundo e não das empresas liquidandas.

É o meu parecer.

São Paulo, 9 de março de 1999.

MANDADO DE SEGURANÇA COLETIVO E INDIVIDUAL: PROBLEMAS DE SUA CONVIVÊNCIA

CARLOS ARI SUNDFELD

Professor Doutor da Faculdade de Direito da Pontifícia Universidade Católica de São Paulo — PUC/SP.
Presidente da Sociedade Brasileira de Direito Público — *sbdp*

CONSULTA

A Consulente é uma empresa da área de auditoria e consultoria. Para atuar junto ao mercado de valores mobiliários realizando auditorias, além de cumprir as prescrições regulamentares inerentes à profissão de contabilista, submete-se às normas editadas pelo ente administrativo competente para a regulação do setor, a Comissão de Valores Mobiliários — autarquia federal vinculada ao Ministério da Fazenda, criada pela Lei n. 6.385/1976.[1]

A CVM editou regulamentação que afeta consideravelmente o campo de atuação das empresas de auditoria. Trata-se da Instrução CVM n. 308, de 14 de maio de 1999. Referida Instrução, naquilo que toca ao objeto desta Consulta, estabeleceu normas que criam impedimentos e incompatibilidades à atuação de empresas de auditoria independente. Basicamente, a CVM proibiu que Auditor Independente prestasse serviços de outra natureza (incluindo os de consultoria) às entidades cujo serviço de auditoria estivesse a seu encargo. Foi suscitada dúvida quanto à validade da restrição, que acabou sendo levada ao Judiciário.

A Consulente impetrou mandado de segurança com pedido de liminar contra ato do Superintendente Regional e do Delegado Regional da CVM, cujo objetivo era declarar a nulidade dos arts. 23, inciso II e parágrafo único, 24 e 27 da referida Instrução. Foi concedida a liminar requerida, mas a CVM interpôs agravo de instrumento perante o Tribunal Regional Federal da 3ª Região, por meio do qual obteve a cassação da medida liminar.

Paralelamente, o Sindicato das Empresas de Serviços Contábeis, de Assessoria, Perícias, Informações e Pesquisas no Estado de São Paulo — SESCON, entidade à qual a Consulente é filiada, impetrou mandado de segurança coletivo com pedido de liminar, sob fundamentos semelhantes aos empregados pela Consulente. O SESCON obteve liminar que, mesmo após as contestações da CVM, inclusive perante o Supremo Tribunal Federal, ainda vige.

A Consulente, porém, no mandado de segurança individual que promove, recebeu sentença denegatória da segurança. A decisão considerou válidas as restrições impos-

1. Recentemente, por força da Medida Provisória n. 8, de 31.10.2001, a CVM ganhou o *status* de Agência Reguladora. A transformação, porém, não altera a análise da questão posta na presente Consulta.

tas pela CVM. Desta decisão, a Consulente interpôs recurso de apelação e medida cautelar postulando a concessão de liminar para garantir a continuidade da prestação de seus serviços de auditoria e consultoria.

Tendo em vista a situação processual acima retratada, a Consulente nos solicita resposta às seguintes questões:

1. Pode a Consulente, que é filiada ao SESCON, beneficiar-se dos efeitos da liminar concedida no mandado de segurança coletivo impetrado por esta entidade, mesmo tendo sido denegada a segurança na ação individual?

2. A possibilidade de auferir os benefícios da decisão coletiva é comprometida caso a sentença proferida no mandado de segurança individual transite em julgado?

3. Na hipótese de a Consulente se valer dos efeitos da liminar obtida no mandado de segurança coletivo, que abrangência temporal terá esta decisão liminar em relação ao caso concreto?

4. Se não for possível aproveitar os efeitos do mandado de segurança coletivo, pode a CVM aplicar à Consulente e a seus clientes penalidades sobre os serviços prestados com suporte na liminar do mandado de segurança individual, posteriormente cassada?

5. Ainda neste caso, pode a CVM exigir a interrupção dos serviços já contratados, mas ainda não concluídos?

À Consulta respondemos por meio do seguinte Parecer, elaborado com a colaboração do Prof. Jacintho Arruda Câmara.

Parecer

I — Introdução

Duas questões de alta relevância jurídica servem de base ao questionário formulado na presente Consulta.

Uma delas envolve o convívio entre dois sistemas sobrepostos de prestação da atividade jurisdicional: aquela prestação jurisdicional que é ofertada individualmente e, em paralelo, a que pode ser oferecida em nome coletivo. A possibilidade de conflito entre posicionamentos judiciais, o direito de o jurisdicionado optar entre uma ou outra forma de representação, o momento de fazer esta opção, são exemplos de questões inerentes a todo e qualquer sistema jurídico que admita — como no Brasil se admite — essa dualidade.

Tais problemas estão refletidos nas duas primeiras perguntas formuladas na presente Consulta. Saber se é possível a opção pela representação coletiva, após ingresso com ação individual, ou ainda se o trânsito em julgado da decisão individual repercute decisivamente nesse direito de opção, são questões diretamente relacionadas ao convívio da prestação judicial individual e coletiva. A resposta, por óbvio, há de ser extraída do modelo legislativo adotado. A peculiaridade do direito brasileiro é a ausência de lei específica tratando a matéria. Apesar da aparente omissão legislativa, num primeiro tópico buscar-se-á desvendar quais as soluções previstas no ordenamento jurídico brasileiro para o enfrentamento de questões dessa natureza.

O outro tema de discussão se reporta aos efeitos que devem ser extraídos de uma decisão liminar; a questão vem ainda emoldurada pela especificidade da convivência de decisões judiciais no âmbito de ações coletivas e individuais. Aqui podem ser alocadas as perguntas referentes à eficácia no tempo de uma decisão liminar em ação coletiva que venha a ser posteriormente aproveitada pela Consulente; à possibilidade de a Consulente ser sancionada administrativamente em virtude do período em que atuou arrimada na liminar da ação individual (posteriormente cassada); e ainda à situação dos contratos pendentes, firmados pela Consulente, que deixem de receber proteção de liminar.

Buscaremos, com base nesta divisão, desenvolver os argumentos necessários ao enfrentamento de todas as questões formuladas na Consulta. Ao final, serão apresentadas respostas diretas e objetivas a tais questões.

II — Questões de convivência entre o mandado de segurança individual e o coletivo

Em nosso Direito, o mandado de segurança coletivo nasce com o advento da Constituição Federal de 1988. Reforçando a já fértil tradição do mandado de segurança individual, que deita suas primeiras raízes na interpretação que se fez do *habeas corpus* da Constituição de 1891, o mandado de segurança coletivo apareceu como instrumento de efetivação do acesso à justiça e de contestação massiva, por via judicial, do exercício do poder político.

Apesar de, induvidosamente, produzir um avanço no sistema de controle dos atos administrativos por parte do Judiciário, a introdução de um sistema processual que admite a impugnação judicial coletiva de atos estatais faz com que surjam uma série de novas dúvidas a respeito da convivência entre ações. Alguém pode questionar individualmente ato que já tenha sido objeto de ação coletiva? Uma ação coletiva pode impugnar ato que já tenha sofrido impugnação em ação individual? Alguém que propôs ação individual pode se beneficiar de ação coletiva? Os efeitos da coisa julgada de uma ação individual interferem numa decisão coletiva? E os de uma ação coletiva, são estendidos para as ações individuais? Estes são apenas exemplos das dúvidas que podem surgir em função da adoção do sistema de ação coletiva, paralelamente às ações individuais. Independentemente do teor da solução que venha a ser adotada, é certo que, para que seja viável a convivência entre os diversos sistemas, faz-se necessária a abordagem de questões deste tipo.

Parte das dúvidas levantadas na presente Consulta leva em conta esses problemas relacionados à convivência entre ações coletivas e individuais. No caso em exame, a Consulente promoveu mandando de segurança individual impugnando determinados artigos de regulamentação editada pela CVM. Teve seu pleito denegado em primeira instância, decisão esta que ainda não transitou em julgado. Paralelamente, entidade de classe da qual faz parte, propôs mandado de segurança coletivo com o mesmo objeto e que, no presente momento, vem logrando êxito (conquanto a sentença de primeiro grau ainda não tenha sido proferida, foi concedida medida liminar que afasta a aplicação dos dispositivos regulamentares impugnados). Tendo em vista tal situação, a Consulente apresenta a pertinente dúvida sobre a possibilidade de optar pela ação coletiva. Vejamos, portanto, a resposta que pode ser extraída de nosso ordenamento jurídico.

No direito brasileiro, não obstante o mandado de segurança coletivo tenha recebido o tratamento de garantia individual (e como tal venha sendo aplicado), o instituto ainda carece de disciplina específica que solucione a variedade de questões processuais que desperta. Ademais, a aplicação subsidiária do Código de Processo Civil e das leis sobre mandado de segurança individual (Leis ns. 1.533/1951 e 4.348/1964), tem se mostrado insuficiente para a realização satisfatória desta tarefa. Em virtude desse quadro, a solução tem sido a de generalizar preceitos relativos a ações coletivas objeto de legislação específica sobre determinada matéria.

O tema das ações coletivas mereceu tratamento do Código de Proteção e Defesa do Consumidor (Lei 8.078/1990). Referido diploma legal não apenas trouxe para o direito brasileiro um regime jurídico diferente para as chamadas relações de consumo, como também disciplinou diversos aspectos processuais, voltados, inclusive, para temas relativos à ação coletiva. Diante da ausência de outros diplomas legais sobre o assunto (além das leis sobre ação civil pública e ação popular), já se tornou pacífica sua aplicação por analogia nas ações coletivas em geral, independentemente de estas terem se originado em relações de consumo.

O próprio CDC determinou sua aplicação supletiva em matéria de defesa de interesses coletivos. Fez isso ao acrescentar artigo na Lei da Ação Civil Pública (Lei n. 7.347, de 24 de julho de 1985). Confira-se:

> Art. 21. Aplicam-se à defesa dos direitos e interesses difusos, coletivos e individuais, no que for cabível, os dispositivos do Título III da lei que instituiu o Código de Defesa do Consumidor.

A professora Ada Pelegrini Grinover, quando comenta as disposições processuais do CDC, salienta essa marcante característica de sua abrangência: "Ademais, é oportuno lembrar que o art. 110 do Código acrescentou o inciso IV ao art. 1º da Lei n. 7.347/1985, estendendo a abrangência desta a qualquer outro interesse difuso ou coletivo. Daí porque os dispositivos processuais do Código se aplicam, no que couber, a todas as ações em defesa dos interesses difusos, coletivos, ou individuais homogêneos, coletivamente tratados. (...) Pensamos que também o mandado de segurança coletivo, ainda dependente de tratamento legislativo próprio, reger-se-á, até eventual normação em contrário, pelos dispositivos do Código sobre a coisa julgada, que não colidem com a ordenação constitucional e legislativa, mas a complementam".[2-3]

Vejamos então como este Código, concebido para disciplinar os diversos aspectos da relação de consumo, fixou regras processuais aplicáveis analogicamente ao caso concreto sob exame. O dispositivo que mais incisivamente afeta o problema em tela é o art. 104. Eis o seu teor:

> Art. 104. As ações coletivas, previstas nos incisos I e II do parágrafo único do art. 81, não induzem litispendência para as ações individuais, mas os efeitos da coisa julgada *erga omnes* ou *ultra partes* a que aludem os incisos II e III do artigo anterior, não beneficiarão os autores das ações individuais, se não for requerida sua suspensão no prazo de trinta dias, a contar da ciência nos autos do ajuizamento da ação coletiva.

A norma admite a coexistência de ação coletiva e ação individual com o mesmo objeto. Admite também que o autor da ação individual aproveite os efeitos da decisão coletiva; ou seja, um autor individual que também faça parte do universo de pessoas representadas na ação coletiva pode ser beneficiado pelos resultados desta ação. No entanto, para que o autor individual obtenha este benefício, deve cumprir um requisito: suspender sua ação individual dentro do prazo de 30 (trinta) dias, *a partir da ciência nos autos do ajuizamento daquela ação*.

Este dispositivo estabelece um tratamento jurídico para a convivência entre ações coletivas e individuais, inclusive quanto à extensão dos efeitos de cada decisão judicial.[4] Por esta razão, mesmo sendo

2. *Código Brasileiro de Defesa do Consumidor Comentado pelos Autores do Anteprojeto*, 1ª ed., São Paulo, Forense Universitária, 1991, p. 585.

3. O Prof. Marcelo Navarro Ribeiro Dantas também nos fornece impressões parecidas sobre a importância do Código de Proteção e Defesa do Consumidor para disciplinar a tutela jurisdicional coletiva: "Este Código, juntamente com a Lei da Ação Civil Pública, serve como verdadeiro modelo processual para as ações coletivas em geral, mesmo as que não digam respeito a relações de consumo, porquanto suas normas podem ser aplicadas analogicamente aos demais casos em que se verificar lacunosidade nas regras tradicionais de processo" (*Mandado de Segurança Coletivo: Legitimação Ativa*, São Paulo, Saraiva, 2000, p. 100).

4. Muito embora o texto do art. 104 se refira a efeitos da *coisa julgada*, há de se compreender que a norma em comento disciplina o regime de aplicação das decisões judiciais que impliquem efeitos subjetivos de uma maneira geral. Assim, a extensão conferida por lei expressamente à *coisa julgada* em ações coletivas, há de ser adotada também para liminares, tutelas antecipadas e decisões finais que ainda não tenham transitado em julgado (mas que estejam aptas a produzir efeitos). Não há razão para conferir tratamento diferenciado para tais situações. Se o objetivo da regra é potencializar os efeitos produzidos pelas ações coletivas, não faz sentido que apenas a decisão definitiva tenha a extensão ampliada. Deveras, as decisões que produzem efeitos antes da coisa julgada têm como razão de existir justamente o resguardo da efetividade da

norma concebida originariamente para o campo específico das ações envolvendo direito do consumidor, teve sua aplicação estendida para as ações coletivas como um todo (art. 21 da Lei n. 7.347/1985).

Sendo assim, com base na aplicação do art. 104 do CDC é possível afirmar que, no caso sob análise, a Consulente pode aproveitar os efeitos das decisões (inclusive medida liminar) proferidas nos autos do mandado de segurança coletivo impetrado por entidade de classe da qual faz parte (o SESCON). Para tanto, basta atender ao requisito fixado na legislação, qual seja, o de suspender a ação individual em curso.

Como prevê o art. 21 da Lei n. 7.347/1985, a aplicação do art. 104 do CDC às ações coletivas em geral deve ser feita "*no que for cabível*". A incidência ou não de cada uma das estipulações do dispositivo pode suscitar algumas discussões. No caso, as dúvidas mais significativas dizem respeito à regra estipuladora de prazo para requerer a suspensão da ação individual, de modo a aproveitar os efeitos da ação coletiva. *Como se define o termo inicial deste prazo? O impetrante individual deve tomar ciência nos autos de sua ação individual ou da ação coletiva? A fixação de tal prazo seria pertinente numa ação que não envolvesse direito do consumidor?* A leitura atenta do conjunto de regras previstas no CDC, bem como a compreensão de como elas sistematicamente funcionam, nos permitirá responder a essas questões.

O artigo supracitado possui um sentido específico na disciplina das ações coletivas do consumidor. O primeiro passo na tentativa de estabelecer como se daria sua aplicação numa situação análoga é o de descobrir qual o sentido da norma no seu sistema de origem. Depois, será possível inferir se sua aplicação em situação paralela é viável.

A interpretação do art. 104 do CDC, no que diz respeito à fixação do prazo para o exercício do direito de opção, suscita dúvida decorrente da ambigüidade do texto. A dúvida corresponde ao marco inicial para contagem do prazo. O texto remete simplesmente à "ciência nos autos do ajuizamento da ação coletiva". Mas essa ciência deve ocorrer em que autos? No da ação coletiva ou na ação individual? Pela pura e simples leitura deste dispositivo não é possível extrair conclusão segura. Esta só virá com a compreensão geral do sistema no qual a regra está inserida.

Para começar, é possível examinar a plausibilidade das opções interpretativas que o texto admite. Seguindo esta linha, é de se indagar: faria sentido a estipulação de prazo a contar da ciência nos autos da *ação individual*?

A resposta é negativa. Deveras, a expressão "tomar ciência" indica uma ação processual com sentido técnico-jurídico determinado. Significa dizer que o interessado substitui o mecanismo oficial de notificação de determinada medida, pela ciência voluntária, nos autos da ação judicial em que tal medida está inserta. Assim ocorre, por exemplo, quando o réu toma ciência nos autos da ação que lhe é movida, independentemente da citação oficial.

No caso em tela, o evento a ser "informado" diz respeito à existência do ajuizamento de ação coletiva. Sendo assim, é natural que a notificação ocorra nos autos da ação em que o evento teve origem e não numa outra ação à qual ele não pertence. Deveras, se não há elemento constante dos autos

decisão final; portanto, se elas não gozarem da mesma extensão do que a coisa julgada, fatalmente os efeitos definitivos não apresentarão a efetividade pretendida. Sendo assim, há de se concluir que os efeitos subjetivos de decisões proferidas no âmbito de ações coletivas devem ter a mesma extensão, independentemente de a decisão ser definitiva (coisa julgada) ou não. Essa é a lógica que se pode extrair do sistema legalmente estabelecido para tais ações. Se a intenção do legislador fosse a de adotar postura diversa quanto à extensão de tais efeitos, certamente o teria feito de forma expressa, o que não fez; donde a necessidade de adotar-se o mesmo regime (da coisa julgada) para todas elas (decisões definitivas ou não).

da ação individual que lhe permita obter a informação de que ocorreu o ajuizamento da ação coletiva, como o autor da ação individual poderia "tomar ciência", voluntariamente, nos autos da ação que promove, da existência de uma ação coletiva correlata? O absurdo da hipótese também levaria a dúvidas do ponto de vista operacional: por intermédio de que instrumento processual seria "tomada a ciência", uma vez que não há elemento nestes autos que indique a existência da outra ação? Seria necessária a protocolização de uma petição do autor da ação individual, informando que tomou conhecimento da ação coletiva? Mas por que ele faria isso? Qual seria a racionalidade na imposição de tal regra? Não há resposta para tais indagações. A hipótese carece totalmente de sentido jurídico.

A alternativa restante é a interpretação segundo a qual a ciência referida no art. 104 se opera nos autos da própria ação coletiva. Esta é a solução correta, pois encontra amparo no próprio sistema procedimental previsto para as ações coletivas do CDC.

De acordo com o Código, o ajuizamento de uma ação coletiva no âmbito dos direitos individuais homogêneos do consumidor suscita a notificação aos interessados em intervir no processo, por meio de publicação de edital na imprensa oficial e da divulgação pelos meios de comunicação social por parte dos órgãos de defesa do consumidor. A regra está prevista no art. 94 do CDC. Confira-se:

> Art. 94. Proposta a ação (*coletiva*), será publicado edital no órgão oficial, a fim de que os interessados possam intervir no processo como litisconsortes, sem prejuízo de ampla divulgação pelos meios de comunicação social por parte dos órgãos de defesa do consumidor (*o esclarecimento entre parênteses foi acrescido ao texto original*).

O dispositivo acima revela o verdadeiro sentido da regra prevista no art. 104. Está claro que, pela lógica do CDC, os interessados na ação coletiva têm interesse jurídico em intervir nesta ação, tanto que foi criada regra para assegurar-lhes a notificação. Portanto, o momento em que o autor individual manifesta-se nos autos da ação coletiva (tomando ciência de sua existência), marca o início do prazo para a preclusão referida no art. 104. A contar desse momento, ele terá 30 dias para pedir a suspensão da ação individual, caso contrário perderá a oportunidade de ser beneficiado pelos efeitos que a ação coletiva traga.

O mesmo raciocínio há de ser aplicado para as ações coletivas que não envolvam direito do consumidor. A diferença existente nesses outros casos é apenas de ordem procedimental, uma vez que em tais ações (como no caso do mandado de segurança coletivo) não há previsão de publicação de edital para notificação dos possíveis interessados em intervir no processo. Essa peculiaridade, todavia, jamais pode trazer como conseqüência a inversão da lógica da regra jurídica em comento, entendendo-se, só por isso, que a ciência que marca o início do prazo deva ser feita nos autos da ação individual. Deveras, as mesmas razões que afastam tal entendimento nas ações coletivas de direito do consumidor são aplicáveis para também afastá-lo das demais ações coletivas. Não teria o menor sentido estabelecer, como marco inicial do prazo, a ciência nos autos da ação individual.

Também nas outras ações coletivas o prazo para o exercício do direito de opção há de correr a partir do momento em que o autor individual habilita-se naquela ação (tomando, portanto, ciência nos autos de sua existência). É este o momento a que o art. 104 se refere. A fim de coibir a atuação dúplice em juízo, o sistema processual estipula um prazo em que a opção por uma das vias deve ser tomada. Por meio deste mecanismo, a legislação aplicável procura extirpar do ordenamento situações que possibilitassem a ocorrência de decisões contraditórias referidas ao mesmo sujeito de direito.

Há de se concluir, portanto, que foi dado ao autor da ação individual um prazo de reflexão sobre a escolha da via processual a seguir. Dentro deste período, se houver a suspensão do mandado de segurança individual, o autor passa a fazer jus aos efeitos da ação coletiva. Se não houver suspensão da ação individual no período estabelecido (que é de 30 dias), há de se considerar que houve tácita renúncia aos efeitos da ação coletiva.

Apesar de o prazo de preclusão do direito de optar pelos efeitos da ação coletiva somente se iniciar com a ciência nos autos da ação coletiva que seja tomada pelo autor da ação individual, não se pode inferir que, a qualquer tempo, tal opção possa ser feita. Quanto a este ponto o art. 104 é claríssimo. Os interessados que tenham promovido ações individuais só poderão se beneficiar dos efeitos de uma decisão coletiva se houver a suspensão da ação individual proposta. E, além do prazo preclusivo — que só se inicia quando houver a ciência nos autos da ação coletiva — existe uma limitação lógica ao cumprimento desse requisito: só pode ser suspensa uma ação que ainda esteja em curso.

Sendo assim, é fácil responder à segunda questão proposta em torno do mecanismo de convivência entre ações individuais e coletivas. Havendo o trânsito em julgado da ação individual, deixará de existir, por óbvio, a possibilidade jurídica de a ação ser suspensa, inviabilizando-se, por conseguinte, o aproveitamento dos efeitos da ação coletiva.

Mostra-se, portanto, incontestável que o autor de ação individual perde o direito de se aproveitar de decisão em ação coletiva caso já tenha transitado em julgado a decisão na ação individual.

É oportuno, entretanto, precisar o alcance desta última conclusão. Afirmar que o autor de ação individual com decisão transitada em julgado não detém mais o direito de se beneficiar dos efeitos da ação coletiva significa apenas que, na esfera judicial, não pode mais ser questionado o resultado daquela demanda (individual). Nada impede que, extrajudicialmente, haja uma extensão ao autor da ação individual da decisão aplicada à maioria (representados em ação coletiva).

A situação objeto do presente Parecer bem ilustra o que se quer salientar. Imagine-se decisão na ação individual promovida pela Consulente, transitada em julgado, que considere válidos os dispositivos impugnados da Resolução da CVM e, paralelamente, decisão em ação coletiva que determine a nulidade dos mesmos dispositivos. Na esfera judicial, a Consulente não teria mais mecanismos para questionar ou impugnar a validade de tais normas. Todavia, nada impediria que a CVM alterasse a regulamentação da matéria, criando regra geral nova para toda a categoria afetada (Auditores), inclusive para a Consulente, que até poderia ser beneficiada em relação ao regime previsto nas normas validadas na ação individual.

Este, aliás, seria um provável desfecho, caso tal situação se concretizasse. Deveras, se, por força de decisão em ação coletiva, fosse suprimido o regime regulamentar para a quase totalidade da categoria dos Auditores, haveria a necessidade de criação de novas regras compatíveis com o entendimento jurisdicional. Este novo regime, por óbvio, não teria como excluir quaisquer dos atuantes do mercado, mesmo aqueles que, como a Consulente, tivessem proposto e perdido ação individual para questionar a regulação antiga. Para resumir, é possível afirmar que, no caso em exame, a coisa julgada em ação individual impediria apenas novo questionamento *judicial* das normas impugnadas pelas partes envolvidas. Todavia, com isso não se exclui a possibilidade de que sejam operadas alterações no aludido regime regulatório, quando mais se for para equalizar situação de desequilíbrio provocada por decisões judiciais contraditórias envolvendo o mesmo objeto.

Dito tudo isso, é importante considerar que, na atual posição processual da Consulente, há plena possibilidade de se requerer a suspensão do mandado de segurança e, com isso, aproveitar os efeitos do mandado de segurança coletivo. A sentença denegatória no mandado de segurança individual, desprovida da força de coisa julgada, não gera nenhum efeito que limite o aproveitamento dos efeitos da ação coletiva.

III — Dos efeitos provocados por medida liminar

Várias são as questões que, dentro da esfera dos provimentos cautelares, inquietam os estudiosos do processo judicial. O foco de análise deste Parecer, contudo, é restrito. Busca-se apenas saber quais os efeitos concretos provocados pelas medidas liminares obtidas (tanto na ação individual, quanto na ação coletiva), em alguns dos cenários com os quais a Consulente pode se defrontar.

A primeira situação de dúvida que se põe decorre do hiato que poderá existir entre o momento em que a Consulente teve cassada a liminar nos autos do mandado de segurança individual e aquele em que obtenha a extensão para si dos efeitos da liminar decorrente da ação coletiva. Diante dessa provável situação, quer-se saber se a liminar da ação coletiva passaria a produzir efeitos em relação à Consulente apenas para o futuro (portanto, após a extensão formal dos efeitos da ação coletiva, o que ocorrerá a partir da suspensão do mandado de segurança individual) ou se sua eficácia poderia ser estendida à Consulente desde o momento em que a liminar na ação coletiva foi proferida (o que acarretaria os chamados efeitos retroativos).

Não há disciplina legislativa expressa para tal situação. Tampouco os estudos acadêmicos chegaram a abordar este tipo de peculiaridade decorrente da extensão de efeitos subjetivos em ações coletivas. Isto tudo nos leva a procurar uma resposta condizente com a finalidade e o sistema oriundos da adoção da prestação judicial de âmbito coletivo.

Quando uma decisão é proferida no cerne de uma ação coletiva busca-se, como objetivo primordial, que os efeitos da ação sejam estendidos ao universo de atores representados (coletivamente) na demanda. Esta é a regra, principalmente quando o resultado da ação é favorável aos representados. São tratadas como exceções as situações em que os efeitos positivos colhidos na lide não se estendem a todos que potencialmente estivessem nela sendo representados. Justifica-se o tratamento diferenciado apenas por uma questão de conformação do sistema de representatividade jurisdicional. Aqueles que buscaram a ação individual para defesa de seus direitos, enquanto insistirem nesse caminho, não se beneficiam dos efeitos da ação coletiva. Com isso se respeita o direito subjetivo de cada pessoa pleitear, em nome próprio, seus interesses e, de outro lado, evita-se eventual contradição entre decisões judiciais.

Todavia, conforme demonstrado no tópico anterior, o ordenamento jurídico brasileiro admitiu que os autores de ações individuais optassem pelos efeitos produzidos na ação coletiva. Para tanto, basta que suspendam a ação individual, dentro das condições estipuladas na legislação (art. 104 do CDC). Ao admitir esta opção, o legislador evidentemente buscou, também nesses casos, assegurar um tratamento igualitário a todos quantos forem os representados na ação coletiva. Está é a finalidade da norma.

A extensão dos efeitos produzidos na ação coletiva deve, sobretudo, buscar a igualdade entre os representados na ação. A conclusão é óbvia, mas importantíssima para o enfrentamento do problema posto. Deveras, se o objetivo é tratar de forma igual os representados, não faz sentido que os efeitos da decisão proferida na ação coletiva sejam estendidos de forma distinta entre eles. Tais efeitos devem beneficiar a todos quantos sejam os representados na ação coletiva. Admitida a extensão dos efeitos da ação coletiva aos autores da ação individual, há de lhes ser conferido um regime jurídico semelhante ao dos demais representados.

Essa isonomia de tratamento, como não poderia deixar de ser, inclui a questão temporal. Não se pode prejudicar um dos representados na ação coletiva, pelo fato de ter, no início, promovido ação individual. Acontece que haveria prejuízo ao autor individual se a ele fosse conferido o usufruto dos efeitos produzidos na ação coletiva por período inferior aos dos demais, recebendo apenas os efeitos futuros da medida (os chamados efeitos *ex nunc*, ou não retroativos). Os efeitos que forem estendidos aos autores individuais, portanto, devem ter a mesma amplitude, inclusive temporal, daqueles conferidos aos demais representados na ação coletiva.

Trazendo esta conclusão ao caso concreto, é possível extrair que, na hipótese de a Consulente obter a extensão para si dos efeitos das decisões judiciais oriundas da ação coletiva promovida pelo SESCON, eles serão aplicados de modo retroativo. A extensão dos benefícios produzirá, portanto, efeitos *ex tunc*, a partir do momento em que a decisão (medida liminar) foi proferida e não apenas para o futuro (quando se passar a fazer jus à extensão dos efeitos da ação coletiva).

Outra questão envolvendo os efeitos de decisões liminares somente ganha sentido se a Consulente não obtiver a extensão dos efeitos da ação coletiva. Diante deste quadro, caberia indagar se, uma vez cassada a liminar que a beneficiava na ação individual, a CVM poderia sancioná-la em virtude dos atos praticados na vigência da liminar cassada.

Tal questão, se fosse submetida apenas ao senso comum das pessoas, não traria maiores dificuldades para ser solucionada. Deveras, afronta à noção geral de justiça que alguém, por praticar atos com base em decisão judicial (liminar), seja posteriormente sancionado em virtude de reforma na decisão. A sanção é conseqüência a ser sofrida por quem desrespeita normas jurídicas, situação oposta a de quem procura se adequar a decisões judiciais (mesmo que transitórias). Com base nesse claro e linear raciocínio, presente em qualquer pessoa de bom senso, seria possível responder à indagação formulada: — *a CVM não poderia sancionar a Consulente pelos atos praticados sob abrigo da liminar obtida no mandado de segurança individual e posteriormente cassada.*

Não vemos necessidade de reparo ao raciocínio ou à fundamentação acima exposta. Na verdade, as razões jurídicas a serem levadas em consideração são justamente essas, que o senso comum reclama. Porém, lições arraigadas na ciência jurídica, quando deslocadas das situações a que visam disciplinar, podem confundir o entendimento dessa questão. Referimo-nos à consagrada afirmação segundo a qual a medida liminar cassada perde seus efeitos, aplicando-se retroativamente a decisão contrária. O referido entendimento foi esposado por Súmula do Supremo Tribunal Federal. Confira-se:

Súmula n. 405 do STF — "Denegado o mandado de segurança pela sentença ou no julgamento do agravo dela interposto, fica sem efeito a liminar concedida, retroagindo os efeitos da decisão contrária".

Influenciado por este entendimento, um intérprete mais apressado poderia inferir que, em virtude da cassação da liminar, os atos praticados pela Consulente poderiam ser objeto de sanção por parte da CVM, autoridade administrativa responsável pela aplicação das regras cuja eficácia havia sido suspensa. O cabimento da sanção, por esta linha de raciocínio, seria conseqüência da decisão cassatória, que, operando retroativamente, qualificaria como ilícitas as condutas praticadas com base na liminar tornada sem efeito. Muito embora possa apresentar algum sentido, se vista apenas sob o enfoque da literalidade da lição acima transcrita, tal análise conduziria a uma insustentável situação de insegurança jurídica. Na verdade, esta conclusão apressada acaba por ignorar as circunstâncias que levaram à construção da regra contida na Súmula do STF e, em virtude disso, propõe aplicação da norma jurídica de maneira completamente inadequada ao caso em análise.

É fácil demonstrar o despropósito do raciocínio.

O primeiro passo, para tanto, é conhecer a finalidade da referida norma, ou seja, saber qual a sua origem. Segundo relata o Professor Cássio Scarpinella Bueno, esta orientação do STF surgiu a partir de três recursos em mandado de segurança que obtiveram a concessão de efeito suspensivo pelo Tribunal de Justiça do Estado de São Paulo. Como se tratava de matéria fiscal, a suspensão dos efeitos dos atos impugnados acabava por trazer ônus econômico ao Poder Público e benefício ao impetrante, o que, de acordo com os argumentos levados ao Supremo "constituía uso faccioso do *mandamus* como medida procrastinatória da satisfação de legítimos encargos fiscais".[5]

A Súmula, portanto, teve o determinado objetivo de evitar que o Poder Público, sujeito passivo do mandado de segurança, sofresse prejuízo econômico nas hipóteses em que, por decisão liminar, lhe fosse procrastinado o exercício de direito de natureza patrimonial (como, no caso que redundou na Súmula, o recebimento de créditos tributários). Contudo, há muitas outras situações em que a liminar em mandado de segurança não serve para suspender o exercício de direito patrimonial por parte do Poder Público. Ao contrário, quer-se viabilizar o exercício de direitos de liberdade por particulares, ameaçados ou impedidos por ato estatal de juridicidade ainda duvidosa.

Não há como comparar, por óbvio, situações tão distintas. Por esta razão, abalizadas lições doutrinárias tecem ponderações quanto à extensão da citada Súmula. Vejam-se alguns desses pronunciamentos.

Sérgio Ferraz, ao comentar a interpretação da Súmula 405 do STF, emitiu as seguintes considerações: "De qualquer sorte, no que tange à revogação da liminar quando denegatória a segurança, deve-se atentar a situações de boa-fé, a situações de direito adquirido, e a toda uma trama de direitos que necessitam de pronunciamento específico, sendo insuficiente a mera revogação da liminar. Não basta dizer, como ocorre nas ações diretas de inconstitucionalidade, que a lei que nasceu inconstitucional é inconstitucional e, pois, nunca teve aptidão de gerar efeitos jurídicos. As coisas não se passam dessa maneira tão simples. É óbvio que a lei, a final declarada inconstitucional, produziu efeitos. *Pode ter havido toda uma série de relações jurídicas consumadas, inclusive no tempo, que produziram efeitos já exauridos*"[6] (destaque nosso).

Arruda Alvim, também desdobrando os significados de tal Súmula, assim escreveu: "Esta Súmula, ao nosso ver correta, firma o princípio de que a liminar antecipa os efeitos de uma sentença que pode vir, mas se não vier, ela a liminar em si mesma, em nada terá beneficiado o impetrante, *além da suspensão e enquanto tiver durado*. Por outras palavras, terá sido como se ela não tivesse existido, *a não ser para o fim da suspensão provisória da eficácia*"[7] (destaques nossos).

A Súmula 405 do STF vincula-se à regra do art. 811, I, do CPC e deve ser entendida dentro de seus limites. Segundo esse preceito, "o requerente do procedimento cautelar *responde ao requerido pelo prejuízo que lhe causar a execução da medida*: I — se a sentença no processo principal lhe for desfavorável (...)". Com isso, estabeleceu-se a responsabilidade objetiva do impetrante pelos prejuízos patrimoniais que o impetrado venha a suportar em função da liminar posteriormente infirmada.[8] Portanto, a retroação da decisão contrária — a que se refe-

5. *Liminar em Mandado de Segurança — Um Tema com Variações*, 2ª ed., São Paulo, Ed. RT, 1999, p. 269.

6. "Debates: liminar em mandado de segurança", em *Direito Processual Público: a Fazenda Pública em Juízo* (coords. Carlos Ari Sundfeld e Cássio Scarpinella Bueno), São Paulo, Malheiros Editores, 2000, p. 163.

7. "Anotações sobre a medida liminar em mandado de segurança", em *Revista de Processo* 39/25.

8. Sobre o tema, v. Scarpinella Bueno, ob. cit., pp. 344 a 347.

re a Súmula — é somente o modo como, nas lides tributárias, se garantiriam os interesses patrimoniais da Fazenda, fazendo incidir retroativamente os encargos moratórios, que recompõem o prejuízo decorrente do retardamento na quitação do tributo.[9]

Assim, quando a execução da liminar não cause perda patrimonial ao impetrado, a decisão final que lhe seja contrária não pode ter "efeito retroativo". Sua eficácia será apenas para o futuro.

Posto isto, é possível concluir que, nos casos de liminar que garante o exercício de direitos por particulares em face de ato de autoridade que os restringe, a Súmula 405 do STF não é plenamente aplicável. Em situações tais, o Judiciário prefere garantir o exercício da liberdade dos particulares a manter o exercício do poder de autoridade do Estado (que se mostra com aparência de ilicitude). As condutas praticadas com base em tal decisão provisória, portanto, não infringem o ordenamento posto, porque o Estado, representado pelo Judiciário, resolveu autorizá-la para não correr o risco de cometer abuso de autoridade. Os comportamentos praticados nessas condições, mesmo que posteriormente a liminar seja cassada e o ato de autoridade impugnado venha a ser ratificado pelo Judiciário, não podem ser tachados de ilícitos, pois obedecem à norma emitida pelo próprio Estado (a decisão liminar).

Não fosse essa a conclusão, a liminar nesses casos seria praticamente inócua. De nada adiantaria, por exemplo, obter liminar que autorizasse trafegar sem o uso de cinto de segurança se, na hipótese dela ser cassada, o DETRAN pudesse aplicar multas retroativas pelo período de vigência da liminar. Liminares com esse objetivo — de suspender a eficácia de ato restritivo da liberdade, imposto por autoridade pública — não podem ter pura e simplesmente seus efeitos desconstituídos. Elas funcionam como uma espécie de *salvo conduto*, autorizando a prática de determinados atos. Quando cassadas, simplesmente deixam de produzir efeitos. Os atos que foram praticados sob sua proteção, porém, não se submetem a sanção, nem são automaticamente derrubados.

A derrubada da liminar que permitiu a participação de um jogador de futebol em partida decisiva não anula os gols que ele tenha marcado nem permite a punição da equipe pela escalação de "atleta irregular". Os atos administrativos praticados por servidor empossado em cumprimento a liminar não perdem efeito com sua revogação. Aliás, também a soltura de um preso não passa a ser considerada "retroativamente" como se fuga fosse só pelo fato de ser revertida a decisão em *habeas corpus* que havia concedido a liberdade. Em suma: os efeitos consumados da liminar não são atingidos por sua derrubada posterior.

Logo, são inaplicáveis, ao caso objeto da Consulta, as sanções previstas nos arts. 27 e 35 da Instrução n. 308/1999, da CVM, para a hipótese de auditoria feita sem observância dos impedimentos nela estabelecidos.

Ainda resta enfrentar a última das questões postas na Consulta: diante da cassação da liminar, como ficam os contratos firmados pela Consulente que ainda estejam pendentes?

Como foi visto, a revogação da liminar não tem o condão de transformar em ilícitas condutas praticadas sob o abrigo da medida cassada, mas isto não significa que a decisão nova fique impedida de produzir imediatamente seus efeitos. Sendo assim, parece legítimo que a CVM determine a interrupção de contratos pendentes, no momento em que se perca o respaldo da medida liminar.

9. Observe-se, porém, que a aplicação da Súmula encontra-se atualmente mitigada mesmo no campo tributário, em função do art. 63, § 2º da Lei n. 9.430, de 27.12.1996. Segundo essa norma, o tributo não pago em virtude de medida liminar posteriormente derrubada poderá ser recolhido sem multa de mora em até 30 dias após a publicação da nova decisão judicial.

Não teria cabimento a alegação, para garantir a conclusão dos contratos pendentes, de observância ao ato jurídico perfeito. Isto porque, com a cassação da liminar, tais contratos perderiam esse *status*. Deveras, eles foram firmados com base em autorização provisória, extraída de liminar em mandado de segurança. Assim, caindo a liminar, a autorização que conferia licitude a tais práticas também deixa de existir, perdendo-se, com isso, os fundamentos para alegar a preservação de atos jurídicos perfeitos.

Não há mais que se falar em retroatividade da decisão denegatória. Trata-se da eficácia imediata da decisão judicial que reverte medida transitória anteriormente tomada (a liminar). Assim, não haveria como sustentar que os contratos iniciados, mas não findos, pudessem ser concluídos sem que a aplicação da norma administrativa restaurada fosse exigida pela autoridade competente (CVM).

A ressalva que pode ser feita diz respeito àqueles contratos que, por contingências fáticas, já estivessem em fase de irremediável conclusão. Explicamos. É possível imaginar situações em que a execução material de um contrato já esteja inteiramente realizada, faltando apenas sua conclusão formal (apresentação de um relatório final, ou coisa do gênero). Nesses casos, dar prosseguimento à execução contratual significa apenas concluí-la formalmente, sem demandar a prática de novos atos materiais de execução (como levantamentos, pesquisas, entrevistas, que façam parte de um contrato de consultoria, por exemplo). A interrupção, portanto, não teria o condão de estagnar relações contratuais já perfeitamente ultimadas, sob pena de tão somente acarretar prejuízos às partes envolvidas, sem, contudo, afetar a prática de *novas* condutas — que é o único objetivo da Instrução editada pela CVM.

Sendo assim, quanto às questões relacionadas aos efeitos das medidas liminares, é possível apresentar às seguintes conclusões:

a) Caso a liminar concedida na ação coletiva seja estendida à Consulente, seus efeitos serão aplicados desde o momento em que ela foi expedida nos autos da ação coletiva (produzirá efeitos retroativos, portanto).

b) Se a Consulente não obtiver a extensão dos efeitos da liminar expedida no mandado de segurança coletivo, a CVM não poderá sancioná-la — nem a seus clientes — em virtude de atos praticados na vigência da medida liminar cassada nos autos da ação individual.

c) Ainda na hipótese de a Consulente não se beneficiar da liminar expedida no mandado de segurança coletivo, é possível que a CVM determine a interrupção dos contratos em andamento.

IV — Conclusão

Estas são, resumidamente, as respostas que procuramos desenvolver no decorrer deste estudo:

1. Pode a Consulente, que é filiada ao SESCON, beneficiar-se dos efeitos da liminar concedida no mandado de segurança coletivo impetrado por esta entidade, mesmo tendo sido denegada a segurança na ação individual?

Sim. Aplicando-se as disposições processuais do Código de Proteção e Defesa do Consumidor, a Consulente pode se valer dos efeitos da ação coletiva como parte efetiva daquela relação processual. Para tanto, basta que suspenda o mandado de segurança individual que promove, dentro do prazo de 30 dias a contar da data em que, nos autos da ação coletiva, tome ciência de sua existência (art. 104 do CDC). O fato de já existir sentença denegatória no mandado de segurança individual não altera em nada este diagnóstico, pois é a coisa julgada, e não a sentença, o marco determinante que vem a limitar as opções processuais do autor da ação individual.

2. A possibilidade de auferir os benefícios da decisão coletiva é comprometida caso a sentença proferida no mandado de segurança individual transite em julgado?

Como salientamos na questão anterior, se a sentença individual transitar em julgado extinguem-se as possibilidades que o direito processual brasileiro confere ao autor da ação individual de se aproveitar da decisão favorável em sede coletiva.

Necessário lembrar que, na eventualidade de haver decisão favorável na ação coletiva e uma decisão contrária transitada em julgado no mandado de segurança individual, apesar de se esgotarem as vias judiciais de defesa, é perfeitamente possível e razoável que a CVM formule nova regulamentação em substituição à instrução normativa em apreço. A alteração regulamentar seria necessária para eliminar a situação de desigualdade entre aqueles que se beneficiaram da decisão coletiva, e ficam livres das limitações daquela instrução, e outros que isoladamente não tiveram a mesma sorte.

3. Na hipótese de a Consulente se valer dos efeitos da liminar obtida no mandado de segurança coletivo, que abrangência temporal terá esta decisão liminar em relação ao caso concreto?

Ao se habilitar no mandado de segurança coletivo e suspender o mandado de segurança individual dentro do prazo, a Consulente passa a integrar a relação processual coletiva como parte. Todas as decisões pretéritas tomadas neste processo são aplicáveis à Consulente. Por isso, pode-se afirmar que, uma vez habilitada a Consulente, a liminar existente na ação coletiva a favorece desde o momento em que foi concedida.

4. Se não for possível aproveitar os efeitos do mandado de segurança coletivo, pode a CVM aplicar à Consulente e aos seus clientes penalidades sobre os serviços prestados com suporte na liminar do mandado de segurança individual, posteriormente cassada?

Não. Tais atos foram praticados com respaldo em decisão judicial legitimamente proferida, não tendo havido, portanto, qualquer ilícito. A cassação da liminar não retira a licitude dos comportamentos consumados durante sua vigência.

5. Ainda neste caso, pode a CVM exigir a interrupção dos serviços já contratados, mas ainda não concluídos?

Sim. Tal prática não representaria uma afronta ao ato jurídico perfeito (que no caso não seria possível caracterizar), mas sim a imediata aplicação da decisão judicial denegatória da liminar que autorizava tais condutas. A interrupção não teria cabimento apenas naqueles contratos materialmente já concluídos, os quais dispensassem a produção de novos atos de execução para que sejam formalmente dados como concluídos.

ASPECTOS JURÍDICOS DA COMERCIALIZAÇÃO DE ENERGIA ELÉTRICA

FLORIANO DE AZEVEDO MARQUES NETO

Doutor pela Universidade de São Paulo — USP. Professor-Doutor do Departamento de Direito Público e do Estado da Faculdade de Direito da USP. Advogado

Empresa atuante no setor de energia formula-me Consulta acerca de aspectos jurídicos enredados em contrato que tem por objeto a comercialização, pela interessada, dos excedentes de energia de concessionária de serviços públicos. O contrato, firmado originalmente há quatro anos, sofreu, ao longo do tempo, várias alterações (aditamentos e termo de cessão de direitos e obrigações).

O âmago da questão reside nos impactos gerados pelo advento da Lei Federal n. 10.438, de 26 de abril de 2002, que converteu em Lei a Medida Provisória n. 14. Entre outros tantos dispositivos, tal diploma legal trouxe modificação no regime, até então vigente, para comercialização da energia disponível pelas empresas concessionárias integrantes da Administração Pública. Fê-lo por intermédio dos arts. 27 e 28 a cujo teor me reportarei ao longo do texto que se seguirá. Ao prever novas regras, o diploma novel alterou o regime de livre comercialização que fora estipulado pelo art. 10, *caput*, da Lei Federal n. 9.648/1998.

Diante deste contexto de alteração no panorama legal, a empresa interessada transmite-me sua preocupação com os efeitos da alteração no contrato por ela mantido. Tal preocupação se desdobra em três aspectos: (i) a vigência e a eficácia do contrato à luz da retrocitada alteração legislativa; (ii) a abrangência das estipulações contidas no art. 27, § 4º da Lei n. 10.438/2002, que pretendeu disciplinar a comercialização de energia pelas concessionárias de geração integrantes da Administração Pública estadual; e (iii) a possibilidade de conciliar, no âmbito dos procedimentos para comercialização de energia, tal regra legal com os pressupostos do referido contrato e com a atividade explorada pela empresa.

No âmbito do último dentre os três aspectos acima apontados, a interessada submete-me os contornos de um procedimento que, a seu ver, poderia ser adotado para a comercialização dos excedentes de energia, sem afligir a regra novel, tal qual ela a interpreta.

Segundo esse procedimento, a comercialização de energia seria iniciada não só pela oferta de blocos comercializáveis por parte da concessionária e sim por manifestação de interesse de potenciais compradores identificados pela empresa interessada. Uma vez existindo uma "*oferta de compra*", as condições dessa oferta seriam divulgadas amplamente, durante prazo certo. Se nesse interregno houvesse outro interessado, disposto a adquirir o bloco em condições mais vantajosas para a concessionária, o negócio seria fechado com esse, digamos, "*interessado entrante*". Caso inexistisse oferta mais vantajosa, o negócio seria formalizado com aquele cuja manifestação de interesse iniciara o processo.

Principalmente a operação de comercialização, seja pela oferta de blocos comercializáveis por parte da concessionária, ou, ainda, pela manifestação de potenciais interessados — conforme acima explicitado — seria viabilizada por meio eletrônico (*internet*), dando-se plena divulgação e publicidade aos termos da oferta, prazos e condições da operação em um sítio especificamente criado para a concessionária e administrado pela interessada. A esta última caberia criar esse sistema de suporte à comercialização de energia excedente, não só mediante a seleção e aproximação dos potenciais interessados na energia disponibilizada — administrando as interfaces necessárias à conclusão da comercialização nas suas modalidades previamente estabelecidas — mas também oferecendo todas as atividades de suporte ao processo, tanto no pré quanto no pós venda. De todo modo, relata a empresa, a comercialização (e, subjacentemente, o poder decisório acerca do processo de venda) remanescerá sempre com a concessionária, apenas suportada integralmente pelo sistema criado e operado por aquela.

O estudo do assunto envolve, pois, de um lado, entender o escopo e a finalidade do contrato firmado entre as partes e, de outro, interpretar os dispositivos da Lei n. 10.438/2002 para bem entender a amplitude de seus comandos normativos. Só após isso é que se poderá verificar se os pressupostos da Lei se coadunam com aqueles que balizaram a pactuação do contrato, se e no quanto este seguir vigente, bem como se poderá verificar a viabilidade jurídica do procedimento proposto pela interessada.

Após seguir por estas trilhas será possível responder às seguintes questões adrede formuladas:

1. O advento da Lei Federal n. 10.438/2002 teve o condão de cessar a vigência do Contrato firmado?

2. É correto o entendimento de que, por força do art. 27, § 4º, da Lei Federal n. 10.438/2002 as concessionárias de geração de energia sob controle dos Estados estão obrigadas a realizar licitação na modalidade de leilão para comercialização dos seus excedentes de energia?

3. As concessionárias estaduais dos serviços públicos de distribuição de energia estão sujeitas à regra contida no art. 27, § 4º, da referida Lei Federal n. 10.438/2002?

4. As concessionárias estaduais de geração ou distribuição de energia elétrica estão sujeitas à regra constante do art. 28 da Lei Federal n. 10.438/2002?

5. A proposta de comercialização de energia, objeto de cogitação, estaria conforme a regra presente na nova legislação?

A consulta veio acompanhada de documentos consistentes nos instrumentos contratuais (contrato original e alterações), bem como por alguns documentos refletores das negociações que vêm sendo travadas pelas partes. Acostou também a Consulente pareceres jurídicos já produzidos sobre o tema. O primeiro deles, a mim apresentado em sinopse, foi exarado por meu dileto amigo David Waltemberg, uma das maiores autoridades pátrias em direito de energia, e traz sua interpretação sobre as normas da Lei Federal n. 10.438/2002. O outro deles de autoria do advogado paranaense Dr. Luiz Alberto Blanchet — cujos trabalhos sempre me suscitam —, aborda algumas das questões agora a mim submetidas. A ambos os textos me reportarei sempre que necessário.

Assim posta a indagação, creio ser tempo de passar à análise pontual dos problemas jurídicos envolvidos, firmando meu entendimento sobre eles. Após isso, passarei a dar respostas objetivas aos quesitos formulados. Ao trabalho.

I. Natureza jurídica do contrato firmado entre as partes

I.1 O contrato firmado entre a concessionária e a empresa teve por objeto "disciplinar o procedimento a ser adotado para atuação da empresa frente à energia disponível para venda, de propriedade da concessionária ou proveniente de suas parceiras". A redação constante do contrato original, porquanto um pouco truncada e vaga, não permitiria divisar claramente qual o objeto do contrato, o que só vai ser possível pela leitura das cláusulas seguintes à que define o objeto contratual, nas quais vemos inscrita a obrigação da concessionária de "vender todo o seu excedente de geração e todo o excedente de compra para os clientes a serem definidos pela empresa ou para a própria empresa", bem como a obrigação desta "comprar ou vender para clientes selecionados e aos melhores preços possíveis" todo o excedente de energia disponível pela concessionária. O contrato deveria viger por dez anos, prorrogáveis.

I.1.1 A redação original dada a algumas cláusulas sofreu alterações sucessivas por força do primeiro e terceiro Termos Aditivos ao Contrato. Em decorrência deste último TA a redação passou a ser a seguinte:

"Pelo presente CONTRATO, a CONCESSIONÁRIA compromete-se a vender o seu EXCEDENTE DE COMPRA e seu EXCEDENTE DE ENERGIA ASSEGURADA, para o(s) cliente(s) a serem definidos pela EMPRESA, em conformidade com a POLÍTICA DE COMERCIALIZAÇÃO, a preços, quantidades e condições a serem estipulados em Contratos de Compra e Venda de Energia Elétrica, obedecidas as especificações mínimas e condições do presente CONTRATO."

"Pelo presente CONTRATO, a EMPRESA compromete-se a comercializar, nas melhores condições para a CONCESSIONÁRIA, todo o EXCEDENTE DE ENERGIA ASSEGURADA por esta, com os efetivos preços, quantidades e condições a serem estipulados em Contratos de Compra e Venda de Energia Elétrica, obedecidas as especificações mínimas e condições do presente CONTRATO."

I.1.2 O conceito de EXCEDENTE DE COMPRA já vinha definido no contrato original.[1] O conceito de EXCEDENTE DE ENERGIA ASSEGURADA veio definido no Termo Aditivo n. 1.[2] Por fim, o conceito de POLÍTICA DE COMERCIALIZAÇÃO foi introduzido pelo Termo Aditivo n. 3.[3]

I.2 Pois bem, em que pesem as alterações, várias procedidas ao longo dos anos no escopo do Contrato em apreço, é possível divisar claramente qual seria seu objeto.

I.2.1 Inicialmente, pode-se afirmar que as partes firmaram um contrato pelo qual a empresa se comprometia ou a intermediar os contratos de comercialização da energia excedente[4] disponível pela concessionária

1. "e) EXCEDENTE DE COMPRA: parcela de energia de propriedade da concessionária, oriunda de compras efetuadas de outras empresas (das quais a concessionária pode ou não deter participação), que, adicionada à geração própria permitida para auto suprimento, exceda seu mercado total."

2. "f) EXCEDENTE DE ENERGIA ASSEGURADA: energia assegurada de propriedade da concessionária (energia assegurada atribuída pela ANEEL às usinas da concessionária acrescida de participações em consórcios, desde que ocorra anuência dos demais consorciados), que excede o limite de auto suprimento estabelecido, incidente sobre parcela de seu mercado cativo."

3. "u) POLÍTICA DE COMERCIALIZAÇÃO: política definida no âmbito do COMITÊ DE OPERACIONALIZAÇÃO, a ser seguida pela empresa partir do estabelecimento, com base nas informações fornecidas pelo SISTEMA DE OTIMIZAÇÃO COMERCIAL, de todas as características necessárias à comercialização dos excedentes de energia da concessionária pela empresa, tais como, quantidades de energia e potência possíveis de contratação, data de início de disponibilização, blocos mínimos para venda, prazos mínimos de contratação, ponto de entrega, PREÇOS BASE (PB), além de outras que venham a ser definidas pelas Partes."

4. Referir-me-ei, ao longo deste trabalho, apenas ao gênero "*energia excedente*" não me preo-

(escopo esse traduzido no seu compromisso de "*vender essa energia a clientes selecionados*"); ou então se comprometia a comprar todo o excedente dessa energia (o que se revela pela obrigação de comprar tal excedente). No jargão do mercado, tratava-se de um contrato pelo qual a empresa assumia a função primacial de *broker*[5] (figura típica do corretor ou representante comercial), secundada pelo papel de *trader*[6] (adquirindo em nome próprio — e para futura negociação — o restante da energia excedente que não lograsse comercializar para terceiros). Esse papel de *trader* vinha previsto no Contrato na sua formulação original.

I.2.2 Com a alteração contratual procedida pelo Termo Aditivo n. 3, parte do escopo do Contrato restou suprimida, extirpada que foi a função da empresa como *trader* da energia excedente da concessionária. Intocada, porém, permaneceu a atividade da empresa como agente de comercialização da energia excedente da concessionária. Vê-se isso claramente na redação que foi dada a algumas cláusulas. Nelas se vê que o Termo Aditivo n. 3 definiu que, observadas as premissas fixadas na Política de Comercialização,[7] (i) a concessionária está obrigada a vender seu excedente de energia aos interessados (clientes) definidos pela empresa; e que (ii) esta tem a obrigação de comercializar todo esse excedente, devendo fazê-lo "*nas melhores condições pela concessionária*".

I.3 Tenho comigo, portanto, que desde o início, e mais ainda após o Termo Aditivo n. 3, o Contrato firmado entre concessionária e a empresa envolve a prestação de um serviço por esta àquela. Digo desde o início, pois, mesmo a função de *trader*, originalmente também reservada à interessada, tinha um caráter residual, ancilar à atividade principal de *broker*. Afinal, se, como veremos, ficou assentado pelas partes que o Contrato não envolvia exclusividade, a compra direta de energia excedente da concessionária pela empresa só poderia ser vista como uma obrigação de aquisição, por esta, se não lograsse êxito em encontrar interessados na comercialização. Ou seja, a função de *trader* (suprimida com o Termo Aditivo n. 3) constituía uma obrigação suplementar da Consulente. Afinal, não seria pela alteração perpetrada nas cláusulas do Contrato que estaria a empresa impedida de adquirir, em nome próprio, energia excedente da concessionária (desde que, nos termos do Contrato, apresentasse as condições mais vantajosas para a concessionária e detivesse autorização da ANEEL para atuar como comercializador de energia).

cupando com a distinção entre "*excedente de compra*", "*excedente de geração*" ou "*excedente de energia assegurada*", salvo se, em algum momento, essa distinção se fizer imprescindível. Malgrado isso, cumpre registrar que as definições do Contrato contemplam estas distinções conceituais.

5. "Broker, n. 1. An agent who acts as an intermediary or negotiator, esp. between prospective buyers and sellers, a person employed to make bargains and contracts between other persons in matters of trade, commerce, and navigation. · A broker differs from a factor because the broker usu. Does not have possession of the property. Cf. Factor. 2. Securities. A person engaged in the business of conducting securities transactions for the accounts of others" (in *Black's Law Dicionary*, p. 187).

6. "1. A merchant; a retailer; one who buys goods to sell them at a profit. 2. One who sells goods substantially in the form in which they are bought; one who has not converted them into another form of property by skill and labor. 3. One who, as a member of a stock exchange, buys and sells securities on the exchange floor either for brokers or on his or her own account. 4. One who buys and sells commodities and commodity futures for others or for his or her own account in anticipation of a speculative profit" (*Black's Law Dicionary*, p. 1.501).

7. A Política de Comercialização, vimos na definição inserida no Contrato é definida pelo Comitê de Operacionalização e deverá ser estritamente observada pela empresa: "A empresa efetuará a comercialização da energia disponível, visando à otimização das receitas para a concessionária, tendo como referência POLÍTICA DE COMERCIALIZAÇÃO". De mais a mais, a Política de Operacionalização é vinculante, na medida em que ajustes e alterações a ela sempre deverão ser objeto de submissão ao Comitê de Operacionalização.

I.3.1 Se desde os termos do Contrato original assim já o era, tanto mais agora, após as alterações perpetradas pelo TA n. 3. Por esse aditamento, ficou caracterizada a função de corretagem que incumbe à empresa, obrigada que está a exercer todas as atividades de suporte de que a concessionária necessita para comercializar sua energia excedente. Em outras palavras, à sua obrigação principal ("*comercializar, nas melhores condições para a CONCESSIONÁRIA*" a energia excedente), correspondem várias atividades de suporte, como proceder a levantamentos do mercado (para aferir as melhores condições de comercialização); identificar potenciais interessados nos blocos de energia excedente disponibilizados; selecionar estes clientes à luz de cada operação; buscar o aperfeiçoamento dos critérios e procedimentos do Sistema de Otimização Comercial; prover a concessionária dos meios necessários à otimização de suas receitas; viabilizar, junto aos clientes selecionados, as garantias do pagamento da energia comercializada, procedendo, conseqüentemente, à gestão destas garantias.

I.3.2 De mais a mais, a própria atividade de *broker* (entendida como o agenciamento, intermediação ou corretagem) da venda de energia excedente da concessionária já caracteriza, em si, a prestação de um serviço. Se tomarmos o conceito legal de serviço ("*atividade destinada a obter determinada utilidade de interesse para a Administração*", cf. art. 6º, II, da Lei Federal n. 8.666/1993), é certo que a intermediação realizada pela empresa para a concessionária enseja uma utilidade (seleção de interessados, negociação dos termos contratuais, gestão dos aspectos comerciais e operacionais dos Contratos de Venda, e fechamento do negócio) de que se aproveita a concessionária. Tanto é assim, que a atividade objeto do Contrato caracterizaria a hipótese de incidência tributária prevista no item 50 da Lista de Serviços Anexa ao Decreto-lei n. 406/1968.

I.4 Fixado está que o Contrato entre as partes, na versão hoje vigente (moldada pelo Termo Aditivo n. 3), tem por escopo a prestação de serviços, pela interessada, de agenciamento, intermediação ou corretagem dos excedentes de energia da concessionária (envolvendo todas as atividades ancilares a isso inerentes). O Termo Aditivo de n. 4, nesta senda, em nada alterou essa natureza jurídica de contrato bilateral de prestação de serviços de corretagem. Afinal, este último aditamento apenas se prestou a delimitar a abrangência da exclusividade de comercialização predicada no Contrato.

I.4.1 Isso veio expresso no último TA que, seguindo o escólio do advogado Luiz Alberto Blanchet, firmou a exegese, lastreada na expressão "*nas melhores condições para a COPEL*", presente na redação dada pelo TA anterior, segundo a qual o contrato não confere exclusividade absoluta para a empresa e sim lhe assegura prerrogativa preferencial de comercialização desde que sua oferta de compra seja a melhor disponível no mercado. Assim, por essa interpretação definida pelas partes, não haveria que se respeitar qualquer exclusividade, se existente no mercado outra oferta de compra mais favorável à COPEL do que aquela apresentada ou intermediada pela empresa.

I.4.2 Por força desse, digamos, aditamento de interpretação, ficaram excluídas, da regra de remuneração da empresa interessada, as operações de comercialização que sejam entabuladas diretamente pela concessionária com terceiros (não representados, selecionados ou indicados pela empresa), desde que pactuadas em condições mais vantajosas que aquelas apresentadas, na oportunidade, por esta.

I.4.3 Consigno, outrossim, que tal alteração (mitigadora da exclusividade originalmente prevista no Contrato) não modificou em nada a natureza jurídica do Contrato (cujo objeto, insisto, restou sendo a agenciamento, intermediação ou corretagem), nem o escopo das obrigações da empresa (prover a concessionária de todo o suporte necessário à comercialização de seu excedente de energia, incluindo, mas não se resumindo à seleção dos potenciais interessados). Afinal, a atividade de *broker* (como de resto toda atividade de corretagem de bens móveis ou imóveis) pode ou não envolver a exclusividade.

I.5 O Termo de Cessão de Direitos e Obrigações firmado não teve o condão de alterar a natureza jurídica do contrato, propiciando apenas uma sucessão no pólo ativo da avença em cumprimento da regra já prevista no instrumento contratual, consolidado consoante o Termo Aditivo n. 3. Tal entendimento é reforçado pelo disposto no Termo de Cessão, pela qual ratificaram-se todas as disposições constantes do Contrato vigente.

I.6 O último aspecto que merece referência nesta seara diz respeito à natureza da atividade que foi cometida pela concessionária à empresa, especialmente à luz da composição do capital desta última. Pelos documentos que me foram apresentados, percebo que a empresa é minoritária no capital social da empresa, não detendo posição dominante nem no Conselho Deliberativo, nem no Conselho Fiscal desta. Tampouco a Diretoria Executiva é dirigida de forma plena e absoluta por representantes indicados pela concessionária. Não reúne, portanto, meios de fato ou de direito para, isoladamente, fazer impor seus interesses no devir da sociedade. Nestes quadrantes, parece-me fora de dúvida que a concessionária não se caracteriza como controladora da empresa, detendo participação minoritária no capital desta.[8]

I.6.1 Se é assim, a relação da empresa, como *broker* da energia excedente da concessionária, tem natureza obrigacional (decorrendo do vínculo contratual firmado entre as partes e vigente até hoje, como acima visto) e não societária (já que o direito da empresa intermediar a comercialização desta energia não advém de vínculos societários com a concessionária, posto que inexistente a relação de controle).

I.6.2 De resto, importante lembrar, a atividade de comercialização de energia (que nos termos do art. 26, II, da Lei Federal n. 4.927/1996, alterado pela Lei Federal n. 9.648/1998, há de ser objeto de autorização da ANEEL), nas operações sob análise, será feita pela concessionária. A atuação da empresa corresponde apenas aos serviços de seleção dos interessados e viabilização da operação. A partir do TA n. 3 (que retirou do objeto do Contrato a função de *trader* da empresa), o objeto do contrato envolveu a prestação de um serviço de corretagem (atividade-meio) que não se confunde com a atividade-fim (comercialização de excedente de energia), esta última de titularidade exclusiva da concessionária. Essa nota far-se-á relevante quando estivermos analisando o impacto do vetor de desverticalização de atividades no setor de energia elétrica, subjacente à Lei Federal n. 10.438/2002.

I.7 Concluo este tópico consignando meu entendimento de que, nos termos do que foi pactuado entre concessionária e a empresa, cabe a esta última a prestação dos serviços de agenciamento, intermediação ou corretagem da energia excedente daquela, sem direito à exclusividade, compreendendo todas as atividades de suporte a essa comercialização. A isso está obrigada a empresa, até o final da vigência do Contrato (na pior das hipóteses, em 2008, sendo possível se sustentar que pela repactuação subja-

8. Poder-se-ia aqui questionar a validade jurídica do contrato, firmado que foi sem licitação entre a concessionária (empresa estatal) e a empresa privada. Pelo que se verifica do preâmbulo do Contrato original tal avença foi firmada diretamente com base, concorrentemente, na dispensa de licitação (art. 24) e na inexigibilidade (art. 25), ambas as hipóteses preconizadas na Lei Federal n. 8.666/1993. Como esse tema não é objeto do presente estudo, deixo de sobre ele me posicionar, tomando por suficientes as breves referências à matéria constantes do Parecer do advogado Luiz Alberto Blanchet. De resto, sinto-me no dever de registrar, sendo aclarada a inexistência de exclusividade, parece-me nitidamente presente a hipótese de inexigibilidade por possível atendimento de todos os interessados em contratar.

cente ao Termo Aditivo n. 3, o prazo ter-se-ia dilatado para 2011). E, sendo o Contrato em apreço um ato jurídico perfeito e acabado, aos seus termos estão vinculadas a concessionária e suas sucessoras (por força do Termo de Cessão firmado).

II. A Lei n. 10.438/2002: hermenêutica e constitucionalidade

II.1 Uma das maiores mazelas da reestruturação do setor elétrico brasileiro decorre do fato dela ser feita aos pedaços, ao sabor das contingências de ocasião. Durante algum tempo me indaguei acerca da razão desse fenômeno de mudanças regulatórias irem se sucedendo em artigos de lei, da sucessão de dispositivos contraditórios, de alterações legislativas tomando carona em diplomas legais com objetivos outros que não a alteração do setor elétrico. Concluí que a razão disso estava numa vantagem institucional que, inicialmente, favorecerá a reestruturação do setor. Dada a redação mais permissiva do art. 21, XII, *b*, da Constituição Federal, fora possível promover a reestruturação regulatória do setor sem necessidade de emenda constitucional. Por assim ser, não recaiu sobre a reestruturação do setor elétrico a vedação de que as mudanças fossem efetivadas por medida provisória como ocorreu com o setor de telecomunicações (por expressa disposição contida no art. 2º da EC n. 8), com o setor de petróleo (cf. art. 3º da EC n. 9) e outros setores de infraestrutura ou não (consoante expressa disposição genérica introduzida nas Disposições Gerais do texto constitucional — art. 246 — pela EC n. 6, art. 2º).

II.1.1 Beneficiado pela comodidade da alteração legislativa fácil (porquanto atalhada ao processo legislativo normal) e casuística ensejada pelas Medidas Provisórias, foi-se fazendo a mudança legal do setor ao sabor das necessidades, ao talante dos acontecimentos. Desde a Lei Federal n. 9.074/1995 até o diploma ora em comento (Lei Federal n. 10.438/2002) a maioria das alterações feitas no setor se deu por conversões de MPs, mediante inclusão de artigos esparsos em textos legais fragmentários. Não só a noção de sistematização pereceu. Os atos jurídicos formulados sob as antigas regras e os posicionamentos dos agentes econômicos também padecem.

II.1.2 Esse caráter fragmentário e casuístico da reestruturação jurídica e institucional do setor de energia elétrica não implica apenas em dificuldade para os operadores jurídicos manejarem os marcos legais aplicáveis ao setor. Traz, sim, problemas jurídicos relevantes de interpretação das leis e afetam a segurança jurídica necessária para os investimentos e para o posicionamento dos atores econômicos.

II.2 Ilustrativo deste processo é a questão ora posta em análise. É fato que a concessionária e a empresa se organizaram à luz das regras previstas na Lei Federal n. 9.648/1998. Como referido no relato vestibular ao presente, o advento da Lei Federal n. 10.438/2002 (também por conversão de Medida Provisória) trouxe dúvidas quanto à incidência ou não das regras novas sobre a relação obrigacional existente entre a concessionária e a empresa.

II.2.1 O núcleo da questão está nos arts. 27 e 28 da Lei Federal n. 10.438/2002. Seu teor é o seguinte:

> Art. 27. No mínimo 50% (cinqüenta por cento) da energia elétrica comercializada pelas concessionárias geradoras de serviço público sob controle federal, inclusive o montante de energia elétrica reduzido dos contratos iniciais de que trata o inciso II do art. 10 da Lei n. 9.648, de 27 de maio de 1998, deverá ser negociada em leilões públicos, conforme disciplina estabelecida em resolução da ANEEL.
>
> (...).
>
> § 4º. A energia elétrica das concessionárias de geração de serviço público sob controle societário dos Estados será comercializada de forma a assegurar publicidade, transparência e igualdade de acessos aos interessados.
>
> Art. 28. A parcela de energia elétrica que não for vendida no leilão público

de que trata o art. 27 deverá ser, necessariamente, liquidada no mercado de curto prazo do MAE.

II.2.2 De duas ordens são as dúvidas trazidas pela questão aqui posta. Primeiro, impende indagar se, à luz das normas contidas respectivamente no *caput* e no § 4º do art. 27, as concessionárias estaduais de geração estão ou não obrigadas a observar o procedimento licitatório na modalidade de leilão para comercializar sua energia excedente. Depois, cumpre saber se a norma do art. 28 seria aplicável a estas empresas integrantes da Administração indireta estadual. A ver.

II.A) A compatibilização das normas do art. 27

II.3 A interpretação da Lei nada mais é do que o esforço para atribuir normatividade à regra. Daí por que se dizer que a interpretação se presta a dar sentido e efetividade à prescrição do legislador, conciliando supostos comandos contraditórios e dotando de lógica e racionalidade preceitos muita vez aparentemente desconformes. Carlos Maximiliano, em seu célebre e definitivo tratado sobre hermenêutica, chama a atenção para a obrigação do intérprete de se esforçar, sempre, para superar aparentes contradições entre regras legais. Diz que "não raro, à primeira vista duas expressões se contradizem; porém, se as examinarmos atentamente (*subtili animo*), descobriremos o nexo culto que as concilia. É quase sempre possível integrar o sistema jurídico; descobrir correlação entre as regras aparentemente antinômicas".[9]

II.3.1 As normas contidas no *caput* do art. 27 e no seu § 4º não podem ser interpretadas de modo a acarretar em mandamentos contraditórios ou dispensáveis. Não é possível, pois, entender que no *caput* estivesse contida regra vinculando todas as concessionárias estatais de geração de energia (sejam da União, sejam dos Estados), para no § 4º se encontrar regra que preconizasse a aplicação de princípios gerais da Administração Pública (exigíveis por dicção constitucional, independente de prescrição legal) apenas para as concessionárias estatais estaduais.

II.4 As normas em comento prescrevem regras bastante distintas. O *caput* do art. 27 prevê regra vinculante apenas das *concessionárias geradoras de serviço público* (sic) *sob controle federal*. Descontada a incorreção e imprecisão jurídica da locução "*geradoras de serviço público*" (pois parece óbvio tratar-se de geradoras de energia elétrica em regime de serviço público, predicativo desnecessário, pois que se já são concessionárias, só podem explorar a geração em regime de serviço público), o comando normativo é claro: destina-se apenas às empresas estatais federais concessionárias dos serviços públicos de geração de energia. A estas concessionárias o legislador determinou que a comercialização de parcela do seu excedente de energia deverá se dar, necessariamente, mediante licitação pública na modalidade de leilão.[10]

II.4.1 Diga-se neste ponto que descabe interpretar a Lei pretendendo que a referência a "*leilão público*" diga respeito a procedimento distinto da licitação na modalidade de leilão. Primeiro, porque não pode o hermeneuta interpretar um texto legal pressupondo que o legislador se utilizou de um conceito técnico jurídico com acepção distinta daquela expressamente prevista na Lei (no caso o art. 22, § 5º, da Lei Federal n. 8.666/1993). Segundo, porque a aplicação do termo jurídico *leilão*, como modalidade de licitação, se presta exatamente às opera-

9. *Hermenêutica e Aplicação do Direito*, 18ª ed., Rio de Janeiro, Forense, 1999, p. 134.

10. O adjetivo "*público*" aposto ao substantivo leilão parece-me decorrer de um excesso de zelo do legislador, pois o certame leilão há de ser, por definição, necessariamente público. Isso quer por previsão legal, quer pela adstrição de toda a Administração Pública (direta, indireta) ao princípio da publicidade, consoante o cânone do art. 37 da CF, aplicável indubitavelmente às concessionárias estatais federais.

ções de alienação de bens (e energia elétrica, tomada como *commodity*, assume natureza jurídica de mercadoria, bem móvel, portanto). Não seria razoável, pois, que o legislador exigisse a observância de um dado procedimento para alienação de bem pelas estatais federais fazendo-o fora das modalidades de licitação já previstas na legislação federal.

II.4.2 Portanto, tenho comigo que o núcleo normativo do *caput* do art. 27 corresponde a obrigar as concessionárias estatais federais de geração de energia elétrica a observar, necessariamente, a modalidade licitatória de leilão para alienação de parcela de sua energia excedente.

II.4.3 Dado que estas concessionárias federais seguem sendo empresas estatais e que ainda não foi editada a lei a que se refere o § 1º do art. 173 da CF,[11] a regra para as compras ou alienações de bens é a realização de prévia licitação, consoante a lei geral de licitação (Lei Federal n. 8.666/1993) ressalvadas as hipóteses legais desobrigantes (art. 37, XXI, da CF). Portanto, prescrição legal constante do *caput* do art. 27 da Lei Federal n. 10.438/2002 se fazia necessária por três motivos.

II.4.3.1 Primeiro, retirar estas operações de venda de energia do regime de dispensa de licitação que era franqueado pelo art. 10 da Lei Federal n. 9.648/1998 (pois ali tínhamos a dicção de que a comercialização de energia passava a ser objeto de livre negociação, dando azo ao entendimento de prescindibilidade de licitação).

II.4.3.2 Segundo, para subtrair a comercialização de energia, dentro do mesmo grupo societário estatal federal, da regra prevista no art. 24, XXII, da Lei Federal n. 8.666/1983, com a redação que lhe fora dada pela Lei Federal n. 9.648/1998.

II.4.3.3 Terceiro, e principal, para ampliar as hipóteses de aplicação da modalidade excepcional de licitação prevista no art. 22, § 5º, da Lei Federal n. 8.666/1993. Por este dispositivo, temos que a licitação na modalidade leilão somente era possível para (i) venda de bens móveis inservíveis; (ii) venda de produtos legalmente apreendidos ou penhorados; (iii) para alienação de bens imóveis auferidos em procedimentos judiciais ou dação em pagamento. Posteriormente, a Lei Federal n. 9.491/1997 ampliou a possibilidade de utilização da modalidade de leilão para as licitações levadas a cabo dentro do Programa Nacional de Desestatização, aplicando-se tal modalidade para alienação de participação societária, transferência de titularidade ou cessão de bens públicos, venda de ativos de empresas dissolvidas ou liquidadas, outorga de concessão, permissão ou autorização de serviços públicos ou de direito real de uso (cf. art. 4º, § 3º, da citada Lei Federal). Sendo o emprego da modalidade leilão excepcional[12] (só admitida nas hipóteses previstas expressamente em Lei), necessário foi que a Lei Federal n. 10.438/2002 previsse expressamente a possibilidade de sua adoção para a venda de energia pelas concessionárias estatais federais.

II.4.4 Estou, pois, certo e seguro de que o teor da norma contida no *caput* do art. 27 da Lei Federal n. 10.438/2002 se prestou a dois objetivos seqüenciais: (i) suprimir, para as concessionárias federais de geração, o regime de liberdade plena de comercialização de energia antes previsto da Lei Federal n. 9.648/1998 (esvaziando, para estas estatais, as hipóteses de dispensabilidade de licitação antes autorizada pelos arts. 10 da Lei Federal n. 9.648/1998 e 24, XXII, da Lei Federal n. 8.666/1993); e (ii) dizer que, na licitação que passa a ser exigível, estas esta-

11. Sem tocar na polêmica em torno da aplicação ou não desta regra constitucional às estatais prestadoras de serviços públicos, discussão que tem seu âmago em saber se o termo "*atividade econômica*" utilizado pelo constituinte reformador há de ser tomado em sentido amplo ou restrito.

12. As modalidades-regra são a concorrência pública, a tomada de preços e o convite, sendo a adoção de cada qual dependente do valor da contratação, salvo nas hipóteses de avocação legal para a modalidade mais rigorosa.

tais deverão adotar o procedimento na modalidade de leilão.

II.5 Diversa foi a regra prevista pelo legislador para as concessionárias estatais estaduais de geração. O já citado § 4º ao art. 27 da Lei Federal n. 10.438/2002 prevê regra distinta para as concessionárias estatais estaduais de energia. Para estas, ao invés de exigir licitação e autorizar a modalidade de leilão, o legislador apenas obrigou que o procedimento para comercialização fosse organizado de modo a "*assegurar publicidade, transparência e igualdade de acesos aos interessados*".

II.5.1 Note-se que o comando da norma não é a observância dos três princípios aludidos (o que seria uma redundância já que tanto por força do art. 37, *caput*, da Constituição Federal, como por força do art. 3º, *caput*, da Lei Federal n. 8.666/1993, a Administração já se encontra submetida aos princípios da publicidade, igualdade e transparência), e sim a determinação de que o procedimento para comercialização seja estruturado, organizado e implementado "*de forma a assegurar*" a observância dos três princípios, aos quais já se encontram — como parte da Administração indireta — as estatais estaduais subsumidas.

II.5.2 Portanto, no meu entender, a norma do § 4º do art. 27 consignou para as concessionárias estatais estaduais de geração de energia um tratamento diferençado em relação a suas congêneres federais. Para as empresas sob controle societário dos Estados remanesceu a regra de prescindibilidade (dispensa) de realização de licitação. Porém, ao regime de livre comercialização preconizado pela Lei Federal n. 9.648/1998, a lei novel determinou que se observe um procedimento (que não há de se caracterizar como licitação), a ser estabelecido pelas concessionárias estaduais de modo a que, necessariamente, observe e homenageie os cânones da publicidade, isonomia e transparência.

II.6 A novidade trazida para as concessionárias estaduais pela Lei Federal n. 10.438/1998 se refere apenas a um condicionamento à liberdade ampla de comercialização antes prevista no art. 10 da Lei Federal n. 9.648/1998. O condicionamento de se seguir um procedimento com cumprimento de requisitos de publicidade, transparência e igualdade entre os interessados.

II.6.1 Ainda assim, consigno, essa novidade é relativa. Isso porque antes da Lei Federal n. 10.438/2002 (aplicável a todas as concessionárias a regra de dispensa de licitação expressamente prevista no art. 24, XXII, da Lei Federal n. 8.666/1993) não se poderia dizer afastada a vinculação aos princípios da publicidade, transparência e igualdade. Todos estes três cânones são encontradiços no art. 26 da Lei Federal n. 8.666/1993, artigo que, como sabemos, rege os procedimentos para contratações diretas firmadas com dispensa ou inexigibilidade de certame licitatório. Deveras, ao regrar os requisitos procedimentais para tais contratações, a lei determina que (i) a aprovação da dispensa ou inexigibilidade seja publicada na imprensa oficial em até cinco dias de sua ratificação (art. 26, *caput* — princípio da publicidade); (ii) que do respectivo processo conste a razão de escolha do fornecedor ou executante (art. 26, parágrafo único, II — princípio da igualdade ou isonomia) e (iii) que deste processo conste a justificativa do preço (art. 26, parágrafo único, III — princípio da transparência).

II.6.2 Assim, ainda que a contratação direta seja autorizada por dispensa ou inexigibilidade de licitação (hipóteses dos arts. 24 e 25 da Lei Federal n. 8.666/1993), a Administração não se exime de homenagear, no procedimento de contratação, os aludidos princípios da publicidade e transparência (sempre e em absoluto) e da igualdade (com temperamentos ditados, ora e vez, pela especificidade subjetiva de cada contratação).

II.7 Não vejo como interpretar razoavelmente o art. 27 da Lei Federal n. 10.439/2002 se não for para entender que o § 4º prevê regra nuclearmente distinta, excepcional, àquela contida no seu *caput* (aplicável apenas às concessionárias federais). Isso porque é fato que, dentro da organicidade de um artigo de lei, os parágrafos se prestam a uma dentre duas finalidades: (i) ou detalham o dispositivo normativo contido no *caput*; ou (ii) estabelecem uma exceção à regra ali contida. Essa é, aliás, a prescrição contida no art. 11, III, *c*, da Lei Complementar 95/1998 (que tem por objeto justamente prever as regras para elaboração, redação, alteração e consolidação de leis).[13]

II.7.1 Entender que o § 4º em apreço estabeleceu uma disposição complementar àquela prevista no *caput* corresponderia a entender que o leilão a que estão obrigadas as concessionárias federais não estaria adstrito aos princípios da publicidade, igualdade entre interessados e transparência! Algo para além de esdrúxulo, inconstitucional.

II.7.2 Portanto, só cabe entender que função do § 4º em apreço é reforçar que a regra que obriga a realização de licitação e permite a modalidade de leilão (prevista para as concessionárias federais no *caput*) não é aplicável para as concessionárias estaduais. Como a excepcionalidade de tratamento já subjazia da própria redação do *caput* (pois que o comando normativo fora endereçado apenas às concessionárias de geração sob controle societário federal), a função do § 4º em comento é a de fechamento do sistema, complementando (e reforçando) a exceção à regra da realização de leilão.

II.8 E nenhuma surpresa me causa a regra excepcional para as concessionárias estaduais. Afinal, tivesse o legislador federal descido a pormenores e precisões de como uma empresa estatal estadual deveria proceder na alienação dos seus bens, imiscuindo-se nos detalhes de como o poder público estadual deve gerir as empresas sob seu controle, e haveria fortes argumentos para se pelejar pela inconstitucionalidade de tal disposição, à semelhança do que dantes já entendeu o Supremo Tribunal Federal.[14]

II.9 Fixada a única linha hermenêutica que imagino viável para interpretar e conciliar as regras contidas no *caput* e § 4º do art. 27 da Lei Federal n. 10.438/2002, muito me alegro em perceber que neste ponto, parece-me, meu entendimento se alinha com aquele esposado por David Waltemberg, conforme leio na sinopse de Parecer que me foi transmitido. Afinal, aquele brilhante jurista assevera que "O art. 27, § 4º desse mesmo diploma legal dispõe que as empresas estatais estaduais geradoras de energia elétrica, em regime de serviço público, deverão comercializar sua energia mediante a realização de um procedimento que viabilize a ampla publicidade, transparência e igualdade de acesso a todos os interessados. Respeitadas essas condições, as empresas estatais estaduais têm liberdade para definir os respectivos procedimentos licitatórios, os quais submeter-se-ão aos controles administrativos e judiciais a que estão jungidas quaisquer entidades da Administração Pública".

II.9.1 Porém, creio divergir daquele Parecer quando o ilustre autor assevera que "Não há possibilidade das empresas estatais (federais ou estaduais) concessionárias de serviços públicos de energia elétrica comercializarem sua energia mediante venda direta ou procedimento de livre negociação". Isso porque, como assentei no item II.6.1, *supra*, não é por exigir a adoção de procedimento assegurador da observância dos princípios da publicidade, transparência e igualdade que a Lei nova está a elidir, para as concessionárias de geração esta-

13. É o seguinte teor do dispositivo da LC n. 95/1998: "III — para obtenção de ordem lógica *[as prescrições normativas deverão seguir as seguintes normas]*: c) expressar por meio de parágrafos os aspectos complementares à norma enunciada no *caput* do artigo e as exceções à regra por este estabelecida".

14. Ver neste sentido o Acórdão à Medida Liminar da ADIn n. 927-3-RS, julgado em 3.11.1993. Ver também meus comentários ao referido aresto in *Revista Trimestral de Direito Público* 12/173 e ss., 1995.

duais, a dispensabilidade de licitação prevista antes pela Lei Federal n. 9.648/1998. Como demonstrei, estes princípios hão de ser observados (cf. art. 26 da Lei Federal n. 8.666/1993) mesmo nos casos de inexigibilidade ou dispensa de licitação.

II.9.1.1 O que se pode afirmar, aí sim, é que a Lei Federal n. 10.438/2002 trouxe alguma restrição (por força de interpretação finalística que se pode dar à exigência de igualdade entre os interessados, conforme bem exposto no Parecer de David Waltemberg) à comercialização direta e preferencial de energia entre a concessionária de geração e de distribuição pertencentes a um mesmo grupo, especialmente quando integrante da Administração Pública. Afinal, o principal móvel dessa alteração legislativa não foi outro que não promover a desverticalização no setor, especialmente para permitir o acesso de todos os interessados aos excedentes de energia velha que passam a ser liberados para novas contratações.

II.9.2 Tenho, então, como certo e firme que a regra do § 4º do art. 27 da Lei Federal n. 10.438/1993 assegurou às concessionárias de geração estaduais condições bem mais lassas para comercialização de energia, as quais podem assim ser resumidas: (i) segue sendo dispensável a realização de procedimento licitatório propriamente dito (art. 24, XXII, da Lei Federal n. 8.666/1993), em qualquer das modalidades previstas na legislação federal; (ii) a liberdade de comercialização fica condicionada à observância de um procedimento formal de comercialização, a ser estabelecido pela concessionária de geração; (iii) este procedimento deverá ser apto a assegurar a estrita observância aos princípios da publicidade, transparência e igualdade entre interessados; (iv) deste último princípio pode-se extrair uma condicionante específica, no sentido de interditar que no procedimento sejam admitidas condições de aquisição favorecidas para as empresas pertencentes ao grupo societário da concessionária estadual, especialmente a concessionária dos serviços de distribuição.[15]

II.10 Nestes quadrantes, parece-me completamente despropositado pretender exigir da concessionária de geração estadual que siga o procedimento de leilão para comercializar seus excedentes de energia. Se fosse assim exigido, não haveria sentido do legislador ter prescrito a regra excepcional do § 4º do art. 27 da Lei Federal n. 10.438/2002.

II.10.1 Mais que isso, entendo que é defeso às concessionárias de geração estaduais a adoção da modalidade de leilão. Explico. As modalidades de licitação (concorrência, tomada de preços, convite, concurso, leilão e pregão[16]) são consideradas, quase à unanimidade pela doutrina, como normas gerais. Daí por que, tratam de matéria reservada à competência legislativa federal, não podendo o ente federado dispor de novas modalidades, combinar modalidades ou inovar a utilização de modalidade para situações distintas daquelas previstas na Lei Federal (cf. art. 22, § 8º, da Lei Federal n. 8.666/1993). A Lei Federal n. 8.666/1993, como visto, previu a hipótese da aplicação da modalidade leilão para situações em que não se enquadra a comercialização de energia (cf. art. 22, § 5º), a qual tampouco se enquadra nos permissivos da Lei Federal n. 9.491/1997 (ver II.4.3.3, acima). A Lei Federal n. 10.438/2002, por seu turno, apenas autorizou a utilização da modalidade de leilão para as concessionárias de geração controladas pela União.

II.10.2 Assim, tenho comigo que não podem os entes da Administração Pública estadual, direta ou indireta, se utilizar de

15. Notar que se faz referência expressa à igualdade entre os interessados em adquirir a energia disponibilizada pela concessionária de geração.

16. Acrescente-se, especificamente para a Agência Nacional de Telecomunicações, a modalidade consulta, malgrado haver quem questione a constitucionalidade da regra contida no art. 54, parágrafo único, da Lei Federal n. 9.472/1997.

licitação na modalidade leilão para outras hipóteses que não aquelas expressamente previstas na legislação federal. Ocorre aqui, no caso, a mesma restrição que se dá para utilização da modalidade de pregão introduzida exclusivamente para a administração federal pela Medida Provisória n. 2.128. Como a autorização para utilização da modalidade leilão, prevista no *caput* do art. 27 da Lei Federal n. 10.438/2002 restringiu-se apenas às concessionárias federais, seria afrontar tal dispositivo legal pretender estender essa autorização para as concessionárias estaduais. E nem se diga de utilização por analogia, pois, me parece que a regra restritiva constante do § 8º do art. 22 Lei Federal n. 8.666/1993 interdita tal procedimento.

II.11 Temos, então, uma situação muito peculiar. Se entendêssemos que a Lei Federal n. 10.438/2002 obrigou as concessionárias de geração estaduais a realizar licitação para comercializar seus excedentes de energia, então tal certame licitatório deveria seguir as modalidades de concorrência pública ou tomada de preços, conforme o potencial econômico do bloco de energia disponibilizado.

II.11.1 Se, contudo, entendermos que a Lei n. 10.438/2002, não revogou a dispensa de licitação prevista no art. 24, XXII, da Lei Federal n. 8.666/1993 (consoante alteração perpetrada pela Lei Federal n. 9.648/1998), então haverá margem de autonomia estadual para definir um procedimento apto a assegurar a um só tempo os mandamentos constantes do art. 26 da Lei Federal n. 8.666/1993 e os princípios referidos no § 4º do art. 27 da Lei Federal n. 10.430/2002 (os quais, em última instância, coincidem). Isso porque o detalhamento procedimental da dispensa e da inexigibilidade de licitação, para além das normas gerais constantes dos arts. 24, 25 e 26 da Lei Federal n. 8.666/1993, correspondem a normas específicas, cuja estipulação é de pertença dos entes federados.

II.B) A abrangência da norma do art. 28

II.12 Firmado meu entendimento sobre o art. 27, fica muito mais fácil definir a correta hermenêutica do art. 28. Como acima citado, este dispositivo vem complementar a regra do art. 27, ao estipular o destino e o procedimento que devem ser dados à "*parcela de energia elétrica que não for vendida em leilão público*".

II.12.1 Como a norma contida no art. 28 alude apenas à parcela de energia que remanescer do procedimento de leilão, e como demonstrei, somente as concessionárias de geração sob controle da União é que deverão (e, portanto, poderão) proceder à licitação na modalidade leilão. Tenho como pacífico que a obrigação de liquidar o remanescente de energia no mercado de curto prazo do MAE só é aplicável à energia não comercializada pelas concessionárias federais. Divirjo neste particular, portanto, da opinião esposada por meu dileto amigo David Waltemberg, pois não consigo ver como a interpretação sistemática das normas pode levar a uma hermenêutica que contrarie justamente o sistema normativo. Se o art. 28 complementa a regra da energia comercializada mediante leilão, seria um anti-sistema ampliar seu âmbito normativo para engolfar a exceção não submetida a esse procedimento licitatório. Mais não é preciso dizer.

III. Impactos da lei sobre o contrato

III.1 Demonstrei no tópico II que, no que aqui importa, a Lei Federal n. 10.438/2002 não ensejou significativa alteração no regime de comercialização dos excedentes de energia (pois obrigou apenas que se assegurasse a observância de princípios que, por lei ou pela Constituição Federal, já eram exigíveis). Já no tópico I, expus que o Contrato existente entre a concessionária e a empresa tem hoje (após o Termo Aditivo n. 3) por objeto apenas a prestação, por esta, de serviços de suporte à comercialização de energia das concessionárias controladas por aquela (o que compreende, mas não se resume, à intermediação e corretagem). Assim entendido, creio restar fora de dúvida que o advento da Lei Federal n. 10.438/2002 não afetou a eficácia do Contrato e muito menos sua vigência.

III.2 A vigência do Contrato não é afetada simplesmente porque a alteração legislativa não teve o condão de alterar os pressupostos de validade do ajuste. A única discussão que poderia ter lugar diria respeito à potencial ilicitude que teria advindo para o objeto do contrato. Afinal, restasse defeso a uma das partes contratar o objeto do ajuste e poder-se-ia argumentar que sobreveio a impossibilidade jurídica de prosseguimento da obrigação. Porém, não me parece profícua essa linha de raciocínio. Ao exigir a adoção de um procedimento público, transparente e isonômico para comercialização de energia, a Lei Federal n. 10.438/2002 não interditou que as concessionárias de geração de energia contratem terceiros para assessorar a comercialização mediante a realização das atividades que permitam a viabilização de procedimentos de venda da energia nas condições mais favoráveis a elas.

III.2.1 Tenha-se em vista que a igualdade exigida pelo § 4º do art. 27 da Lei Federal n. 10.438/2002 é a igualdade entre interessados em adquirir a energia, em nada se aplicando à igualdade entre aqueles que venham a dar suporte à atividade de comercialização de energia procedida pela concessionária estadual de geração. Mesmo porque, não sendo assegurada pelo Contrato qualquer exclusividade à empresa interessada — como explicitado pelo Termo Aditivo n. 4 — mesmo as oportunidades isonômicas para eventuais outros interessados em funcionar como *brocker* tampouco estariam interditadas.

III.3 Mesmo se nos fiarmos no aspecto teleológico da Lei Federal n. 10.438/2002, bem percebido por David Waltemberg quando justifica as normas dos arts. 27 e 28 como destinadas a evitar "a necessidade de desverticalização compulsória da cadeia de serviços", teremos que concluir pela incolumidade do Contrato pela Lei.

III.3.1 Primeiro, porque não sendo a empresa controlada pela concessionária, não há que se falar que ela integre propriamente o grupo societário da geradora estadual.

III.3.2 Segundo, porque a verticalização que se quer evitar é a concentração na cadeia de energia elétrica, composta pelas atividades de geração, transmissão, distribuição e comercialização. A atividade de corretagem e suporte à comercialização, malgrado ser ancilar à cadeia de energia elétrica, não a integra. Deste modo, ainda que fosse a empresa controlada pela concessionária, não seria propriamente ela elemento de verticalização, pois não integra propriamente a cadeia em referência. Está para o segmento de energia elétrica como está o prestador dos serviços de manutenção de redes ou a empresa encarregada de entregar os documentos de cobrança das contas de luz.

III.3.3 Por fim, como visto acima, a relação das partes tem natureza contratual e não estrutural. Ou seja, não decorre de sua inserção na cadeia societária e sim é de natureza obrigacional, vigente por prazo certo e com pagamentos pela prestação de serviços absolutamente submetida à transparência contábil e imune à qualquer hipótese de subsídios contrários à competição no setor.

III.3.4 Não há razão, portanto, para se entender que a preservação do Contrato contrarie a finalidade perseguida pela Lei Federal n. 10.438/2002 neste particular, pois que a relação de prestação dos serviços de corretagem e suporte à comercialização (pré e pós venda) não traz qualquer implicação regulatória, nem implica em verticalização da cadeia do setor de energia elétrica.[17]

17. Cumpre aqui um breve comentário acerca de uma divergência doutrinária que tenho com David Waltemberg, a qual talvez justifique nossas visões distantes acerca desta questão específica. Em texto doutrinário (cf. Carlos Ari Sundfeld, *Direito*

III.4 A atividade para a qual a empresa foi contratada não está interditada pela legislação novel. Logo, o objeto do contrato não se tornou ilícito. O que a Lei Federal n. 10.438/2002 fez foi alterar a forma como a tal atividade deverá ser executada (pois que à empresa passa a ser exigido um suporte, o procedimento a ser inaugurado por força do § 4º do art. 27). E o próprio Contrato já previra norma que preservava sua validade em face de mudanças legais, impondo às partes que procedessem à adaptação dos termos do ajuste às novas regras e condições.

III.4.1 De fato. Na sua redação original a correspondente cláusula do contrato previa que alteração "de caráter legal ou institucional não comprometerá a validade do presente CONTRATO, devendo os devidos ajustes a eventuais novas condições serem efetuados de forma imediata e com acordo mútuo".

III.4.2 Bem é verdade que o Termo Aditivo n. 2 alterou a redação da citada cláusula, suprimindo a referência a alterações de ordem legal ou institucional. Não obstante, creio que essa omissão não teve o condão de tornar o Contrato vulnerável a estas modificações. Isso porque no próprio Termo Aditivo n. 2 vemos reforçada a regra quando lemos no considerando *c* (que, portanto, integra-o como dispositivo aplicável) o seguinte:

[Considerando que] "c) Existe previsão, no CONTRATO, que a alteração estrutural de qualquer das Partes, por determinação de seus sócios, ou de caráter legal ou institucional, não deve comprometer a validade do CONTRATO, devendo os devidos ajustes a eventuais novas condições serem efetuados de forma imediata e por acordo mútuo".

III.4.3 Portanto, é nítida a intangibilidade do contrato, sob o prisma da sua validade, pela alteração na Lei, pois o próprio ajuste determina que, havendo modificação legal atinente às condições estruturais da concessionária (e do parecer de David Waltemberg resta claro que a modificação em apreço tem por finalidade ensejar uma maior desverticalização do setor) (i) o contrato seguirá válido e (ii) as partes deverão adequar suas disposições à nova realidade normativa.

III.5 Fosse isso pouco e a validade do contrato estaria assegurada por força do princípio jurídico constante do art. 5º, XXXVI, da Constituição Federal, reforçado pelo disposto no art. 6º da Lei de Introdução ao Código Civil (já que o Contrato se caracteriza como ato jurídico perfeito, porquanto consumado antes da Lei Federal n. 10.438/2002, consoante o regime vigente à luz da Lei Federal n. 9.648/1998). Mas a tanto não se precisa chegar.

III.6 Se a nova legislação não afetou a validade e, por conseqüência, a vigência do Contrato, tampouco afeta substancialmente sua eficácia. Esta se traduz — após o Termo Aditivo n. 3 — no direito e no dever da empresa prestar os serviços de suporte à concessionária, viabilizando a comercialização dos seus excedentes de energia nas melhores condições para a concessionária estadual.

Administrativo Econômico, Malheiros Editores, 2000, p. 369) aquele autor sustenta que a atividade de comercialização se aproximaria da mera intermediação. Afirma que "em regra o comercializador vende a energia elétrica, mas não a entrega. A entrega é feita pelo concessionário detentor das instalações físico-elétricas existentes no local em que se situa a unidade destinatária. Somente se o comercializador for o próprio distribuidor local, venderá e entregará a energia". Minha crítica aqui vai no sentido de que, do ponto de vista jurídico, pouco importa quem é o detentor da rede de que se necessita para entregar a energia comercializada. Pela regulação do setor, caminha-se para a neutralidade de rede, figurando a empresa de transmissão e de distribuição como gestora de meios (redes) cuja utilização deverá ser franqueada a todos os agentes que comercializarem energia. Porém, independente disso, a configuração de comercializador como o intermediário faz tal figura se igualar ao *trader*. No caso, mesmo na acepção do autor, seria rematado exagero igualar o *brocker* ao agente comercializador de energia, pois este intermediário sequer precisará obter autorização da ANEEL, pois atua não em nome próprio mais em nome de terceiros.

III.6.1 Para que siga sendo eficaz o ajuste não se fazem necessárias, a meu ver, alterações substanciais nos seus termos. Basta que as partes estabeleçam, no âmbito do Comitê de Operacionalização já existente, um procedimento que atenda aos desígnios da Lei Federal n. 10.438/2002 e, ao mesmo tempo, permita que a concessionária siga se servindo dos serviços prestados pela empresa, como reza o Contrato. Isso é o que se verá no tópico seguinte.

IV. O procedimento de comercialização proposto em face à lei

IV.1 Como relatado nos documentos que me foram trazidos, a empresa já tem delineadas as balizas de um procedimento que, ao ver da empresa interessada, atenderia aos ditames na nova legislação federal sem impedir a prestação dos serviços para a qual foi contratada. Como relatado, tal procedimento envolveria a provocação por parte dos interessados em adquirir energia da concessionária de geração, interessados estes que saberiam da disponibilidade de energia a ser comercializada acompanhando as informações que disponíveis em banco de dados implantado, atualizado e mantido pela empresa.

IV.1.1 Uma vez existente a oferta de um "*interessado deflagrador*", a mesma seria registrada junto a esse banco de dados (sem necessidade de se identificar para o público o nome do interessado) e, por um prazo a ser estabelecido, poderiam outros postulantes apresentar ofertas mais vantajosas que aquelas registradas. Tal possibilidade seria aberta a qualquer pretendente que preencha condições regulatórias e negociais mínimas (por exemplo, deter autorização da ANEEL; estar registrado no cadastro de clientes interessados pela energia da concessionária, administrados pela empresa; e apresentar garantia de proposta).

IV.1.2 A contratação seria feita sempre diretamente entre a concessionária de geração e o interessado (deflagrador ou entrante) que tenha apresentado a proposta mais vantajosa. À empresa caberá não só criar o ambiente para efetivação desse procedimento de comercialização de energia, como suportar toda a operação, prestando consultoria à concessionária e executando os serviços de suporte à pré e ao pós venda.

IV.2 Ainda segundo me foi informado, este procedimento se serviria em grande medida dos meios de acesso remoto (principalmente da *internet*), tornando-se disponíveis todas informações concernentes à energia comercializada e os dados relativos às ofertas e aos contratos firmados.

IV.2.1 Por fim, a remuneração da empresa (por todos os serviços prestados conforme acima referido) estaria vinculada à utilização deste sistema de comercialização (integrado pelo procedimento desenvolvido e pelos meios por ela disponibilizados para concretização deste) de tal modo que seus serviços seriam remunerados consoante reza a cláusula contratual, tal como vigente após o Termo Aditivo n. 3, preservando-se o conceito de remuneração de risco (vinculada a um percentual sobre operação concretizada com o suporte da empresa).

IV.3 Tal como ora vem sendo formulada, a proposta de procedimento que me foi trazida, parece-me estar absolutamente amoldada aos princípios da publicidade, transparência e igualdade entre os interessados.

IV.3.1 A publicidade é homenageada na medida em que se divulguem com precisão e objetividade todos os dados relativos (i) aos blocos de energia que estarão disponibilizados pela concessionária; (ii) que seja divulgada plena e imediatamente à sua formulação de oferta de compra de blocos de energia excedente por um "*interessado deflagrador*", divulgando-se ainda todos os termos e condições dessa oferta; e (iii) que seja dada a divulgação aos termos em que venham a ser firmados os contratos de compra e venda de energia firmados no âmbito deste sistema. Quanto ao meio de divulgação a ser utilizado, entendo — como assaz vem entendendo a melhor doutrina — que os meios eletrônicos, inclusive a *internet*, são aptos a atender aos desígnios da publicidade, mormente quando se tratar de informação altamente perecível. O que se poderia agregar, para reforçar a publicidade, seria a obrigação de publicação, na imprensa oficial, dos extratos dos contratos de venda e compra de energia nos termos do que prediz o parágrafo único do art. 61 da Lei Federal n. 8.666/1993.

IV.3.2 Já o princípio da transparência é homenageado não só na medida em que se cumpra o princípio da publicidade (pois que são princípios indissociáveis), mas também na medida em que o sistema permita a abertura plena das informações concernentes à energia comercializada. O sistema apresentado não predica que assim não será. O que ditará o respeito ou não ao princípio da transparência será o nível, a atualidade e a profundidade das informações colocadas à disposição do público acerca: (i) da perspectiva de energia a ser comercializada pela concessionária; (ii) dos estritos termos das ofertas apresentadas pelos interessados; e (iii) das condições em torno das quais venham a ser firmados os contratos de compra e venda de energia.

IV.3.3 Por fim, a "*igualdade de acesso aos interessados*" (talvez o principal cânone dentre os três) estará, a meu ver, assegurada na medida em que seja garantido a todo o agente habilitado pela ANEEL adquirir energia e desde que previamente cadastrado como tal, perante o rol de interessados (clientes em potencial) que seria administrado pela empresa, formular propostas (a) que iniciem — como "*interessado deflagrador*" — um processo de oferta pública de aquisição de energia da concessionária; ou (b) que cubram, como "*interessado entrante*" — em condições de maior vantajosidade para a concessionária — oferta encaminhada no âmbito do sistema por outro "*interessado deflagrador*". Lembremos que a principal finalidade desta norma é impedir que a concessionária de geração discrimine os interessados de molde a favorecer a aquisição de sua energia por empresas do grupo societário (especialmente na cadeia vertical). Se for assegurado que o critério para fechamento do contrato de compra e venda será efetiva e exclusivamente a vantajosidade objetiva da proposta (formulada no prazo e condições definidos, para toda gente, nas normas regentes do sistema de comercialização operado e gerenciado pela empresa), não me parece que seria posto em risco o dever de tratamento equânime entre os interessados.

IV.4 Claro está que o cumprimento dos cânones do art. 27, § 4º, da Lei Federal n. 10.438/2002 deverá ser aferido ao longo de todo o processo de concepção e implementação do sistema (procedimento e instrumentos de suporte) desenvolvido pela empresa. Contudo, me parece que — consoante as linhas gerais que me foram apresentadas —, uma vez implementado tal sistema de comercialização, estariam plenamente atendidos os desígnios de publicidade, transparência e igualdade entre interessados constantes da nova legislação federal.

V. Resposta objetiva aos quesitos

V.1 Apresentados já todos os argumentos que, a meu ver, servem para o deslinde das questões trazidas, creio ser chegada a hora de oferecer as necessárias respostas objetivas. Faço-o da seguinte maneira.

1. O advento da Lei Federal n. 10.438/2002 teve o condão de cessar a vigência do Contrato firmado entre a empresa e a concessionária?

1. Não. Em nenhuma hipótese. A Lei Federal n. 10.438/2002 não afetou os termos do Contrato quer porque não fez ilícito o seu objeto, quer porque não afetou seus pressupostos. O procedimento assegurador da publicidade, transparência e igualdade não só não impede a continuidade da prestação dos serviços objeto do Contrato como com eles perfeitamente se coaduna. Dessarte, o Contrato segue plenamente válido e vigente, podendo-se inclusive sustentar que tal vigência foi prorrogada pelo Termo Aditivo n. 3. Caso alguma das partes queira rescindir o Contrato, deverá observar os prazos e condições constantes do ajuste.

2. É correto o entendimento de que, por força do art. 27, § 4º, da Lei Federal n. 10.438/2002, as concessionárias de geração de energia sob controle dos Estados estão obrigadas a realizar licitação na modalidade de leilão para comercialização dos seus excedentes de energia?

2. Não. A obrigação de observar a licitação na modalidade de leilão foi definida pela Lei apenas para as concessionárias de geração cujo controle seja da União (cf. art. 27, *caput*). Para as concessionárias estaduais de geração foi prevista regra distinta que (a) não obriga a realização de licitação — permanecendo o regime de dispensa — e (b) obriga a observância de um procedimento, a ser definido pelas próprias concessionárias, assegurador da publicidade, transparência e igualdade entre interessados. Mais do que isso, nos termos do exposto no item II.10, *supra*, é vedado às concessionárias estaduais utilizar-se da modalidade licitatória de leilão para comercializar os excedentes de energia.

3. As concessionárias estaduais dos serviços públicos de distribuição de energia estão sujeitas à regra contida no art. 27, § 4º, da referida Lei Federal n. 10.438/2002?

3. Não. A regra constante deste dispositivo, e aquela prevista no art. 27, *caput*, pela sua própria e clara redação, são aplicáveis apenas às concessionárias dos serviços públicos de geração de energia elétrica. Inobstante, consoante asseverei acima, o legislador ao inserir § 4º no art. 27 da Lei Federal n. 10.438/2002 entendeu cabível para concessionárias estaduais apenas reforçar o dever de observância dos princípios de transparência, publicidade e igualdade de acesso aos interessados, princípios já aplicáveis por força da Constituição. Assim, pode-se dizer que, embora não vinculadas à expressa regra do § 4º do art. 27, as concessionárias estatais estaduais de serviços de distribuição de energia também estão adstritas àqueles princípios por força de sua sujeição, enquanto empresas estatais, aos princípios constitucionais explícitos e implícitos a que se submete a Administração Pública.

4. As concessionárias estaduais de geração ou distribuição de energia elétrica estão sujeitas à regra constante do art. 28 da Lei Federal n. 10.438/2002?

4. Não. Conforme exposto no tópico II.B, a norma do art. 28, *caput*, está estritamente vinculada à energia que não venha a ser comercializada em leilão. Como a obrigação de se utilizar da modalidade leilão não só não se aplica como é defesa às concessionárias estaduais, é impossível juridicamente pretender que elas estejam adstritas à regra do art. 28 da Lei Federal n. 10.438/2002.

5. A proposta de comercialização de energia cogitada pela empresa estaria conforme à regra presente na nova legislação?

5. Sim. Embora o atendimento aos cânones do art. 27, § 4º, da Lei Federal n. 10.438/2002 deva ser aferido durante toda a implementação e operação do sistema, as linhas gerais que me foram apresentadas estão plenamente conformes aos desígnios de publicidade, transparência e igualdade entre interessados constantes da nova legislação federal.

FUNÇÃO ADMINISTRATIVA — I

RICARDO MARCONDES MARTINS

Procurador do Município de São Paulo. Mestrando em Direito Administrativo pela Pontifícia Universidade Católica de São Paulo — PUC/SP

1. Introdução. 2. Conceitos fundamentais: 2.1 A norma jurídica; 2.2 Classificação das normas jurídicas — Normas gerais, individuais, abstratas e concretas — Normas de estrutura e de comportamento; 2.3 As regras e os princípios jurídicos; 2.4 O Estado e a Constituição; 2.5 A Constituição Brasileira. 3. A função estatal: 3.1 Conceito de função; 3.2 A teoria da separação dos Poderes de Montesquieu; 3.3 Características da função estatal: 3.3.1 Função estatal: busca do interesse público; 3.3.2 Função estatal: imposição de um dever; 3.3.3 Função estatal: cumprimento dos princípios constitucionais; 3.3.4 Função estatal: edição de normas jurídicas; 3.3.5 Função estatal: irrelevância da vontade do agente; 3.3.6 Função estatal: edição de atos jurídicos. 4. A função legislativa: 4.1 O conceito formal de função legislativa; 4.2 O conceito material de função; 4.3 A função legislativa e a teoria dos princípios; 4.4 Os contornos constitucionais da função legislativa: 4.4.1 Função legislativa: os princípios constitucionais têm diferentes pesos previamente atribuídos pelo constituinte; 4.4.2 Função legislativa: a reserva legal; 4.4.3 Função legislativa: prerrogativas de proprietário. Referências bibliográficas.

1. Introdução

O significado da função administrativa no direito positivo brasileiro, suas características e peculiaridades, enfim, sua exata compreensão é o tema desta exposição. Busca-se resposta para três indagações, apresentadas em face do direito brasileiro: o que é a função administrativa, como é a função administrativa e o que a distingue das demais funções estatais.

Sua importância para o Direito Administrativo revela-se evidente: é a função administrativa que fixa suas fronteiras, que define seu objeto de estudo. O assunto só é de interesse do Direito Administrativo se relacionado à função administrativa, se a ela pertinente. Daí não ser inverídica a afirmação: a compreensão da função administrativa é pressuposto para compreensão de qualquer tema desse recente ramo da Dogmática Jurídica.

Apesar da importância, o assunto não tem despertado o interesse da doutrina nacional: nenhuma monografia específica sobre o tema encontra-se, atualmente, publicada no Brasil. A função administrativa é, ressalvados alguns artigos publicados em revistas especializadas, apenas enfocada como assunto introdutório de outro considerado mais interessante, merecedor de atenção central. A falta de atenção ao tema, possivelmente, é causa de sérios equívocos cometidos quando da análise desses outros assuntos. Antes do exame do ato administrativo, do serviço público, do contrato administrativo, deve a doutrina precisar minuciosamente a função administrativa. Esta merece, portanto, ser examinada de forma detida, detalhada, não como rápida introdução de outro tema, mas como assunto principal. Eis o porquê deste estudo.

Dividir-se-á a exposição em seis partes.[1] Na primeira fixar-se-ão conceitos fundamentais. O significado de norma, a classificação desta, o significado de princípio: cada doutrinador tem um conceito próprio ou filiase ao conceito de determinada escola doutrinária, daí a imperiosa necessidade de fixá-los. Nessa primeira etapa também serão fixadas algumas considerações sobre o Estado e a Constituição brasileiros: não por não serem assentes, não por força de ambigüidades, mas pela importância de algumas concepções teóricas para o desenvolvimento do tema. Na primeira parte deste trabalho, enfim, serão fixados alguns conceitos considerados *pressupostos epistemológicos* das demais.

Na segunda etapa examinar-se-á o conceito de função e, após, o de função estatal. Nessa parte da exposição será iniciado o exame da teoria da separação de poderes de Montesquieu, tal como ela se apresenta no direito positivo brasileiro. A exposição partirá de uma verdade incontestável: a função administrativa é antes de tudo uma função estatal, por isso serão buscadas à exaustão todas as características desta.

Na terceira parte da exposição, iniciada somente após a delimitação conceitual precisa de função estatal, partir-se-á de uma segunda verdade incontestável: a função administrativa não é nem legislativa, nem jurisdicional. Nessa etapa será analisada individualmente a função legislativa, na seguinte, a função administrativa e na quinta, a função jurisdicional. A análise das funções legislativa e jurisdicional far-se-á tãosomente na medida necessária para compreensão da função administrativa. Por fim, na sexta parte efetuar-se-á um breve exame do ato administrativo, cuja análise também será limitada ao fim proposto, a exata compreensão da função administrativa.

Este estudo acata duas diretrizes: pela primeira, a Ciência consiste num acúmulo de contribuições e por isso, ao se empreender um exame científico, há sempre o dever de atentar para as contribuições até então existentes. Pela segunda, um trabalho científico necessariamente deve apresentar uma nova contribuição à Ciência, não possuindo cientificidade a mera repetição pura e simples das contribuições anteriores. Houve aqui um claro esforço, não de superar os nobres doutrinadores que até o presente constituíram o Direito Administrativo, mas de prestar-lhes a homenagem da reflexão e de seguir-lhes o exemplo de busca constante do aprimoramento científico.

2. Conceitos fundamentais

2.1 A norma jurídica

Norma jurídica é um conceito fundamental fixado pela Ciência do Direito, base imprescindível para compreensão de função administrativa. Não existe, entretanto, um conceito de norma jurídica ao qual possa ser atribuída a qualidade de verdadeiro ou falso.[2] Daí a multiplicidade conceitual existente: cada jurista acaba, de alguma manei-

1. O texto foi dividido, para fins de publicação, em duas partes: as quatro primeiras são agora publicadas, as três últimas serão publicadas no próximo número desta *Revista*.

2. Na precisa lição de Celso Antônio Bandeira de Mello "como as palavras são meros rótulos

ra, fixando seu próprio conceito ou adotando o enunciado por uma escola doutrinária. Por conseqüência, o ponto de partida desta análise é fixar o conceito de norma jurídica adotado.[3]

Norma consiste na padronização, por meio da abstração, da ocorrência de determinado fenômeno. A norma sempre obedece a um esquema lógico, em que o conseqüente é condicionado a um antecedente — "H à C".[4] Se a ligação obedece ao princípio da causalidade, decorre de uma imposição da natureza, é chamada de *norma natural*; se obedece ao princípio da imputação, decorre de uma imposição humana, é chamada de *norma de comportamento*. A norma jurídica é uma norma de comportamento, mas, ao contrário das normas morais e religiosas, ela autoriza a obtenção de uma tutela jurisdicional. É, na feliz síntese de Goffredo Telles Jr., um imperativo autorizante.[5]

No antecedente da norma jurídica descreve-se a ocorrência hipotética de um fato ou de um conjunto de fatos. No conseqüente descrevem-se duas situações jurídicas ligadas uma a outra, ou seja, descrevem-se duas situações jurídicas e uma relação entre elas. Toda norma jurídica possui duas ordens de efeitos: efeitos unilaterais, a constituição de duas situações jurídicas, e efeito bilateral, a constituição de uma relação jurídica entre as duas situações jurídicas constituídas.[6]

Em síntese: a norma jurídica é um imperativo autorizante em que o antecedente é ligado ao conseqüente por um vínculo deôntico, ou seja, ocorrendo no mundo fenomênico o fato ou fatos descritos na hipótese deve surgir uma relação jurídica entre duas situações jurídicas, relação e situações essas descritas no conseqüente.

2.2 Classificação das normas jurídicas — Normas gerais, individuais, abstratas e concretas — Normas de estrutura e de comportamento

Assim como os conceitos, as classificações não são verdadeiras ou falsas, mas úteis ou inúteis.[7] Para os fins desta exposição três classificações são de extraordinária utilidade. A primeira delas, brilhantemente desenvolvida pelo jusfilósofo italiano Norberto Bobbio, baseando-se num critério formal, considera dois elementos fundamentais de todas as normas: o destinatário e a ação prescrita. Ambos podem ser universais ou singulares, daí a existência de quatro tipos de normas: gerais e abstratas (com destinatário e ação universais); gerais e concretas (com destinatário universal e ação singular); individuais e abstratas (com destinatário singular e ação universal) e individuais e concretas (com destinatário e ação singulares).[8]

que sobrepomos às coisas, nenhum jurista pode reivindicar para si o direito de formular uma noção que seja 'a verdadeira', excludente de quaisquer outras (...)" (1981a, Cap. I, item 3, p. 2). Nesse sentido, Agustín Gordillo afirma que as definições das palavras de direito administrativo são quase sempre uma questão de *liberdade de estipulação* (1998, pp. I-10).

3. A advertência de Oswaldo Aranha Bandeira de Mello faz-se sempre presente: "Na exposição de qualquer doutrina, parte-se de certos postulados e, apesar de serem suscetíveis de prova, esta deve ser tomada como já feita, sendo tais postulados, no momento, recebidos como axiomas" (1948a, p. 19). Os conceitos fundamentais fixados nesta exposição mereceriam monografias específicas. Como exigência epistemológica, no entanto, para análise do conceito de função administrativa, são aqui apenas enunciados e tomados como axiomas.

4. Lê-se: se a hipótese, então a conseqüência.

5. 1985, pp. 341 *et seq.* Sobre as normas naturais e de comportamento v. Maria Helena Diniz, 1995, p. 22. Sobre a estrutura lógica da norma jurídica v. Paulo de Barros Carvalho, 1999, pp. 31 *et seq.*; Eurico Marcos Diniz de Santi, 2001, pp. 41-45.

6. Sobre o conceito de situação jurídica v. Pietro Perlingieri, 2002, p. 105. V. nosso "O conceito científico de processo administrativo", *Revista de Direito Administrativo*, v. 235/324 *et seq.*

7. É a famosa lição de Genaro R. Carrió (1994, p. 99).

8. N. Bobbio, 2001, pp. 178 *et seq.* Bobbio desvenda o porquê de muitos juristas limitarem as

A segunda classificação, também exposta por Norberto Bobbio, toma as normas sob o aspecto substancial e considera que o ordenamento, além de regular a conduta das pessoas, regula o modo pelo qual devem ser produzidas as normas jurídicas. Todas as normas, em última análise, têm por fim a disciplina do comportamento humano. No entanto, percebe-se a existência de normas voltadas imediatamente para regulação do comportamento humano e outras que, apesar de possuírem esse desiderato, voltam-se para a produção ou modificação das primeiras. Ao regularem a produção de normas, evidentemente, estão também regulando o comportamento humano, o comportamento de quem as irá produzir, mas a regulação desse comportamento é apenas um meio para a regulação do comportamento que efetivamente se quer regular. As primeiras, chamadas *normas de comportamento*, ordenam de forma final a conduta; diferentes das segundas, chamadas *normas de estrutura*, cuja regulação final depende sempre da edição de outra norma.[9]

A terceira classificação de normas jurídicas necessária para os fins desta exposição é a que distingue as regras dos princípios jurídicos. A complexidade do tema, entretanto, impõe maiores explicações.

2.3 As regras e os princípios jurídicos

O conceito de princípio jurídico[10] passou por três fazes distintas na história da Ciência do Direito. Na *primeira fase* aproximava-se do significado comum da palavra: princípios eram os fundamentos de uma dada disciplina jurídica, seus aspectos mais importantes.[11] Na *segunda fase*, princípios jurídicos adquirem significado técnico, deixam de ser todo assunto importante e geral e passam a ser determinados enunciados do direito positivo dotados de extraordinária importância para o entendimento de todo o sistema, diante da alta carga valorativa a eles atribuída. Têm conteúdo normativo, pois fazem parte do sistema jurídico, são diretrizes ou vetores de interpretação de todas as normas jurídicas extraídas do sistema, mas não são normas jurídicas autônomas, não possuem a estrutura lógica (H à F) própria das normas jurídicas.[12]

normas jurídicas às gerais e abstratas: essa consideração tem origem ideológica e não lógica, pois considera as normas gerais mais apropriadas para garantir a *igualdade* e as normas abstratas mais apropriadas para garantir a *certeza*. A restrição, todavia, não é correta.

9. Bobbio, 1999, p. 45.

10. Reitera-se a ressalva constante da nota 3: a teoria dos princípios não é o tema central desta análise, seu exame demanda uma série de considerações que não cabem neste estudo. A exposição restringe-se ao necessário para a correta compreensão da função administrativa.

11. Daí, p. ex., o nome de obras célebres, como a de Oswaldo Aranha Bandeira de Mello (*Princípios Gerais de Direito Administrativo*, v. I, 1969) e a de Ruy Cirne Lima (*Princípios de Direito Administrativo Brasileiro*, 3ª ed., 1954), nas quais os assuntos tratados correspondiam aos temas gerais, mais importantes do Direito Administrativo.

12. Eurico Marcos Diniz de Santi sintetiza magnificamente a concepção da aqui denominada *segunda fase* do conceito de princípio jurídico: "Os princípios jurídicos não são normas jurídicas naquele estrito sentido apresentado: proposições prescritivas que apresentam a forma implicacional hipótese-tese. Princípios são fragmentos normativos, unidades de significação de enunciados prescritivos, que integram o arcabouço de normas jurídicas, alterando, constituindo (positiva e negativamente) e delineando a estrutura dual da regra, seja pelo seu antecedente, seja pelo seu conseqüente normativo" (2001, p. 94). O conceito de Celso Antônio Bandeira de Mello, muito repetido pela doutrina, parece corresponder a essa fase: "Princípio é por definição, mandamento nuclear de um sistema, verdadeiro alicerce dele, disposição fundamental que se irradia sobre diferentes normas compondo-lhes o espírito e servindo de critério para sua exata compreensão e inteligência exatamente por definir a lógica da racionalidade do sistema normativo, no que lhe confere a tônica e lhe dá sentido harmônico" (2004, pp. 841-842). O fúlgido jurista, no entanto, jamais afirmou não tomar os princípios como espécies de normas jurídicas. Pelo contrário, afirmou expressamente: "Todas as dispo-

Vigora, na Teoria Geral do Direito, a *terceira fase* do conceito de princípios jurídicos: estes têm a estrutura lógica de normas jurídicas. Tanto as regras quanto os princípios são normas jurídicas e, nesse sentido, passíveis de aplicação direta no mundo fenomênico, consistindo ambos em manifestações irredutíveis do deôntico. A doutrina passou, sem embargo, a visualizar uma diferença estrutural: princípios são normas que ordenam que se realize algo na *maior medida possível*, são, nesse sentido, *mandados de optimização* realizáveis de acordo com as circunstâncias fáticas e jurídicas; regras são normas que exigem um *cumprimento pleno*, sendo somente cumpridas ou descumpridas, são, nesse sentido, *determinações* no campo das possibilidades fáticas e jurídicas.[13] Essa noção, hoje corrente na doutrina, é apenas um *primeiro passo* para a compreensão do tema.

Afirmar que tanto as regras como os princípios são normas equivale a dizer que ambos possuem um antecedente, em que há a descrição hipotética de um fato ou de conjunto de fatos, e um conseqüente, em que há a descrição de duas situações jurídicas vinculadas numa relação jurídica, condicionadas a ocorrência do fato ou fatos previstos. Essa estrutura, facilmente perceptível nas regras, é de difícil visualização nos princípios, daí a dificuldade em compreendê-los.

Princípios consistem na positivação de um valor. A dignidade da pessoa humana, por exemplo, é considerada importante e é, nesse sentido, um valor. Enquanto valor possui caráter axiológico (âmbito do bom). Quando positivado, o valor é introduzido no ordenamento por intermédio de um princípio, passa do plano axiológico para o deôntico (âmbito do dever-ser).[14] O princípio determina que o valor nele positivado seja concretizado da melhor forma possível e essa "melhor forma possível" sempre dependerá do caso concreto, das circunstâncias. Diante destas, outros valores, também positivados, ou seja, outros princípios, podem incidir. Necessitar-se-á efetuar uma *ponderação* e apurar, diante das circunstâncias, se e em que medida o valor protegido poderá ser implementado.

Toda regra jurídica é a concretização de um princípio jurídico.[15] Ela é posta visando concretizar um valor que, por sua vez, está positivado num princípio expresso ou implícito. Essa assertiva é fundamental para compreensão do sistema jurídico: se uma regra sempre é a concretização de um valor, um conflito entre regras é, quase sempre, um conflito entre princípios. E, sendo assim, nem sempre a regra exige um cumprimento pleno, pois, efetuando a ponderação entre os princípios colidentes, a regra concretizadora do princípio menos pesado no caso concreto pode ser parcial ou totalmente afastada pela regra concretizadora do princípio mais pesado ou simplesmente afastada por este.[16]

sições constantes de uma Constituição, inclusive as programáticas, repita-se, são normas jurídicas ou, pelo menos, deve-se partir da presunção de que o sejam" (1981b, p. 237). De sua exposição, todavia, não se pode extrair uma estrutura lógico-normativa autônoma para os princípios.

13. Os conceitos são de Robert Alexy (2002b, pp. 13-14). Essa nova fase sobre o conceito de princípios iniciou-se com Ronald Dworkin (2002). E consolidou-se com Alexy, principalmente a partir de sua obra-prima *Teoría de los Derechos Fundamentales*, 1ª ed., 2ª reimpr., 2002. A diferença entre as regras e os princípios não é apenas de grau, em que aquelas são consideradas normas menos gerais do que estes. Há diferença qualitativa tanto no modo de positivação (os princípios exigem que seja atingido um fim, mas não fixam o comportamento a ser adotado para que o fim seja atingido, ao contrário das regras, que fixam o comportamento a ser adotado) como no modo de aplicação (a aplicação dos princípios dá-se pela *ponderação*, a aplicação das regras dá-se pela *subsunção*). Apesar das diferenças, ambos possuem estrutura lógica de uma norma jurídica autônoma.

14. Alexy, 2002a, p. 138.

15. Daí o esquema piramidal de concretização e significação das normas jurídicas proposto por J. J. Gomes Canotilho (2000, pp. 1.147 *et seq.*).

16. Nesse sentido a conclusão de Carlos Roberto Siqueira Castro (2003, pp. 74-75).

Diante disso, os princípios jurídicos apresentam-se *sempre* como uma *norma de estrutura*, pois disciplinam a edição de normas jurídicas. Cada princípio, entretanto, apresenta uma estrutura normativa dicotômica, sua incidência configura-se de duas formas. Primeiramente, a edição de uma norma, seja de uma regra, seja de um princípio mais específico,[17] implica na incidência do princípio ou, em outras palavras, os princípios incidem sempre que uma norma é editada, possuindo, nesse caso, a seguinte composição: em sua *hipótese* prevê-se a edição de uma norma jurídica, seja abstrata ou concreta, geral ou individual. Na *conseqüência*, impõe-se, primeiramente, o deve ao editor da norma de efetuar a ponderação, ou seja, de apurar, diante das circunstâncias do caso em que a norma está sendo editada, o peso do princípio. Em segundo lugar, impõe-se o dever ao editor da norma de, na medida do peso apurado, observar o valor consagrado pelo princípio no conteúdo da norma por ele editada. De outro lado, dá-se ao destinatário da norma o direito de exigir de seu editor que cumpra esses deveres.

Além disso, dependendo das circunstâncias do caso concreto e, portanto, do peso que os princípios vierem a ter, estes podem incidir independente da edição de uma norma. Nesses casos, não é a edição da norma que implica a incidência do princípio, mas, pelo contrário, a incidência do princípio é que obriga a edição de uma norma. Diante de determinadas circunstâncias o princípio pode adquirir grande peso e obrigar a edição de uma regra jurídica. A estrutura normativa do princípio passa, então, a ser a seguinte: em sua *hipótese*, não estará a previsão da edição de uma norma jurídica, mas dos fatos que dêem ao princípio determinado peso. Na *conseqüência*, ocorridos esses fatos, institui-se a situação de dever de editar uma regra que concretize o valor positivado e a situação de sujeição à regra editada.

Em síntese, as normas jurídicas dividem-se em regras e princípios. Estes são normas de estrutura, pois disciplinam a edição de outras normas jurídicas. Sempre que uma norma jurídica é elaborada, incide o princípio jurídico impondo ao editor o dever de efetuar uma ponderação entre os princípios relacionados ao caso, de apurar o peso de cada um deles e de considerar o princípio incidente, na medida do peso apurado, no conteúdo da norma editada. O fato descrito na hipótese normativa é a edição de uma norma jurídica, a hipótese é, assim, fechada e a incidência dá-se por ocasião de sua elaboração.

Os princípios incidem também quando as circunstâncias lhe atribuem determinado peso, impondo-se a edição de uma regra que concretize o valor nele positivado. Nesses casos, o fato descrito na hipótese do princípio não é a edição de uma norma, mas um acontecimento que dê ao princípio determinado peso, trata-se, assim, de uma hipótese aberta e a incidência não se dá pela elaboração de uma norma jurídica, mas exige a edição desta.[18]

17. Para Gomes Canotilho, de acordo com a abertura semântica, os princípios constitucionais podem ser: estruturantes, gerais fundamentais e constitucionais especiais (2000, pp. 1.147 *et seq.*). Nada impede a edição de um princípio infraconstitucional. Este, tal como a regra, sempre consistirá na concretização de um princípio constitucional de maior abertura semântica.

18. A moderna concepção de princípio não nega as afirmações da fase anterior. Os princípios continuam sendo a base do sistema normativo e, por isso, *vetores* de interpretação de todas as demais normas jurídicas. Mas, sendo normas jurídicas autônomas, deles se extraem situações jurídicas e relações jurídicas, independentes da edição de uma regra anterior. Os princípios expressam em sua dicção apenas uma finalidade a ser cumprida obrigatoriamente pelo Poder Público, sem, entretanto, apontar os meios a serem adotados para atingi-la, tal como afirmado pelo ilustre Celso Antônio Bandeira de Mello (1981b, p. 243). Mas não são, insiste-se, apenas diretrizes que impedem a *edição* ou a *interpretação* de uma regra em sentido oposto ao que determinam. Os princípios, mais do que impedirem o proferimento ou a interpretação de uma norma em sentido contrário ao que determinam, eles, por si mesmos, exigem a edição de normas jurídicas.

2.4 O Estado e a Constituição

Os conceitos de norma e de princípio jurídicos enunciados são condições necessárias, mas não suficientes, para o exame da função administrativa. Esta só pode ser compreendida à luz de duas noções fundamentais da Teoria Geral do Direito: o de Estado e o de Constituição.

O Estado é uma criação do Direito, uma abstração tornada realidade pelo ordenamento jurídico. Na seara da filosofia, da política e do direito, muito já se escreveu sobre ele,[19] mas, para os fins desta análise, uma teoria merece expressa menção: a teoria teleológica. O Estado não é um fim em si mesmo, é uma realidade instrumental ou, em outras palavras, é tão-somente um instrumento do ser humana para realização do *bem comum*.[20] Adotada a teoria finalista, pode-se conceituar o Estado como "ordem jurídica soberana que tem por fim o bem comum de um povo situado em determinado território".[21]

A Revolução Francesa e a independência dos Estados Unidos da América do Norte difundiram um importante movimento político-ideológico: o constitucionalismo.[22] Segundo esse movimento, a organização jurídica do Estado e do poder estatal deve constar de um documento escrito, denominado Constituição, que não pode ser modificado da mesma forma que se modificam as leis (rigidez).[23] A Constituição, em síntese, por força do constitucionalismo, consiste num conjunto de normas fixadas num documento escrito, disciplinadoras da organização jurídica do Estado e do poder deste, dotadas de rigidez, ou seja, modificáveis por um processo mais complexo do que as leis em geral.

Posteriormente, sobretudo por influência de Kelsen,[24] a Constituição adquire um novo enfoque: passa a ser a *fonte de validade* de todas as demais normas do sistema. As normas que compõem a Constituição, além de serem dotadas de rigidez, ou seja, de serem alteradas por um processo mais complexo do que o de alteração das leis em geral, são dotadas de *supremacia*: todas as demais normas jurídicas são hierarquicamente inferiores às normas constitucionais e, nesse sentido, devem total adequação ao seu conteúdo.[25] A Constituição é, enfim, um

19. Para uma síntese sobre os vários conceitos de Estado bem como sobre as várias teorias sobre sua personalidade v. Dalmo de Abreu Dallari (1995, pp. 98-107).

20. A teoria dos fins do Estado foi magnificamente exposta por Georg Jellinek: "Desde o ponto de vista da justificação teleológica, o Estado tem para nós outros, hoje, o caráter de associação de um povo, possuidora de uma personalidade jurídica soberana que de um modo sistemático e centralizador, valendo-se de meios exteriores, favorece os interesses solidários individuais, nacionais e humanos na direção de uma evolução progressiva e comum" (2002, p. 262, trad. nossa). O insigne Oswaldo Aranha Bandeira de Mello foi defensor enfático da teoria finalista: "Constitucionalmente estruturado, o Estado-poder se acha em condições de levar a efeito o seu fim, razão de ser de sua existência, qual seja o bem comum do Estado-sociedade" (1969, pp. 15-16).

21. O conceito é de Dalmo de Abreu Dallari (1995, p. 101). Nele estão presentes os quatro elementos fundamentais que compõem o Estado: povo, território, soberania e a busca do bem comum.

22. Reitera-se a advertência da nota 2. Sobre o constitucionalismo v. Canotilho (2000, pp. 51 *et seq.*); André Ramos Tavares (2002, pp. 1 *et seq.*).

23. Sobre as Constituições Rígidas, v. a insuperável monografia de Oswaldo Aranha Bandeira de Mello, *A Teoria das Constituições Rígidas*. Diz o nobre jurista: "Nascem, assim, as constituições rígidas, isto é, constituições escritas em um corpo único, determinando a competência dos vários ramos do governo e, portanto, limitando os poderes de cada um" (1948b, p. 25).

24. Kelsen, 1984, pp. 309 *et seq.*

25. O célebre José Horácio Meirelles Teixeira discrimina entre os corolários da rigidez constitucional a *supremacia da Constituição* e a *hierarquia das normas*: "Como se vê, a essência da rigidez constitucional consiste na supremacia da Constituição sobre a lei ordinária e outros atos, normativos, administrativos ou jurisdicionais, dos poderes constituídos. Daí dizerem os constitucionalistas que a Constituição é a *lei fundamental*, a *lei suprema*, a

conjunto de normas jurídicas que não disciplina simplesmente a organização do Estado, mas funda a ordem jurídica e, conseqüentemente, o Estado.

2.5 A Constituição Brasileira

A presente análise não tem por objeto a essência da função administrativa, não visa encontrar algo que lhes seja universal. Tal desiderato seria completamente despropositado, tendo em vista que os conceitos jurídicos consistem no "produto de uma associação de realidades agrupadas em função de um dado direito positivo".[26] Busca-se aqui entender a função administrativa tendo em vista o direito positivo brasileiro. E parta tanto a regra metodológica proposta por Francis-Paul Bênoit impõe-se plenamente: uma noção jurídica só tem valor científico na medida em que exprima as realidades do direito positivo.[27]

Volta-se, então, para a Constituição brasileira de 1988: ela, como esperado, instituiu o Estado brasileiro (art. 1º) e organizou-o (arts. 18 e ss.). Foi, todavia, muito além das exigências do constitucionalismo, pois uma rápida passada de olhos em seu texto revela uma peculiaridade: no conjunto das normas constitucionais destaca-se uma série de *princípios jurídicos* tão extensa que se torna quase impossível uma enumeração precisa. A Constituição positivou todos os valores que devem ser perseguidos pelo Estado Brasileiro. No direito positivo nacional os princípios jurídicos estão expressos ou implícitos no texto da Lei Maior, de forma que todo princípio infraconstitucional é, na verdade, a expressão de um princípio constitucional implícito. Por isso, no Brasil, respeitadas as posições contrárias, é inapropriado falar-se propriamente em princípios infraconstitucionais.[28]

Após a enunciação do conceito de norma jurídica, visto que esta pode ser geral ou individual, abstrata ou concreta, bem como de comportamento ou de estrutura; visto que os princípios, tal como as regras, são espécies de normas jurídicas; enunciado, ainda que sucintamente, a forma de incidência dos princípios; estabelecidas noções gerais de Estado e de Constituição e observada a peculiaridade da Constituição brasileira, torna-se possível, finalmente, abordar o tema das *funções do Estado*.

3. A função estatal

3.1 Conceito de função

Como já afirmado (*supra*, 2.4), o Estado é uma realidade instrumental; seu fim, a busca do bem comum, é a única razão de sua existência, esse escopo é inerente ao seu conceito.[29] Ainda que a Constituição

leis das leis, superlei — expressões que significam, sempre, a supremacia da Constituição. Ela é o ponto de referência máximo, orientador de toda a atividade estatal; nela vão buscar seu fundamento último todos os direitos, garantias e instituições; ela é a fonte, a matriz de todos os ramos do Direito, servindo também de limite a toda atividade normativa, administrativa e jurisdicional do Estado, que, destarte, autolimita-se, isto é, estabelece limites à sua própria atividade, através da Constituição rígida" (1991, pp. 116-17).

26. Celso Antônio Bandeira de Mello, 1981b, p. 9.

27. "L'art de la création du droit est une chose, qui relève du législateur et des juges, et est soumise aux idéologies qui influent leurs choix; la science du droit en est un autre, que ne peut reposer que sur l'analyse objective des situations consacrées par le droit positif" (Bênoit, 1968, p. 34).

28. A Constituição brasileira seguiu o modelo das Constituições européias, tais como a da Alemanha de 1949, a portuguesa de 1796 e a espanhola de 1978. São Constituições analíticas, compostas, além das regras organizadoras do Estado, de uma série de princípios jurídicos.

29. Certos objetos possuem ínsito em seu conceito a *causa final* ou, em outras palavras, a *causa final* confunde-se com sua própria *essência*. Os objetos produzidos pelo homem, em geral, pertencem a essa classe. Um relógio, p. ex., só é um

fosse extremamente lacônica e limitasse-se a instituir o Estado e a disciplinar sua organização, este axioma manter-se-ia intacto: o Estado só atua para a realização do *bem comum* ou, em outras palavras, só age para o cumprimento do *interesse público*.

Por força disso, a atuação do Estado consiste sempre no exercício de uma *função*, tomada esta palavra em seu significado técnico: é atividade dotada de prerrogativas necessárias ao cumprimento do dever de atender interesse alheio.[30] Há função "quando alguém está investido no dever de satisfazer dadas finalidades em prol do interesse de outrem, necessitando para tanto, manejar os poderes para supri-las".[31] O conceito possui dois elementos: o dever de atuar em prol do interesse alheio e a manutenção de prerrogativas necessárias ao cumprimento desse dever. O Estado age em prol do interesse alheio, do interesse dos particulares enquanto partícipes de uma sociedade[32] e, conseqüentemente, a razão de ser da soberania, de seu poder, de suas prerrogativas, é o cumprimento desse fim.

As pessoas são dominadas por sua individualidade e, em não raras vezes, têm dificuldade de perceber-se como partícipes de uma coletividade. Os particulares, numa perspectiva individualista, são contrários a uma série de comportamentos necessários para sua convivência em sociedade. Disso decorre a necessidade de o Estado impor-lhes determinadas condutas.[33] Enquanto dotado da capacidade de impor comportamentos, o Estado é dotado de poder, ou seja, da possibilidade de impor pela força um comportamento a outrem.[34] Esse poder existe tão-somente na medida necessária para o atendimento dos interesses dos particulares enquanto partícipes de uma sociedade, é apenas um instrumento para o cumprimento do dever. Daí a expressão cunhada por Celso Antônio Bandeira de Mello: "dever-poder" (2004, Capítulo I, item 51, p. 62), tendo em vista a não existência propriamente

relógio se marca as horas, sua causa final, ou seja, marcar as horas, é a essência do relógio, é o que o torna relógio e o difere dos outros objetos. O Estado, enquanto objeto produzido pelo homem, segue essa regra: a busca do bem comum, ou seja, sua *causa final*, faz parte de sua própria *essência*. Sobre os conceitos de essência e de causa final, v. Régis Jolivet, 1986, itens 193 e 197, pp. 273 e 284.

30. Foi Renato Alessi quem em célebre passagem debruçou-se sobre o tema: "Agora bem, a idéia de organização implica, de um lado, num sistema de normas (e, por conseguinte, num ordenamento, daí a afirmação de que o Estado se traduz essencialmente em um ordenamento), de outro, num sistema de poderes que encontra sua própria base no ordenamento, mas que constitui o fundamento da coercibilidade deste; poderes dirigidos à realização dos interesses do grupo social através do necessário desenvolvimento do ordenamento; poderes, enfim, cujo exercício, enquanto se trata de poderes para obter fins sociais, apresenta-se como objeto de um dever para as pessoas que estão encarregadas de sua atuação. Precisamente o *poder estatal*, considerado como dirigido a estas *finalidades* de interesse coletivo, e enquanto objeto de um *dever* jurídico em relação à sua aplicação, constitui uma *função* estatal" (1970, p. 6, tra. nossa).

31. É o insuperável conceito de Celso Antônio Bandeira de Mello (2004, Cap. I, item 51, p. 62).

32. Interesse público, aqui tomado como sinônimo de bem comum, é o interesse do particular enquanto partícipe de uma sociedade, "é a dimensão pública dos interesses individuais". Nesse sentido, a exposição de Celso Antônio Bandeira de Mello (2004, Cap. I, itens 28-46, pp. 50-60).

33. Um exemplo é elucidativo: individualmente as pessoas têm interesse em não pagar tributos, mas enquanto partícipes de uma sociedade passam a ter interesse em pagá-los. Se deixado ao seu livre arbítrio, o indivíduo não paga o tributo, pois é dominado pelo individualismo; daí a necessidade de o Estado impor o pagamento dos tributos e, assim, ser dotado de *poder*. Em última análise, a razão de ser do Estado está nessa dissociação causada pelo egocentrismo humano entre os interesses que a pessoa tem enquanto indivíduo considerado em si mesmo e os interesses que ela tem enquanto partícipe da sociedade. A tendência natural dos indivíduos é perseguirem os primeiros e ignorarem os últimos, por isso eles próprios instituíram um ente para tutelar esses interesses: o Estado.

34. Sobre o conceito de poder v. Norberto Bobbio, Nicola Matteucci, Gianfranco Pasquino, 2000, v. 2, pp. 933 *et seq*.

de poderes estatais, estes estão sempre subordinados a um dever.

A atuação do Estado, enfim, consiste no exercício de uma *função*. Charles-Louis de Secondat, o Barão de La Brède e de Montesquieu, autor de uma das obras mais importantes do pensamento político da humanidade, enunciou uma verdade incontestável: "a experiência eterna mostra que todo homem que tem poder é tentado a abusar dele, vai até onde encontra limites".[35] Se toda função estatal fosse deixada nas mãos de uma única pessoa, esta tenderia a exercer as prerrogativas estatais em seu próprio interesse, ou seja, a não exercer a *função*. Essa regra está tão presente no ser humano que gera uma *presunção absoluta*: ainda que haja alguma exceção, ainda que se encontre alguma pessoa que seja capaz de, na posse de poderes absolutos, exercer uma função, presume-se, sem admitir-se prova em contrário, que isso é impossível.

Para que o exercício da função estatal se dê, necessário seja distribuído entre um número razoavelmente grande de pessoas. O poder nas mãos de cada agente estatal enfraquece-se proporcionalmente à repartição das funções, pois cada agente passa a deter somente as prerrogativas necessárias a desincumbência dos deveres que lhe foram atribuídos e, por outro lado, passa a estar mais facilmente sujeito a um controle. A pessoa, tendo um poder em suas maos, tende a usá-lo em seu benefício individual. Deve-se restringir ao máximo o exercício individual desse poder[36] e submetê-lo a intenso controle: necessário, assim, *distribuir a função estatal*.

Para distribuir a função, deve-se dividi-la e para *divisão* ou *classificação* das funções é necessário um critério. Aderiu-se em quase todos os lugares do mundo ao critério proposto por Montesquieu, daí a necessidade de examiná-lo.

3.2 A teoria da separação dos Poderes de Montesquieu

Extrai-se o critério de divisão da função estatal proposto por Montesquieu de uma breve passagem de sua monumental obra:

"Há, em cada Estado, três espécies de poderes: o poder legislativo, o poder executivo das coisas que dependem do direito das gentes, e o executivo das que dependem do direito civil.

"Pelo primeiro, o príncipe ou magistrado faz leis por certo tempo ou para sempre e corrige ou ab-roga as que estão feitas. Pelo segundo, faz a paz ou a guerra, envia ou recebe embaixadas. Pelo terceiro, pune os crimes ou julga as querelas dos indivíduos. Chamaremos este último o poder de julgar e, o outro, simplesmente o poder executivo do Estado" (1979, Livro XI, Capítulo VI, pp. 148-149).

O critério de repartição de funções do Estado proposto pelo filósofo francês pode ser denominado de *material*. Ele tripartiu as atividades do Estado, fazer as leis, executálas e julgá-las, e atribuiu-as a órgãos[37] diferentes. Montesquieu, logo adiante, complementa: "tudo estaria perdido se o mesmo homem, ou o mesmo corpo dos principais, ou dos nobres, ou do povo, exercesse esses três poderes". E conclui: deve-se tripartir o poder do Estado em três, Poder Legislativo, Executivo e Judiciário, atribuindo-os a pessoas distintas, daí o nome de sua teoria, universalmente conhecida — "teoria da tripartição de poderes".[38]

35. Montesquieu, 1979, Cap. IV, p. 148.

36. O poder em si é uno e indivisível e pertence ao Estado. Ao agente é dado o exercício do poder, exercício este passível de divisão, de diminuição. Considera-se *agente* "todo aquele que exercita uma função havia pelo Estado como pertinente a si próprio" (C. A. Bandeira de Mello, 1975, p. 3).

37. Na verdade, órgão é um conceito posterior. É uma unidade abstrata que sintetiza um círculo de atribuições do Estado, é um feixe individual de poderes funcionais (C. A. Bandeira de Mello, 1975, p. 69).

38. Como bem afirma Agustín Gordillo, não se trata apenas de uma divisão orgânica, mas, sobre-

Francis-Paul Bênoit empreendeu severa crítica à teoria de Montesquieu: trata-se de uma teoria filosófica, com intuitos políticos, que não descreve um direito positivo e, assim, não é científica, não consiste na análise de uma realidade.[39] Como já afirmado anteriormente (*supra*, 2.5), um conceito jurídico só se presta a refletir o direito positivo e, nesse sentido, não há como não dar razão à Bênoit: seria absolutamente inapropriado tomar as descrições do Poder Legislativo, Executivo e Judiciário efetuadas por Montesquieu como corretas descrições do direito positivo vigente, seja do direito francês seja do direito brasileiro.

O objeto desta análise é o direito positivo brasileiro e neste há um dado que não pode ser ignorado: o art. 2º da Constituição de 1988 ("são Poderes da União, independentes e harmônicos entre si, o Legislativo, o Executivo e o Judiciário").[40] É óbvio que muitas das enunciações de Montesquieu são totalmente impertinentes ao direito positivo brasileiro.[41] Não há como negar, todavia, que, por força desse dispositivo, os traços gerais de sua teoria, a idéia básica de tripartição orgânica de funções, baseada em um critério material, foi adotada pelo direito positivo brasileiro.

Do art. 2º transcrito extrai-se o seguinte: 1) o ordenamento jurídico brasileiro adotou sim, ao menos em linhas gerais, a teoria da separação dos poderes de Montesquieu; 2) ao utilizar-se da mesma denominação proposta pelo filósofo francês, o ordenamento adota um critério material de separação de funções: ao Poder Legislativo cabe legislar (*função legislativa*); ao Executivo, executar (*função administrativa*) e ao Judiciário, julgar (*função jurisdicional*); 3) todas as funções estatais pertencem, *a contrario*

tudo, de uma divisão de funções. São suas palavras: "Es de cierta importancia recordar que en el pasado a veces se incurría en el error de suponer que la división de poderes significaba que cada uno de los tres poderes era 'soberano en su esfera', es decir que cada poder legislaba, administraba y juzgaba en lo relativo a su propia actividad. Tal concepción es completamente errada pues lo esencial de la teoría analizada es la división de *funciones*, y no sólo la división en *órganos*: una división en órganos no acompañada de una división de funciones no es verdaderamente garantía de libertad ni responde a la finalidad buscada" (1998, pp. IX-2).

39. A crítica é longa e bem fundamentada (1968, pp. 32-39).

40. O Estado Brasileiro é composto por quatro pessoas jurídicas que o presentam (não se trata de representação, mas de presentação, ou seja, o próprio Estado faz-se presente por meio dessas pessoas) nas relações jurídicas: a União, os Estados, o Distrito Federal e os Municípios (art. 1º, *caput*, da CF). Extrai-se do texto constitucional que tanto a União como os Estados possuem os três Poderes; os Municípios não possuem Judiciário, estando submetidos ao Judiciário dos Estados. O Distrito Federal assume a feição de Estado ou de Município, conforme a matéria. Trata-se de uma organização peculiar da Federação brasileira. Halina Zasztowt Sukiennicka, citado por Oswaldo Aranha Bandeira de Mello, explica o surgimento dessas peculiaridades: "Nenhum Estado se assemelha a outro de tal forma que se possa dizer que os seus respectivos regimes sejam idênticos. Eles, quando muito, podem ser análogos. Para classificar um organismo estático nos quadros da noção Estado federal, subsiste a mesma dificuldade. Os Estados que iniciaram o regime federativo, e que serviram, portanto, de base para a elaboração das diversas teorias sobre a natureza jurídica do Estado federal são os únicos que nunca têm contestada a sua estrutura federal. O mesmo se não dá com os outros países, pois os seus regimes, embora modelados sobre os dos primeiros, deles sempre se afastam e, muitas vezes, de maneira importante" (*The Experiment with Democracy in Central Europe*, p. 49, ed. 1933, *apud* O. Bandeira de Mello, 1948a, pp. 6-17). O Estado brasileiro, de fato, apresenta peculiaridades não encontráveis nos demais: os Municípios são entidades federativas, mas desprovidos de Judiciário próprio.

41. Montesquieu chega a afirmar que dos três poderes, o de julgar é, de algum modo, "nulo", pois "se os tribunais não devem ser fixos, os julgamentos devem sê-lo a tal ponto que nunca sejam mais do que um texto exato da lei" (1979, pp. 150-151). Num sistema de Constituição rígida em que o controle de constitucionalidade das leis é atribuído ao Judiciário, referida afirmação torna-se obviamente equivocada.

sensu, a um dos três poderes e, assim, referem-se a uma das três funções.[42] Essas diretrizes, extraídas da própria utilização das palavras pelo constituinte, se não explicam o exato significado de cada função no ordenamento jurídico brasileiro, são o ponto de partida para seu entendimento.

Busca-se aqui compreender o significado de uma das funções estatais, a chamada *função administrativa*. O ordenamento jurídico brasileiro divide as funções estatais em três grupos: a *função legislativa*, a *função jurisdicional* e *a função administrativa*. Propõe-se a seguinte metodologia: primeiramente, examinar o que há de comum a essas três funções; após examinar as funções legislativa, administrativa e jurisdicional. A função administrativa, antes de ser administrativa, é uma função e, se é administrativa, não é legislativa nem jurisdicional, daí a pertinência da metodologia proposta.

3.3 Características da função estatal

A *função administrativa* é, antes de tudo, uma função estatal e, por conseqüência, imperioso iniciar a caracterização desta para a obtenção do exato perfil daquela. Passa-se, então, a examinar o que há de comum às três funções estatais e, nesse sentido, seis afirmações podem ser feitas.

3.3.1 Função estatal: busca do interesse público

As duas primeiras decorrem do que já foi afirmado sobre os conceitos de Estado e de função: *toda função estatal importa na busca da realização do interesse público* (bem comum), jamais pode contrariar o interesse dos particulares enquanto partícipes da sociedade.

O Estado sempre atua por meio de uma das pessoas jurídicas que o compõem ou por alguém que faça as vezes destas. Assim, a União, os Estados, o Distrito Federal ou os Municípios podem participar direta ou indiretamente de uma relação jurídica, na segunda hipótese presentados por entes criados por eles (autarquias, fundações, empresas públicas, sociedades de economia mista) ou por particulares (em regime de colaboração). O Estado, enquanto ordem jurídica soberana, faz-se presente, primeiro, direta ou indiretamente por de uma das quatro pessoas jurídicas que o compõem.

Se o Estado se faz presente por uma das pessoas jurídicas que o compõem, seja a União, os Estados, o Distrito Federal ou os Municípios, claro fica que a atuação direta ou indireta dessas pessoas não basta para que o Estado atue, pois a pessoa jurídica é real, mas abstrata: só os seres de vida biológica têm consciência e, portanto, vontade psicológica. A pessoa jurídica em si mesma não age, necessita sempre de uma pessoa física: o Estado é presentado pela pessoa jurídica que o compõe e esta é presentada por um *agente público*, ou seja, por "todo aquele que serve o Poder Público, na qualidade de sujeito expressivo de sua ação".[43]

42. O art. 2º da CF/1988 ao estabelecer a existência de três Poderes excluiu a existência de outro. Indaga-se se a existência de apenas três poderes implica na existência de apenas três funções. Muitos vislumbram outras funções, não enquadráveis no esquema tripartido de Montesquieu. Otto Mayer, p. ex., além das três funções clássicas, menciona a "activité auxiliaire du droit constitutionnel" e, além dessa, uma série de outras atividades que saem da esfera da ordem jurídica, tais como as "relations diplomatiques"; a "administration à la guerre" e "le droit de haute nécessité" (1903, pp. 9-13). Celso Antônio Bandeira de Mello reconhece a existência de uma quarta função a que denomina de *função política* ou de *governo* (2004, Cap. I, item 10, p. 34). Discorda-se aqui do nobre jurista: o art. 2º não estabeleceu, como já afirmado, uma simples divisão orgânica e sim uma divisão de funções. Ao prever apenas três funções, *a contrario sensu*, afastou a possibilidade de uma quarta. No ordenamento jurídico brasileiro, assim, por força desse dispositivo, toda função estatal ou é legislativa, ou é jurisdicional ou é administrativa.

43. Sobre o conceito de agente público v. as insuperáveis monografias de Celso Antônio Ban-

A vontade do Estado é imputada diretamente ao agente, por isso enfatiza-se: não se trata de representação, mas de presentação.

O agente público dá vida biológica à pessoa jurídica que compõe o Estado e, nesse sentido, torna-se o próprio Estado, o agir do agente é o agir estatal. Por força dessa primeira característica, portanto, esteja o agente no exercício de função legislativa,[44] jurisdicional[45] ou administrativa, jamais poderá perseguir interesse que não seja público.[46] Se a atuação da pessoa jurídica que presenta o Estado ou do agente que a presenta buscar interesse alheio ao interesse público será *antijurídica*. Ainda que assim o seja, continuará sendo atuação do Estado, mas configurar-se-á violadora do direito, ensejando as conseqüências dessa violação (C. A. Bandeira de Mello, 1975, pp. 71-72).

deira de Mello (1975, pp. 3 *et seq.* e 1990, pp. 5 *et seq.*).

44. Um deputado, senador ou vereador pode perseguir um interesse próprio, desde que vinculado à sua condição de partícipe do meio social, pois interesse público é a dimensão pública do interesse privado. O deputado ou o senador não pode perseguir um interesse próprio enquanto simples interesse individual, desconectado de sua dimensão coletiva. Assim, o agente no exercício de função legislativa que aprovar uma lei protetora dos idosos não estará, pelo fato de ser idoso, a princípio, praticando ato antijurídico. A proteção dos idosos, enquanto valor consagrado pelo texto constitucional (art. 230), consiste num interesse público. Eventual dificuldade de entendimento decorre da falsa contraposição entre interesse público e interesse privado. Aquele é uma espécie de interesse privado, é o interesse do indivíduo coletivamente considerado. Sobre o tema, reitera-se, imprescindível a leitura das lições de C. A. Bandeira de Mello (2004, pp. 50 *et seq.*).

45. Não há que se confundir o interesse perseguido pela parte que busca a tutela jurisdicional com o interesse do Estado ao prestar essa tutela. Cândido Rangel Dinamarco, Antonio Carlos de Araújo Cintra e Ada Pellegrini Grinover ensinam: "Afirma-se que o objeto-síntese do Estado contemporâneo é o bem-comum e, quando se passa ao estudo da jurisdição, é lícito dizer que a projeção particularizada do bem comum nessa área é a *pacificação com justiça*" (1995, p. 25, destaque dos autores). E mais adiante: "Isso não quer dizer, contudo, que seja essa mesma a motivação que leva as pessoas ao processo. Quando a pessoa pede a condenação do seu alegado devedor, ela está buscando a satisfação de seu próprio interesse e não, altruisticamente, a atuação da vontade da lei ou mesmo a paz social. Há uma pretensão perante outrem, a qual não está sendo satisfeita, nascendo daí o conflito — e é a satisfação dessa sua pretensão insatisfeita que o demandante vem buscar no processo. A realização do direito objetivo e a pacificação social são escopos da jurisdição em si mesma, não das partes. E o Estado aceita a provocação do interessado e a sua cooperação, instaurando um processo e conduzindo-o até ao final, na medida apenas em que o interesse deste em obter a prestação jurisdicional coincidir com aquele interesse público de atuar a vontade do direito material e, com isso, pacificar e fazer justiça" (ob. cit., pp. 127-128). Sobre os escopos da jurisdição, v. Cândido Rangel Dinamarco, 2002, pp. 181-272.

46. Por isso afirma-se com convicção: nenhuma atividade estatal pode visar o lucro, eventual sobra de caixa será juridicamente *superávit*. Sobre o tema interessante a conclusão de um seminário produzido pelo IDEPE, em setembro de 1993, em São Paulo, sob a coordenação de Adilson Abreu Dallari, em que participaram Aires Barreto, Carlos Ari, Eros Grau, Geraldo Ataliba e J. Artur Lima Gonçalves, resultando na edição da seguinte *súmula doutrinária*: "Empresas estatais delegadas de serviço público não têm lucro. O conceito contábil adequado é 'superávit' — Diferença de regime, relativamente a empresas privadas — O conceito básico de serviço público determina a essência do regime jurídico de cada entidade — Contribuição sobre 'lucro' é inexigível onde lucro não exista" (*Revista Trimestral de Direito Público* 6/258, São Paulo, Malheiros Editores, 1994). Carlos Ari Sundfeld fez ressalva importante: quando se tratar de concessionário ou permissionário de serviço público ou de sociedade de economia mista, pode-se sim, falar em lucro (1994, p. 264). Haveria, nesses casos, possibilidade de prestação de serviço público e obtenção de lucro. Apesar de acolhida pela unanimidade dos doutrinadores, essa ressalva não pode ser aqui adotada pelos seguintes motivos: a prestação serviço público sempre terá por fim o interesse público. Pode-se dizer que o *servidor público*, quando exerce sua função, visa a obtenção da remuneração, nem por isso se conclui que o exercício da função pública tem por fim o interesse particular do servidor. Da

3.3.2 Função estatal: imposição de um dever

Toda função estatal consiste na imposição de um dever, eis a segunda característica. O *dever*, já se afirmou (*supra*, 3.1), é ínsito ao conceito de função e a conseqüência disso revela-se evidente: não há *faculdade* na realização das atividades estatais, trata-se sempre de uma imposição cogente. O agente público não é livre para realizar suas funções, não tem a faculdade de cumprir ou não suas incumbências: é sempre um devedor (no sentido etimológico do verbo latino *dçbô, -çs, -çre, dçbmî, dçb-tum* — ter obrigação de, estar obrigado a).[47]

Nesse sentido, as *competências* das pessoas jurídicas componentes do Estado, previstas, principalmente, nos arts. 21, 22, 23, 24, 25 e 30 da Constituição, são imposições e não faculdades:[48] o *legislador* é obrigado a editar as leis exigidas pelo interesse público. O deputado, o senador e o vereador não são livres para votar uma lei ou apresentarem um projeto de lei por sua simples vontade: se necessária ao interesse público

mesma forma ocorre na prestação de serviços públicos por concessionários, permissionários e sociedades de economia mista (estas, delegadas): eles visam à contraprestação prevista no contrato, nem por isso a obtenção da contraprestação é o fim da atividade. Daí porque eventual ganho de caixa (superávit), excedente dos custos do serviço e da contraprestação prevista no contrato, não fica necessariamente com o particular: a Administração pode criar novos encargos ou simplesmente ficar com o superávit, deve tão-somente respeitar o equilíbrio econômico financeiro do contrato e este será sempre respeitado se a contraprestação prevista for efetuada. *Retirando a ressalva, por contradizer as próprias premissas*, a doutrina de Carlos Ari Sundfeld é irretocável: "Daí ser correto afirmar que, embora atividade lucrativa seja a geradora de um resultado positivo, nem toda operação condizente a resultado positivo gera lucro. Só produzem lucro atividades econômicas" (ob. cit., p. 261). E mais adiante: "As atividades administrativas (aí incluídas a prestação de serviços públicos e sociais, a administração ordenadora, etc.), titularizadas pelo Estado, opõem-se radicalmente às atividades econômicas, pertencentes aos particulares. Essa oposição é jurídica, porquanto determinante de dois conjuntos normativos distintos: o direito público e o direito privado. O fim da outorga, ao Estado, do desempenho de atividades administrativas é o interesse público, em suas variadas espécies. A Administração não titulariza o serviço público para dele extrair renda, mas por existência do serviço, com seu proveito para a coletividade, ser necessária. Logo, a prestação do serviço público é um fim em si" (idem, p. 265). A não obtenção de lucro é uma característica de todo serviço público, ainda que se trate de serviço outorgado aos particulares. O tema será retomado adiante (*infra*, 2ª parte, nota 30), mas adianta-se: a exploração de atividade econômica, quando efetuada pelo Estado, também não tem por finalidade a obtenção de lucro.

47. Ernesto Faria, 2003, p. 278.

48. Plenamente correta, ao menos nesse aspecto, a doutrina de Carlos Ari Sundfeld: "O desempenho de atividade pública traduz sempre e necessariamente um dever jurídico. O agente estatal, quando manobra os poderes que o ordenamento lhe confere, o faz no exercício de uma função, é dizer, de um dever-poder ligado a dada finalidade. Daí a proibição do *non liquet*, imposta ao juiz, e o princípio da 'continuidade do serviços público', imposto à Administração. Do mesmo modo, legislar não é um mero 'poder', de exercício facultativo. Como qualquer atividade pública, traduz um dever jurídico, do qual o Estado não se pode furtar. Cuida-se, destarte, de verdadeiro dever-poder" (1990, p. 33). Discorda-se, assim, de Roque Antonio Carrazza, para quem característica básica das competências tributárias, além da privatividade, indelegabilidade, incaducabilidade, inalterabilidade, irrenunciabilidade, é a *facultatividade* (2002, pp. 581 *et seq.*). Se o interesse público exige a instituição do tributo, viola o dever funcional o legislador que não o institui. O exemplo citado pelo venerável tributarista é elucidativo: se a Constituição expressamente estatui ser *objetivo fundamental* do Estado brasileiro a redução das desigualdades sociais (art. 3º, III), se prevê a instituição de imposto sobre grandes fortunas (art. 153, VII) e se após quinze anos de sua promulgação ainda se vive num brutal estado de desigualdade social, como afirmar que a instituição do tributo é mera *faculdade* do legislador? Para o nobre jurista, trata-se de inquestionável faculdade da União e "nada, porém, pode obrigá-la a instituí-lo". Sem desprestigiá-lo, discorda-se: os princípios constitucionais permitem tal exigência.

a aprovação ou rejeição da lei, sua atuação apresentar-lhes-á como uma dever.[49] O *magistrado*, da mesma forma, é obrigado a conceder a tutela jurisdicional quando provocado, sendo proibido o *non liquet* (art. 126 do Código de Processo Civil).

O administrador, por fim, também não é dotado de faculdades e, nesse sentido, a *discricionariedade* também é regida pelo *dever*.[50] Quase sempre, somente diante do caso concreto é possível apurar a melhor forma de atender ao interesse público, daí certa margem de liberdade dada ao administrador. Mas, de duas uma: é possível que nas circunstâncias do caso não haja controvérsia sobre qual é a melhor forma de garantir o interesse público e, nesse caso, nenhuma discricionariedade haverá; ou é possível que nas circunstâncias do caso haja controvérsia insolúvel sobre qual a melhor forma de concretização do interesse público, controvérsia essa decorrente do *pluralismo* (cada pessoa, por regra, tem uma concepção própria sobre o bem). Só nessa hipótese de controvérsia insolúvel haverá, diante do caso concreto, discricionariedade: o sistema deixa ao encargo do administrador dizer qual é a melhor solução ou, em outras palavras, é a sua concepção que prepondera. Para o administrador, imprescindível a ressalva, não há liberdade, pois, em seu juízo íntimo só haverá uma forma de melhor garantir o interesse público e ele estará vinculado a essa forma.

3.3.3 Função estatal: cumprimento dos princípios constitucionais

Toda função estatal consiste no cumprimento da Constituição Federal, mais especificamente, na aplicação dos princípios constitucionais — para bem compreender a terceira característica mais algumas explicações sobre as normas constitucionais fazem-se necessárias, em especial, sobre sua classificação. Há três espécies de normas constitucionais: regras constitucionais de comportamento, regras constitucionais de estrutura e princípios constitucionais.

Regras, já se afirmou (*supra*, 2.3), ao contrário dos princípios, não se limitam a estabelecer um fim a ser atingido sem fixar o comportamento a ser adotado: elas determinam um comportamento preciso. As *regras de comportamento* consistem em disciplina direta do comportamento humano, ou seja, não se voltam para a disciplina da edição de outras normas.

Relembra-se este importantíssimo axioma, cujos desdobramentos serão logo retomados: toda regra é a concretização de um princípio. A regra constitucional de comportamento resulta de uma ponderação de princípios efetuada pelo próprio constituinte em que este deu primazia ao princípio por ela concretizado. Isso gera efeitos importantes: o peso do princípio concretizado pela regra constitucional é acrescido do peso de um princípio formal, cujo preceito determina que a ponderação efetuada pelo constituinte deve ter primazia sobre qualquer outra ponderação.[51] No exercício das funções estatais, portanto, a observância dessas regras é fortalecida pelo princípio formal implícito de que as ponderações efetuadas pelo consti-

49. O repúdio à chamada *teoria do mandato imperativo*, nesse sentido, merece *temperamentos*. Sendo a função legislativa uma função estatal e, portanto, consistindo num *dever*, a concepção da absoluta irresponsabilidade do mandatário por suas decisões merece, ao menos no ordenamento jurídico brasileiro, ser revista: o controle de constitucionalidade por omissão e o mandado de injunção são institutos que legitimam essa assertiva e evidenciam que no sistema vigente vigora para o mandato eletivo, de certa forma, uma *imperatividade relativa*. Sobre a teoria do mandato imperativo e seu repúdio v. Dallari, 1995, pp. 133-135.

50. "(...) o administrador está, então, nos casos de discricionariedade, perante o dever jurídico de praticar, não qualquer ato dentre os comportados pela regra, mas, única e exclusivamente aquele que atenda com absoluta perfeição à finalidade da lei" (C. A. Bandeira de Mello, 1996, p. 33).

51. O tema será retomado quando do exame da função legislativa (*infra*, 4.4.1).

tuinte têm primazia sobre quaisquer outras ponderações. São, assim, num certo sentido, *limites materiais* ao exercício da função estatal, ou seja, o legislador, o juiz e o administrador terão que, salvo em raríssimas hipóteses,[52] observar-lhes a prescrição quando da ponderação que realizarem.

A segunda classe, bem mais numerosa, é a das *regras constitucionais de estrutura*.[53] A doutrina chama-as de *normas constitucionais de princípio institutivo*[54] ou de *normas de legislação*.[55] Se por um lado elas não estabelecem um fim a atingir sem fixar um comportamento e nesse sentido não são princípios, por outro elas regulam a edição de outras normas, "contém esquemas gerais, um como que início de estruturação de instituições, órgãos ou entidades, pelo quê também poderiam chamar-se normas de princípio orgânico ou organizativo" (Silva, 2000, p. 123). São elas que organizam o Estado, dizem o que deve ser instituído, como deve funcionar, enfim, o que deve ser feito para que o Estado se componha. Delas se extrai o necessário para que o Estado passe a existir, elas *organizam* a atuação estatal.

Uma analogia com o *ser humano* pode ajudar à compreensão do papel dessas normas: é como se houvesse um conjunto de normas que determinasse a criação dos tecidos, dos órgãos e dos sistemas do corpo humano (o sangue, os músculos, o coração, o sistema circulatório), bem como fixasse a função de cada órgão e de cada sistema, ou seja, o que cabe ao sistema circulatório, ao coração, ao digestivo, ao fígado, etc. Aplicadas essas normas estaria constituído o corpo humano, passaria este a existir, mas a atuação do homem no dia-a-dia, o que o ser humano deve fazer, a partir da constituição de seu corpo, não seria, perceba-se, disciplinado por essas normas, daí a existência de um terceiro grupo de normas.[56]

52. A regra constitucional de comportamento, sendo a concretização de um princípio constitucional, pode, diante das circunstâncias do caso concreto, ser afastada pela incidência de um princípio que se apresente mais pesado do que a soma do princípio por ela concretizado juntamente com o princípio formal impositor de primazia às ponderações do constituinte. São casos excepcionalíssimos, mas possíveis. Suponha-se, em teoria, o seguinte exemplo: um médico, servidor público, passa a ter um poder de cura extraordinário, bastando um toque de sua mão para que os males do paciente simplesmente desapareçam. No exercício de função pública, como servidor do Estado, o médico passa a tocar os cidadãos e a curar-lhes. Ao completar setenta anos, suponha-se que seu poder milagroso em nada diminua ou se altere e que ele aquiesça em continuar prestando seus serviços à população brasileira. Teria algum sentido em aposentá-lo compulsoriamente, em face da exigência da regra constitucional? Poder-se-ia argumentar que, após sua aposentação, ele poderia ser contratado pelo Estado para prestar os mesmos serviços, não agora a título de servidor público, mas a título de contratado. O apego à incidência da regra não justifica essa solução: nesse caso ela simplesmente não seria aplicada em face da incidência de princípios mais densos. O exemplo, de certa forma fantasioso, mas admissível em teoria, bem evidencia que mesmo as regras constitucionais de estrutura podem, diante das circunstâncias, ser afastadas.

53. Consistem na *esmagadora maioria* das regras constitucionais: pertencem a essa classe as normas referentes às competências legislativas; as que determinam quando deve reunir-se o Congresso Nacional (art. 57); as que determinam a organização do Poder Judiciário (art. 92), etc.

54. Denominação utilizada por José Afonso da Silva em seu clássico *Aplicabilidade das Normas Constitucionais*, 4ª ed., 2000, pp. 121 *et seq.*

55. Denominação utilizada por José Horácio Meirelles Teixeira (1991, pp. 328 *et seq.*).

56. Algumas regras constitucionais de estrutura não são simplesmente organizativas. No art. 48 do ADCT o constituinte determinou ao Congresso Nacional que, em cento e vinte dias da promulgação da Constituição, elaborasse o Código de Defesa do Consumidor. Essa norma não se limita a organizar o exercício da função legislativa. Por um lado, todavia, trata-se também de norma de organização: o constituinte entendeu que a organização do Estado brasileiro exige a edição desse diploma e, assim, ao criar o Estado, exigiu que o CDC, reputado imprescindível para sua organização, fosse editado em determinado prazo. Somente após o decurso desse e de outros prazos fixados, cumpridas as deter-

Constituído o Estado pelas regras constitucionais de estrutura e fixados certos limites pelas regras constitucionais de comportamento, a atuação estatal propriamente consiste no cumprimento do terceiro grupo de normas, dos *princípios constitucionais*. Eles impõem um objetivo a alcançar, mas não fixam um específico comportamento para a concretização do fim exigido: são *mandados de optimização*, ordens para que se realize um fim na maior medida possível.[57] Considerando não se confundirem a organização da função com seu exercício e que todas as regras não organizativas consistem na concretização de um princípio, conclui-se: legislar, julgar e administrar é aplicar os princípios e, nesse sentido, cumpri-los, *concretizá-los*. Esta, enfim, é uma assertiva fundamental para compreensão do sistema: o exercício da atividade estatal consiste na aplicação e concretização dos princípios constitucionais.

3.3.4 Função estatal: edição de normas jurídicas

Toda função pública consiste na edição de normas jurídicas. Como já afirmado, a incidência dos princípios jurídicos ou decorre da edição de uma norma ou causa essa edição e, por isso, o cumprimento de um princípio jurídico está sempre associado à edição de uma norma jurídica. Legislar, julgar e administrar consiste na concretização de princípios constitucionais e, conseqüentemente, na edição de normas jurídicas.

Daí a evidente impropriedade daqueles que restringem a edição de normas jurídicas à função legislativa. Norma jurídica, como anteriormente fixado (*supra*, 2.2), não é considerada aqui somente a geral e abstrata, mas todo imperativo autorizante dotado da estrutura lógica "H à C". Toda norma jurídica é posta no sistema por um *veículo introdutor de normas*.[58] Costuma-se associar a função legislativa à edição de leis, a jurisdicional à edição de sentenças e a administrativa à edição de atos administrativos, mas essa restrição didática precisa ser bem compreendida. A função legislativa possui, em princípio, seis veículos introdutores (na verdade são sete, cf. *infra*, 4.1): leis complementares, leis ordinárias, leis delegadas, medidas provisórias, decretos legislativos e resoluções, todos extraídos do art. 59 da Constituição.[59] Por intermédio dela, antecipa-se, não se editam apenas normas gerais e abstratas, perfeitamente possível a edição, por exemplo, de normas individuais e concretas. A função jurisdicional possui como veículo introdutor de normas não apenas a sentença, mas o acórdão: não se restringe à edição de normas individuais e concretas, pois

minações constitucionais, o Estado reputar-se-á totalmente constituído. Por outro lado, essa exigência é a concretização de um princípio de proteção ao consumidor: ao exercer a função de legislar e cumprir essa determinação constitucional o legislador estará cumprindo referido princípio. Assim, essas regras de estrutura, ao traduzirem uma ponderação de princípios efetuada pelo constituinte, aproximam-se das regras de comportamento: são regras de estrutura que, tal como as regras de comportamento, concretizam um princípio constitucional.

57. São tão numerosos quanto às regras de estrutura. Para comprovar essa assertiva, basta a seguinte observação: até o art. 4º, incluindo-se este, do Texto Maior, todas as normas consistem em princípios.

58. Sobre os veículos introdutores de normas v. a excelente monografia de Tárek Moysés Moussalem, *Fontes do Direito Tributário*, 2001, pp. 133 *et seq*.

59. As emendas constitucionais são veículos introdutores de normas constitucionais, fruto do exercício do poder constituinte reformador. Não se trata, evidentemente, de exercício de função legislativa. No sistema brasileiro, o poder constituinte reformador é exercido pelo Poder Legislativo, o que explica a topografia do inc. I do art. 59 e eventuais confusões. Os *decretos legislativos* e as *resoluções* consistem geralmente em veículos introdutores próprios de função administrativa exercida pelo Poder Legislativo, só excepcionalmente consistem no exercício de função legislativa. Sobre os decretos legislativos e resoluções v. Manoel Gonçalves Ferreira Filho, 2001, pp. 197-199.

os dissídios coletivos, por exemplo, editados pela Justiça do Trabalho, consistem em normas gerais e abstratas (expressamente previstos no § 2º do art. 114 da Constituição). A função administrativa, por fim, também não se restringe a edição de normas individuais e concretas, bastando citar o exemplo dos regulamentos, típicas normas gerais e abstratas.

A atuação estatal sempre consistirá na edição de norma jurídica, seja geral e abstrata, seja geral e concreta, seja individual e abstrata, seja individual e concreta.[60] Poder-se-ia indagar se o ato do leiloeiro judicial que, em cumprimento à ordem do juiz, efetua a arrematação do bem; o ato do agente fiscal que, em cumprimento à ordem administrativa, efetua a interdição do estabelecimento, são normas jurídicas. Evidente que não, são o cumprimento destas. Elas são o efeito do exercício da função jurisdicional e administrativa, respectivamente, não são o exercício da função propriamente dito. Diferenciam-se o exercício da função e os efeitos do exercício dessa função. Legislar, julgar e administrar é editar normas e a edição destas gera efeitos que não se confundem com a ação dos verbos legislar, julgar e administrar.

O agente público que, violando o direito, causa um dano a um bem particular, não edita uma norma jurídica, mas também não exerce sua função, está, na verdade, descumprindo a função estatal. A prática de atos antijurídicos não corresponde ao cumprimento de uma função estatal, mas, em geral, no descumprimento desta. A atuação do agente é imputada ao Estado e gera efeitos jurídicos, mas não consiste no exercício de função estatal.

Em síntese, o exercício regular da ação estatal consiste sempre na edição de normas jurídicas.[61] Os efeitos dessa edição, do cumprimento da função, ou de eventuais comportamentos antijurídicos dos agentes estatais, do descumprimento da função, geram efeitos jurídicos, mas não consistem no exercício de função estatal. Essa distinção será mais bem visualizada com a diferenciação de duas categorias fundamentais: os atos e fatos jurídicos. Antes de examiná-la, no entanto, necessário tratar do papel da vontade na função estatal. É o que se fará a seguir.

60. Tanto as normas gerais e concretas como as individuais e abstratas são muito comuns, apesar de raramente mencionadas pela doutrina. Uma norma que institua um benefício ou imponha um dever ao Presidente da República é uma norma individual e abstrata. Do art. 78 da Constituição, p. ex., extrai-se regra constitucional de comportamento, individual e abstrata: impõe-se ao Presidente e ao Vice-Presidente da República a prestação do compromisso de "manter, defender e cumprir a Constituição". A declaração de inconstitucionalidade proferida pelo Supremo Tribunal Federal em sede de ação direta de inconstitucionalidade, nos termos do art. 28, parágrafo único, da Lei 9.868/1999, combinado com o § 2º do art. 103 da Constituição, é típica norma geral e concreta.

61. Essa concepção é parcialmente inspirada em Hans Kelsen. Para o jusfilósofo as funções administrativa e jurisdicional compreendem além da edição de normas jurídicas a execução destas: "É apenas como exceção que os órgãos do poder executivo e do judiciário podem criar normas gerais. Sua tarefa típica é criar normas individuais, com base nas normas gerais criadas por legislação e costume, e levar a efeito as sanções estipuladas por essas normas gerais e individuais. Levar a efeito a sanção é 'execução' no sentido mais restrito do termo". E mais adiante: "Na medida em que as chamadas funções executiva e judiciária consistem na criação de normas individuais com base em normas gerais e na execução das normas individuais, o poder legislativo, por um lado, e o poder executivo e o judiciário, por outro, representam apenas diferentes estágios no processo por meio do qual a ordem jurídica nacional — de acordo com os seus próprios dispositivos — é criada e aplicada". E conclui: "A doutrina dos três poderes do Estado é — em termos jurídicos — a doutrina dos diferentes estágios da criação e da aplicação da ordem jurídica nacional" (2000, pp. 368-369). Renato Alessi ao considerar que a atividade administrativa é "necessariamente uma forma de atividade de caráter ideológico" parece concordar com o entendimento aqui defendido de que toda atividade estatal consiste na edição de normas jurídicas (1970, pp. 240-242).

3.3.5 Função estatal: irrelevância da vontade do agente

Consistindo a função estatal na edição de normas jurídicas que concretizem os princípios constitucionais, se as normas editadas concretizarem os princípios e obedecerem às primazias previstas nos ordenamento (*infra*, itens 4.4.1; 5.6; 6.2), é irrelevante o elemento volitivo, ou seja, a vontade do agente editor da norma. Essa é a penúltima característica da função estatal: a irrelevância da vontade do agente.

Essa característica é facilmente percebida na função legislativa. A constitucionalidade das leis editadas pelo Poder Legislativo é apreciada pelo Poder Judiciário, tanto sob o aspecto material, ou seja, se as leis são compatíveis com as regras e princípios constitucionais, quanto sob o aspecto formal, se o processo legislativo obedeceu ao regramento constitucional. O vício de vontade de um ou mais deputados ou senadores é absolutamente irrelevante: se a lei editada concretiza um princípio constitucional, se a ponderação efetuada pelo legislador é razoável, a lei não pode ser declarada inconstitucional, ainda que um deputado alegue ter se enganado, que votou pensando tratar-se de outro projeto ou, ainda, que não visava a concretização do princípio por ela tutelado, mas um interesse pessoal dele. Enfim, o vício de vontade do legislador é absolutamente irrelevante para os fins de controle de constitucionalidade: basta que a lei concretize um princípio constitucional e que a ponderação efetuada seja razoável para que ela seja considerada legítima, independentemente de qualquer vício volitivo do parlamentar.

O tema também não encontra dificuldade na função jurisdicional: tendo o magistrado interpretado razoavelmente o direito e fundamentado sua decisão, não incidindo numa das hipóteses de impedimento ou de suspensão, será absolutamente irrelevante qualquer vício de vontade. Se um tributo é inconstitucional, tendo o juiz declarado sua inconstitucionalidade, é irrelevante que assim decidiu porque intimamente tenha ficado com pena do contribuinte ou que pensara em suas próprias dificuldades financeiras e no fato de que também é sujeito passivo do tributo. O Tribunal *ad quem* só reformará a decisão se considerar que houve má interpretação do direito ou mau exame dos fatos, desprezará eventuais vícios volitivos do magistrado.

A questão encontra maiores dificuldades na seara da função administrativa. Pacificou-se que o elemento volitivo é absolutamente irrelevante na edição de atos vinculados. Se todos os elementos e pressupostos do ato estão fixados na lei, não importa que o agente seja deficiente mental e não tenha nenhum discernimento para sua prática: se o ato foi praticado de acordo com a previsão legal, irrelevante o vício de vontade.[62] Discute, contudo, a doutrina se a vontade é relevante nos atos discricionários.[63]

62. Nesse sentido, a clássica lição de Ernst Forsthoff: "De ningún modo cabe considerar el acto administrativo como expresión de la voluntad psíquica del funcionario del que emana. Aun prescindiendo de que esta concepción tendría que fracasar ante el hecho de las decisiones colegiales, una nueva consideración viene a refutarla: es válido y correcto, si es legal y objetivamente justo, el acto administrativo realizado por un funcionario enfermo mental. Aquí se manifiesta en forma nueva la distinción fundamental entre la declaración de voluntad del Derecho civil y el acto administrativo; éste no ha de juzgarse por la situación psicológica del funcionario del que emanan, sino exclusivamente con arreglo al sentido objetivo del obrar administrativo" (1958, p. 291). No mesmo sentido a lição de Agustín Gordillo: "No debe, por tanto, hacerse énfasis en el aspecto subjetivo. Esto es así porque el acto administrativo no es siempre la expresión de la voluntad psíquica del funcionario actuante: el resultado jurídico se produce cuando se dan las condiciones previstas por la ley y no sólo porque el funcionario lo haya querido" (2001, pp. II–19).

63. Para André Gonçalves Pereira, p. ex., o elemento vontade é irrelevante nos atos vinculados, mas relevante nos discricionários (1970, pp. 106-108). Essa relevância, entretanto, se existente, precisa ser corretamente entendida.

Já se afirmou que a discricionariedade não está dissociada do dever, ínsito à função estatal. Ela se configura sempre que não for possível fixar previamente, independente do caso concreto, qual é a melhor solução. Quase sempre, observa-se, haverá uma margem de liberdade ao administrador e a necessidade de apurar diante das circunstâncias o peso de cada princípio relacionado ao caso. No entanto, a decisão do administrador sempre estará vinculada a cumprir da melhor maneira possível o interesse público, vale dizer, a concretizar os princípios constitucionais da melhor forma possível. Onde não houver dúvida em relação a essa "melhor forma", não haverá discricionariedade, onde houver dúvida, o sistema dá primazia à opção do agente público no exercício da função administrativa: prepondera a visão dele sobre a "melhor forma". Somente nessa última hipótese haverá, em concreto, discricionariedade. E é somente nessa hipótese que a vontade assume relevo na função estatal; esse relevo, todavia, precisa ser bem entendido.

Nesses casos em que há discricionariedade, defeitos na formação e direção da vontade jamais consistirão em vício do ato, mas serão as causas de um vício. Duas hipóteses podem configurar-se: 1) erro sobre as circunstâncias de fato, caso em que o defeito de formação de vontade poderá gerar um vício de *causa*; 2) o fim visado pelo agente, intencional ou não intencionalmente, diverge do fim previsto no ordenamento, hipótese conhecida como *abuso de poder* (*détournement de pouvoir*).

Na primeira hipótese causa é tomada como a relação de adequação lógica entre o motivo do ato, ou seja, os pressupostos de fato que autorizam ou exigem a prática do ato, e seu conteúdo, tendo em vista a finalidade.[64] Se o agente erra quanto às circunstâncias de fato, pode desconfigurar-se essa relação de adequação, tendo em vista que o motivo suposto pelo agente não existiu. O vício pode ou não se configurar, dependendo das circunstâncias: é bem possível que as circunstâncias de fato reais tenham pertinência lógica com o conteúdo do ato editado e a finalidade que se quis alcançar, apesar do erro do agente. Se a causa não for afetada, não há que se falar em vício do ato. Por isso, enfatiza-se: o relevante é a *causa* e não a *vontade* do agente, se um vício desta não afetar àquela o ato permanece incólume.[65]

Na segunda hipótese, como se trata de casos em que há dúvida sobre qual a melhor forma de concretizar o interesse público, ainda que haja comprovado desvio entre a finalidade visada pelo agente e a finalidade buscada pelo direito, sempre haverá a possibilidade de que a escolha adotada consista na melhor forma de tutela do referido interesse. A certeza sobre se é ou não a melhor forma é pressuposta impossível, pois se fosse possível o ato seria vinculado e o problema não se punha, e sendo impossível, de duas uma: ou se presume que o ato é legítimo ou se presume que é ilegítimo. Como o direito prepõe sempre a boa-fé à má-fé, correta a solução preconizada por Celso An-

64. O conceito decorreu primeiro da contribuição de André Gonçalves Pereira: "causa é uma relação de adequação entre os pressupostos do acto e o seu objecto" (1970, p. 122). Depois, da contribuição de Celso Antônio Bandeira de Mello e de Maria Cuervo Silva Vaz Cerquinho que: 1) acolheram a distinção proposta por Zanobini entre conteúdo, aquilo que dispõe o ato, e objeto, aquilo sobre o que ele dispõe (C. A. Bandeira de Mello: 2004, Cap. VII, item 27, p. 360 e 1981a, Cap. II, item 21, p. 40; Cerquinho: 1978, p. 23); 2) denominaram de motivo os pressupostos de fato que autorizam ou exigem a prática do ato (C. A. Bandeira de Mello: 2004, Cap. VII, item 32, p. 363 e 1981a, Cap. II, item 95, p. 72; Cerquinho: ob. cit.); 3) por fim, acrescentaram ao conceito a finalidade do ato (C. A. Bandeira de Mello: 2004, Cap. VII, item 50, p. 374; Cerquinho: ob. cit., p. 26).

65. Salvo essa ressalva, seguiu-se integralmente a doutrina do fúlgido Celso Antônio Bandeira de Mello (1981a, Cap. II, itens 82-84, pp. 68-69). O autor, registra-se, parece não admitir a possibilidade de, na hipótese de erro quanto as circunstâncias de fato, o ato permanecer incólume.

tônio Bandeira de Mello (1981a, Cap. II, itens 88-93, pp. 69-72): em todos os casos de desvio de finalidade em atos praticados no exercício de competência discricionária há uma presunção absoluta (*juris et de jure*) de que o ato praticado não é a melhor forma de atender o interesse público. Também, nesse caso, não é o defeito de vontade que vicia, mas a finalidade.

Conclui-se, assim, que a vontade é irrelevante no exercício da função pública, pois vícios na manifestação da vontade jamais maculam a norma jurídica editada. Excepcionalmente, em duas hipóteses configuradas somente no exercício da função administrativa discricionária, o desvirtuamento da manifestação de vontade adquire relevância, não constituindo, porém, vício da norma editada: a primeira é o erro quanto aos pressupostos de fato, que possivelmente pode implicar numa causa viciada; a segunda é o desvio de finalidade que sempre implica numa finalidade viciada.[66] Nessas hipóteses o vício de vontade não constitui vício da atuação estatal, mas meio de apuração deste.

3.3.6 Função estatal: edição de atos jurídicos

Pode-se afirmar que o Direito Administrativo é recente: segundo a maioria dos estudiosos, nasceu com o caso *Blanco*, julgado em 8 de fevereiro de 1873.[67] O direito civil, por outro lado, iniciou-se no Direito Romano.[68] Decorrência da óbvia antecedência histórica foi o desenvolvimento de conceitos gerais pelos privatistas: muitos conceitos considerados próprios da Teoria Geral do Direito foram desenvolvidos na seara do Direito Civil. Foi o que ocorreu, ao menos num primeiro momento, com as teorias do ato e do fato jurídicos.

Faz-se necessário um rápido exame dos conceitos de ato e fato jurídicos formulados na seara do Direito Civil: *fato jurídico* "é tudo aquilo a que uma norma jurídica atribui um efeito jurídico" [69] e biparte-se em dois

66. Michel D. Stassinopoulos, para não afirmar que a vontade é irrelevante, afirma que ela é presumida: "Un tel acte visant à l'application de la loi dans le cas individuel est toujours considéré comme le résultat d'une volonté, mais cette volonté est présumée valide chez l'organe qui prend l'acte; par conséquent, la validité de l'acte ne dépend pas de vices dont la volonté serait éventuellement entachée, mais seulement de la conformité objective de l'acte à la loi" (1973, p. 38). E mais adiante ressalta: "Pourtant, si un vice de volonté a entrainé une violation objective de la loi, l'acte est nul à cause de cette violation même" (ob. cit., p. 39). Nesse ponto parece estar com a razão o nobre Sílvio Luís Ferreira da Rocha ao afirmar: "A nosso ver, Stassinopoulos não teve a coragem de afirmar a irrelevância da vontade na formação e validade do ato administrativo e recorreu ao artifício de considerá-la presumidamente uma vontade completa" (1999, p. 50). Nesse excelente artigo, inclusive, conclui pela total irrelevância da vontade, mesmo nos atos discricionários. Da vontade viciada, para o autor, sequer decorreriam os vícios de causa e finalidade. De fato, conforme já afirmado, a causa do vício não é subjetiva, não é a vontade viciada, mas não há como negar que os vícios objetivos, ou seja, a falta de causa ou de finalidade, só são apurados examinando-se a vontade. Esta, então, ao contrário do que afirma o autor, adquire relevo para identificação dos vícios mencionados.

67. Trata-se de uma ação de indenização pelos danos físicos causados a uma menina chamada Agnès Blanco, atropelada ao atravessar uma rua de Bordeaux, por um vagonete carregado de tabaco da Companhia Nacional de Manufatura de Fumo, integrante da Administração Francesa. O Tribunal de Conflitos francês entendeu que, por se tratar de atividade desenvolvida pelo Estado, não se aplicava o direito civil, a atividade era regida por normas próprias. Sobre o caso *Blanco*, v. Dinorá Adelaide Musetti Grotti, 2003, pp. 27 *et seq.*; Mônica Spezia Justen, 2003, pp. 22-26.

68. O Direito Romano divide-se em várias fases. Sobre elas v. Luiz Antonio Rolin, 2003, pp. 31 *et seq.* Como marco histórico do direito civil contemporâneo, por força de sua importância para a posteridade, pode-se citar a edição da Codificação de Justiniano, iniciada em 528 d.C. e terminada em 565 d.C. (ob. cit., p. 91).

69. O conceito é de Orlando Gomes (2001, p. 237). Não há, contudo, variações significativas

grupos: os *fatos jurídicos "stricto sensu"*, correspondentes aos *acontecimentos naturais*, tais como chuvas, terremotos, erupções vulcânicas, nascimento, morte, decurso do tempo, que independem da vontade do homem (Gomes, 2001, p. 247; Pereira, 1996, p. 292; Diniz, 1995, p. 189; Amaral, 2000, p. 334); e as *ações humanas*. Este último biparte-se em dois subgrupos: as ações humanas cujos efeitos jurídicos são voluntários, *atos jurídicos em sentido amplo*, e as ações humanas cujos efeitos jurídicos são involuntários, *atos ilícitos* (Gomes, 2001, p. 239; Pereira, 1996, p. 292; Diniz, 1995, p. 189; Amaral, 2000, p. 334).

Os atos jurídicos em sentido amplo, finalmente, também se bipartem em dois subgrupos: *os atos jurídicos em sentido estrito* e os *negócios jurídicos*. Tanto o ato jurídico em sentido estrito quanto o negócio jurídico consistem em ações humanas cujos efeitos são desejados pelo agente, mas enquanto no primeiro não há escolha desses efeitos, eles decorrem da lei; no segundo, os efeitos são escolhidos pelo agente e a lei limita-se a aprovar o que por ele foi desejado (Gomes, 2001, pp. 253 *et seq.*; Pereira, 1996, p. 302; Diniz, 1995, pp. 222 *et seq.*; Amaral, 2000, p. 334). Esses, em síntese, são os conceitos próprios das teorias do fato e do ato jurídicos formuladas pelos privatistas para o Direito Privado.

A classificação apresentada apóia-se sobre a *vontade*: é esse elemento que distingue os fatos jurídicos em sentido estrito das ações humanas. Em toda ação humana, segundo os privatistas, o elemento volitivo está presente: tanto nos atos ilícitos, quanto nos atos jurídicos (em ambos o comportamento é fruto da vontade, mas somente nos primeiros os efeitos não são desejados pelo agente). Sempre está presente, também, nos atos jurídicos em sentido estrito e nos negócios jurídicos (ambos importam em declaração de vontade, mas nos primeiros os efeitos jurídicos independem da manifestação e nos segundos, são fruto dela). Não poderia ser diferente, tendo em vista que a base do Direito Privado é o princípio da autonomia da vontade.

Como visto no item anterior, tudo é diferente no direito público: a vontade na função estatal é, por regra quase absoluta, irrelevante. A utilização no Direito Público, sem nenhum reparo, da classificação proposta pelos juristas do Direito Privado importa em graves distorções.[70] Diante da imprestabilidade da teoria privada dos atos e dos fatos jurídicos, baseada na vontade, fez-se necessária a formulação de uma nova teoria, que fosse aplicável tanto ao direito privado quanto ao direito público. Celso Antônio Bandeira de Mello formulou uma teoria apta a ser qualificada de geral, até hoje não superada na Ciência do Direito.

Todo evento a que o direito atribui um significado jurídico é *fato jurídico em sentido amplo*. Os fatos jurídicos em sentido amplo bipartem-se em dois grupos: os *fatos jurídicos em sentido estrito* e os *atos jurídicos*. O magno jurista assim distingue as duas categorias: "Toda vez que se estiver perante uma dicção prescritiva de direito (seja ela oral, escrita, expressada por mímica ou sinais convencionais) estar-se-á perante um ato jurídico; ou seja, perante um comando jurídico. Quando, diversamente, se esteja ante um evento não prescrito ao qual o direi-

entre os conceitos enunciados pelos civilistas. V. Caio Mário da Silva Pereira, 1996, p. 290; Maria Helena Diniz, 1995, p. 188; Francisco Amaral, 2000, p. 333.

70. Infelizmente comuns: nas Faculdades de Direito geralmente o aluno inicia os estudos pela parte geral do Código Civil e toma os conceitos que ali aprende como pertencentes à Teoria Geral do Direito. Para muitos, num grave equívoco, a relação jurídica como categoria geral é a relação jurídica obrigacional e patrimonial, em que o sujeito ativo é titular de um direito de crédito e o passivo de uma obrigação. Esse modelo, próprio do Direito Privado das Obrigações, é quase sempre incompatível com o Direito Público. Sobre o antigo e o novo conceitos de relação jurídica v. nosso "O conceito...", cit., pp. 324 *et seq.*

to atribua conseqüências jurídicas estar-se-á perante um fato jurídico" (2004, Cap. VII, item 4, p. 342).

Se atos jurídicos são dicções prescritivas de direito, comandos jurídicos, pode-se extrair da lição do eminente professor esta importante conclusão: ato jurídico é sinônimo de norma jurídica. Uma norma jurídica, perceba-se, pode ser expressa oralmente, por escrito, por mímica ou por sinais convencionais.[71]

Todo evento que o direito atribui relevância e que não seja norma jurídica é fato jurídico em sentido estrito. Estes se dividem em dois subgrupos: *os fatos jurídicos materiais*, perceptíveis diretamente pelos sentidos, e os *fatos jurídicos não materiais*, não perceptíveis diretamente pelos sentidos. Exemplo típico de fato jurídico não material é o decurso do tempo. Os *fatos jurídicos materiais* também se dividem em dois subgrupos: os *comportamentos humanos* e os *eventos da natureza*. Exemplos dos últimos são a tempestade, a erupção vulcânica, etc. Os comportamentos humanos dividem-se também em dois grupos: os *atos ilícitos*, como, *v.g.*, matar alguém; e os *atos lícitos*, como os atos materiais de execução de uma prescrição, de uma norma jurídica.[72]

A norma administrativa que determina a interdição de um estabelecimento é, diante dessa classificação, um ato jurídico; o ato material de interdição desse estabelecimento é um fato jurídico em sentido estrito, material, consistente numa *ação humana lícita*. Como afirmado anteriormente, o exercício da função estatal consiste na edição de normas jurídicas e, portanto, de *atos jurídicos*. Legislar, julgar e administrar jamais consistirá num fato jurídico em sentido estrito.

Em relação aos fatos jurídicos não materiais isso é evidente: o decurso do tempo, um termo final, a ocorrência de uma condição, não consistem, por si mesmos, no exercício de função estatal. Função estatal será a eventual lei que fixe um termo final ou estabeleça um prazo prescricional ou o ato administrativo que reconheça a ocorrência da prescrição, não o decurso do tempo. Função estatal aqui será sempre a edição de um ato jurídico que impute um efeito ao fato não-material, jamais o próprio fato não-material.

Em relação aos fatos jurídicos materiais consistentes em eventos da natureza, também a assertiva é evidente: a chuva, por si mesma, não é exercício da função estatal, nem uma inundação, mas sim, por exemplo, o ato que determina a liberação de verba pública para atendimento das vítimas de uma catástrofe ambiental. Função estatal, também aqui, jamais será um fato da natureza, mas sempre um ato jurídico que preveja em sua hipótese o fato da natureza.

Em relação aos fatos jurídicos materiais consistentes em ações humanas ilícitas a afirmação mantém-se: o agente que pratica, *v.g.*, peculato no exercício da função pública não exerce a função, mas a descumpre. O peculato não pode, evidentemente, ser confundido com os verbos legislar, julgar ou administrar. A prática de atos ilícitos jamais consistirá no exercício de função pública, ainda que imputada ao Estado. Como o agente estatal presenta a pessoa jurídica de direito público, o ato ilícito praticado por ele é a ela imputado: nem por isso será considerado exercício da função, será tão-somente um ato ilícito imputado ao Estado. Insiste-se: o exercício da função estatal consiste na edição de atos jurídicos, tão-somente.

71. Normas são, conforme visto (*supra*, 3.3.4), editadas pelos três Poderes, mas também os particulares editam normas jurídicas: o contrato é aqui considerado uma norma individual e concreta. Por isso a nova formulação da teoria dos atos e fatos jurídicos, ao contrário da anterior, aplica-se a todo Direito, seja ao Público, seja ao Privado.

72. Kelsen chama o ato de execução da norma de ato jurídico: "Não apenas a execução de uma norma jurídica, a decretação de uma sanção que ela estipula, mas também todos os atos pelos quais as normas jurídicas são criadas, são mais atos jurídicos" (2000, p. 54). A execução da norma é aqui considerada um fato jurídico em sentido estrito. Ato jurídico é sinônimo de norma jurídica.

Por fim, os fatos jurídicos materiais consistentes em ações humanas lícitas também não se referem ao exercício da função estatal, são conseqüências deste. O ato do agente que interdita o estabelecimento é conseqüência do exercício da função estatal, ou seja, da edição do ato jurídico que determinou o fechamento do estabelecimento. A edição desse ato é que é administrar, o agente sanitário enquanto executa o ato material não esta conjugando o verbo administrar, nem por isso sua atuação deixa de ser relevante para direito, trata-se de fato jurídico. A diferença aqui é sutil, mas importante.[73]

Há uma tendência a considerar tudo que é praticado pelo agente público como exercício de uma função pública. Como o Estado, em última análise, faz-se presente por intermédio do agente, toda atividade do agente é uma atividade do Estado, porém, nem toda atividade estatal consiste no exercício de uma função pública. Esta se restringe à prescrição de comportamentos, à disciplina das relações humanas, enfim, à edição de normas jurídicas e, assim, de atos jurídicos. Os atos materiais imputados ao Estado correspondem à atividade estatal, mas não à função pública, são fatos jurídicos.[74]

A Ciência exige rigor terminológico, volta-se contra a existência de ambigüidades. Não se costuma distinguir o *veículo introdutor de normas* da *norma por ele introduzida*, daí a importância da obra de Tárek Moysés Moussallem que, em análise séria, efetuou de forma didática e fundamentada a distinção (2001, pp. 133 *et seq.*).[75] Utiliza-se quase sempre a mesma denominação para ambos os institutos: chama-se de lei tanto o veículo introdutor como a norma por ele introduzida e, da mesma forma, chama-se de ato administrativo tanto o veículo introdutor como a norma por ele introduzida. Não se deve, porém, dar a mesma denominação para realidades distintas. Por isso fixa-se a denominação "ato jurídico" para o veículo introdutor: ato jurídico é o veículo introdutor de normas jurídicas. A lei é um ato jurídico, é um veículo introdutor de *normas legislativas*; o ato administrativo é um ato

73. Se o Poder Legislativo edita uma lei impondo às pessoas o dever de varrerem suas calçadas, o ato das pessoas de varrerem as calçadas é o cumprimento da norma, nada tem a ver com o exercício da função legislativa, nem por isso é irrelevante para o direito: se não varrerem as calçadas, podem ficar sujeitas a uma multa. Da mesma forma, se a Administração edita um ato administrativo determinando a interdição do estabelecimento, o ato de interdição é o cumprimento da norma, nada tem a ver com a função administrativa, nem por isso, da mesma forma, é irrelevante: se o agente sanitário, p. ex., não interdita o estabelecimento ficará sujeito às sanções disciplinares cabíveis.

74. Precisa é a doutrina de Alessi: "En cambio, en el caso de la Administración pública, el sujeto administrativo, como consecuencia de su naturaleza abstracta, puede desarrollar solamente formas de actividad *ideológica y jurídica*, de manera que si los intereses públicos deben ser satisfechos necesariamente mediante modificaciones meramente *materiales* del mundo externo, la actividad material necesaria deberá ser desarrollada por personas físicas que actúen *por cuenta de la Administración*, pero, jurídicamente *en nombre propio*, por lo que dicha actividad material no podrá ser considerada, jurídicamente, como actividad del sujeto administrativo y, por consiguiente, como actividad administrativa" (1970, p. 241, destaque do autor). Correta, portanto, a doutrina ao excluir do conceito de ato administrativo os *atos materiais do Estado* (O. A. Bandeira de Mello, 1969, p. 415; C. A. Bandeira de Mello, 2004, Cap. VII, item 14, p. 351). Da característica exposta, observa-se, não decorre que os serviços públicos sejam estranhos à função administrativa: o serviço público decorre sempre de uma norma que institua a Administração na situação jurídica de dever de prestar um serviço ao particular. O ato material de fornecer energia elétrica, p. ex., não consiste em função administrativa, mas sim, p. ex., a norma individual e concreta que estabelece uma relação contratual entre o usuário e a Administração, a norma que disciplina a prestação do serviço, a norma que sanciona o concessionário pelo descumprimento de seus deveres.

75. Os limites deste estudo impedem a realização da análise conceitual do veículo introdutor. Reporta-se, por isso, à obra do ilustre mestre.

jurídico, é um veículo introdutor de *normas administrativas*.

Essas seis características não são próprias da função legislativa, jurisdicional ou administrativa: estão presentes em todas as três funções. Após essa precisa caracterização, possível examinar cada uma das funções e apurar suas peculiaridades, sempre tendo em vista o objetivo central: a identificação precisa da função administrativa.

4. A função legislativa

Muito já se aproximou do objetivo desta exposição: sendo a função administrativa uma função estatal, possui as seis características a pouco discriminadas. No sistema jurídico brasileiro, conforme revelado pelo exame do art. 2º da Lei Maior, existem tão-somente três funções estatais (*supra*, 3.2) e, conseqüentemente, toda função pública que não seja legislativa nem jurisdicional será administrativa. A apuração do significado de função administrativa exige, assim, o exame das outras duas funções. Impõe-se a ressalva: o estudo das funções legislativa e jurisdicional restringir-se-á ao necessário para identificação da função administrativa.

4.1 O conceito formal de função legislativa

A função legislativa consiste na elaboração de sete veículos introdutores de normas jurídicas, seis deles discriminados no art. 59[76] (excetuado o inc. I, cf. *supra*, item 3.3.4, nota 59), o sétimo decorre dos arts. 51, III, 52, XII, e 96, I.[77] Legislar consiste em editar leis, complementares, ordinárias ou delegadas; medidas provisórias; decretos legislativos; resoluções e regimentos.

É principalmente, mas não privativamente, exercida pelo Poder Legislativo. Esses veículos são elaborados em um processo, ou seja, o sistema prevê a edição de uma série de atos jurídicos que necessariamente devem ser expedidos para que o ato normativo final se torne perfeito. A edição de todos esses atos jurídicos, pressupostos para a edição do ato final, refere-se à função legislativa. Nesses termos, a iniciativa de apresentação do projeto de lei, seja do senador, do deputado, do Presidente da República (art. 61, § 1º), do Presidente do Tribunal (art. 96, II) ou do povo (art. 61, § 2º);[78] a sanção e o veto do Presidente da República no processo de elaboração das leis (art. 66) consistem no exercício de função legislativa.[79]

76. Os dispositivos referem-se, salvo especificação expressa, ao texto da Constituição de 1988.

77. Os regimentos internos dos tribunais, previstos no art. 96, I, consistem no exercício de funções legislativa e administrativa. Explica-se: dependendo do conteúdo da norma por eles introduzida, aproximam-se do regulamento, próprio da função administrativa, ou da lei, própria da função legislativa. É equivocado afirmar que o regimento do tribunal tem a mesma natureza de um regulamento: aquele ao contrário deste têm total incumbência para dispor sobre o "funcionamento e a competência dos órgãos jurisdicionais e administrativos". Os regimentos dos tribunais têm, portanto, natureza mista: consistem no exercício de funções legislativa e administrativa pelo Poder Judiciário. Têm igualmente essa natureza mista os regimentos das casas legislativas: trata-se também, dependendo do conteúdo da norma introduzida, de exercício de funções legislativa e administrativa, agora pelo Poder Legislativo.

78. A iniciativa popular consiste no exercício de função legislativa pelo cidadão, é um dos institutos que fundamentam a ressalva do parágrafo único do art. 1º referente ao exercício *direto* do poder pelo povo.

79. O entendimento de Agustín Gordillo de que a função legislativa é privativa do Poder Legislativo, ao menos para o ordenamento brasileiro, não é correto (1998, pp. IX, 13-16). Discorda-se também, nesse ponto, da posição de C. A. Bandeira de Mello. Para o nobre jurista, a iniciativa do Presidente, a sanção e o veto são exercício de uma quarta função, a qual ele denomina política ou de governo (2004, p. 34). Não se pode negar que legislar é elaborar leis e se essa elaboração consiste na edição de uma série de atos jurídicos, não há porque desvincular alguns desses atos da função legislativa. A iniciativa de um senador é equivalen-

O Poder Judiciário, portanto, exerce excepcionalmente função legislativa com a iniciativa de projetos de leis e com a edição dos regimentos internos, o Poder Executivo exerce-a excepcionalmente com a iniciativa de projetos de lei, com a sanção ou veto das leis e com a edição de medidas provisórias e das leis delegadas. A Teoria da Separação de Poderes, constata-se, não foi adotada pelo ordenamento brasileiro de forma radical: a função legislativa é exercida pelos três Poderes. É, porém, exercida pelos Poderes Executivo e Judiciário em alguns casos pontuais, expressamente previstos, que devem ser tomados como exceção: vige a regra de que a função *legislativa* cabe ao Poder *Legislativo*.

As considerações são de ordem formal: legislar é editar leis, medidas provisórias, decretos legislativos, resoluções e regimentos internos. Essa identificação formal é insuficiente para caracterização precisa da função legislativa e imprestável para identificação da função administrativa.[80] Necessário apurar os contornos substanciais do verbo legislar.

4.2 O conceito material de função

Celso Antônio Bandeira de Mello despreza o critério material porque em direito não existem realidades substanciais e, por isso, conclui, o critério adequado para identificar a função é o formal (2004, Cap. I, itens 7-9, pp. 32-33). Despreza-se aqui, porém, o critério formal sem afastar a observação do admirável professor.

Afirmou-se que os conceitos em si mesmos não são verdadeiros ou falsos, mas úteis ou inúteis (*supra*, 2.1). Todo conceito jurídico, insiste-se, tem a única função de isolar um regime jurídico (*supra*, 2.5) e, por isso, sempre se refere a um ordenamento jurídico e tenta refletir a disciplina instituída por esse ordenamento. Por ter essa finalidade, o conceito pode ser inútil, se não se presta a refletir o regime jurídico, ou até mesmo inverídico, se contraria o ordenamento a que se refere. Assim, sob pena de inutilidade e até de inverdade, o conceito jurídico jamais pode ser tomado de forma apriorística, elaborado independentemente do sistema normativo perante o qual é enunciado. Todo conceito jurídico, enfim, deve atentar para as prescrições normativas.

A função legislativa deve ser, pois, compreendida a partir da análise do sistema constitucional. Isso não implica negar que o simples uso da palavra "legislativo" pelo constituinte e, portanto, a menção dessa palavra no ordenamento jurídico, resulta na assimilação de um significado. A afirmação de que as palavras são simples rótulos (Gordillo, 1998, pp. I-3) deve ser considerada com muita cautela: as palavras são signos, elas sempre se referem a algo. Quando o constituinte usa uma palavra, ele constitucionaliza um determinado significado, ou seja, toda palavra utilizada na Constituição possui um núcleo essencial significativo que está constitucionalizado. Uma palavra constitucional não é uma forma vazia, um "x" ou um "y" ao qual se pode atribuir qualquer conteúdo. A utilização da palavra importa na utilização de um significado e este, ao menos em seu aspecto essencial, constitucionalizou-se junto com a palavra.

Disso decorre que não se pode atribuir apenas um conteúdo formal (da palavra latina *formalis, e* — relativo à forma, à aparência) ao verbo legislar. Esse verbo não indica simplesmente tudo que tenha a forma de lei, de resolução, de decreto legislativo, etc. Se uma decisão que põe fim a um conflito intersubjetivo entre duas pessoas, constituindo coisa julgada, tiver a forma de lei (aprovada pelo Congresso Nacional, sancionada e pro-

te à iniciativa do Presidente da República, consistem em atos jurídicos iniciais de processo legislativo. O exercício de função legislativo pelos Poderes Executivo e Judiciário, contudo, é excepcional: só existe nos casos expressamente previstos no Texto Constitucional.

80. Esses veículos podem ser utilizados para o exercício de função administrativa. Aliás, essa é a regra para os decretos legislativos e as resoluções.

mulgada pelo Presidente da República e publicada no *Diário Oficial*), não será lei, será sentença. Não é, portanto, a forma que caracteriza a função e sim o conteúdo. Há um aspecto material ou substancial que caracteriza o verbo legislar, ou seja, que caracteriza a edição dos veículos introdutores de normas referidos no item anterior.

Esse aspecto material não despreza o ordenamento jurídico. Legislar não é uma palavra oca, mas nada impede que o constituinte, por exemplo, estipule totalmente o que entende por legislar ou fixe alguns contornos conceituais.[81] Os contornos fixados no ordenamento podem ser chamados de *regime jurídico* e jamais podem ser desprezados. O significado atribuído à palavra legislar, ainda que não despreze esses contornos, não pode ser considerado meramente formal. Diante disso indaga-se qual o significado material ou substancial, tendo em vista os contornos fixados pelo sistema constitucional, da edição dos veículos introdutores de normas referidos no item anterior.

4.3 A função legislativa e a teoria dos princípios

Toda função estatal, conforme exposto, consiste na edição de normas jurídicas que concretizem princípios constitucionais. Princípio é "uma norma que expressa em sua dicção uma finalidade a ser cumprida pelo Poder Público sem, entretanto, apontar os meios a serem elaborados para atingi-la" (C. A. Bandeira de Mello, 1981, p. 243).[82] A conflituosidade é ínsita à natureza dos princípios: a Constituição positivou uma série de valores que se chocam constantemente ente si ou, em outras palavras, exigiu que certos valores fossem concretizados na maior medida possível.[83] Exigiu, por exemplo, que o Estado protegesse a saúde das pessoas e, assim, a saúde passou a ser um valor positivado que deve ser concretizado na maior medida possível, ou seja, não necessita ser concretizada de forma absoluta, tendo em vista a existência de outras diretrizes: há o princípio da responsabilidade fiscal (extraído das regras inseridas nos arts. 163 e ss.), o princípio de proteção à propriedade particular (extraído dos arts. 5º, XXII, e 170, II). Daí a expressão "na maior medida possível": haverá sempre necessidade de ponderação, entendida como a apuração do peso ou da importância do princípio incidente, tendo em vista as circunstâncias fáticas e jurídicas.[84] O exercício da atividade legislativa consiste no início do processo de ponderação, a *primeira fase* desse processo.

Costuma-se afirmar que a característica essencial da função legislativa é a *abstração*. Essa lição é verdadeira, se devidamente compreendida. Em regra geral, o legislador trabalha num plano abstrato: a primeira etapa de seu trabalho é identificar um valor positivado na Constituição — um princípio; a segunda etapa é, num plano abstrato, elaborar uma regra que concretize esse princípio, ou seja, fixar os meios a serem adotados em concreto, necessários a concretização do fim enfocado.

81. Sobre a liberdade de estipulação v. Gordillo (1995, pp. I-5 a I-10).

82. Ou ainda, segundo a hoje consagrada expressão de Alexy é um "mandado de optimização" (2002, p. 86).

83. Em alguns casos a conflituosidade é flagrante, como, p. ex., entre o direito à intimidade e o direito à informação (arts. 5º, IX e X, e 220). Ela, porém, não se configura somente nesses casos: por trás de todo princípio está um valor e, conforme observa Miguel Reale, uma das características dos valores é a *implicação*, os valores sempre se implicam reciprocamente, ou seja, nenhum valor se realiza sem influir, direta ou indiretamente, na realização dos demais (2002, p. 187). Basta imaginar qualquer diretriz constitucional e facilmente perceber-se-á que ela entra em choque com outra diretriz.

84. Reporta-se aqui às lições de Robert Alexy sobre a ponderação de princípios, sobretudo às suas duas leis, a da colisão e a da ponderação (2002, pp. 90 *et seq.*). Os limites desta exposição não permitem o exame de sua brilhante teoria.

É fundamental perceber o seguinte: o legislador age num plano abstrato, mas também tem, diante de si, um caso concreto, ele atua num cenário histórico-social definido. Imagine-se, por exemplo, que o legislador, ao vislumbrar os princípios da proteção da saúde, da liberdade de iniciativa, de proteção ao consumidor, resolva elaborar uma lei disciplinando as relações entre as empresas de planos de saúde e os usuários destes. Pode, em teoria, supor-se duas situações bem diferentes: na primeira, o projeto de lei é discutido e votado num momento histórico em que o país, por décadas e décadas, não esteve em guerra, nem foi vítima de uma grande epidemia e sua economia está estável e em constante crescimento; na segunda, o projeto é discutido e votado após o fim de uma guerra mundial, em que o país participou ativamente, tendo sido parcialmente devastado. Esse exemplo evidencia que o legislador ao aprovar um projeto de lei também tem diante de si um caso concreto, diferente do caso concreto em que a lei será aplicada e necessariamente anterior a este.

Há, assim, dois casos concretos, um referente às circunstâncias em que a lei é discutida pelo legislador, outro referente às circunstâncias em que ela é aplicada. O legislador, quando da apreciação do projeto, tendo em vista as circunstâncias do momento, prevê o caso concreto real. Sua previsão é, sempre, apenas uma previsão: as especificidades, as particularidades do caso concreto real jamais podem, todas e sempre, ser antecipadas por ele.

Ao votar e aprovar uma lei, o legislador deve examinar o peso de cada princípio incidente e fazer uma ponderação. Esse peso será dado, primeiro pela forma como o princípio foi positivado no texto constitucional (a Constituição é formada por uma série de regras e por uma série de subprincípios específicos, menos gerais, que constituem o resultado de uma ponderação efetuada pelo constituinte e essa ponderação deve ser observada pelo legislador); segundo, pelas circunstâncias, históricas, políticas, econômicas e sociais vigorantes quando da apreciação do projeto de lei. Perceba-se: toda norma introduzida no sistema pelo legislador, no exercício da função legislativa, é o resultado de uma ponderação entre os princípios constitucionais incidentes.

A função legislativa consiste na realização de uma ponderação entre os princípios constitucionais, atribuindo a eles, num plano abstrato, determinado peso, e na instituição de um meio, entenda-se, de um comportamento humano, que os concretize. Se o princípio constitucional é a exigência de busca de um fim, sem indicação de um meio, o ato legislativo é a *indicação desse meio*. A indicação do meio de realização do fim constitucional, no entanto, depende da atribuição do peso do princípio e o legislador apura esse peso pela ponderação.

Legislar é fixar, após uma ponderação efetuada, os meios de serem atingidos os fins constitucionais. Esses meios estão indissociavelmente ligados ao resultado da ponderação realizada. O exercício da função legislativa, em síntese, consiste: 1) na apuração dos princípios constitucionais a serem concretizados; 2) na ponderação entre esses princípios e apuração do peso que cada um possui diante das circunstâncias fáticas e diante do próprio sistema constitucional; 3) na instituição de meios para concretização dos fins exigidos pelos princípios, meios esses que reflitam a ponderação efetuada.

Princípios são exigências para que se alcancem determinados fins sem a indicação dos meios para alcançá-los; a ponderação indica a medida exata dessa exigência, os meios fixados pelo legislador devem estar de acordo com essa medida. Eis o conteúdo substancial da função legislativa: apuração da medida da exigência constitucional de busca de determinados fins e fixação, de acordo com a medida apurada, dos meios necessários ao alcance desses fins.

4.4 Os contornos constitucionais da função legislativa

Afirmou-se que um conceito material de função legislativa, sob pena de inutilidade e até de inverdade, não poderia ser formulado com desprezo dos contornos fixados pelo constituinte, ou seja, dos elementos normativos. Fixado o núcleo essencial da função legislativa, resta examinar esses contornos.

4.4.1 Função legislativa: os princípios constitucionais têm diferentes pesos previamente atribuídos pelo constituinte

Os princípios enunciados pelo constituinte não apresentam a mesma textura semântica, possuem pesos diferentes em virtude de duas ordens de fatores. Primeiramente, os princípios constitucionais podem ser dispostos numa ordem piramidal, em que uns, mais abertos, são concretizados por outros, mais precisos.[85] Dessa forma de positivação extraem-se algumas diretrizes importantes: o peso ou importância do princípio é inversamente proporcional a sua abertura semântica e quanto mais desdobramentos de um princípio são fixados no texto, mais importância atribuiu o constituinte a esse princípio.

Em segundo lugar, como já afirmado, todas as regras constitucionais de comportamento e muitas regras constitucionais de estrutura (*supra*, 3.3.3, nota 56) consistem na concretização de um princípio constitucional e, assim, decorrem também de uma ponderação efetuada pelo constituinte. Ao editar essas regras o constituinte já está instituindo o meio, ou seja, fixando o comportamento humano, as relações jurídicas necessárias à concretização do valor positivado. Disso decorre outra diretriz: quanto mais regras constitucionais concretizam o princípio, maior o peso atribuído a este pelo constituinte; os princípios considerados em abstrato têm, também por força das regras constitucionais que os concretizam, diferentes pesos.

85. Segundo Gomes Canotilho há três categorias: os princípios estruturantes, os princípios gerais fundamentais, os princípios constitucionais especiais (2000, p. 1.139).

Essas constatações indicam que o processo de ponderação e concretização dos princípios constitucionais não se inicia com o legislador, mas com o constituinte. A forma de positivação dos princípios indica que o constituinte já efetuou ponderações e atribuiu, por força delas, pesos diferenciados aos valores que positivou. Essas diferenças apriorísticas de peso constituem elementos normativos delimitadores do conceito jurídico de função legislativa: a ponderação efetuada pelo legislador (e isso vale para todos os agentes públicos) deve observar os diferentes pesos previamente atributos pelo constituinte aos valores positivados, diferenças essas extraíveis da forma como os princípios foram positivados no texto constitucional.

4.4.2 Função legislativa: a reserva legal

Examinando o texto constitucional constata-se que algumas regras de estrutura consistem em elementos normativos importantes para compreensão da função legislativa: trata-se das regras que instituem a cláusula da reserva legal. Elas não se confundem com o princípio da legalidade (*infra*, itens 5.2 a 5.5), não incidem mediante ponderação, mas mediante subsunção: tornam a matéria a que se referem *privativa* de lei.

O inc. XXXIV do art. 5º, por exemplo, dispõe que não há crime sem lei anterior que o defina; o inc. I do art. 150 reza ser vedado exigir ou aumentar tributo sem lei que o estabeleça. Trata-se de duas típicas regras de estrutura instituidoras de uma reserva legal. Essa reserva implica no seguinte: não importa o peso que os princípios venham a ter no caso concreto, não importam as circunstâncias, nenhum crime será tipificado e nenhum tributo instituído sem ser por lei. Trata-se de uma opção política do constituinte que não pode ser afastada: as normas que prevejam crimes e tributos só podem ser introduzidas no sistema por lei. Sempre que houver uma norma de estrutura instituidora de reserva legal, tais como as apresentadas, a matéria torna-se privativa de lei, ou seja, as normas só podem ser introduzidas por esse veículo, independente das circunstâncias ou do peso dos princípios que exijam sua edição.

Essas reservas, insiste-se, não são princípios, são regras de estrutura. Elas tornam a matéria privativa de lei, independentemente das circunstâncias ou, em outros termos, não há que se apurar eventual peso diante do caso concreto para saber se ou em que medida essas regras incidem. Trata-se de subsunção, ou seja, diante da instituição de crimes ou tributos, incide inevitavelmente a regra: exige-se o veículo da lei.

Não se está afirmando que para instituir um tipo penal ou um tributo não há necessidade de ponderação dos princípios constitucionais. Ao tipificar uma conduta criminosa, o legislador identificou um princípio constitucional e resolveu concretizá-lo proibindo da forma mais radical possível a conduta que o contrarie. Para tanto, é óbvio, necessita efetuar uma ponderação, examinar o peso do princípio concretizado pela regra penal e o peso dos princípios com ela colidentes. Crimes e tributos, para serem instituídos, dependem de ponderação, de apreciação do peso dos princípios envolvidos. Sua instituição, no entanto, por exigência das regras constitucionais mencionadas, só pode se dar por lei.

Há regras constitucionais de estrutura que, ao instituírem uma reserva legal, tornam determinadas matérias privativas de lei, ou seja, as normas que tratem dessas matérias só poderão ser postas no sistema por meio do exercício da função legislativa e, mais precisamente, da edição de um veículo introdutor de normas específico, a lei.

4.4.3 Função legislativa: prerrogativas de proprietário

Ruy Cirne Lima, em seu clássico *Princípios de Direito Administrativo*, conceituou administração como "atividade do que não é senhor absoluto" (1954, p. 21). E mais adiante: "é a atividade do que não é proprietário, — do que não tem a disposição da cousa ou do negócio administrado" (1954, p. 23). A partir do que se expôs sobre função pública é possível afirmar que, rigorosamente, nenhum agente estatal é senhor absoluto, nenhuma função estatal é atividade de proprietário. Toda função, não custa repetir, é ínsita a um dever e, por isso, o legislador também é um servo do interesse público. Aplica-se, também à função legislativa, com toda força, a lição do clássico doutrinador: "traço característico da atividade assim designada é estar vinculada, — não a uma vontade livremente determinada, — porém, a um fim alheio à pessoa e aos interesses particulares do agente ou órgão que a exercita" (1954, p. 22). Enfatize-se com rigor: pelo que se expôs sobre a função pública, tanto a legislação como a jurisdição também são uma espécie de administração.[86]

Feita essa ressalva, pode-se extrair importantes conseqüências da lição do nobre jurista gaúcho. O legislador exerce função pública, está, portanto, vinculado ao dever de concretizar o interesse público e, nesse sentido, não é senhor de absolutamente nada. No entanto, as pessoas jurídicas que presentam o Estado são proprietárias de bens e, como proprietárias, sempre tendo em vista o interesse público, tem que exercer os poderes próprios da propriedade. É plenamente aplicável a analogia: o exercício das prerrogativas que, por mera analogia, são similares às de um proprietário, são próprias da função legislativa.

O Executivo, cuja função típica é administração, não pode dispor dos bens públicos dominicais sem expressa autorização le-

86. É imperioso enfatizar sempre que o legislador está vinculado ao interesse público tal como o administrador. Deve-se afastar com veemência a falsa impressão de que o legislador é similar ao proprietário ou ao senhor absoluto: exerce função pública e esta possui as seis características já assinaladas.

gislativa, pois vigora essa regra: o exercício de prerrogativas similares às de um proprietário são próprias da função legislativa. Como já se afirmou, não há que se falar em poderes no direito público, trata-se sempre de deveres: a alienação ou aquisição de um bem, jamais se dará pelo interesse do agente, mas por imposição do interesse público. O legislador não está em situação de proprietário, está em situação de mero administrador, pois também está vinculado ao interesse alheio, porém, as prerrogativas similares às do proprietário cabem ao legislador.

Esse é outro contorno à função legislativa imposto pelo sistema: as prerrogativas que se opõem à mera administração cabem à função legislativa. Se o interesse público exigir a alienação ou aquisição de um bem, a realização de um empréstimo, necessitar-se-á de expressa autorização do Poder Legislativo.

Eis então a função legislativa, tal como se configura no direito positivo brasileiro. Sob o ponto de vista formal consiste na edição de sete veículos introdutores de normas jurídicas: leis complementares, ordinárias, delegadas, medidas provisórias, decretos legislativos, resoluções e regimentos internos. Esse conceito formal, no entanto, é pouco útil, exige considerações materiais. Sob o ponto de vista substancial: a função legislativa consiste na apuração da medida da exigência constitucional de busca de determinados fins e na fixação, de acordo com a medida apurada, dos meios necessários para o alcance desses fins. A esse conceito material acrescentaram-se os contornos traçados pelo constituinte: a apuração da medida dessa exigência deve atentar não só para as condições fáticas, mas também para as condições jurídicas e estas decorrem das diferenças de peso atribuídas pelo constituinte; determinadas matérias são privativas de um veículo específico, a lei, também por exigência do constituinte; e, por fim, as prerrogativas similares às de um proprietário, discrepantes da mera administração, são próprias da função legislativa.

Referências bibliográficas

ALBUQUERQUE, Ronaldo de Medeiros e (1998). "Ato administrativo, ato-fato administrativo", *Revista Trimestral de Direito Público* 23/40-69, São Paulo.

ALESSI, Renato (1970). *Instituciones de Derecho Administrativo*. t. I. Trad. 3ª ed. italiana Buenaventura Pellisé Prats. Barcelona, Bosch.

ALEXY, Robert (2002a). *Teoría de los Derechos Fundamentales*. 1ª ed., 2ª reimpr. Trad. Ernesto Garzón Valdés. Madri, Centro de Estudios Políticos y Constitucionales.

______ (2002b). *Sistema Jurídico, Principios Jurídicos y Razón Práctica. Derecho y Razón Práctica*. 2ª reimpr. corrig. México, Fontamara, pp. 7-24.

AMARAL, Antônio Carlos Cintra do (1974). "Conceito e elementos do ato administrativo", *Revista de Direito Público* 32/36-42, São Paulo, nov.-dez.

AMARAL, Francisco (2000). *Direito Civil: Introdução*. Rio de Janeiro, Renovar.

ARRUDA, José Jobson de A. (1993). *Histórica Moderna e Contemporânea*. 25ª ed. São Paulo, Ática.

ATALIBA, Geraldo; GONÇALVES, J. A. Lima (1994). "Excedente contábil — Sua significação nas atividades pública e privada", *Revista Trimestral de Direito Público* 6/277-280, São Paulo.

ÁVILA, Ana Paula Oliveira (2004). *O Princípio da Impessoalidade da Administração Pública: para uma Administração Imparcial*. Rio de Janeiro, Renovar.

ÁVILA, Humberto (2003). *Teoria dos Princípios: da Definição à Aplicação dos Princípios Jurídicos*. São Paulo, Malheiros Editores.

BANDEIRA DE MELLO, Celso Antônio (2004). *Curso de Direito Administrativo*. 17ª ed. rev., atual. e ampl. São Paulo, Malheiros Editores.

______ (1996). *Discricionariedade e Controle Jurisdicional*. 2ª ed., 2ª tir. São Paulo, Malheiros Editores.

______ (1990). *Regime Constitucional dos Servidores da Administração Direita e Indireta*. São Paulo, Ed. RT.

______ (1981a). *Ato Administrativo e Direito dos Administrados*. São Paulo, Ed. RT.

______ (1981b). "Eficácia das normas constitucionais sobre justiça social" *Revista de Direito Público* 57-58/233-256, São Paulo, jan.-jun.

______ (1975). *Apontamentos sobre os Agentes e Órgãos Públicos*. 2ª tir. São Paulo, Ed. RT.

BANDEIRA DE MELLO, Oswaldo Aranha (1969). *Princípios Gerais de Direito Administrativo*. v. I. Rio de Janeiro, Forense.

______ (1948a). *Natureza Jurídica do Estado Federal*. São Paulo, Prefeitura do Município de São Paulo.

______ (1948b). *A Teoria das Constituições Rígidas*. São Paulo, Prefeitura do Município de São Paulo.

______ (1969). *Princípios Gerais de Direito Administrativo*. v. I. Rio de Janeiro, Forense.

BASTOS, Celso Ribeiro (1999). *Hermenêutica e Interpretação Constitucional*. 2ª ed. rev. e ampl. São Paulo, Celso Bastos Editor/Instituto Brasileiro de Direito Constitucional.

BÊNOIT, Francis-Paul (1968). *Le Droit Administratif Français*. Paris, Dalloz.

BOBBIO, Norberto (2001). *Teoria da Norma Jurídica*. Trad. Fernanda Pavan Baptista e Ariani Bueno Sudatti. São Paulo, Edipro.

______ (1999). *Teoria do Ordenamento Jurídico*. 10ª ed. Trad. Maria Celeste Cordeiro Leite dos Santos. Brasília, Ed. UnB.

______; MATTEUCCI, Nicola; PASQUINO, Gianfranco (2000). *Dicionário de Política*. 5ª ed. Trad. Carmen C. Varrialle e outros. Brasília/São Paulo, Ed. UnB/Imprensa Oficial do Estado de São Paulo.

CANOTILHO, J. J. Gomes (2000). *Direito Constitucional e Teoria da Constituição*. 4ª ed. Coimbra, Almedina.

CARRAZZA, Roque Antonio (2002). *Curso de Direito Constitucional Tributário*. 18ª ed., rev., ampl. e atual. São Paulo, Malheiros Editores.

CARRIÓ, Genaro R. (1994). *Notas sobre Derecho y Lenguaje*. 4ª ed. correg. y aum, 1ª reimpr. Buenos Aires, Abeledo-Perrot.

CARVALHO, Paulo de Barros (1999). *Direito Tributário: Fundamentos Jurídicos da Incidência*. 2ª ed. São Paulo, Saraiva.

CASTRO, Carlos Roberto Siqueira (2003). *A Constituição Aberta e os Direitos Fundamentais: Ensaio sobre o Constitucionalismo Pós-Moderno e Comunitário*. Rio de Janeiro, Forense.

CERQUINHO, Maria Cuervo Silva Vaz (1978). "Conceito e elementos do ato administrativo", *Revista de Direito Público* 47-48/15-27, São Paulo, jul.-dez.

CINTRA, Antonio Carlos de Araújo; DINAMARCO, Cândido Rangel; GRINOVER, Ada Pellegrini (1995). *Teoria Geral do Processo*. 11ª ed. rev. e atual. São Paulo, Malheiros Editores.

DALLARI, Dalmo de Abreu (1995). *Elementos de Teoria Geral do Estado*. 19ª ed. atual. São Paulo, Saraiva.

DINAMARCO, Cândido Rangel (2002). *A Instrumentalidade do Processo*. 10ª ed. rev. e atual. São Paulo, Malheiros Editores.

DINIZ, Maria Helena (1995). *Curso de Direito Civil Brasileiro*. 11ª ed. São Paulo, Saraiva.

DWORKIN, Ronald (2002). *Levando os Direitos à Sério*. 1ª ed. Trad. Nelson Boeira. São Paulo, Martins Fontes.

FARIA, Ernesto (2003). *Dicionário Latino-Português*. Belo Horizonte, Garnier.

FERREIRA FILHO, Manoel Gonçalves (2001). *Do Processo Legislativo*. São Paulo, Saraiva.

FORSTHOFF, Ernst (1958). *Tratado de Derecho Administrativo*. Trad. Legaz Lacambra, Garrido Falla y Gómez de Ortega y Junge. Madri, Instituto de Estudios Políticos.

GIL, Jose Luis Meilan (1967). *La Distinción entre Norma y Acto Administrativo*. Madri, Escuela Nacional de Administración Pública.

GOMES, Orlando (2001). *Introdução ao Direito Civil*. 18ª ed. Rio de Janeiro, Forense.

GORDILLO, Agustín (1998). *Tratado de Derecho Administrativo*. v. I — *Parte General*. 1ª ed. colombiana. Colômbia, Fundación de Derecho Administrativo, Biblioteca Jurídica Diké.

______ (2001). *Tratado de Derecho Administrativo*. v. III — *El Acto Administrativo*. 2ª ed. colombiana. Colômbia, Fundación de Derecho Administrativo, Biblioteca Jurídica Diké.

GROTTI, Dinorá Adelaide Musetti (2003). *O Serviço Público e a Constituição Brasileira de 1988*. São Paulo, Malheiros Editores.

JELLINEK, Georg (2002). *Teoría General del Estado*. 1ª reimpr. Prólogo e trad. Fernando de los Ríos. México, Fondo de Cultura Económica.

JOLIVET, Régis (1986). *Curso de Filosofia*. 16ª ed. Rio de Janeiro, Agir.

JUSTEN, Mônica Spezia (2003). *A Noção de Serviço Público no Direito Europeu*. São Paulo, Dialética.

KELSEN, Hans (1984). *Teoria Pura do Direito*. 6ª ed. Trad. João Baptista Machado. Coimbra, Armênio Amado Editor.

______ (2000). *Teoria Geral do Direito e do Estado*. Trad. Luís Carlos Borges. São Paulo, Martins Fontes.

LIMA, Ruy Cirne (1954). *Princípios de Direito Administrativo Brasileiro*. 3ª ed. Porto Alegre, Sulina.

MARTINS, Ricardo Marcondes (2004). "O conceito científico de processo administrativo", *Revista de Direito Administrativo* 235/321-381, Rio de Janeiro, jan.-mar.

MAYER, Otto (1903). *Droit Administratif Allemand*. t. I — *Partie Générale*. Paris, V. Giard & Brière Libraires-Éditeurs.

MONTESQUIEU (1979). *Do Espírito das Leis*. 2ª ed. Introdução e notas Gonzague Truc. Trad. Fernando Henrique Cardoso e Leôncio Martins Rodrigues. São Paulo, Abril Cultural, Coleção "Os Pensadores".

MOUSSALEM, Tárek Moysés (2001). *Fontes do Direito Tributário*. São Paulo, Max Limonad.

PEREIRA, André Gonçalves (1970). *Erro e Ilegalidade no Acto Administrativo*. Lisboa, Ática.

PEREIRA, Caio Mário da Silva (1996). *Instituições de Direito Civil*. 6ª ed. rev. e atual. Rio de Janeiro, Forense.

PERLINGIERI, Pietro (2002). *Perfis do Direito Civil: Introdução ao Direito Civil Constitucional*. 2ª ed. Trad. Maria Cristina De Cicco. Rio de Janeiro, Renovar.

REALE, Miguel (2002). *Filosofia do Direito*. 19ª ed. São Paulo, Saraiva.

ROCHA, Sílvio Luís Ferreira (1999). "Irrelevância da vontade do agente na teoria do ato administrativo", *Revista Trimestral de Direito Público* 25/43-55, São Paulo.

ROLIN, Luiz Antonio (2003). *Instituições de Direito Romano*. 2ª ed. São Paulo, Ed. RT.

SANTI, Eurico Marcos Diniz de (2001). *Lançamento Tributário*. 2ª ed., 2ª tir. São Paulo, Max Limonad.

SILVA, José Afonso (2000). *Aplicabilidade das Normas Constitucionais*. 4ª ed. rev. e atual. São Paulo, Malheiros Editores.

STASSINOPOULOS, Michel D. (1973). *Traité des Actes Administratifs*. Atenas, LGDJ.

SUNDFELD, Carlos Ari (1990). "Competência legislativa em matéria de processo e procedimento", *RT* 657/32-36, São Paulo, v. 79, jul.

______ (1994). "Entidades administrativas e noção de lucro", *Revista Trimestral de Direito Público* 6/263-268, São Paulo, Malheiros Editores.

TAVARES, André Ramos (2002). *Curso de Direito Constitucional*. São Paulo, Saraiva.

TEIXEIRA, José Horácio Meirelles (1991). *Curso de Direito Constitucional*. Org. e atual. Maria Garcia, Rio de Janeiro, Forense Universitária.

TELLES JR., Goffredo (1985). *Direito Quântico*. 6ª ed. São Paulo, Max Limonad.

VIEHWEG, Theodor (1979). *Tópica e Jurisprudência*. Tércio Sampaio Ferraz Jr. Brasília, Departamento de Imprensa Nacional. Título original *Topik und Rechtsphilosophie*.

ZAGO, Lívia Maria Armentano Koenigstein (2001). *O Princípio da Impessoalidade*. Rio de Janeiro, Renovar.

O DIREITO AO AMBIENTE NO BRASIL: UM OLHAR PORTUGUÊS*

Carla Amado Gomes

Assistente da Faculdade de Direito da Universidade de Lisboa

Introdução. 1. O despertar da causa ecológica no Brasil. 2. O sentido oculto do "direito ao ambiente". 3. Observações conclusivas.

O mistério das cousas, onde está ele?
Onde está ele que não aparece
Pelo menos a mostrar-nos que é mistério?
Que sabe o rio disso e que sabe a árvore?
E eu, que não sou mais do que eles, que sei disso?
Sempre que olho para as cousas e penso no que os homens pensam delas
Rio como um regato que soa fresco numa pedra.

Porque o único sentido oculto das cousas
É elas não terem sentido nenhum.
É mais estranho do que todas as estranhezas
E do que os sonhos de todos os poetas
E os pensamentos de todos os filósofos
Que as cousas sejam realmente o que parecem ser
E não haja nada que compreender

Sim, eis o que os meus sentidos apreenderam sozinhos:
As cousas não têm significação: têm existência
As cousas são o único sentido oculto das cousas.

Alberto Caeiro, *O Guardador de Rebanhos (XXXIX).*

* Este texto constitui uma adaptação da parte final de palestra proferida pela autora nas cidades de Porto Alegre, Fortaleza e Salvador, em junho de 2004, a convite da Escola Superior de Administração Fazendária (ESAF).

Deixo aqui o meu agradecimento ao Prof. José de Barros Ribas Neto, pelo empenho revelado no agendamento das palestras e pelas diligências envidadas com vista à sua realização, bem como pelo carinho com que me recebeu em Brasília. Ao Vasco Guimarães, agradeço tudo o resto.

A degradação do meio natural em virtude da acção humana, potenciada pelo crescimento industrial verificado no último século, é por demais conhecida. No Brasil, país com uma riquíssima biodiversidade (das maiores do Mundo) e recursos naturais variados, essa destruição tem-se agudizado por força do concurso de causas múltiplas, na sua esmagadora maioria resultantes da ganância e incúria humanas.[1] O Estado só despertou para a necessidade de concertação de esforços no sentido da elaboração e implementação de uma política nacional do ambiente no início da década de 80 do século XX — com a aprovação da Lei 6.938, de 31 de agosto de 1981, que introduziu o Plano Nacional de protecção do ambiente. Isto não significa que até então as preocupações ecológicas fossem nulas; mas confirma a sua abordagem meramente sectorial, muitas vezes no plano estritamente estadual (federativo).

A Constituição de 1988, no art. 225, incorporou expressamente a missão de defesa e preservação do património ambiental natural na esfera de atribuições do Estado brasileiro, devendo observar-se, no plano da repartição de competências entre a União e as entidades federativas, o disposto nos arts. 21 a 24 da Constituição. Tal disposição, na qual se reconhece, de forma consensual, a fonte de inspiração no art. 66º da Constituição Portuguesa de 1976, consagra, à semelhança deste dispositivo, um "direito ao ambiente". A nossa ideia, ao colocar-nos sob a égide do "único poeta da Natureza" que foi Alberto Caeiro, é perscrutar o sentido da fórmula *direito ao ambiente* ínsita no art. 225, tentando determinar o seu sentido essencial, em diálogo com a sua musa inspiradora. Para tanto, começaremos por fazer uma breve contextualização das normas contidas no "artigo ambiental" no panorama da evolução do tratamento das questões relacionadas com a protecção ambiental no Brasil (1), para procedermos então mais em detalhe à dissecação do sentido da expressão "direito ao ambiente", inscrita no corpo da disposição (2). No final, esboçaremos algumas considerações de síntese (3).

1. A Constituição de 1988 pode ter sido o impulso fundamental para dotar de coerência a actuação do Estado brasileiro no plano da política ambiental, mas não foi seguramente o primeiro passo dado nesse sentido.[2] Descontada a aproximação à matéria realizada pela Constituição de 1967 (após a Emenda n. 1, de 1969)[3] — que apontava para uma noção cultural e muito restrita de meio ambiente, típica das Constituições de Weimar, de 1919, portuguesa, de 1933, e italiana, de 1947, circunscrita à protecção das paisagens naturais notáveis —, bem assim como pelos ordenamentos estaduais, o primeiro marco univocamente indicado pela doutrina é o da Lei 6.938, de 31 de agosto de 1981.[4] Este diploma foi o pioneiro na abordagem transversal e integrada das questões ambientais, que até aí haviam merecido apenas referências sectoriais.[5] Pretenden-

1. Enunciando um vastíssimo conjunto de causas explicativas da situação de degradação ambiental no Brasil, H. Barreira Custódio, "Meio ambiente e normas jurídicas protecionais", in *Rivista Trimestrale di Diritto Pubblico* (*RTDP*) 2/481 e ss., 485 e ss., 1989. Veja-se também Édis Milaré, "A participação comunitária na tutela do ambiente", in *Revista Forense* 317/79 e ss., 79 (n. especial dedicado ao Direito Ambiental), 1992.

2. Uma síntese da situação anterior a 1988 pode ver-se em E. Botelho Guadalazzi, "Direito Administrativo Ambiental", in *Revista da Faculdade de Direito da Universidade de S. Paulo* (*RFDUSP*) 82/159 e ss., 1987, e mais recentemente em J. Afonso da Silva, *Direito Ambiental Constitucional*, 2ª ed., 1998, pp. 15 e ss. Para uma análise mais alongada, que remonta ao século XIX, J. Perez Magalhães, *A Evolução do Direito Ambiental no Brasil*, 2ª ed., 2002, pp. 13 e ss.

3. H. Barreira Custódio, "Meio ambiente...", cit., p. 491.

4. Cfr. Édis Milaré, "Tutela jurisdicional do ambiente", in *Revista do Advogado* 37/5 e ss., 10 e ss., set. 1992.

5. Cfr. H. Barreira Custódio, "Meio ambiente...", cit., pp. 495 e ss.

do definir o quadro básico de acção da União e das entidades federativas no sentido de assegurar a criação e manutenção de estruturas de preservação e promoção da qualidade dos bens ambientais em atenção aos objectivos nela consignados, a Lei 6.938 instituiu, além disso, o Sistema Nacional do Meio Ambiente (SISNAMA) e criou o Conselho Nacional do Meio Ambiente (CONAMA) como órgão superior de coordenação deste, e constituiu ainda o cadastro técnico federal de actividades e instrumentos de defesa ambiental.

Sublinhe-se que a Lei 6.938 prevê, no art. 2º, a competência da União, das entidades federativas e dos municípios para, de forma coordenada, harmónica e integrada, contribuírem, através da sua acção, no sentido: da racionalização do uso do solo, do subsolo, da água e do ar: o planejamento e a fiscalização do uso dos recursos ambientais; da protecção dos ecossistemas, com a protecção das áreas representativas; do controlo e zonamento das actividades potencialmente poluidoras; da recuperação das zonas degradadas; da concretização de critérios de responsabilização objectiva dos poluidores, em acção movida pelo Ministério Público. A educação ambiental é um pressuposto fundamental da política de preservação dos recursos naturais, cabendo às várias entidades promovê-la a todos os níveis de ensino e à comunidade em geral.

Na sequência destas directrizes, a lei foi objecto de desenvolvimento através de um vasto conjunto de diplomas, de natureza legislativa e regulamentar, muitos aprovados no próprio ano da sua entrada em vigor.[6] Realce-se a atenção dedicada à criação, nos planos nacional, estadual e local, de áreas naturais protegidas, à definição da noção de impacto ambiental para efeitos de incorporação de um estudo de impacto ambiental em determinados procedimentos de licenciamento, ou aos critérios de revisão das condições de autorização do desenvolvimento de actividades efectiva ou potencialmente lesivas para o meio ambiente. Em Portugal, o legislador ordinário levou bem mais tempo a dar concretização à Lei 11/1987, de 7 de abril (Lei de Bases do Ambiente): a lei que regula o procedimento de avaliação de impacto ambiental, por exemplo, só surgiu em 1990 (DL 186/1990, de 6 de junho), e muito por força do impulso comunitário, traduzido na directiva do Conselho 85/337/CE, de 17 de junho de 1985.[7]

O segundo passo marcante apontado pela doutrina é o da promulgação da Lei 7.347, de 24 de julho de 1985, na qual se disciplina o instituto da acção civil pública como via específica de protecção de interesses colectivos, legitimando a intervenção processual de associações de defesa ambiental (e de outros interesses de idêntica natureza, tais como o património cultural ou a qualidade do consumo) em nome da preservação dos bens ambientais. Além destas entidades, a lei permite a utilização deste instrumento de alargamento da legitimidade processual pelo Ministério Público, pela União, pelos estados, por estabelecimentos, empresas e fundações públicos (cfr. o art. 5º da Lei 7.347). Assim, à preocupação de reconhecer o ambiente como um valor de interesse público e comunitário, no Brasil acompanhou-se este desígnio da criação de uma via de legitimação processual que permitisse um controlo efectivo das actividades potencial ou actualmente lesivas do ambiente.[8]

6. Idem, p. 491.

7. Esta directiva foi revogada pela Directiva 97/11/CE, de 3 de março de 1997. Na sequência desta, o DL 186/1990 foi também substituído pelo DL 69/2000, de 3 de maio, actual regime do procedimento de avaliação de impacto ambiental.

8. Além das vias processuais normais, existe sempre e preferentemente — caso esteja em jogo a actuação, activa ou omissiva, de uma entidade pública — a figura do mandado de segurança, forma sumária e especialmente célere (que contempla a possibilidade de antecipação da tutela pela via da liminar) de tutela jurisdicional. No plano das relações entre particulares, as formas de tutela inibitória são, por razões óbvias, as que mais úteis resulta-

Ou seja, à tutela substantiva aditou-se uma forma de proporcionar a tutela adjectiva compatível com a natureza dos bens em jogo, caracterizados pela indivisibilidade das suas utilidades e inerente impossibilidade de apropriação individual. Sublinhe-se, no entanto, que, na prática, o principal responsável pela iniciativa processual no domínio da protecção ambiental tem sido o Ministério Público, a partir das Curadorias de Protecção Ambiental instaladas junto das comarcas estaduais.[9]

Por último, o terceiro elemento de consolidação do *Estado ambiental* brasileiro surgiu com a aprovação da Constituição de 1988, documento no qual, além de normas relativas à distribuição de atribuições e competências entre União, estados, distrito federal e municípios (arts. 21 a 24[10]),[11] o legislador constituinte inseriu (em capítulo aprovado por unanimidade) um artigo que consagra a protecção do ambiente na sua dupla dimensão, subjectiva e objectiva: o art. 225.[12] Além disso, cumpre anotar a constitucionalização do mecanismo da acção popular para defesa de bens ambientais — "com a intenção de fazer de todo o cidadão um fiscal do bem comum"[13] — no art. 5º, LXXIII,[14] a par da legitimação do Ministério Público, no mesmo âmbito, sob a figura da acção civil pública (art. 129, III), e das associações ambientais, no âmbito do mandado de segurança colectivo (art. 5º, LXX).

O art. 225 reflecte directamente a influência do art. 66º da Constituição portu-

dos promovem no contexto da tutela de interesses relacionados com bens de grande fragilidade como os ambientais — cfr. L. Gonçalves Tessler, "Ação inibitória na proteção do direito ambiental", in *Aspectos Processuais do Direito Ambiental*, org. de J. R. Morato Leite e M. Buzagio Dantas, São Paulo/ Rio de Janeiro, 2003, pp. 124 e ss., esp. 139 e ss.

9. Uma análise das condições de aplicação da Lei 7.347, bem como da sua importância prática para a efectividade da tutela jurisdicional dos valores ambientais no Brasil pode ver-se em J. A. Leme Machado, "La mise en oeuvre de l'action civile publique environnementale au Brésil", in *Revue Juridique de l'Environnement* 1/63 e ss., 2000, *passim* (o diploma é reproduzido no final do artigo). Veja-se também, embora com um âmbito mais abrangente, A. Pellegrini Grinover, "A defesa do meio ambiente em juízo como conquista da cidadania", in *Portugal-Brasil Ano 2000*, Coimbra, 1999, pp. 141 e ss.

10. V., em especial, os arts. 23/VI, 24, §§ 2º e 3º (o primeiro, definindo a protecção do ambiente como uma atribuição comum das entidades federativas, e o segundo estabelecendo a regra da competência concorrente suplementar dos estados, atendendo às suas capacidades), e 20 (que atribui à União o domínio sobre um amplo conjunto de bens ambientais naturais). Sobre os princípios que norteiam a repartição de competências e a sua aplicação prática, Fábio Feldmann e M. Barreto Camino, "O direito ambiental: da teoria à prática", in *Revista Forense* 317/89 e ss., 96 e ss., 1992. Veja-se também, no domínio autárquico, J. Augusto Delgado, "Direito ambiental e competência municipal", in *Revista Forense* 317/151 e ss., esp. 157 e ss., 1992, e P. A. Leme Machado, "O Município e o direito ambiental", in *Revista Forense* 317/189 e ss., 1992.

11. Uma listagem das disposições constitucionais que contemplam referências ao meio ambiente pode ver-se em H. Barreira Custódio, "Meio ambiente...", cit., pp. 492 e ss., e em J. Afonso da Silva, *Direito Ambiental...*, 2ª ed., pp. 26 e ss.

12. Vem sendo ventilada a hipótese de elaboração de um Código do Meio Ambiente (que teria subjacente a concepção restrita de ambiente — J. Afonso da Silva, *Direito Ambiental...*, 2ª ed., p. 21), propulsionado pela atenção constitucional ao valor da protecção ambiental, mas o projecto não teve, até agora, concretização — cfr. D. Moreira Neto, "Por um Código Nacional do Meio Ambiente", in *Revista de Ciência Política*, 1989, pp. 98 e ss. Duvidando da oportunidade do desígnio, invocando a falta de consolidação da legislação ambiental brasileira, Fábio Feldmann e M. Barreto Camino, "O direito...", cit., pp. 89 e ss., 107.

13. Édis Milaré, "Tutela jurisdicional...", cit., p. 13.

14. Sublinhe-se que a acção popular está consagrada no ordenamento brasileiro desde 1965 (Lei 4.717, de 19 de junho), mas só a partir de 1988 passou a constar do elenco de direitos com assento constitucional e só desde essa data abrange a tutela ambiental — cfr. A. Pellegrini Grinover, "A defesa...", cit., p. 143.

guesa,[15] embora denote melhorias sensíveis relativamente ao seu "modelo". Anotemos as que constituem, em nossa opinião, as principais:

1) No *caput*, observe-se a caracterização do ambiente como "um bem de uso comum do povo", cuja qualidade é "essencial à sadia qualidade de vida", e por isso deve ser preservado, por entidades públicas e privadas, para bem das "presentes e futuras gerações";

2) No § 1º, anote-se o enfoque das tarefas cometidas às entidades federativas em torno de uma concepção restrita de ambiente (ressalvada a referência à vida e à qualidade de vida no inc. V), bem como a atribuição de sede constitucional à necessidade de realização de estudo prévio de impacto ambiental sempre que estiver em causa o licenciamento de "obra ou actividade potencialmente causadora de significativa degradação do meio ambiente" (na sequência da previsão da Lei 6.938),[16] e ainda a proibição de práticas de "provoquem a extinção de espécies ou submetam os animais a crueldade";

3) No § 3º, sublinhe-se a regra da sancionabilidade, penal e administrativa, das infracções ambientais,[17] independentemente de reparação dos danos causados,[18] quer por pessoas físicas, quer por pessoas colectivas.[19]

Assim, as vantagens do texto do art. 225 da Constituição brasileira em face das normas inseridas no art. 66º da Constituição portuguesa revelam-se, para nós, nos seguintes pontos:

1) A qualificação do ambiente como "bem de uso comum", aliado à sua caracterização como condição de desenvolvimento de uma vida sadia e da referência à necessidade da sua preservação nos planos intra e intergeracional,[20] denotam a opção do legislador constituinte brasileiro por uma noção restrita de *ambiente*, que permite centrar a política ambiental, sem embargo da sua coessencial transversalidade, na preservação e promoção da qualidade dos bens ambientais naturais[21] (e levando, consequencialmente, a uma reinterpretação da fórmula amplíssima — com ressonâncias no art. 5º da

15. Chamando a atenção para a filiação do art. 225 da Constituição brasileira nas conclusões do Relatório Bruntland (*Our common future*), de 1987, Fábio Feldmann e M. Barreto Camino, "O direito...", cit., pp. 89 e ss., 94, 95.

16. Sobre a figura do Estudo de Impacto Ambiental (e também do Relatório de Impacto Ambiental, que incorpora as conclusões do primeiro para efeitos de comunicação ao decisor e ao público), nomeadamente no contexto do procedimento de licenciamento industrial, v. A. Herman Benjamin, "Os princípios do Estudo de Impacto Ambiental como limites da discricionariedade administrativa", in *Revista Forense* 317/25 e ss., 1992.

17. Sobre a tipificação dos crimes ambientais no Brasil, Fernando Fragoso, "Os crimes contra o meio ambiente no Brasil", in *Revista Forense* 317/109 e ss., 1992. Veja-se também R. Ariel Dotti, "Meio ambiente e proteção penal", in *Revista Forense* 317/195 e ss., esp. 198 e ss., 1992.

18. Sobre a questão do dano ecológico no ordenamento brasileiro, F. Marques Sampaio, "O dano ambiental e a responsabilidade", in *Revista Forense* 317/115 e ss., 1992.

19. Num paralelo com o art. 45, 3, da Constituição espanhola de 1978.

20. Chamamos a atenção para que a Constituição portuguesa só integrou a referência ao princípio da "solidariedade intergeracional" a partir da Revisão Constitucional de 1997, na alínea *d*), *in fine*, do n. 2 do art. 66º.

21. Remetemos para os nossos trabalhos "O ambiente como objecto e os objectos do Direito do Ambiente", in *Revista Jurídica do Urbanismo e Ambiente (RJUA)* 11-12/43 e ss., *max.* 58 e ss., 1999; idem, "Ambiente (Direito do)", in *Dicionário Jurídico da Administração Pública*, 2º Suplemento, Lisboa, 2001, pp. 9 e ss., as razões da nossa preferência pela concepção restrita. Sublinhe-se que esta opção não implica o reconhecimento de quaisquer direitos aos elementos da Natureza, mas visa tão só operacionalizar a noção de ambiente no contexto da actuação política do Estado, que deve promover a qualidade dos bens ambientais na perspectiva de assegurar as condições elementares da vida humana da comunidade que o suporta. Ou seja, a concepção restrita não é sinónimo de ecocentrismo puro, mas ainda é um reflexo de um antropocentrismo moderado.

nossa Lei de Bases do Ambiente — adoptada pelo art. 3º,, I, da Lei 6.938[22]). Essa opção é confirmada pelos vários incisos do § 1º, que apontam para o desenvolvimento da política de ambiente em torno de objectivos tais como "o património genético",[23] a integridade dos "espaços territoriais e dos seus componentes", "a fauna, a flora", assim como transparece através da especial relevância dada aos espaços integrantes da Amazônia, da Mata Atlântica, da Serra do Mar, do Pantanal Matogrossense e da zona costeira (no § 2º do art. 225);

2) A imposição de reparação do dano causado ao ambiente não cede à tentação de o "repartir" de acordo com a ocorrência de lesão na esfera jurídica do sujeito, na linha do art. 52º, 3, da Constituição portuguesa. A circunscrição do conceito de ambiente aos bens ambientais naturais obvia à "personalização" do dano ambiental e contribui para a autonomização do dano ecológico. O dano ambiental é um dano público, inflingido a bens da comunidade, e não pode gerar, por isso, qualquer direito à indemnização a favor de um sujeito ou grupo de sujeitos. Repare-se que a Constituição portuguesa, na versão resultante da revisão constitucional de 1982, lançava as bases da distinção entre dano ecológico e dano individual, mas a revisão constitucional de 1989 confundiu os conceitos no n. 3 do art. 52º;[24]

3) A importância do bem *ambiente* levou o legislador constituinte a inserir na norma constitucional a sancionabilidade, penal e administrativa, das condutas que o façam perigar, em qualquer dos seus componentes. Naturalmente que a fixação legal dos tipos penais e contraordenacionais deverá atender ao princípio da proporcionalidade, mas a relevância do bem para os membros da comunidade, por um lado, e a sedução dos interesses económicos — muitas vezes em rota de colisão com a preservação ambiental —, por outro lado, justifica a inserção desta determinação no texto constitucional, como forma de legitimação do legislador ordinário na sua tarefa de efectivação das normas de tutela ambiental.

O maior pecado do *caput* do art. 225 da Lei Básica brasileira é a colagem à sedutora fórmula do "direito ao ambiente", transitada do n. 1 do art. 66º da Constituição portuguesa e muito divulgada, de resto, em instrumentos de Direito Internacional — *v.g.*, Declaração de Estocolmo, de 1972, princípio 1; Carta Africana dos Direitos dos Homens e dos Povos, de 1981, art. 24; Protocolo adicional à Convenção Americana dos Direitos do Homem, de 1988; Declaração do Rio, de 1992, art. 1. O legislador constituinte deveria ter-se quedado, em função da delimitação do objecto em torno dos bens ambientais naturais, e do "amparo" promovido pelas figuras da acção pública e da acção popular, pela definição da protecção do ambiente como uma tarefa do Estado — dimensão objectiva —, e por uma mais circunscrita vertente de subjectivização. Expliquemos porquê.

2. Existe uma insuficiência estrutural da fórmula do direito ao ambiente, que se traduz na impossibilidade de determinar o conteúdo de tal pretensão. Tal constatação, que não demove autores como Vasco Perei-

22. Partindo da ampla fórmula legal, com ressonâncias *gianninianas*, mas restringindo o objecto do estudo do Direito Ambiental aos bens ambientais naturais, J. Afonso da Silva, *Direito Ambiental...*, 2ª ed., p. 3. Ver também, sobre a noção de ambiente constante do art. 225, que entende ampla e *gianniniana*, B. Ferreira Farias, "Noção de meio ambiente no Direito brasileiro", in *Revista da Faculdade de Direito de Curitiba* 27/81 e ss., 89, 90, 1992/1993.

23. Sublinhe-se, como informa C. Pacheco Fiorillo (*Princípios do Processo Ambiental*, São Paulo, 2004, pp. 53 e ss.), que o património genético a que se reporta a Constituição no art. 225 não é o património genético humano mas apenas o natural.

24. A alusão à "lesão directa na esfera pessoal", na redacção do preceito, a par da lesão ao meio ambiente, só se explica em função da duplicidade a que se presta a fórmula do *direito ao ambiente*, a qual, na esmagadora maioria dos casos, se reporta a direitos de personalidade.

ra da Silva[25] ou Cunhal Sendim[26] da qualificação do direito ao ambiente como um direito subjectivo — numa aproximação, quer à tese dos direitos subjectivos públicos (o primeiro), quer à perspectiva civilística (o segundo) —, já impressiona, em contrapartida, alguma outra doutrina, que se vale do recurso à ambígua figura do interesse difuso (Jorge Miranda[27]) e à noção de "direito complexo" (Jorge Miranda, Gomes Canotilho[28]).

Com efeito, a indeterminabilidade do conteúdo prestacional do alegado *direito ao ambiente* é facilmente comprovada se atendermos à indivisibilidade das utilidades dos bens naturais, à impossibilidade de determinação abstracta do *quantum* jurídico que integra o substracto vivencial essencial de cada ser humano. Construções como a do "mínimo existencial ecológico" (ou "piso vital mínimo, na denominação adoptada por alguma doutrina brasileira[29]), noção insusceptível de valência universal e apenas preenchível pela negativa, só fazem sentido em ordenamentos desprovidos de mecanismos de alargamento da legitimidade processual que veiculem a tutela de bens de fruição colectiva — e ainda assim de forma amputada, conformada à medida das necessidades do indivíduo que recorre à via judicial.[30] Ou seja, para além da protecção imediata dos direitos de personalidade (ou outros, eventualmente) do autor da acção, este obtém uma tutela mediata dos bens ambientais cuja lesão lhe esteja a provocar dano individual. Todavia, no âmbito do Direito Constitucional português, a ampla cobertura que a Lei Fundamental confere a um vasto conjunto de direitos de personalidade (cuja epítome é o direito ao desenvolvimento da personalidade, inscrito no art. 26, 1), tal via, salvo o devido respeito pelos seus defensores, não faz sentido e tende mesmo a esvaziar de sentido a posição subjectiva que se encontra consagrada no n. 1 do art. 66º.

Por isso, alguma doutrina tem tentado preencher a fórmula constitucional do direito ao ambiente através do recurso à noção de interesse difuso, reportado a bens inapropriáveis pelos indivíduos e exclusivamente susceptíveis de fruição colectiva. Não se trataria verdadeiramente de um direito a uma prestação ambiental, mas tão somente de um interesse no aproveitamento individual de um bem de dimensão comunitária, cuja violação é susceptível de avaliação jurisdicional através do mecanismo de extensão da legitimidade processual encarnado na acção popular (bem como pela via da acção pública, uma vez que o ambiente é simultaneamente um bem comunitário e público). A expressão "direito" pretende traduzir a vertente procedimental e processual da tutela ambiental, configurando, em conformidade, um direito complexo, uma amálgama de situações jurídicas (direito de intervenção em procedimentos administrativos que envolvam a tomada de decisões potencialmente lesivas para o ambiente; direito à informação; direito de acesso à documentação administrativa; direito de acção judicial).

25. V. Pereira da Silva, *Verde. Cor de Direito. Lições de Direito do Ambiente*, Coimbra, 2002, pp. 84 e ss.

26. J. Cunhal Sendim, *Responsabilidade Civil por Danos Ecológicos*, Coimbra, 1998, pp. 106, 107.

27. Jorge Miranda, "A Constituição e o Direito do Ambiente", in *Direito do Ambiente*, INA, 1994, pp. 353 e ss., 362.

28. Por último, J. J. Gomes Canotilho, "O direito ao ambiente como direito subjectivo", in *Estudos sobre Direitos Fundamentais*, Coimbra, 2004, pp. 177 e ss., 187 e ss.

29. Cfr. C. Pacheco Fiorillo, *Princípios...*, cit., pp. 36, 37.

30. Cfr., entre outros, as posições dos autores alemães: C. Sailer, "Subjektives Recht und Umweltschutz", in *Deutsches Verwaltungsblatt*, 14/521 e ss., 531, 1976; O. Seewald, "Die Bedeutung der Gesundheit im Umweltrecht", in *Natur+Recht* 4/161 e ss., 166, 1988; I. von Münch, "A protecção do meio ambiente na Constituição", in *RJUA* 1/41 e ss., 49, 1994; M. Bothe, "Le droit à la protection de l'environnement en droit constitutionnel allemand", in *RJE* 4/313 e ss., 315, 1994.

Se bem que apreciemos as boas intenções subjacentes a esta tentativa, elas não nos parecem capazes de conferir autonomia ao *direito ao ambiente*. Tal desiderato continuaria a constituir uma síntese de vários outros direitos, instrumentais, que a Constituição especificamente elenca (vide os ns. 1, 2 e 4 do art. 268º, e os arts. 20º e 52º, 3, todos da Constituição portuguesa). Ora, a ser assim, qual o sentido desta repetição?

Antes de avançarmos a nossa interpretação para a norma ínsita no art. 66º da Constituição portuguesa, na lógica de diálogo entre esta e a Constituição brasileira, nomeadamente ao nível do art. 225, faremos uma análise sumária das posições que os autores do país irmão têm defendido a propósito desta disposição, e teceremos algumas considerações críticas.

Os autores brasileiros revelam opiniões muito diversificadas relativamente ao sentido do art. 225, *caput*:

a) uns qualificam-no simultaneamente como um direito subjectivo e um direito colectivo ou difuso, sem avançarem quaisquer critérios de determinação do conteúdo do primeiro;[31]

b) outros, relevando a faceta de aproveitamento colectivo dos bens ambientais, apontam para a figura do interesse difuso, parecendo reconduzir a vertente subjectiva clássica ao direito à vida ou à saúde — ou seja, tendendo a autonomizar a noção de interesse de fruição colectiva como âmago do conceito;[32]

c) autores há que descartam a dimensão subjectiva, apostando apenas na faceta de interesse difuso e propondo uma "descolagem" dos modelos tradicionais, incorrectamente centrados nas relações de vizinhança, realidades incapazes de suportar situações de tutela de bens eminentemente públicos.[33] Nesta linha, detecta-se mesmo na doutrina quem considere que o ambiente é uma realidade que não admite a formação de nenhum direito, antes pelo contrário, na medida em que tal subjectivização se presta facilmente a abusos.[34]

Roberto Barroso intuiu correctamente as dificuldades de operacionalização da locução direito ao ambiente, dando mesmo a entender que a considera utópica.[35] Nas palavras do Autor, "O importante no dispositivo transcrito [art. 225, *caput*], no entanto, é o reconhecimento do meio ambiente como um bem jurídico, em relação ao qual se confere a *todos* um direito. Não se trata, aqui, de direito subjectivo típico, divisível, particularizável ou desfrutável individualmente. Mas é um direito, pela vontade do constituinte e, como tal, enseja a exigibilidade de comportamentos positivos e negativos daquele a quem incumba o dever jurídico correspondente a tal direito (...). O carácter difuso de que ele se reveste repercute sobre a

31. Neste sentido, Fábio Feldmann e M. Barreto Camino, "O direito...", cit., p. 97; E. Jesus Prudente, "O meio ambiente no sistema constitucional brasileiro", in *RFDUSP* 84-85/115 e ss., 117, 1989-1990.

32. É a posição de J. Afonso da Silva, *Direito Ambiental*..., 2ª ed., pp. 29, 26 e 54, que entende propiciar o "direito ao ambiente" uma tutela imediata — dos bens naturais —, e mediata — do direito à qualidade de vida, postura seguida de muito perto por C. Pacheco Fiorillo, *Princípios*..., cit., pp. 33 e ss.

33. É o caso de Wander Bastos e Nilo Baptista ("Liberdade e proteção do meio ambiente", in *Revista Forense* 317/47 e ss., 1992), que expressam o desejo de que a protecção judicial do ambiente fique "livre dos atrofiamentos dos direitos subjectivos" (p. 59). Em sentido idêntico, C. Siqueira Castro, "O direito ambiental e o novo humanismo ecológico", in *Revista Forense* 317/65 e ss., 69, 1992.

34. Assim, Alves de Oliveira, "Intervenção estatal na propriedade privada motivada pela defesa do meio ambiente", in *Revista Forense* 317/135 e ss., 1992, quando afirma, depois de se acentuar a vertente do dever, que "(...) não há direito subjectivo que justifique a ocorrência de actos predatórios à natureza, à vida, que concernem a toda a humanidade" (p. 141).

35. L. Roberto Barroso, "A protecção do meio ambiente na Constituição brasileira", in *Revista Forense* 317/161 e ss., 165, 1992.

legitimação para exigi-lo e não sobre a exigibilidade em si".[36]

Como se conclui do passo citado, causa alguma estranheza a redacção do preceito constitucional, na medida em que formalmente se reconhece uma situação jurídica que não tem correspondência na realidade subjacente. O mesmo é dizer que o legislador constituinte, integrando no elenco de bens jurídicos de relevo constitucional os bens ambientais naturais e erigindo a preservação e promoção da sua integridade e capacidade regenerativa a tarefa a desenvolver primacialmente pelas entidades públicas, com o concurso dos privados, simultaneamente aquiesceu na possibilidade da sua refracção em prestações individuais susceptíveis de preencher o conteúdo do alegado direito — propósito de impossível realização, quer no plano físico, quer no plano jurídico. Conforme nota Roberto Barroso, é coessencial aos bens ambientais naturais uma dimensão ecológica que se desprende da sua encarnação física (quando exista), e que os torna insusceptíveis de apropriação individual.[37] A qualificação da situação como direito pelo legislador constitucional é, na verdade, paradoxal e justifica a perplexidade do Autor.

A insistência na tónica do direito relativamente a uma realidade como o ambiente só se compreenderia caso o legislador não tivesse gizado meios de tutela objectiva capazes de veicular uma intervenção repartida pelos membros da comunidade, usuários dos bens ambientais naturais — circunscrevendo a tutela ambiental à sua forma mediata, pela via da defesa dos direitos de personalidade. Ora, não é isso que decorre da leitura do texto constitucional: como já se observou, a Lei Básica reconhece o direito de acção popular a todos os cidadãos que desejem, altruisticamente, reagir processualmente contra ofensa (ou ameaças de ofensa) ao meio ambiente — art. 5º, LXXIII. E paralelamente, Ministério Público, associações ambientais e demais entidades incluídas na previsão da norma do art. 5º, *caput*, da Lei 7.347, de 24 de julho de 1985, vêem-lhes reconhecida legitimidade processual para intervir em acções com idêntica finalidade.

Deste diploma retira-se, aliás, um importante argumento no sentido da autonomização do interesse de fruição ambiental como um mero interesse de facto. Consta ele do art. 13, norma que destina as quantias indemnizatórias obtidas a título de compensação pecuniária de danos ecológicos (cuja reconstituição natural, sendo possível, é sempre preferível[38]) a um fundo, gerido por um Conselho federal ou do estado sob cuja jurisdição se encontra o bem ambiental natural lesado. Este fundo destina-se a promover a prevenção e reparação de danos eco-

36. Idem, p. 167.

37. Idem, p. 168.

38. A lei da acção civil pública é bem clara no sentido da preferência e possibilitação da reconstituição natural, na medida em que abre ao autor da acção a opção entre pedidos condenatórios em fazer e não fazer, além de condenação na entrega de coisa, sob a forma principal e satisfativa (no Brasil, o termo cautelar é mais utilizado para designar meios de tutela conservatória, tais como o embargo ou a suspensão da eficácia de actos). A compensação pecuniária só surge em última instância, caso o bem não possa ser reabilitado ou substituído por equivalente. Além desta via de ressarcimento, a doutrina aponta ainda outras hipóteses, tais como o termo de ajustamento de conduta (que é prévio à demanda judicial e constitui um compromisso de boa conduta para os potenciais poluidores, mas que, na prática acaba por se converter muitas vezes em título executivo de quantias pecuniárias), a compensação ecológica preestabelecida (imposta, por exemplo, na Lei 9.985/2000, de 18 de junho, que obriga os potenciais poluidores a implementar um sistema de conservação das unidades naturais envolventes da sua empresa como forma de prevenir danos futuros), e a técnica dos fundos autónomos de compensação ecológica (espécie de seguro colectivo). Para mais desenvolvimentos, v. por todos e por último, J. R. Morato Leite, "Termo de ajustamento de conduta e compensação ecológica", in *Aspectos Processuais do Direito Ambiental*, org. de J. R. Morato Leite e M. Buzagio Dantas, São Paulo/Rio de Janeiro, 2003, pp. 104 e ss.

lógicos, contando a sua gestão com a participação do Ministério Público e de representantes da sociedade civil.[39] Embora a lei de acção popular (Lei 4.717, de 19 de junho de 1965) não preveja solução idêntica, parece dever aplicar-se analogicamente a solução da Lei 7.347,[40] uma vez que o interesse em jogo é rigorosamente idêntico. Isto sob pena de abrir a porta a situações similares à que se vive em Portugal, por força da ausência de previsão legal do destino das indemnizações obtidas na sequência de acções movidas por actores populares para tutela de bens ambientais naturais (cfr. o art. 22º da Lei 83/1995, de 31 de agosto[41]), e que se traduzem na possibilidade (pelo menos teórica) de locupletamento indevido do actor popular com quantias resultantes da condenação de um infractor em pagamento de indemnização por dano ecológico, a pretexto da lesão de um alegado "direito ao ambiente".

Por outras palavras, admitir a ressarcibilidade do dano ecológico a favor da comunidade significa traçar a linha divisória entre esta situação e aquela que se traduz num dano na esfera individual do sujeito, em virtude de lesão de uma posição jurídica individualizada. O legislador brasileiro teve esta percepção, facto que, aliado à concepção restrita de ambiente que decorre da leitura dos vários incisos do § 1º do art. 225 da Constituição, contribui decisivamente para afastar o *direito ao ambiente* dos direitos individuais, de personalidade ou de outra natureza — por força da descorrespondência entre o objecto ambiente e o objecto de tais direitos. E se assim é, então a conclusão é cristalina: o direito ao ambiente não tem conteúdo enquanto pretensão subjectiva.

Que resta, desta feita, do direito ao ambiente? Qual o seu sentido oculto? Ou teremos que concluir, com o poeta, que o seu único sentido é não ter sentido nenhum?

A nossa opinião é a de que a protecção constitucional do ambiente se desdobra em duas facetas: objectiva — enquanto tarefa do Estado e demais entidades, públicas e privadas, num esforço de cooperação que vai desde a promoção e assimilação dos valores de educação ambiental à adopção de condutas que efectivamente traduzam uma atitude de preservação activa dos bens ambientais naturais; e subjectiva — enquanto dever de cada pessoa, física e jurídica, de proteger a qualidade dos bens ambientais, numa lógica solidária, intra e intergeracional. A impossibilidade de determinação da prestação que se verifica do lado activo não se reflecte no lado "passivo" (as aspas visam chamar a atenção para o facto de o dever não implicar necessariamente uma posição passiva, uma vez que se pode traduzir em comportamentos positivos, de *facere*), cabendo ao legislador definir, a propósito de cada situação, os deveres concretos que a cada pessoa incumbem no âmbito da responsabilidade repartida da protecção do ambiente.

Não deve surpreender, portanto, a insistência de alguns autores no sentido da caracterização de deveres específicos de defesa do ambiente em razão da actividade desenvolvida (*maxime*, de carácter indus-

39. Édis Milaré ("A participação...", cit., p. 84) dá conta da existência deste fundo no Estado de S. Paulo.

40. Neste sentido se pronuncia expressamente J. R. Morato Leite, *Dano Ambiental: do Individual ao Colectivo Extrapatrimonial*, 2ª ed., São Paulo, 2003, pp. 164 e 169. Ver também, menos claramente, Aguiar Dias, "Responsabilidade civil no plano ecológico", in *Revista Forense* 317/3 e ss., 7, 1992.

41. A solução legal portuguesa, que dispõe que o valor da indemnização, no caso de interesses difusos, será fixado "globalmente" — sem indicação concreta do destino das quantias — aproxima-se de uma hipótese que a jurisprudência brasileira tem vindo a admitir que se traduz na indemnização da colectividade directamente lesada em virtude da ofensa ecológica por danos morais, cujo ressarcimento pecuniário é também afecto ao fundo comum (cfr. J. R. Morato Leite, *Dano ecológico...*, cit., pp. 269 e ss.). Descontado o antropocentrismo desta hipótese, ela é ainda aceitável na medida em que o dano é considerado colectivo e a sua reparação pecuniária reverte a favor da colectividade.

trial),[42] nem tão-pouco a referenciação de deveres fundamentais ecológicos em geral.[43] Com efeito, escreve Gomes Canotilho, "depois de uma certa euforia em torno do *individualismo dos direitos fundamentais* que, no nosso campo temático, se traduzia na insistência em prol da densificação de um direito fundamental ao ambiente, fala-se hoje de um *comunitarismo ambiental* ou de uma *comunidade com responsabilidade ambiental* assente na participação activa do cidadão na defesa e protecção do ambiente. Daqui até à insinuação de deveres fundamentais ecológicos vai um passo. Parece indiscutível que a tarefa 'defesa e protecção do ambiente', 'defesa e protecção do planeta terra', 'defesa e protecção das gerações futuras', não pode nem deve ser apenas uma tarefa do Estado ou das entidades públicas. Em documentos recentes ('Agenda 21', 'V Programa Comunitário de Acção Ambiental') fala-se claramente de responsabilidade comum (*shared responsability*) e de *dever de cooperação* dos grupos e dos cidadãos na defesa do ambiente (cfr. Constituição Portuguesa, art. 66º)".[44]

42. Reportamo-nos à obra de Bernard-Frank Macera, *El Deber Industrial de Respetar el Ambiente*, cit. A construção deste Autor, ainda que assentando numa concepção restrita de ambiente semelhante àquela que propomos (v. pp. 90, 91), reduz o tratamento do âmbito subjectivo do dever fundamental de defesa do ambiente aos empresários industriais (cfr. pp. 42 e ss., *max.* 50).

43. M. Führ, "Ökologische Grundpflichten als verfassungsrechtliche Dimension", in *N+R* 1/6 e ss., 1998; Thorsten Schmidt, *Grundpflichten*, Baden-Baden, 1999, p. 262 (o Autor considera que não é possível retirar da *Grundgesetz*, nomeadamente do art. 20A, o fundamento da existência de um dever fundamental de defesa do ambiente a cargo dos cidadãos, mas apenas a consagração de uma tarefa do Estado. No entanto, no caso de algumas constituições dos *Länder*, a integração do dever de protecção dos bens ambientais no catálogo de deveres fundamentais dos cidadãos afigura-se incontestável).

44. J. J. Gomes Canotilho, "Estado Constitucional e democracia sustentada", in *Cadernos do CEDOUA* 2/9 e ss., 13, 2001.

Do que se depreende que o sentido oculto do "direito ao ambiente" se traduz, afinal, na consagração envergonhada — motivada pelo estigma que a figura do dever fundamental sofreu no pós-guerra[45] — de um dever de preservação dos bens ambientais naturais, cujo conteúdo há-de ser determinado, em concreto, pelo legislador ordinário, a propósito e de acordo com as necessidades de cada situação individual específica.

3. À semelhança do poeta (Camões, agora), o legislador também se apresenta, por vezes, como um fingidor. No caso da configuração da vertente subjectiva da protecção ambiental, o fingimento resulta directamente da adesão a uma fórmula intensamente simbólica e pedagogicamente interessante, importada de maneira acrítica do Direito Internacional, cuja operatividade real, todavia, é nula. O *direito ao ambiente*, com a sua "irrenunciável dimensão utópica",[46] concretiza a parcela de sonho que qualquer Constituição alberga. Na verdade, o enfoque deve ser conferido à ideia de dever que, quer a Constituição portuguesa, quer a Constituição brasileira, acolhem.

Esta rotação acentua a vertente de responsabilização global pela tarefa de preservação dos bens ambientais naturais, contraria os egoísmos que acompanham a noção de "direito subjectivo", insufla de sentido o objectivo da educação ambiental e demanda uma atenção redobrada das entidades que têm a seu cargo a fiscalização das condutas potencialmente lesivas do ambiente. Por melhor que seja a teia normativa envolvente da realidade ambiental, a tensão que se verifica entre o objectivo da sua preservação e as metas de desenvolvimento económico, nos mais diversos domínios, implicam uma

45. Sobre os deveres fundamentais, veja-se A. Casalta Nabais, *O Dever Fundamental de Pagar Impostos*, Coimbra, 1998, pp. 139 a 187.

46. A. Pérez Luño, "Estado constitucional y derechos de la tercera generación", in *Anuario de Filosofía del Derecho*, v. XIV, 1997, pp. 545 e ss., 546.

vigilância reforçada da parte das autoridades e da comunidade, bem assim como — em contrapartida — convidam ao reconhecimento por parte do Estado (traduzido na concessão de incentivos fiscais e subvenções várias) das atitudes "ecologicamente amigas".

O Brasil tem uma cobertura normativa, no plano ambiental, de grande qualidade, quer no plano substantivo, quer no plano adjectivo. No entanto, as dificuldades de implementação são directamente proporcionais a este patamar. Os autores denunciam a degradação crescente dos recursos naturais do país, resultado da falta de sensibilização da população em geral e dos grandes empresários das indústrias pesadas, em particular, e da ausência de sancionamento eficaz das condutas prevaricadoras.[47] Urge pôr fim a este *fado tropical* e compatibilizar o plano legislativo com o plano material, *cumprindo o ideal* da Lei Básica no sentido da valorização efectiva de bens que são de uso comum do povo brasileiro e da comunidade universal.

Brasília, junho de 2004.

47. H. Barreira Custódio, "Meio ambiente...", cit., pp. 508 e ss.

O POLIMORFISMO DO ABUSO DE PODER NO PROCESSO ELEITORAL: O MITO DE PROTEU

EDUARDO FORTUNATO BIM

Advogado em São Paulo

1. Introdução. 2. O Poder e o Direito. 3. O abuso de poder nos direitos privado e público. 4. O abuso de poder no processo eleitoral: 4.1 Fundamentos da coibição; 4.2 Princípios que norteiam a repressão ao abuso de poder nas eleições: 4.2.1 O princípio da potencialidade: 4.2.1.1 Da tentativa do abuso; 4.2.2 O princípio da impersonalidade; 4.3 Espécies de abuso de poder no processo eleitoral: 4.3.1 Abuso de poder econômico; 4.3.2 Abuso do poder de autoridade ou político-administrativo; 4.3.3 Abuso de poder nos meios de comunicação social. 5. O mito de Proteu. 6. O polimorfismo do abuso de poder no Direito Eleitoral e o mito de Proteu. 7. Conclusão. 8. Referências bibliográficas.

1. Introdução

A regularidade dos pleitos eleitorais em um País indica o grau de desenvolvimento de sua Democracia, porque esta é legitimada pela soberania popular, que se consolida por meio do exercício da livre vontade contida no voto.

A problemática do abuso dos que detêm o Poder não é tema novo. Suas raízes perderam-se no curso da história, porque o abuso do direito é tema tão antigo quanto o próprio Direito. O abuso de poder (ou de direito) é vício que tem potencialidade para macular os resultados das urnas, conspurcando a legitimidade democrática. Atinge a liberdade de voto e o direito à igualdade de condições aos concorrentes aos cargos eletivos. Sua repressão deve ser uma constante na mente dos operadores do direito, principalmente aqueles do direito eleitoral.

O abuso de poder no Direito Eleitoral é tema pouco explorado pela doutrina pátria, ocasionando entendimentos que não atentam para a verdadeira problemática desta prática deletéria aos regimes democráticos. Não existe mais, sendo raras as exceções, aquela deturpação da legitimidade das eleições baseada no mapismo, na compra de votos, na utilização de dinheiro público para a montagem de comícios, o transporte e/ou alimentação de eleitores, no pagamento de horas extras a servidores públicos para ajudar a campanha dos candidatos da situação, no sumiço de urnas, no comparecimento às sessões eleitorais de pessoas já falecidas, etc. Hoje, há meios mais sutis[1] e eficazes de comprometer a higidez de um pleito.

1. Normalmente, para o eleitor, o abuso atua de forma subliminar, já que "alguns usos do poder dependem de estar ele oculto, de não ser evidente a

O que pretendemos com esse estudo é definir o abuso de poder em função dos fins que orientam nosso Ordenamento Constitucional. Fazendo uma remodelagem constitucional (*filtragem constitucional*)[2] na classificação da Lei de Inelegibilidades (LC 64/1990), chegaremos à essência do abuso de poder na seara eleitoral e concluiremos que ele tem o dom do personagem mitológico Proteu: a metamorfose.

2. *O Poder e o Direito*

O Poder é um fenômeno que deve ser analisado sob enfoque multidisciplinar. Costuma-se apontar o poder político como a única forma de poder existente, mas não se deve ignorar todas as demais formas de poder que se "entrelaçam no comércio social e desempenham um papel protagônico, seja na Política, seja no Direito, embora não se refiram, *diretamente*, à direção da sociedade. Tal é o caso do poder econômico, tantas vezes desafiador e desequilibrador do próprio Estado; tal é o caso, ainda do poder de imprensa, do poder militar, do poder dos sindicatos ou dos grupos de pressão, entre outras dezenas de exemplos de *poder institucionalizado não-político*".[3] Como bem salientou Diogo Figueiredo Moreira Neto: "é preciso não perder de vista que o *poder estatal* não exclui o *poder grupal* de outras instituições, nem, muito menos, o *poder individual* que é o fenômeno básico e originante dos demais".[4]

Idêntico o pensamento de Fávila Ribeiro que, ao tratar sobre a repressão ao abuso de poder no processo eleitoral, afirmou: "É o poder, por suas injunções compulsivas, que deve ser refreado. As pressões ostensivas promanavam outrora do poder político, em seus esgalhamentos administrativos, mas hoje se exprimem também pelas dominações privadas, razão a que sejam calafetados todos os flancos para obstar as nocivas investidas de qualquer tipo de poder, e não somente do poder público, pois todos compõem a realidade existencial da sociedade contemporânea, com reservas de nocividades subjacentes a demandar cautelas e rigorosas sanções".[5]

Assim, liberdade e autoridade não podem ser vistas, sob a ótica do poder, como antíteses. Na verdade, ambas são exteriorizações do Poder que, no Estado Democrático de Direito, é delimitado pela Constituição. "Em suma, numa sociedade politicamente organizada, o poder do Estado não 'antagoniza' nem 'enfrenta' o poder dos grupos secundários nem o dos indivíduos. Cobertos pelas liberdades, direitos e garantias constitucionalmente assegurados, se não que se coordenam, pois todos os poderes estão partilhados, com seus âmbitos de ação demarcados, de sorte que os conflitos de interesses sempre poderão ser compostos a partir das regras de competência".[6]

O Direito sempre teve a preocupação com o Poder; aliás, uma das razões de sua existência é a de discipliná-lo.[7] No início, a

submissão dos que capitulam a ele" (J. Kenneth Galbraith, *Anatomia do Poder*, 3ª ed., p. 3). Transpondo isso para a mídia é que se reconhece a existência da chamada *propaganda invisível* (Murilo C. Soares, "Televisão e democracia", in Heloíza Matos e outros, *Mídia, Eleições e Democracia*, pp. 122-123).

2. "A noção de filtragem constitucional toma como ponto de partida a noção de preeminência normativa da Constituição, partindo da concepção de Pacto Fundante como ordem normativa superior e vinculante, expressa a idéia de que toda a ordem jurídica deve ser lida à luz da Carta Fundamental e passada pelo seu crivo, de modo a eliminar as normas que não se conformem com ela" (Paulo Ricardo Schier, *Filtragem Constitucional — Construindo uma Nova Dogmática Jurídica*, pp. 145-146).

3. Diogo de Figueiredo Moreira Neto, *Teoria do Poder*, p. 18, destaques no original.

4. Idem, ibidem.

5. Fávila Ribeiro, *Abuso de Poder no Direito Eleitoral*, 3ª ed., p. 23.

6. Diogo de Figueiredo Moreira Neto, *Teoria do Poder*, cit., p. 21.

7. Por isso a advertência de Celso Bastos: "Se perguntarmo-nos qual é o objeto fundamental com

produção fundamental da ordem jurídica demanda uma atividade construtiva suprema, a ser cumprida pelo Poder Constituinte, que deve trazer um lastro de legitimidade sem a qual não é válida.[8]

Desde então, o poder estatal, que antes se apresentava em forma una e ilimitada, passa a submeter-se ao sistema de distribuição de competências, com latitudes demarcadas, em conformidade com a estrutura organizacional adotada pela Constituição.

O documento fundamental da partilha de poderes é, como já dissemos, a Constituição política; nela devem estar explicitados claramente os lindes do poder do Estado, do poder da imprensa, do poder religioso, econômico, sindical, etc.

No entanto, o que distingue o poder Estatal dos outros poderes é a sua capacidade de coerção. Embora com a sua criação, os demais poderes não são suprimidos, mas estes não podem — ao contrário do poder estatal — exercer a coerção máxima sobre os que habitam em seu território. Por isso, Max Weber, ao conceituar o Estado, o definiu como sendo aquele que detém o monopólio legítimo da força.

Em suma, a Constituição regula, limita a utilização do poder, sendo que o seu uso em desconformidade ao que foi por ela permitido representa violação ao princípio da supremacia Constitucional.

Agora, veremos o abuso de poder no direito privado e no público para diferenciá-los do praticado em matéria eleitoral.

3. O abuso de poder nos direitos privado e público

Preliminarmente, temos que dizer que quem tem direito tem poder. Por isso, usaremos indistintamente as expressões abuso de poder e abuso de direito neste trabalho.

No campo do direito privado também são comuns os abusos no exercício de um direito. Foi aqui que a doutrina do abuso no exercício do poder foi desenvolvida e aperfeiçoada.

Em vários casos, a aplicação fria e extremada da lei permitia ao detentor de um direito qualquer o seu exercício para finalidades não previstas no ordenamento, indo contra a função social que deve reger todo o direito. Não há direitos absolutos. Cícero teve essa intuição quando disse: *Summum jus summa injuria.*

Sobre a questão da inexistência dos direitos absolutos, Washington de Barros Monteiro nos esclarece que: "A idéia do absoluto de que outrora impregnavam os direitos, se tornou obsoleta (...). Os tempos mudaram e com eles o direito. Condena-se presentemente o abuso do direito; como asseveram Marty et Raynaud, a pessoa que pretendessem se apegar à tese dos direitos absolutos, veria repelida pelos tribunais sua pretensão".[9]

Caracterizar a natureza jurídica do abuso de direito é tema complexo. Há várias correntes que abordaram a matéria e o consenso, se é que ele existe no Direito, nunca foi alcançado.

Alguns negam a existência da figura do abuso porque quando da sua existência já não se estaria em face de um direito, mas sim de um não-direito, de uma falta dele. Para outros, o abuso se manifestaria na intenção de prejudicar (teoria subjetiva). Outra corrente coloca o critério identificador na ausência de interesse legítimo, quando seu exercício conflita com a finalidade social para a qual foi conferido (teoria objetiva).

Finalmente, alguns acreditam que o elemento discriminador estaria no exercí-

que se defronta uma Constituição vamos encontrar uma só resposta: a regulação jurídica do poder" (*Comentários à Constituição do Brasil*, 1º v., p. 132).

8. José Eduardo Faria (*Poder e Legitimidade*, p. 81) assevera que "a autoridade não pode fundamentar-se no direito positivo, porque é justamente esse quem precisa de autoridade para ser eficaz".

9. Washington de Barros Monteiro, *Curso de Direito Civil*, 1º v., 32ª ed., pp. 282-283.

cio anormal ou irregular de um direito. "Se alguém prejudica a outrem, no exercício do seu direito, fica adstrito a reparar o dano, se anormal ou não-regular esse exercício. É a mesma teoria da responsabilidade civil fundada na culpa".[10]

Uma coisa, porém, é certa: "O problema do abuso de direito não deve ter sua solução dentro das normas sobre responsabilidade civil, mas sim dentro daquelas outras que exprimem os princípios gerais do direito".[11] O Código Civil alemão (*BGB*), em seu § 226, assim preceitua: "O exercício de um direito é permitido, quando não possa ter outro fim que não o de causar prejuízo a outrem".

Embora a discussão desta questão não seja pertinente aos estreitos lindes deste trabalho, não endossamos a opinião de Lúcio Flávio de Vasconcellos Naves, para quem a teoria do abuso de direito funda-se, exclusivamente, "na já consagrada relatividade de todos os direitos".[12]

Esta teoria, que é tão antiga quanto o homem, veio a lume na consciência jurídica apenas no início do século XX. Henri de Page fala-nos sobre esta origem: "Sob este nome, a teoria não existe senão depois do início do século XX, e provocou, desde seu surgimento, vivas resistências. Na realidade, ela é tão velha quanto o mundo, e se apóia em razões a tal ponto evidentes que de fato não se compreende como foi possível combatê-la".[13]

O surgimento desta teoria esbarrou no individualismo preponderante pós-revolução francesa, para a qual qualquer idéia que ameaçasse o direito de propriedade era vista com reservas. Mas a realidade estava lá, para quem quisesse vê-la. Desde o direito romano se aplicam as regras da contenção do abuso de direito; nem em Roma a propriedade foi tão absoluta como apregoam os manuais de Direito Civil e Romano.

O direito público também conhece a teoria do abuso de direito. Foi desenvolvida pela doutrina francesa e, posteriormente, pela italiana. No Brasil, segundo a clássica lição de Hely Lopes Meirelles,[14] o abuso de poder é encarado sobre dois prismas: o *excesso* e *desvio de poder*.

Excesso de poder ocorreria quando o agente público, na prática de seus atos funcionais, ultrapassasse sua competência, ou seja, fosse além do permitido pela norma que lhe outorga poder para determinado ato. É vício extrínseco ao ato.

Já no desvio de poder há, por parte do agente público, um ato extrinsecamente perfeito, isto é, no limite da competência atribuída à autoridade; porém, na sua finalidade, no seu conteúdo, este é viciado, fere o princípio da moralidade administrativa, beneficia alguém em detrimento da coletividade, do interesse público. É vício intrínseco ao ato.

4. O abuso de poder no processo eleitoral

Um dos grandes problemas enfrentados na luta pela realização da verdadeira democracia no Brasil diz respeito à legitimidade dos nossos pleitos. Na história política brasileira não houve um só pleito em que não houvesse uma ameaça à plena concretização da democracia. O modo mais comum de se afetar a lisura e legitimidade do processo eleitoral vem na forma do abuso de poder.

O combate ao abuso de poder no processo eleitoral não pode ser confundido com

10. Idem, p. 283.

11. Roberto Goldschmidt *apud* Lúcio Flávio de Vasconcellos Naves, *Abuso no Exercício do Direito*, p. 42.

12. Lúcio Flávio de Vasconcellos Naves, ob. cit., p. 23.

13. *Apud* Lúcio Flávio de Vasconcellos Naves, ob. cit., p. 51.

14. *Direito Administrativo Brasileiro*, 26ª ed., pp. 104-106.

o do direito privado ou público.[15] O objetivo de seu combate deve ater-se à legitimidade e isonomia de oportunidades nas eleições, requisitos mínimos para uma verdadeira democracia.

O abuso de poder — é bom que se diga logo — é caracterizado como sendo um complexo de atos que desvirtuam a vontade do eleitor, violando o *princípio da igualdade* entre os concorrentes do processo eleitoral e o da *liberdade de voto*, que norteiam o Estado Democrático de Direito.

É para evitar a existência das chamadas *democracias de fachada* que é reprimido o abuso de poder no processo eleitoral. Democracias de fachada são, no dizer do Prof. Samuel Finer, "um sistema em que as instituições, processos e salvaguardas liberal-democráticos estão estabelecidos na lei, mas são na prática manipulados e violados por uma oligarquia histórica, com o fito de permanecer no poder".[16]

Fávila Ribeiro, tratando do abuso de poder econômico, bem caracteriza a conspurcação da Democracia representativa porque "todos os que se elevam ao poder, por um método que não derive limpidamente da vontade do povo, pode ser tudo, somente não poderá apresentar-se com a qualificação representativa, por se contrapor ao critério consagrado de legitimidade, correspondendo à forma venalizada da aquisiçao de determinados ofícios na organização feudal".[17]

15. "Para o Direito Eleitoral, a problemática do abuso de poder não pode ficar nos confinamentos públicos ou privados, tendo que transpor essas linhas em busca de apoios abrangentes que penetram a fundo nas circunstâncias concretas da realidade contemporânea, para que o regime democrático participativo tenha uma escorreita base de sustentação, expungindo de vícios que possam obstar ou macular a caráter genuíno da participação do povo nos processos eletivos e deliberativos diretos: plebiscito e referendo" (Fávila Ribeiro, *Abuso de Poder...*, 3ª ed., p. 21).

16. *Apud* Fávila Ribeiro, *Abuso de Poder...*, 3ª ed., pp. 86-87.

17. Idem, p. 66.

4.1 Fundamentos da coibição

A repressão ao abuso de poder tem duplo fundamento: um principiológico implícito e outro "legal" explícito.

Os princípios que o abuso atinge estão relacionados diretamente com o republicano e o democrático. Isso porque "os princípios fundamentais do Direito Eleitoral político são, também, princípios constitucionais, desde que não existem princípios de Direito Eleitoral que não sejam, também político-constitucionais, que refletem direta ou indiretamente os princípios axiológicos fundamentais e os princípios constitucionais instrumentais".[18] Um regime Republicano e Democrático não prescinde da lisura e regularidade de seus pleitos, porque somente assim se resguardará a legitimidade popular e a igualdade de votos entre os concorrentes do processo eleitoral.

A igualdade é o signo fundamental tanto da democracia[19] como da república.[20]

O regime Republicano é diretamente afetado na medida em que se pressupõe, para a sua existência, a isonomia de seus inte-

18. José Alfredo de Oliveira Baracho, "A teoria geral do Direito Eleitoral e seus reflexos no Direito Eleitoral Brasileiro", *Informativo Eleitoral* 10/24.

19. José Afonso da Silva, *Curso de Direito Constitucional Positivo*, 13ª ed., p. 206; J. J. Gomes Canotilho, Vital Moreira, *Fundamentos da Constituição*, p. 80; Daniel Coelho de Sousa, *Interpretação e Democracia*, 2ª ed., p. 147; José Pedro Galvão de Souza, *Iniciação à Teoria do Estado*, 2ª ed., p. 66; Alexis de Tocqueville, *O que é Democracia?*, 2ª ed., p. 104.

20. Geraldo Ataliba, *República e Constituição*, 2ª ed., pp. 158 e 160; Roque A. Carrazza, *Curso de Direito Constitucional Tributário*, 15ª ed., p. 45; José Manoel Arruda Alvim Neto, "A liminar na ação cautelar e a suspensão da exigibilidade do crédito tributário", in Teresa Arruda Alvim (coord.), *Repertório de Jurisprudência e Doutrina sobre Processo Tributário*, pp. 30-31; Cármen Lúcia Antunes Rocha, "Democracia, Constituição e Administração", *RTDP* 26/64.

grantes. Essa igualdade jurídica deve-se traduzir, no processo eleitoral, na igual oportunidade de acesso aos cargos eletivos entre os candidatos, e na igual oportunidade de influir na formação da vontade popular, em suma, na isonômica oportunidade de participação no processo eleitoral. Os que detêm o Poder não podem abusar dele para tirar ou dificultar o acesso dos menos favorecidos aos cargos eletivos. Nesse sentido, convém destacarmos dois preceitos salutares insculpidos na Constituição Portuguesa de 1976, *in verbis*: "Todos os cidadãos têm o direito de acesso, em condições de igualdade e liberdade, aos cargos públicos" (art. 50.1) e "As campanhas eleitorais regem-se pelos seguintes princípios: (...); b) Igualdade de oportunidades e de tratamento das diversas candidaturas" (art. 116.3, *b*).[21] Canotilho deixa isso claro quando ressalta que a "*igualdade de oportunidades na concorrência eleitoral* (...) foi um dos primeiros domínios onde se começou a tentar dar operatividade prática ao princípio da igualdade de oportunidades".[22]

Antonio Carlos Mendes, apoiado no jurista português Miguel Galvão Telles, leciona que a repressão ao abuso de poder, assim como na seara econômica,[23] é para "substituir o exercício incondicionado da liberdade de competição por um exercício limitado através de normas que visem impor e assegurar 'regras do jogo' destinadas a garantir a 'genuidade' da concorrência — ou a salvá-la".[24]

É que um dos princípios em que se assenta o Estado Democrático é o da livre concorrência pelo poder,[25] obviamente em condições de igualdade. Só por isso pode-se perceber o quão perniciosa é a prática do abuso de poder na seara eleitoral para a Democracia. Esta, além de ter como um dos signos fundamentais a igualdade, tem seu principal fundamento no exercício do poder pelo povo (CF, art. 1º, parágrafo único), o que é feito por meio do sufrágio popular.[26] Portanto, para a própria sobrevivência do regime democrático, é imperioso que o exercício do sufrágio popular transcorra dentro da lei e da ordem e de forma honesta, escorreita e tranqüila. Como disse Paulo Lucas Verdú "há democracia porque há eleições livres e há eleições livres porque há democracia".[27] É a consagração de uma das pilastras da Democracia, a liberdade, mais especificamente, a *liberdade de voto* (que deve ser combinada com a igualdade dos candidatos e partidos e soberania popular).[28] Pois, como muito bem observou Lauro Barreto, a lisura do processo eleitoral não pode ficar limitada à exatidão da conferência numérica entre o resultado final e o voto das

21. O Min. Carlos Velloso já se pronunciou a respeito: "(...) O fato apontado ao meu sentir, é caracterizador da influência do poder econômico, não sendo relevante indagar se houve, ou não, uma vontade determinada de produzir propaganda eleitoral. O que importa indagar é que a propaganda irregular existiu e porque existiu viciou a vontade de algum ou de alguns eleitores, *em detrimento do princípio da igualdade entre os candidatos*" (*RJTSE* 6/1/351, destacamos. No mesmo sentido votou no REsp 8.857-AC, Ac. 11.241-AC, *RJTSE* 2/2/159 e ss.).

22. J. J. Gomes Canotilho, *Direito Constitucional*, 6ª ed., p. 451.

23. Sérgio Varella Bruna, *O Poder Econômico e a Conceituação do Abuso em seu Exercício*, pp. 62, 101 e 102.

24. "Apontamentos sobre o abuso de poder econômico em matéria eleitoral", *Cadernos de Direito Constitucional e Eleitoral* 3/24.

25. Enrique Arnaldo Alcubilla, *El Régimen Electoral de España*, p. 15.

26. José Alfredo de Oliveira Baracho, "A teoria geral...", *Informativo Eleitoral* 10/13.

27. *Curso de Derecho Político*, v. III, Madri, Tecnos, 1976, *apud* Enrique Arnaldo Alcubilla, *El Régimen Electoral...*, p. 17, tradução livre.

28. Declaração Universal dos Direitos do Homem, em seu art. 21, 3, prevê que "A vontade do povo é o fundamento da autoridade dos poderes públicos e deve exprimir-se através de eleições honestas a realizar periodicamente por sufrágio universal e igual, com voto secreto ou segundo processo que salvaguarde a liberdade de voto".

urnas, deve-se ir além, ou seja, deve-se transcender essa operação matemática e garantir ao cidadão "no processo individual e personalíssimo de reflexão que o deveria levar à escolha de seu candidato, a possibilidade de uma opção completamente liberta e descompromissada de qualquer pressão que possa influenciá-lo ou coagi-lo de tal forma que seu voto, longe de ser fruto de uma decisão pessoal, assuma feições de simples imposição de tal pressionamento. É indispensável, ainda, que aos candidatos, a todos os candidatos, sejam oferecidos, em perfeita igualdade de condições, os meios de levar ao conhecimento do eleitorado as suas mensagens e propostas".[29] A liberdade de voto não é garantida apenas pelo seu caráter secreto, como uma interpretação mais apressada da Declaração Universal dos Direitos do Homem (art. 21, 3) poderia deixar entrever. Não, insistimos: é necessário garantir a isonomia dos participantes do pleito e evitar abusos culturais, econômicos, políticos, etc. A Democracia pressupõe a livre concorrência pelo poder, ou seja, eleições livres.

É exatamente neste ponto que ressaltamos *o caráter pétreo do combate ao abuso de poder*. Porque mesmo não havendo expressa previsão constitucional neste sentido, qualquer tentativa de macular a legitimidade, a limpidez do processo eleitoral atenta contra a liberdade de voto e isonomia dos concorrentes ao pleito. Esses dois princípios são resguardados pela cláusula do art. 60, § 4º, inc. IV, da CF/1988, de maneira que qualquer condescendência com o abuso de poder viola esses princípios fundamentais do cidadão e, *ipso facto*, a cláusula limitativa do poder constituinte reformador.

Já no campo explícito, a ofensa também vem diretamente da Constituição, cujo art. 14 (§§ 9º e 10) deixa claramente visível a sua intolerância a tais práticas, e da LC 64/1990, art. 23.[30]

Por isso, o TSE já decidiu que "o bem jurídico tutelado é a normalidade e legitimidade das eleições (CF, art. 14, § 9º) e o interesse público de lisura eleitoral (Lei de Inelegibilidades, art. 23, *in fine*)".[31]

4.2 Princípios que norteiam a repressão ao abuso de poder nas eleições

4.2.1 O princípio da potencialidade

Por este princípio é que se afere a capacidade de se influir na lisura do processo eleitoral. Deveras, se a coibição ao abuso de poder existe para resguardar a legitimidade da democracia, ele tem que ter *potencialidade lesiva* aos postulados que resguardam a lisura dos pleitos.

Este princípio, não raras vezes, tem sido interpretado de maneira distorcida. Atribuem-lhe a característica de exigir uma comprovação matemática de que o abuso, seja de que espécie for, influi no resultado eleitoral. Quem assim procede destrói toda a eficácia da repressão ao abuso de poder, por torná-la impossível, por exigir uma verdadeira *diabolica probatio*. Deve-se ter em mente que, assim como no direito *antitrus-*

29. *Escrúpulo & Poder — O Abuso de Poder nas Eleições Brasileiras*, p. 11.

30. Por comodidade, transcrevemos: CF, art. 14, § 9º, "Lei complementar estabelecerá outros casos de inelegibilidade e os prazos de sua cessação, a fim de proteger a probidade administrativa, a moralidade para exercício de mandato considerada a vida pregressa do candidato, *e a normalidade e legitimidade das eleições contra a influência do poder econômico ou o abuso do exercício de função, cargo ou emprego na administração direta ou indireta*"; CF, art. 14, § 10, "*O mandato eletivo poderá ser impugnado* ante a Justiça Eleitoral no prazo de quinze dias contados da diplomação, *instruída a ação com provas de abuso de poder econômico, corrupção ou fraude*"; LC 64/1990, art. 23, "O Tribunal formará sua convicção pela livre apreciação dos fatos públicos e notórios, dos indícios e presunções e prova produzida, atentando para circunstâncias ou fatos, ainda que não indicados ou alegados pelas partes, mas que preservem *o interesse público de lisura eleitoral*".

31. *RJTSE* 6/1/332-333 e 7/1/278.

te,[32] não estamos diante de uma ciência exata, sendo possível — em virtude do sigilo do voto — apenas uma avaliação aproximada. Emerson Garcia põe tudo em seu devido lugar: "Para que seja identificada a potencialidade do ato é despicienda a apresentação de cálculos aritméticos que venham a refletir diferença quantitativa de votos em favor de quem o praticou; ou mesmo a demonstração de relação de causa e efeito entre o ato, analisado em si e sob a ótica da conjuntura em que foi praticado, denote ser potencialmente daninho à legitimidade do pleito, sendo apto a influir sobre a vontade popular. Bastará, assim, que os motivos convergentes à configuração do abuso de poder superem os divergentes, dando azo à probabilidade de que o ato tenha prejudicado a normalidade do pleito. Desta forma, prebendas de nenhum ou de insignificante valor, inobstante ilícitas e imorais, não terão aptidão para deflagrar as medidas referidas".[33-34]

Vejamos a passagem do aditamento ao parecer do MP pelo Vice-Procurador-Geral Eleitoral, Dr. Antônio Fernando Barros e Silva de Souza, no famoso caso em que se julgou um ex-Senador: "Lembro, também, que esta Corte tem exigido para o reconhecimento, seja do abuso do poder econômico, seja para a constatação de abuso do poder de autoridade, um nexo de causalidade. Agora, *esse nexo de causalidade não pode ser visto como uma comprovação matemática de que o desvio, seja no poder econômico, seja no poder político, influi no resultado eleitoral*. Basta, ao ver do Ministério Público — senão a Lei Complementar 64/1990 não terá nenhuma aplicação — que haja a potencialidade do instrumento utilizado para influir no resultado eleitoral. (...) É que a potencialidade dos calendários como veículo de propaganda eleitoral deve ser feita objetivamente, sem qualquer consideração a propósito do elemento subjetivo que inspirou a sua confecção e posterior distribuição".[35]

É por isso que preferimos denominá-lo de princípio da potencialidade ao invés de nexo causal.[36]

Deve-se ter sempre em vista que o processo eleitoral é composto de diversas fases e que qualquer vício em uma de suas fases é suficiente para a deflagração das medidas processuais cabíveis. Assim, a "normalidade e a legitimidade das eleições como

32. Se no direito *antitruste*, que tem *n* dados sobre o mercado, faturamento das empresas, etc., a avaliação é aproximada (Sérgio Varella Bruna, *O Poder...*, p. 127), *a fortiori* será na esfera eleitoral, onde, além de viger o sigilo do voto (CF, art. 60, § 4º, II), é impossível uma pesquisa auscultando os motivos determinantes do voto de cada eleitor.

33. *Abuso de Poder nas Eleições: Meios de Coibição*, p. 18. Note-se que a edição da Súmula 17 do TSE não altera este quadro porque se trata de infração à lei das eleições (que, como foi muito bem observado pelo TRE/SP, tem natureza administrativa — Ac. 134.468, *Cadernos de Direito Constitucional e Eleitoral* 44/239), e não a repressão ao abuso de poder no processo eleitoral, resguardando a lisura e legitimidade dos pleitos, enfim, a democracia. Eis o teor da *Súmula 17*: "Não é admissível a presunção de que o candidato, por ser beneficiário de propaganda eleitoral irregular, tenha prévio conhecimento de sua veiculação (arts. 36 e 37 da Lei 9.504, de 30.9.1997)".

34. Luiz Melíbio Uiraçaba Machado, em interessante trecho de artigo doutrinário, nos explica o porquê desse entendimento: "Isso tudo porque no emprego do poder econômico não há liame entre candidato e eleitor (como se viu); não há imediata relação a determinados eleitores; também não há como indagar dos eleitores, dado o sigilo, as razões de seu voto" ("O abuso do poder econômico no processo eleitoral", *Resenha Eleitoral*, v. 2, p. 39).

35. Aditamento ao parecer do MP no Acórdão 12.244-PB, *RJTSE* 7/1/259. No mesmo sentido: *RJTSE* 4/4/75, 6/3/136-137, 9/4/1 e 10/1/11.

36. Marcelo Silva Moreira (*Eleições e Abuso de Poder*, pp. 79-82) e Eduardo Antônio Dantas Nobre ("Instrumentos de impugnação do diploma: a ação prevista na Constituição Federal, art. 14, §§ 10 e 11, e o recurso contra a expedição do diploma", *Resenha Eleitoral*, v. 6, n. 2, p. 45) nominam este requisito de *nexo causalidade*. Achamos que é melhor a denominação utilizada por Emerson Garcia (*Abuso de Poder...*, pp. 17-19), pois não é necessário um nexo causal e sim uma potencialidade de dano, ainda que ele efetivamente não tenha ocorrido.

um todo pressupõem a normalidade e a legitimidade dos diversos estágios do processo eleitoral, de modo que o comportamento abusivo adotado em determinada fase (da propaganda eleitoral, por exemplo) há de ser apurado e punido, considerando-se a sua aptidão para comprometer aquela fase do processo eleitoral e não obrigatoriamente o resultado final do pleito".[37]

Se o ato abusivo desigualar os candidatos em cada uma das fases do processo eleitoral, isoladamente ou em todas, não importa, já está configurado o abuso do poder. Não é necessário, assim, que o abuso influa em todo o processo eleitoral ou somente no ato da votação, sendo suficiente para caracterizá-lo sua influência em uma de suas fases, com potencialidade de dano à lisura e à regularidade dos pleitos.

4.2.1.1 Da tentativa do abuso — Faz-se necessário analisar a tentativa do abuso de poder na seara eleitoral. É cabível falar em tentativa de abuso nesta seara? Se for, é punível? É intuitivo que o conceito de tentativa deve ser haurido do Direito Penal. Na tentativa há prática de ato de execução, mas o sujeito não chega à consumação do abuso de poder por circunstâncias alheias a sua vontade. Exemplo de tentativa de abuso seria o caso daquele que comprou vários bens estratégicos para a população de determinado local e estes, antes de serem distribuídos, são apreendidos pelo Poder Judiciário. É perfeitamente cabível falar-se em tentativa de abuso, mas pelo princípio da potencialidade não nos afigura possível a sua punibilidade, sendo necessário ter presente que a coibição do abuso existe para garantir a legitimidade e a igualdade de oportunidades no processo eleitoral. Conduta que não tenha aptidão para desequilibrar a disputa eleitoral (princípio da potencialidade) não pode caracterizar o abuso punível.[38] Assim, como é requisito para a configuração do abuso a potencialidade lesiva do ato, a forma tentada não é punível no direito eleitoral, é um indiferente a esse ramo do direito público embora, transportando a teoria da tentativa do direito penal, ela exista.

Nossa jurisprudência já teve oportunidade de rechaçar a existência da punibilidade da tentativa do abuso de poder no processo eleitoral diversas vezes.[39] Vejamos a posição do TSE:

> *Abuso do poder econômico.* Inexigível se demonstre a existência de relação de causa e efeito entre a prática tida como abusiva e o resultado das eleições. Necessário, entretanto, se possa vislumbrar a potencialidade para tanto. Não reconhecendo o acórdão regional esteja suficientemente provado tenha havido a distribuição de bens, prática que se pretende configuradora do abuso do poder econômico, não se pode afirmar que esse tenha verificado pelo fato de terem sido apreendidas cestas de alimentos no Comitê Eleitoral. *O fato mesmo da apreensão impediu houvesse a influência capaz de comprometer a legitimidade das eleições. O abuso não resulta de atos simplesmente preparatórios.*[40]

37. Trecho do voto do Rel. Min. Marco Aurélio, *RJTSE* 7/1/272.

38. "Não é punível o desvalor do móvel do agente, mas tão-somente a potencial alteração da situação fática de igualdade dos candidatos" (Emerson Garcia, *Abuso de Poder...*, p. 40).

39. Cf. TSE, REsp 9.350, Ac. 11.899, j. 2.4.1992, *DJU* 26.5.1992, p. 7.473 (*RJTSE* 4/2/11), no qual o Min. Villas Boas asseverou em seu voto que "ainda que se admita ter havido a intenção de abusar do poder político, essa intenção ficou apenas na tentativa, pois a prova de que a encomenda se fizera à conta da Assembléia Legislativa do Estado (cf. fl. 33) restou elidida".

O TRE-MA seguindo a mesma trilha já decidiu que "A mera aquisição de máquina de beneficiamento de arroz, ainda que tenha sido da responsabilidade dos recorrentes, no intuito de trazer-lhes repercussão favorável junto ao eleitorado, não configura abuso de poder econômico, haja vista sua utilização que não chegou a se consumar permanecendo a conduta apenas no campo da tentativa" (in *RJTSE* 9/3/122).

40. *RJTSE* 10/2/202-203, sem destaques no original.

4.2.2 O princípio da impersonalidade

Para compreender este princípio é preciso ter em mente que, normalmente, quem abusa de seu poder o faz para terceiros. Não se pode confundir quem abusa do poder e quem é por ele beneficiado. "O ordenamento pátrio não agasalha o princípio da personalidade, punindo tanto o praticante quanto o beneficiário do ato (art. 22, XIV, da LC 64/1990)".[41]

Provado o abuso de poder, deve-se decretá-lo sem necessidade do elemento subjetivo. O beneficiário pode até desconhecer a conduta de quem abusa que, mesmo assim, será responsabilizado.

Como grande valor que é, a legitimidade do processo eleitoral não poderia ficar a mercê da comprovação do elemento subjetivo, isto é, da comunhão de interesses de quem é beneficiado pela prática de abuso de poder. Não se trata de Direito Sancionador (= Punitivo), mas sim de forma de se desconstituir o mandato obtido de forma abusiva.

Firme, nesse sentido, a jurisprudência do TSE:

> *Recurso especial. Ação de impugnação de mandato eletivo. Abuso do poder econômico. Responsabilidade do candidato beneficiado. Prescindibilidade. Nexo de causalidade. Matéria fática.*
>
> 1. A penalidade de perda do mandato, decorrente da procedência da ação de impugnação de mandato eletivo, não possui natureza criminal, sendo mera conseqüência do comprometimento da legitimidade da eleição por vícios de abuso de poder econômico, corrupção ou fraude. Precedentes.
>
> 2. Configurado o abuso de poder econômico por meio do exame de provas, é irrelevante para a procedência da ação de impugnação de mandato eletivo a comprovação da participação direta dos beneficiários nos atos e fatos caracterizadores da prática ilícita.
>
> 3. Para dissentir do aresto regional que entendeu provados os fatos apontados e haver nexo de casualidade entre esses e o resultado do pleito, imprescindível o reexame e a valoração do conjunto probatório. Súmula 279/STF. Recurso especial não conhecido.[42]

Embora improvável, mas não impossível de ocorrer, é o fato de uma pessoa ou grupo de pessoas fazer propaganda eleitoral com abuso de poder, para candidato que está virtualmente eleito, somente para prejudicá-lo em eventual Ação de Impugnação de Mandato Eletivo. Não defendemos a idéia de que, se um candidato tem a maioria nas intenções de votos, ele possa abusar do poder ou ser por ele beneficiado, mas sim que se o benefício for com o propósito deliberado de o prejudicar, ele deverá se resguardar na Justiça Eleitoral para que o abu-

41. Emerson Garcia, *Abuso de Poder...*, p. 19. Nesse sentido, cf. também Luiz Melíbio Uiraçaba Machado, "O abuso do poder econômico...", *Resenha Eleitoral*, v. 2, p. 40.

42. TSE, REsp 15.891-BA, Ac. 15.891-BA, Rel. Min. Maurício Corrêa, j. 11.11.1999, *DJU* 17.12.1999, p. 171. Nesse sentido, dentre outros: *RJTSE* 3/3/240, 3/4/51 e *BE* 328/645, 426/8 e 446/857. Recentemente, no entanto, o TSE tem feito uma distinção quando o abuso é praticado pelo candidato ou por terceiros em seu benefício. *No caso de ser praticado pelo próprio candidato não é necessário uma prova tão forte para provar a possível influência no processo eleitoral; já no caso do ato ter sido praticado por terceiro, a necessidade daquela prova se impõe.* Por isso, o TSE (AI 1.136-MT, Rel. Min. Eduardo Ribeiro, j. 31.8.1998, *DJU* 2.10.1998, p. 50) decidiu: "*Abuso de poder econômico.* Sendo a normalidade do pleito o valor a ser resguardado, a cassação do registro poderá ocorrer, ainda que, *para a ilicitude, não concorra o candidato. Necessidade, em tal hipótese, da demonstração de que fortemente provável haja a prática abusiva distorcido a manifestação popular*, com reflexo no resultado das eleições. *Imputável ao próprio candidato o procedimento ilícito*, além da cassação do registro, resultará a inelegibilidade. Em tal caso, *bastará a potencialidade de ser afetada a normalidade das eleições, não se exigindo fique evidenciado o forte vínculo da probabilidade que se faz mister quanto a prática é de responsabilidade de terceiro*" (destacamos).

so seja estancado, sob o risco de ter-se como caracterizado o abuso com as conseqüências daí advindas.

4.3 Espécies de abuso de poder no processo eleitoral

O Poder é multiforme, mas a doutrina e a legislação têm percebido que ele normalmente se exterioriza através do meio político, econômico e da mídia. Mas nem sempre foi assim.

O Código Eleitoral (Lei 4.737/1965), em seu art. 237 reconhecia somente o abuso de poder econômico, desvio ou abuso do poder de autoridade, em desfavor da liberdade de voto. Situação que não se alterou com a promulgação da Constituição de 1967, que no seu art. 148 determinava que a lei complementar poderia estabelecer outros casos de inelegibilidade visando a preservação: "III — da normalidade e legitimidade das eleições, contra o abuso do poder econômico e do exercício dos cargos ou funções públicas". Alguns anos após, a Lei 7.493/1986 — assim como o Código Eleitoral — continuava reconhecendo somente o abuso do poder político e do econômico (art. 23), situação que, a nosso ver, não se alterou com a vinda da Lei 7.664/1988, que em seu art. 24 anunciava: "O mandato eletivo poderá ser impugnado ante a Justiça Eleitoral após a diplomação, instruída a ação com provas conclusivas de abuso do poder econômico, corrupção ou fraude e transgressões eleitorais", e muito menos com nossa atual Constituição (art. 14, § 9º).

Foi com a vinda da LC 64/1990 que a legislação finalmente reconheceu — ainda que tardiamente — umas das práticas mais daninhas à Democracia, o abuso de poder nos meios de comunicação social (art. 22).

A própria legislação ordinária evoluiu no sentido de reconhecer três espécies de abuso de poder no processo eleitoral, mas essa classificação é taxativa? Não existem outros meios de abuso de poder no processo eleitoral ou uma mistura tão sutil entre as espécies relacionadas pela Lei de Inelegibilidades (LC 64/1990) que ficaria difícil englobar os atos violadores da igualdade nos pleitos e da liberdade de votos em qualquer uma delas?

Antes de respondermos essas questões, discorreremos sobre os principais aspectos dessas espécies de poder que são utilizados de maneira abusiva no processo eleitoral.

4.3.1 Abuso de poder econômico

O abuso de poder econômico é um dos meios mais característicos de ameaça à lisura dos pleitos eleitorais. Não poderia ser de outra forma numa sociedade cuja base é capitalista e na qual *o dinheiro abre todas as portas*! "*Ao invés de ser disputada a confiança do eleitorado*, creditada por precedentes realizações na vida pública, pelo vigor da autêntica liderança política, por um trabalho de persuasão por afinidades de convicções, por solidariedades impregnadas, *transformam-se em negócios com contraprestações pecuniárias*".[43]

Lembremos que o princípio que norteia todo o processo eleitoral e que deve ser resguardado é o da igualdade (CRP/1976, art. 116, 3, *b*). O abuso de poder econômico que caracteriza-se pela utilização de recursos materiais (financeiros) da iniciativa privada para fins, principalmente, de propaganda eleitoral, acima dos limites legalmente estipulados, atenta contra a isonomia dos candidatos. Isso porque esta prática exclui da disputa "os candidatos que não possuam grande disponibilidade econômica, assim como aqueles que não são ungidos por grupos empresariais, interessados em se beneficiar do poder político a ser exercido pelo 'candidato da situação', após eleito".[44]

Mas, não raro, o abuso do poder econômico não está só; geralmente, associa-se a

43. Fávila Ribeiro, *Abuso de Poder*..., 3ª ed., p. 52.

44. Marcelo Silva Moreira, ob. cit., p. 49.

outros tipos de manifestação de poder: *é a promiscuidade do poder.*[45]

Nicolau Dino de Castro e Costa Neto,[46] Procurador da República, enumera alguns fatores que caracterizam a ocorrência do abuso de poder econômico que interessam ao Direito Eleitoral: 1) o financiamento de Partidos ou candidatos ao arrepio das disposições legais ou instruções do TSE disciplinadoras da matéria; 2) potencialidade para provocar desequilíbrio na disputa; e, conseqüentemente 3) ruptura da lisura e legitimidade do pleito.

É claro que esses critérios não se apresentam absolutos, não passando de indícios, porque o abuso não tem forma pré-definida, é igual a *Proteu*, conforme explicaremos adiante. Para se caracterizar o abuso do poder econômico não se deverá entender que sempre haverá descumprimento das resoluções do TSE que disciplinam a matéria[47] ou se exigir a prova da influência do abuso no resultado do pleito, exigências descabidas face ao princípio da potencialidade.

A conseqüência mais nefasta deste tipo de influência no processo eleitoral é o financiamento das campanhas por grupos ilícitos: guerrilha, cartéis de drogas, etc.

4.3.2 Abuso do poder de autoridade ou político-administrativo

Sabendo que o Poder é delimitado pela Constituição do Estado, é natural que grande parte dele resida no próprio Estado e, devido a isto, os detentores de cargos governamentais detêm grande parcela de poder em suas mãos. "A parcela de poder atribuída aos administradores é suficientemente capaz de influir e desvirtuar um processo eleitoral. Consubstancia-se, também, numa das práticas que maiores lesões provoca ao erário".[48]

É o famoso *uso da máquina administrativa*. Governantes usam o próprio Estado para apoiarem seus candidatos; agora, com a emenda que permite a reeleição, sua coibição é o grande desafio na área da repressão ao abuso do poder. Normalmente, exterioriza-se através de inúmeras inaugurações de obras públicas e o principal problema para combatê-lo não está na legislação, mas sim na falta de ética que impera na política nacional.

Fávila Ribeiro, com pena de mestre, explicou: "A propaganda política cavalga no dorso das celebrações oficiais de obras concentradas, com as publicidade que as acompanham, envolvendo-se, assim, a máquina estatal na campanha sucessória, tornando-

45. Significativa, sobre este aspecto, passagem da obra do jurista Fávila Ribeiro: "Em certos casos, são os partidos que se defrontam com uma conjuntura que se prenuncia desfavorável e valem-se de um esquema de cartelização econômica disposto a investir copiosos recursos financeiros para atingir a colonização governamental, desde que reservada a posição predominante para um dos seus mais engajados expoentes. A luta eleitoral fica totalmente desvirtuada, mantendo-se o objetivo de conquista política, formando-se um conglomerado ao mesmo tempo político, econômico, social e culural, impregnando-se de tal ordem, ficando tão íntimas e penetrantes as suas interligações, sem isolar a ação econômica, não sendo então possível distinguir o poder econômico dos demais. Mas é ele a argamassa que a todos congrega e impulsiona, estipendiando-os. E o poder social, caracterizado nas comunicações, pode já ser expressão de uma correlação antecedente, incoporando-se em um conglomerado para ações conjuntas, formando uma estrutura de múltipla potencialidade" (*Abuso de Poder...*, p. 53).

46. "Investigação judicial eleitoral", *Revista da Procuradoria-Geral da República* 7/157, *apud* Marcelo Silva Moreira, ob. cit., pp. 51-52.

47. Para Luiz Melíbio Uiraçaba Machado ("O abuso do poder econômico...", *Resenha Eleitoral*, v. 2, p. 40) "o simples uso do poder econômico fora das normas financeiras permitidas já caracteriza o abuso e faz incidir a declaração de inelegibilidade do autor dos fatos e a perda do mandato eletivo do seu beneficiário".

48. Marcelo Silva Moreira, ob. cit., p. 29. Motivo pelo qual Adriano Soares da Costa (*Instituições de Direito Eleitoral*, 4ª ed., p. 325) o relaciona com a improbidade administrativa (Lei 8.429/1992).

se grosseira a dissimulação feita, por deixar revelada a presunção de ingenuidade ou da complacência a que não se perceba a forma ousada e contundente do abuso de poder que fica assim exuberantemente comprovado".[49]

Já dissemos que o abuso na esfera pública e privada não pode ser simplesmente transferido para o direito eleitoral; entretanto, no caso do poder político, sua caracterização se aproxima do que os administrativistas chamaram de excesso ou desvio de poder. Há uma clara violação da moralidade e impessoalidade administrativa, já que se utiliza da máquina estatal para beneficiar determinado candidato.

A construção de obras no último ano do mandato, a manipulação das receitas orçamentárias são apenas alguns dos meios de se abusar do poder político porque — repetimos — o abuso do poder pode assumir inúmeras formas.

Inobstante, a forma mais comum de configuração do abuso de poder político é através da propaganda oficial. Tanto é assim que a Lei 9.504/1997, em seu art. 74, considera abuso de autoridade a infringência do § 1º do art. 37 da CF. Previsão que a nosso ver não pode servir *de per si* para julgamento procedente de eventual Ação de Impugnação de Mandato Eletivo (CF, art. 14, § 10) porque o abuso de poder no direito eleitoral pressupõe potencialidade (= nexo de causalidade) do dano.[50]

O maior óbice ao seu combate é a investigação pelo Judiciário do âmbito da discricionariedade[51] do ato administrativo, expressão esta que tem servido para acobertar interesses escusos dos dirigentes do país, tornando o Judiciário um pseudocontrolador da lisura do processo eleitoral.

4.3.3 Abuso de poder nos meios de comunicação social

Com o avanço da tecnologia da informação, sobretudo nas últimas duas décadas, graças ao avanço da tecnologia digital, a comunicação cresceu exponencialmente. Houve um surto, uma expansão muito grande no processo comunicativo social (telefones, televisão, jornais, revistas, internet, etc.) de modo unilateral, ou seja, os destinatários só recebem a informação. A comunicação de massa se consolidou. Por isso, para alguns, a imprensa é conhecida como o quinto poder (o quarto seria o Ministério Público). Tão grande é o seu poder sobre o povo que ela pode derrubar presidentes, manipular as massas para votar em seus defensores, etc. Tocqueville já ressaltava o imenso poder da imprensa: "A liberdade de imprensa não faz seu poder sentir-se apenas sobre as opiniões políticas, mas também sobre todas as opiniões dos homens. Ela não modifica apenas as leis, mas os costumes".[52] Nosso querido Rui Barbosa, em obra que chama a atenção da comunidade para a responsabilidade da mídia, já dizia: "A imprensa é a vista da Nação. Por ela é que a Nação acompanha o que lhe passa ao perto e ao longe, enxerga o que lhe malfazem, devassa o que lhe ocultam e tramam, colhe o que lhe sonegam, ou roubam, percebe onde lhe alvejam, ou nodoam, mede o que cerceiam, ou destroem, vela pelo que lhe interessa, e se acautela do que a ameaça (...). Um país de imprensa degenerada ou degenerescente é, portanto, um

49. *Abuso de Poder...*, p. 60.

50. "Embora não se exija, para configuração do abuso do poder econômico, a relação de causa e efeito entre o ato praticado e o resultado do pleito, é necessário que esse ato seja hábil a promover um desequilíbrio na disputa política, com conseqüente comprometimento da lisura das eleições" (*RJTSE* 9/4/12).

51. Não por outro motivo chamada, pelo jurista suíço Hans Huber, de "Cavalo de Tróia" do Direito Administrativo (Eduardo García de Enterría, *La Lucha Contra las Inmunidades del Poder en el Derecho Administrativo*, 3ª ed., p. 24).

52. Alexis de Tocqueville, *A Democracia na América*, p. 207.

país cego e um país miasmado, um país de idéias falsas e sentimentos pervertidos, um país que, explorado na sua consciência, não poderá lutar com os vícios que lhe exploram as instituições".[53] Se a mídia é a vista do país, sua utilização irresponsável gera uma colossal potencialidade lesiva à liberdade de voto e à igualdade das condições da disputa eleitoral.

O abuso de poder nos meios de comunicação social tornou-se o meio mais perigoso de influência do processo eleitoral, mormente se aliado ao *abuso do poder cultural*. Neste, há o autoritarismo da competência, do conhecimento, da cultura, dizendo que isso é certo ou errado porque a ciência, os estudiosos o dizem.[54] "Em cada sociedade, há grupos sociais cuja tarefa específica consiste em dotar a sociedade de uma interpretação do mundo. Chamamos tais grupos de *intelligentsia* (...). A verdade está circularmente ligada a sistemas de poder, que a produzem e a apóiam".[55] Aliado ao poder cultural, a mídia consegue manipular o povo, formar a opinião pública, ou melhor, manufaturá-la com muito mais facilidade.

Os detentores dos meios de comunicação, manipulando a opinião pública, têm um enorme poder porque é essa opinião pública é que vai votar nas próximas eleições. Uma imagem negativa passada pelos meios de comunicação pode por a perder todo o investimento posto por um grupo de poder (partido político) num candidato, sendo que o revés também é verdadeiro, o partido político pode ganhar muito, mas muito mesmo, quando há apoio da mídia.

Nota-se aqui muita interferência dos *poderes político-administrativo e econômico*. É que o Estado é o maior cliente dos meios de comunicação; seu orçamento para este setor, fora os subsídios fiscais e empréstimos, é astronômico. Assim, ele pode influenciar o conteúdo da programação das emissoras de TV e jornais. A própria propaganda institucional, não raras vezes, é meio de propaganda disfarçada. A própria Constituição Federal permite este tipo de propaganda, mas impõe-lhe restrições (art. 37, § 1º), "admitindo aquelas peças que sejam eminentemente informativas, necessárias para alguma finalidade coletiva".[56]

O mesmo se diga do poder econômico. Ele mobiliza grande quantidade de capital para anúncios na mídia e, sendo assim, tem grande influência no conteúdo da programação. Por isso Marcelo Silva Moreira considera o "abuso de poder nos meios de comunicação como uma variação, um veículo, sobre o qual se desenvolvem o abuso de poder político-administrativo e o abuso de poder econômico".[57]

Alia-se a tudo isso, o fato de todas as concessões de rádio e TV serem dadas pelo Governo, que a distribui entre os Congressistas e a amigos destes, em suma, aos detentores do poder. Obviamente eles usam este poder, que lhes foi concedido pelo Estado, para se promoverem ou a seus apadrinhados, não tendo nenhum escrúpulo em manipular a massa. Como salienta Lauro Barreto: "Além disso, pelo fato dos nossos meios de comunicação estarem concentrados nas mãos e na esfera de influência de uma seleta, privilegiada e diminuta minoria, esses novos e arrojados métodos de pressões ficam restritos a pouquíssimos grupos, interesses e candidatos, sobrando para os demais ape-

53. *A Imprensa e o Dever da Verdade*, 3ª ed., pp. 37-38.

54. "Envolve-se a camada cultural nos centros nevrálgicos das programações governativas, sempre invocando em seu prol uma posição de neutralidade política, arrimando-se quase sempre em postulados técnicos ou científicos para dizimar as discrepâncias, recebendo deferências de infalibilidade em seus equacionamentos, aquebrantando as resistências políticas, ou a isso predispondo" (Fávila Ribeiro, ob. cit., pp. 30-31).

55. Karl Mannheim, *apud* Fávila Ribeiro, ob. cit., p. 30.

56. Adriano Soares Costa, *Instituições...*, 4ª ed., p. 327.

57. *Eleições e Abuso de Poder*, cit., p. 59.

nas a prática dos já superados delitos eleitorais, facilmente detectáveis, que a própria mídia se encarrega de denunciar com grande estardalhaço, não só para desviar atenção da opinião pública dos abusos de poder que ela própria comete, mas também para vender a imagem de alguma preocupação com a lisura do pleito, através da execração pública e do clamor pela punição de alguns poucos e geralmente insignificantes casos de mapismo ou outras irregularidades que, mesmo assim, algum tempo depois, acabam saindo do noticiário e escapando ilesos da Justiça Eleitoral".[58] Paulo César Pinheiro chama o poder dos políticos fundado na mídia de *coronelismo eletrônico*.[59]

Aqui, a facilidade de se fazer publicidade, ostensiva ou não, é o principal fator de desequilíbrio no processo eleitoral. E por mais paradoxal que isso possa parecer, a imprensa que se esconde atrás da liberdade de expressão e de imprensa, propugnando por sua irresponsabilidade, é a mesma que cobra a responsabilidade de particulares e do Poder Público.

Quem pensa diferente ignora que o poder não provém apenas do Estado, mas está difuso na sociedade, no homem, sendo perfeitamente possível a existência de poder na esfera privada, principalmente na mídia. A imprensa é, sem dúvida, um poder social!

Os meios de comunicação são obrigados a guardar uma atitude de impessoalidade ou neutralidade em todo o processo eleitoral,[60] respeitando, desta maneira, o princípio da igualdade entre os candidatos e partidos políticos e da liberdade de voto. É claro que há determinados candidatos que conseguem ser notícia e outros não e, não é isso, a nosso ver, que configuraria o abuso nos meios de comunicação social.

58. Lauro Barreto, *Escrúpulo & Poder...*, p. 14.

59. *Apud* Lauro Barreto, ob. cit., p. 110.

60. José Alfredo de Oliveira Baracho, "A teoria geral...", *Informativo Eleitoral* 10/27.

5. *O mito de Proteu*

Segundo Campbell,[61] umas das funções do mito é a pedagógica, isso porque eles trazem uma mensagem que é válida para a vida. O mito é uma imagem forte, simbólica. Segundo Aristóteles, ele tem um caráter metafórico,[62] pois procura explicar o que o discurso racional não alcança ou teria dificuldade em atingir.[63] Johann Jakob Bachofen, em opúsculo clássico sobre mitologia, entende que o "mito fraciona um pensamento em diversas imagens conexas, e cede ao receptor a tarefa de extrair as últimas conseqüências de tal conexão",[64] motivo pelo qual utilizá-lo-emos para melhor exemplificar o que ocorre com o abuso de poder no processo eleitoral.

Deus marinho apelidado de "O velho do mar", Proteu guardava os rebanhos de Netuno (Poseidon), isto é, grandes peixes e focas. Para recompensá-lo dos trabalhos que com isso tinha, Netuno deu-lhe o conhecimento do passado, do presente e do futuro. Mas não era fácil consultá-lo, ele se recusava a todos que vinham fazê-lo.

61. Joseph Campbell, *O Poder do Mito*, 11ª ed., p. 32. "Aquela palavra por muito tempo tida como inútil por ingênua e fantasiosa (o mito), revela-se aos homens do nosso século como dotada de uma apaixonante sabedoria que emerge do coração, do encontro com a natureza, com as divindades e com os outros homens" (Régis de Morais (org.), *As Razões do Mito*, p. 9).

62. Maria da Piedade Eça de Almeida, "Mito: metáfora viva?", in Régis de Morais (org.), *As Razões do Mito*, p. 66.

63. "Abrangendo uma totalidade dificilmente apreensível de modo direto e imediato pela consciência discursiva, o mito sintetiza, recorrendo ao símbolo, conteúdos que se referem às mais profundas aspirações do ser humano: sua sede de absoluto e de transcendência, sua deslumbrada busca de plenitude" (Constança Marcondes César, "Implicações contemporâneas do mito", in Régis de Morais (org.), ob. cit., pp. 37-38).

64. Johann Jakob Bachofen, *Mitología Arcaica y Derecho Materno*, p. 39, tradução livre.

Diz o mito que para fazê-lo falar era preciso surpreendê-lo durante o sono, e amarrá-lo de maneira que não pudesse escapar, pois *ele tomava todas as formas para espantar e/ou ludibriar os que se aproximavam*:[65] a de leão, dragão, leopardo, javali, etc.; algumas vezes se metamorfoseava em árvore, em água e mesmo em fogo; mas se se perseverava em conservá-lo bem apertado, retomava a primitiva forma e respondia a todas as perguntas que se lhe fizessem.

Em suma, quando não queria revelar o futuro aos mortais, metamorfoseava-se em água, fogo ou em animais variados, com o fim de se furtar às questões terrenas. Para obter sucesso na consulta era necessário ter coragem, para não se assustar com as formas que tomava, e força para segurá-lo.

6. O polimorfismo do abuso de poder no Direito Eleitoral e o mito de Proteu

Algo muito semelhante ocorre na seara eleitoral com o abuso de poder, que tradicionalmente é classificado em político, econômico, e nos meios de comunicação (art. 22 da Lei 64/1990). Ele tem o dom da metamorfose (assim como Proteu), podendo assumir várias formas para que a Justiça Eleitoral (mortais) não o descubra. Somente uma Justiça forte — porque poderá impor coativamente suas decisões[66] — e corajosa conseguirá descobri-lo e puni-lo.

Às vezes, de nada adianta tentar enquadrá-lo na rígida classificação do art. 22 da LC 64/1990, porque ele assumirá outra forma que não a prevista na legislação ou apresentar-se-á de forma híbrida, dificultando a rígida classificação em algumas das espécies previstas na Lei de Inelegibilidades.

Não existe forma fixa, uma fórmula pela qual é possível detectar o abuso de poder no processo eleitoral; muito pelo contrário, o abuso de poder, seja ele de qual espécie for, é forma maleável de se burlar a legitimidade das urnas. *É caracterizado não pelos seus meios, que podem ser abuso do poder econômico, dos meios de comunicação ou o político, dentre outros, mas sim por sua lesividade à legitimidade nas eleições.*

Essa característica do abuso de poder foi muito bem notada pelo sempre citado Fávila Ribeiro, *in verbis*: "Na hipótese teria sido mais vantajosa a supressão de especificação dos poderes, simplificando-se com um enunciado que transmitisse generalizada abrangência, mencionando apenas — *contra qualquer forma de abuso de poder à lisura do processo eleitoral*. Ter-se-ia de levar em consideração o resultado lesivo ao processo eleitoral, na seqüência das fases e atos que o compõe, inquinando a sua autenticidade por qualquer modalidade de abuso de poder. *Pretendemos, assim, ficasse esclarecido que o sentido literal das normas não é capaz de inibir o sentido amplo da ilicitude eleitoral, sendo aplicáveis as sanções previstas para abusos de todo e qualquer tipo de poder prevalecendo o saudável e consagrado princípio de hermenêutica de que o espírito sobreleva à forma, subordinando-se os meios aos fins, ou seja, a letra da lei deve ser entendida harmonizada com os aspectos teleológicos explicitados*".[67]

Aqui está o fundamento geral da coibição do abuso de poder no processo eleitoral: *o resguardo da legítima manifestação popular nas urnas, garantindo a igualdade de competição e de equilíbrio entre partidos e candidatos, a fim de que haja um aper-*

65. Georges Hacquard, *Dicionário de Mitologia Grega e Romana*, p. 249, verbete "Proteu"; Ruth Guimarães, *Dicionário de Mitologia Grega*, p. 266, verbete "Proteu"; Agusti Bartra, *Dicionario de Mitologia*, p. 164, verbete "Proteo"; Jöel Schmidt, *Dicionário de Mitologia Grega e Romana*, p. 229, verbete "Proteu"; Mário da Gama Kury, *Dicionário de Mitologia Grega e Romana*, 2ª ed., p. 341, verbete "Proteu".

66. Niceto Alcalá-Zamora y Castillo, *Proceso, Autocomposición y Autodefensa (Contribución al Estudio de los Fines del Proceso)*, 3ª ed., 1ª reimp., p. 14.

67. Fávila Ribeiro, ob. cit., p. 51.

feiçoamento do processo eleitoral e a plena concretização da democracia representativa.

Nunca é demais repetir, apesar do abuso no direito eleitoral normalmente se manifestar pelos poderes econômico, político e dos meios de comunicação, que ele tem o dom de Proteu: pode se revestir de qualquer forma.

O abuso muda de forma para que a Justiça Eleitoral não possa detectá-lo, mas se a Justiça persiste na sua luta em prol da legitimidade dos pleitos, ela certamente o identificará, mesmo que seja em outra forma que não esteja prevista na classificação da Lei das Inelegibilidades (LC 64/1990, art. 22).

Já dizia o ilustre jusfilósofo argentino Genaro Carrió, que as classificações não são certas ou erradas, mas sim úteis ou inúteis.[68] De nada adianta classificar o abuso de poder no processo eleitoral, como fez a LC 64/1990, se uma conduta que afeta — princípio da potencialidade — a legitimidade do pleito não é coibida porque não se enquadra na rígida classificação legal. A classificação utilizada pela Lei das Inelegibilidades (art. 22) apresenta-se útil na medida em que não se entenda como tal um rol taxativo das formas de abuso, porque isso seria torná-la inútil para combatê-lo, ou seja, para manter a legitimidade e a igualdade de nossos pleitos.

No Brasil, vigora o sistema *jurisdicional*[69] de controle das eleições, cabendo ao Judiciário controlar a legitimidade e lisura de nossos pleitos. Por isso, não podemos amesquinhar o alcance do seu controle sobre as eleições porque a legitimidade do sistema democrático republicano depende da lisura do processo eleitoral, que somente se alcança quando todas as fases do processo estão isentas dos vícios que contaminam a liberdade de voto e maculam a isonomia entre os concorrentes ao pleito.

Uma das espécies de abuso mais daninho à democracia é o praticado no casuísmo e na manipulação da legislação eleitoral:[70] *abuso do poder legislativo*.[71] Exemplo vivo deste fato, e que infelizmente foi constitucionalizado (art. 45, § 1º), é a alteração do número de Deputados Federais por Estado (representatividade distorcida), para que, proporcionalmente, fosse diminuída a representatividade das regiões mais desenvolvidas e politizadas do país, através de um au-

68. "Las clasificaciones no son ni verdaderas ni falsas, son *serviciales* o *inútiles*; sus ventajas o desventajas están supeditadas al interés que guía a quien las formula, y a su fecundidad para presentar un campo de conocimiento de una manera más fácilmente comprensible o más rica en consecuencias prácticas deseables. Siempre hay múltiples maneras de agrupar o clasificar un campo de relaciones o de fenómenos; el criterio para decidirse por una de ellas no está dado sino por consideraciones de conveniencia científica, didáctica o práctica. Decidirse por una clasificación no es como preferir un mapa fiel a uno que no lo es. Porque la fidelidad o infidelidad del mapa tiene como *test* una cierta realidad geográfica, que sierve de tribunal inapelable, con sus ríos, cabos y cordilleras reales, que el buen mapa recoge y el mapa olvida. Decidirse por una clasificación es más bien como optar por el sistema métrico decimal frente al sistema de medición de los ingleses. Si el primero es preferible al segundo no es porque aquél sea verdadero y éste falso, sino porque el primero es más cómodo, más fácil de manejar y mas apto para satisfacer con menor esfuerzo ciertas necesidades o conveniencias humanas" (Genaro R. Carrió, *Notas sobre Derecho y Lenguaje*, 4ª ed., p. 99).

69. Suzana de Camargo Gomes, *A Justiça Eleitoral e sua Competência*, pp. 23, 38-40.

70. Lauro Barreto (ob. cit., p., 19) transcreve as seguintes considerações de Hilda Soares Braga (*Sistemas Eleitorais do Brasil*, Brasília, Senado Federal, 1990): "A manipulação da legislação eleitoral visando o favorecimento e a continuidade daqueles que se encontram no poder é uma constante na história política do Brasil. As mudanças no sistema eleitoral sempre ocorreram para atender aos interesses da classe dominante. Os chamados casuísmos eleitorais não foram privilégio do regime militar de 1964, embora estes tenham sido em maior quantidade, sempre existiram, desde o Império".

71. Sobre esse tema, cf. excelente estudo desenvolvido por Pedro Estevam A. P. Serrano, *O Desvio de Poder na Função Legislativa.*

mento substancial das bancadas do Nordeste e Norte, onde, devido à falta de informação e desenvolvimento, possibilitam a prática do coronelismo e outras mais nefastas à legitimação dos mandatos. Esse é o típico argumento *ad terrorem* para se reconhecer a existência de normas constitucionais inconstitucionais (Otto Bachof, *Normas Constitucionais Inconstitucionais?*; Paulo Thadeu Gomes da Silva, *Poder Constituinte Originário e sua Limitação Material pelos Direitos Humanos*; e TC alemão). Mas isso é questão praticamente superada em face do entendimento do STF, que não reconhece a existência de normas constitucionais inconstitucionais.[72] De qualquer maneira, ainda restam as normas editadas pelo poder derivado ou reformador (principalmente Emendas à Constituição e leis complementares e ordinárias). Um exemplo concreto: houve punição de um Senador por mandar imprimir, na gráfica do Senado Federal, e distribuir — utilizando-se da cota do correio a que tinha direito como Senador — 130.000 calendários para fins eleitorais. O TSE considerou abuso de poder de autoridade (político) e julgou procedente a Ação de Investigação Judicial Eleitoral contra o citado Senador, declarando-lhe a inelegibilidade e cassando seu registro para as eleições subseqüentes.[73] Por conta desta condenação, o Congresso Nacional, em um dos momentos mais baixos de sua vida institucional, confeccionou a chamada Lei da Impunidade (LC 86/1996), instituindo a Ação Rescisória Eleitoral com efeito suspensivo automático (possibilitava o exercício do mandato eletivo até o seu trânsito em julgado). Fato que foi prontamente rechaçado pelo nosso Judiciário em sede cautelar[74] e depois confirma-

72. Obviamente, o Poder Constituinte Originário é limitado pela legitimidade, não podendo ser usado — como foi — para outros fins que não o bem-comum do povo, o interesse público. Princípio básico da democracia, decorrente do direito fundamental da igualdade (da representação política), é o que garante a "cada cidadão, um voto". Um país e Constituição que se dizem democráticos não podem distorcer isso no sistema representativo proporcional. Por isso, *data maxima venia*, não concordamos com o STF quando, entendendo de maneira diversa (ADIn 815-3-DF, v.u., Rel. Min. Moreira Alves, j. 28.3.1996, *RT* 732/147), rejeitou o pedido de inconstitucionalidade do disposto no § 1º e 2º do art. 45 da Magna Carta, sob os seguintes argumentos: "A tese de que há hierarquia entre normas constitucionais originárias dando azo a declaração de inconstitucionalidade de umas em face de outras é incompossível com o sistema de Constituição rígida. Na atual Carta Magna 'compete ao Supremo Tribunal Federal, precipuamente, a guarda da Constituição' (art. 102, *caput*), o que implica dizer que essa jurisdição lhe é atribuída para impedir que se desrespeite a Constituição como um todo, e não para, com relação a ela, exercer o papel de fiscal do Poder Constituinte originário, a fim de verificar se este teria, ou não, violado os princípios de direito suprapositivo que ele próprio havia incluído no texto da mesma Constituição. Por outro lado, as cláusulas pétreas não podem ser invocadas para sustentação da tese da inconstitucionalidade de normas constitucionais inferiores em face de normas constitucionais superiores, porquanto a Constituição as prevê apenas como limites ao Poder Constituinte derivado ao rever ou ao emendar a Constituição elaborada pelo Poder Constituinte originário, e não como abarcando normas cuja observância se impôs ao próprio Poder Constituinte originário com relação às outras que não sejam consideradas como cláusulas pétreas, e, portanto, possam ser emendadas. Ação não conhecida por impossibilidade jurídica do pedido". O poder constituinte não poder ir tão longe a ponto de negar a missão primária do Estado, o bem-comum juridicizado no respeito aos direitos fundamentais do cidadão. Giogio del Vechio bem relata isso: "A constante tutela dos direitos naturais da pessoa é, por conseguinte, o fim imutável do Estado, a missão primária que êste é chamado a cumprir, e à qual não pode subtrair-se sem se privar do título que justifica a sua existência (...). Em todos os momentos de sua ação, não pode o Estado prescindir daquela sua fundamental 'razão de ser', que representa, a um tempo, seu princípio e fim" (*Teoria do Estado*, p. 100, grafia no original). Nesse sentindo, cf. ainda toda a obra de Paulo Thadeu Gomes da Silva, *Poder Constituinte Originário e sua Limitação Material pelos Direitos Humanos*.

73. TSE, Recurso 12.244-PB, *RJTSE* 7/1/251.

74. STF, Pleno, v.u., ADIn 1.459-5-DF, Rel. Min. Sydney Sanchez, j. 30.5.1996, *DJU* 3.10.1997, p. 49.227.

da no mérito.[75] Outro exemplo corriqueiro é o desvio que ocorre nas chamadas *leis do ano*. Sendo os próprios parlamentares que elaboram tais leis os mesmos que disputarão, em busca da reeleição, os pleitos eleitorais por elas regulamentadas, as possibilidades de desvio de poder na função legislativa são enormes e freqüentes, o casuísmo e o corporativismo chegam a assustar. Como bem salientou Roque Carrazza, emérito professor da PUC/SP, ao tratar da necessidade do legislador ater-se ao legítimo interesse público na confecção da lei, nos ensinou que este "Quando exercita sua competência de acordo com interesses subalternos (*v.g.*, os meramente partidários), afastando-se dos fins superiores que lhe são apontados pela Constituição, comete verdadeiro *desvio de poder*".[76]

Provado que a alteração legislativa desviou-se dos poderes outorgados pelo povo, impõe-se o reconhecimento da nulidade do ato praticado com base nessa pseudolegislação.

Outra forma de abuso de poder em matéria eleitoral é o contido na religião: *abuso de poder religioso*. Imaginemos uma cidade onde o número de eleitores de determinada religião seja significativo e um candidato seja apoiado por um grande expoente dessa mesma religião, de preferência um eclesiástico com prestígio na cidade. Se este clérigo, nas suas missas, no palanque eleitoral ou em outro lugar, usando de seu enorme poder carismático (Max Weber), fizer campanha para determinado candidato, certamente essa campanha terá a potencialidade de desequilibrar a eleição, caracterizando, assim, o abuso a ser coibido pela Justiça Eleitoral.

Aqui deixamos a pergunta: essas duas espécies de abuso de poder no Direito Eleitoral — que diante da riqueza factual da vida não exclui outras espécies —, só porque não estão previstos no art. 22 da Lei de Inelegibilidades, não poderão ser consideradas como tal? Elas não existem para o mundo jurídico?

7. Conclusão

Sendo a Democracia um regime erigido na isonomia dos seus membros e na soberania popular, é mister conceituar o abuso de poder na seara eleitoral em função de seu fim, qual seja, o de turvar a isonomia entre os candidatos (igualdade de condições na disputa) e a liberdade de voto, com a conseqüente mácula à legitimidade da representação popular.

O abuso de poder no processo eleitoral pode ser definido (mesmo levando em conta que como já advertiam os romanos em relação ao direito civil, mas que é válida para todo o Direito: *Ominis definitio in jure civili periculosa est*) como aquela conduta, ou condutas, que, independente dos meios ou da fase do processo eleitoral, têm aptidão (potencialidade) para deturpar o resultado das urnas, caracterizando, assim, sua lesividade à legitimidade nas eleições. É importante ter em mente que os fins preponderam, e os meios, desde que potencialmente lesivos e ainda que "lícitos" em si mesmos — autorizados pelo Direito Estatal —, deixam de sê-lo se o emprego do poder visou obter vantagens eleitorais

A classificação utilizada pela Lei de Inelegibilidades (art. 22) apresenta-se útil na medida em que não se entenda por útil um rol taxativo das modalidades de abuso, ou se imprima uma interpretação restritiva na hora de captá-lo da riqueza dos fatos sociais. Isso porque a luta contra o abuso deveria apresentar-se em uma fórmula genérica

75. STF, Pleno, ADIn 1.459-5-DF, j. 17.3.1999, *RSTF-LEX* 247/24 e *RTJ* 169/15.

76. *Curso...*, 15ª ed., p. 251. Segundo doutrina A. Gordillo (*Tratado de Derecho Administrativo*, t. III), "três são os casos através dos quais se manifesta o desvio de poder: 'o funcionário atua com uma finalidade pessoal, o funcionário atua com a finalidade de beneficiar terceiros, o funcionário atua com a finalidade de beneficiar a Administração'" (Luciano Ferreira Leite, *Discricionariedade Administrativa e Controle Judicial*, p. 61, nota 19).

que expressasse o fato de que qualquer utilização indevida do poder, tanto o público como o privado, deveria ser coibida se tivesse aptidão (potencialidade) para violar o princípio da igualdade entre os candidatos, deslegitimando o processo eleitoral e a conseqüente democracia provinda da regularidade deste.

Em suma, não se pode engessar o Judiciário — que se apresenta diretamente diante das múltiplas facetas da vida — com palavras abstratas que almejam ser infalíveis e válidas a todo o momento. Não podemos nos deixar limitar com certas fórmulas legais que prevêem determinadas espécies de abuso de poder no processo eleitoral porque esse abuso é igual ao personagem mitológico Proteu: pode assumir qualquer forma, ou seja, é polimorfo. A dificuldade teórica para se enquadrar determinada conduta na didática, porém não exaustiva, classificação do art. 22 da LC 64/1990 não constitui óbice ao reconhecimento do abuso na seara eleitoral. Deve a Justiça Eleitoral ter coragem de "segurá-lo" até que ele mostre sua verdadeira face, a de macular o processo eleitoral, prejudicando, desta foram, a existência da verdadeira democracia.

8. Referências bibliográficas

ALCALÁ-ZAMORA Y CASTILLO, Niceto. *Proceso, Autocomposición y Autodefensa (Contribución al Estudio de los Fines del Proceso).* 3ª ed., 1ª reimp. México, Universidad Nacional Autónoma de México, 2000.

ALCUBILLA, Enrique Arnaldo. *El Régimen Electoral de España.* Madri, Centro de Estudios Políticos y Constitucionales, 1999.

ALMEIDA, Maria da Piedade Eça de. "Mito: metáfora viva?", in MORAIS, Régis de (org.). *As Razões do Mito.* São Paulo, Papirus, 1988.

ALVIM NETO, José Manoel Arruda. "A liminar na ação cautelar e a suspensão da exigibilidade do crédito tributário", in ALVIM, Teresa Arruda (coord.). *Repertório de Jurisprudência e Doutrina sobre Processo Tributário.* São Paulo, Ed. RT, 1994.

ATALIBA, Geraldo. *República e Constituição.* 2ª ed. São Paulo, Malheiros Editores, 1998.

BACHOF, Otto. *Normas Constitucionais Inconstitucionais?.* Coimbra, Almedina, 1994.

BACHOFEN, Johann Jakob. *Mitología Arcaica y Derecho Materno.* Barcelona, Anthropos, 1988.

BARACHO, José Alfredo de Oliveira. "A teoria geral do Direito Eleitoral e seus reflexos no Direito Eleitoral Brasileiro", *Informativo Eleitoral* 10, Campo Grande, TRE/MS, 1998.

BARBOSA, Rui. *A Imprensa e o Dever da Verdade.* 3ª ed. São Paulo, EDUSP, 1990.

BARRETO, Lauro. *Escrúpulo & Poder — O Abuso de Poder nas Eleições Brasileiras.* Bauru, Edipro, 1995.

BARTRA, Agusti. *Diccionario de Mitologia.* Barcelona, Grijalbo, 1985.

BASTOS, Celso. *Comentários à Constituição do Brasil.* 1º v. São Paulo, Saraiva, 1990.

BRUNA, Sérgio Varella. *O Poder Econômico e a Conceituação do Abuso em seu Exercício.* São Paulo, Ed. RT, 1997.

CAMPBELL, Joseph. *O Poder do Mito.* 11ª ed. São Paulo, Palas Athena, 1994.

CANOTILHO, J. J. Gomes. *Direito Constitucional.* 6ª ed. Coimbra, Almedina, 1996.

______, MOREIRA, Vital. *Fundamentos da Constituição.* Coimbra, Coimbra Ed., 1991.

CARRAZZA, Roque A. *Curso de Direito Constitucional Tributário.* 15ª ed. São Paulo, Malheiros Editores, 2000.

CARRIÓ, Genaro R. *Notas sobre Derecho y Lenguaje.* 4ª ed. Buenos Aires, Abeledo-Perrot, 1990.

CÉSAR, Constança Marcondes. "Implicações contemporâneas do mito", in MORAIS, Régis de (org.). *As Razões do Mito.* São Paulo, Papirus, 1988.

COSTA, Adriano Soares. *Instituições de Direito Eleitoral.* 4ª ed. Belo Horizonte, Del Rey, 2000.

ENTERRÍA, Eduardo García de. *La Lucha Contra las Inmunidades del Poder en el Derecho Administrativo.* 3ª ed. Madri, Civitas, 1995.

FARIA, José Eduardo. *Poder e Legitimidade.* São Paulo, Perspectiva, 1978.

GALBRAITH, J. Kenneth. *Anatomia do Poder.* 3ª ed. São Paulo, Pioneira, 1989.

GARCIA, Emerson. *Abuso de Poder nas Eleições: Meios de Coibição.* Rio de Janeiro, Lumen Juris, 2000.

GOMES, Suzana de Camargo. *A Justiça Eleitoral e sua Competência.* São Paulo, Ed. RT, 1998.

GUIMARÃES, Ruth. *Dicionário de Mitologia Grega.* São Paulo, Cultrix, 1972.

HACQUARD, Georges. *Dicionário de Mitologia Grega e Romana.* Lisboa, Asa, 1996.

KURY, Mário da Gama. *Dicionário de Mitologia Grega e Romana.* 2ª ed. Rio de Janeiro, Jorge Zahar Editor, 1992.

LEITE, Luciano Ferreira. *Discricionariedade Administrativa e Controle Judicial.* São Paulo, Ed. RT, 1981.

MACHADO, Luiz Melíbio Uiraçaba, "O abuso do poder econômico no processo eleitoral", *Resenha Eleitoral,* v. 2 (edição especial). Florianópolis, TRE/SC, 1995.

MEIRELLES, Hely Lopes. *Direito Administrativo Brasileiro.* 26ª ed. São Paulo, Malheiros Editores, 2001.

MENDES, Antônio Carlos. "Apontamentos sobre o abuso de poder econômico em matéria eleitoral", *Cadernos de Direito Constitucional e Eleitoral* 3, São Paulo, Imprensa Oficial do Estado S/A, 1988.

MONTEIRO, Washington de Barros. *Curso de Direito Civil.* 1º v. — Parte Geral, 32ª ed. São Paulo, Saraiva, 1994.

MORAIS, Régis de (org.). *As Razões do Mito.* São Paulo, Papirus, 1988.

MOREIRA, Marcelo Silva. *Eleições e Abuso de Poder.* Rio de Janeiro, Aide, 1998.

MOREIRA NETO, Diogo de Figueiredo. *Teoria do Poder.* São Paulo, Ed. RT, 1992.

NAVES, Lúcio Flávio de Vasconcellos. *Abuso no Exercício do Direito.* Rio de Janeiro, Forense, 1999.

NOBRE, Eduardo Antônio Dantas. "Instrumentos de impugnação do diploma: a ação prevista na Constituição Federal, art. 14, §§ 10 e 11, e o recurso contra a expedição do diploma", *Resenha Eleitoral,* v. 6, n. 2. Florianópolis, TRE/SC, 1999.

RIBEIRO, Fávila. *Abuso de Poder no Direito Eleitoral.* 3ª ed. Rio de Janeiro, Forense, 1998.

ROCHA, Cármen Lúcia Antunes. "Democracia, Constituição e Administração", *Revista Trimestral de Direito Público* 26.

SCHIER, Paulo Ricardo. *Filtragem Constitucional — Construindo uma Nova Dogmática Jurídica.* Porto Alegre, Sérgio Antônio Fabris Editor, 1999.

SCHMIDT, Jöel. *Dicionário de Mitologia Grega e Romana.* Lisboa, Edições 70, 1995.

SILVA, Paulo Thadeu Gomes da. *Poder Constituinte Originário e sua Limitação Material pelos Direitos Humanos.* Campo Grande, Solivros, 1999.

SOARES, Murilo C. "Televisão e Democracia", in MATOS, Heloíza e outros. *Mídia, Eleições e Democracia.* São Paulo, Scritta, 1994.

SOUSA, Daniel Coelho de. *Interpretação e Democracia.* 2ª ed. São Paulo, Ed. RT, 1979.

SOUZA, José Pedro Galvão de. *Iniciação à Teoria do Estado.* 2ª ed. São Paulo, Ed. RT, 1976.

TOCQUEVILLE, Alexis de. *A Democracia na América.* São Paulo, Martins Fontes, 1998.

______. *O que é Democracia?.* 2ª ed. Petrópolis, Vozes, 1996.

VECHIO, Giorgio del. *Teoria do Estado.* São Paulo, Saraiva, 1957.

GRÁFICA PAYM
Tel. (011) 4392-3344
paym@terra.com.br

REVISTA TRIMESTRAL DE DIREITO PÚBLICO

DOUTRINA: ESTADO, COMUNIDADES AUTÓNOMAS Y ACCIÓN EXTERIOR EN EL ORDENAMIENTO CONSTITUCIONAL ESPAÑOL – FRANCISCO FERNÁNDEZ SEGADO • DIREITOS FUNDAMENTAIS E ARMA DE FOGO – CELSO ANTÔNIO BANDEIRA DE MELLO • ACORDO PARA RECEBIMENTO DE CRÉDITO PERANTE A FAZENDA PÚBLICA – ADILSON ABREU DALLARI • CARREIRAS DE ESTADO: A DEFESA DO NÚCLEO ESTRATÉGICO – JUAREZ FREITAS • DIREITOS FUNDAMENTAIS E CLÁUSULAS PÉTREAS: OS DIREITOS FUNDAMENTAIS SOCIAIS E O PROBLEMA DE SUA PROTEÇÃO CONTRA O PODER DE REFORMA NA CONSTITUIÇÃO DE 1988 – INGO WOLFGANG SARLET • AGÊNCIAS REGULADORAS INDEPENDENTES, PODER ECONÔMICO E SANÇÕES ADMINISTRATIVAS (REFLEXÕES INICIAIS ACERCA DA CONEXÃO ENTRE OS TEMAS) – EGON BOCKMANN MOREIRA • CONCEITO DE CONTRATO ADMINISTRATIVO – VLADIMIR DA ROCHA FRANÇA • *PARECERES*: LIQUIDAÇÃO EXTRAJUDICIAL *EX OFFICIO*: NECESSIDADE NA ESFERA ADMINISTRATIVA DE PRÉVIA INTERVENÇÃO E DO DEVIDO PROCESSO LEGAL COM MOTIVAÇÃO DA DECISÃO. NATUREZA DA RELAÇÃO JURÍDICA ENTRE AGENTES FINANCEIROS E O FUNDO DE GARANTIA DOS DEPÓSITOS E LETRAS IMOBILIÁRIAS (FGDLI) – CELSO ANTÔNIO BANDEIRA DE MELLO • MANDADO DE SEGURANÇA COLETIVO E INDIVIDUAL: PROBLEMAS DE SUA CONVIVÊNCIA – CARLOS ARI SUNDFELD • ASPECTOS JURÍDICOS DA COMERCIALIZAÇÃO DE ENERGIA ELÉTRICA – FLORIANO DE AZEVEDO MARQUES NETO • *ESTUDOS E COMENTÁRIOS*: FUNÇÃO ADMINISTRATIVA – I – RICARDO MARCONDES MARTINS • O DIREITO AO AMBIENTE NO BRASIL: UM OLHAR PORTUGUÊS – CARLA AMADO GOMES • O POLIMORFISMO DO ABUSO DE PODER NO PROCESSO ELEITORAL: O MITO DE PROTEU – EDUARDO FORTUNATO BIM

MALHEIROS EDITORES